集団の中で子どもはどう成長するのか

子どもを見守るまなざし 12か月

菅澤順子

まえがき

一九六九年、縁あって大阪の私立保育園で保母に。その後公立の園を経て西宮公同幼稚園に着任したのは一九八一年。当時の保育課長の送別の辞は、「子どもの数が減少していく時代がいつか来る、親の選択の余地がある私立の園の今後は甘くはない」という厳しいもの。でも思ったことをやれるうれしさがそれに勝ってのワクワクスタートでした。誰に遠慮もなく外に連れ出す毎日。子どもたちの朝の第一声は「きょうはどこにいく?」。三歳児の「ぽっぽ」、四歳の「さんぽ」と「らった」、そして「ねっこ」と「はっぱ」の年長。その発達に合わせて東西南北へと歩くことを楽しみ、毎日新しい出会いに子どもたち以上に目を輝かせていた私でした。着任当時にはすでに「変わってるね」だったクラス名、三十五年以上誰より子どもたちに愛されてきた名前は園長先生による命名。

ところで、この年齢になっても子どもと歩くのは大好き。「おもろかったなあ」の子どものことばが何よりうれしく、仲間たちの「どれだけ歩いても走っても、後方にいてもちっともしんどくないリード」との評価に、「散歩の極意」と鼻を高くして。歩くだけでなく一緒にいるとめちゃくちゃおもしろい子どもたち。そんな子どもたちと大切にしているのが本物との出会い。どうしてそう思うようになったのか? それはおやつに出される「切りすいか」。すいかはやっぱり丸ごとを、みんなで囲んで目の前で切って食べたい。大きいのはどれだけでも大きい方がよい、小さいのはほんとに小さいのを見せたい。モノにはいろんな形が、色が、そして大小が。いのちの多様性を一緒に味わいたい。連れ合いが富山出身でもあり、小矢部から横長のすいかを持ち帰った夏も。今は夏の終わりに、八十キロ級のすいかが果物屋さんの店先で役目を終えて園にやってきます。アルプス乙女という姫りんごが数箱届けられたり、鹿児島から桜島大根、札幌からのでっかいキャベツの贈り物に目を点にしたことも。そしてどんな場合も必ずそのあとで子どもたちと読みたい絵本がありました。

もちろんよいことばかりではありません。前任教師の結婚退職を受けての着任、スタート。少しのすり傷ならちちんぷいですまそうとすると「バンドエイドをはってくれない」「せんせいがいない」と前の担任を探して走り出す子どもたち、「せんせいとけっこんしたかった」「せんせいのいないようちえんなんかいきたくない」など、いっぱいの理由を作りだす名人たちに翻弄される始末。仕事に行くからと走り去っていく保護者に呆気にとられていた頃とは違う毎朝、一か月ほど格闘の日が続きます。夜のうちに保育室に大型ブロックでお城を作って、朝やってきた子どもを驚かせたことも。歌に絵本に、外に出れば歩いて走って登って跳んで、今思えば「サウンドオブミュージック」のマリアがお手本だったのかもしれません。

お母さんの安心が、子どもたちとの時間を支えるとばかりにおたよりも書きました。遅くに帰宅して食卓に何もなくても順子先生のおたよりがあれば十分、そんなお父さんのことばに気をよくして書き続けてきたこれまでです。「メガネがないと見えない、おばあさんだからね」と言うと「おばあさんちゃうわ！」と返してくる子どもたち、思いがけずに長く関わることになった「保育」の世界、それを少しでも形にできたらと思ったことが一冊になりました。「先生の声が聞こえるみたい」「文章が走ってますよ」とよく言われる園のおたより、子どもがそこにいたらこんなに世界が広がる、そんなことが伝わればいいなと願っています。

子どもを見守るまなざし12か月◉もくじ

七月 七夕の竹が立てられほしまつり 59

八月 夏休みに思うこと 73

九月 毎日何かある幼稚園 83

十月 みんなで味わう収穫の秋 109

イラスト・カットは西宮公同幼稚園卒園文集より

カバー絵・木村 寿実／消しゴムはんこ・延原 光

四月
新しい一年が始まる幼稚園

子どもたちを待つ春休み

春休みくらいはゆっくり過ごしてください、そんなふうにいっぱい声をかけていただきました。いやいや備えあってこそ憂いなし！　の思いをいつも持っていることもあり、ひたすら「今こそ！」の毎日でした。

またまたあちこちがピカピカになりました。しかしまだまだ不十分なのですが、新クラスへの移動などもあるので、それを活かして教材室なども片付けが進められました。台所にプール、プール前、二階には和室などという場所もあり、子どもたちの活動に必要なものもいろいろ、あらためて眺めているとお宝もあります。

教会学校のパン焼き、山登り、四月に入ってすぐのキャンプなど、ここ公同ならではの卒園児たちとの時間もたっぷりあるのが幼稚園の休み期間。お楽しみではあるものの、いかに時間を有効に使うかが問われます。

さて新年度、昨年度の卒園が七十三人、この春の年長が五十二人、久しぶりの百七十人台となります。クラス数や先生たちの人数は変わりません。結婚で新しい出発をされる先生もあり、うれしく見送りたいもののやはり春のさびしさの一つとはなるものです。そして希望に燃えている新任三人を迎えることにもなりました。

四十数年経って、教育って子どもと過ごすことってこういうことなんだと、今さらながらに思うことが多くある私。そうすぐに自他ともに思い通りになるものではないでしょう。どうぞ子どもたちと一緒に、また新任先生たちを育ててやっていただけますように。インターネットの普及で問いに対して答えがすぐに求められる時代です。でも子育ては決してそうではない、時間が必要です。いやがる朝もあれば、何だこの元気さはという時もあるのが子ども。その在りようを不思議がったり楽しんだりしながら一緒に歩みたいものです。「山あり谷あり」というけれど、「谷ではなく次の山に登る平地なのだといつも思っている」ということばに出会いました。プラス思考なら負けないつもりでしたが、そう来たか！　です。次の山をしっかり見据えて、歩き出す、そうありたいですね。

いのちといえば、春休み中にもうれしいお知らせがありました。「赤ちゃんがやってきた！」のご家庭、しばらくは大変でしょう。でもみんなで子育て、一人ひとりがヘルパーです。文集には「重要な他者」と書きましたが、身近な言い方ではヘルパー。抱っこしてあげたり、荷物を持ってあげたり、ちょっと優しく声をかけたり、いろんな仕事があるでしょう。お母さんたち、日々追われるとつい声を荒げたくなる、そんなことはあり得ます。そういう時に「今日までこの子どもをそれなりに愛しんできたじゃない、時にはしんどくなることもあっていいんだよ」、そう声をかけてあげられたら、そう声をかける存在でありたいな。いつか立場は逆転するのでしょうが、元気なうちはヘルパー！　がんばります。

（四月七日）

新年度がスタート

四月七日新年度がスタートしました。休みとはいえない春休みと言いつつ、作業などを進めながらもお花見の季節もしっかり味わいました。何といっても公同幼稚園の桜、それがいよいよ満開に。六日は事務所や幼稚園の働き手が大集合。お天気であればの樹下はあきらめて、二階席から木々を眺めての昼食タイム。三十人ほどでの会食でした。それにしても春の嵐、ほんとに毎日わからない天気です。体調を崩しやすいこの季節、油断は禁物ですね、花冷えの時期です。

その六日は先生たちみんなで初の大集合保育、補助の方々にも出勤していただき、みんなで歌ったり、わらべうたをしたり、これほど大笑いをしたことはないという時間を過ごしました。新人の歓迎会でもあり、これぞ公同流と思いつつ楽しみました。先生たちの十八番になった、わらべうたコーラス三曲、一つは♪ひらいたひらいた〜。これはみんなで歌えるようになりたいね、と聴いて見ているだけでなく補助隊もみんなパートに入ります。次は♪あんたがたどこさ〜、この繰り返しを楽しみ、三曲目はちょっとむずかしい♪からすかららすどこさいぐ〜。むずかしいのでここは聴くだけにして、それでは遊ぼう！　何度も繰り返して「くそつけろ！」と楽しんだのですが、先攻後攻を決めるジャンケンもおもしろい。そのあと向かい合いの二列になっているからと「花いちもんめ」のような「やりもらい遊び」をしました。先攻のチームは賢くいかに相手からたくさんの「もらい」ができるか、一瞬にして知能的に動かないといけません。「二十代〜」がもらわれていったり、「めがねなし〜」が取られたり、「長いジーパン〜」が一気に呼ばれたら、短めの人がたった一人で残ったりと、知能戦が繰り広げられました。わらべうたはゆったりしたリズムで歌を楽しむだけでなく、体力勝負のようなところもあります。そこに人がいればいいかようにでも遊べる、まさしく「いつでもどこでもわらべうた」なのです。ほんとに楽しみました。これからも毎月親子の時間でも楽しんでいきたいです。

公同では型にはまったような送別会や歓迎会はしないのですが、たとえば淡路島のキャンプに行く、これも歓送迎会の一つ。みんな入り混じっての作業や食事やその交わりが何よりの時間、そしてお花見があったり、研修会などの時間があります。この研修に正置友子さんという絵本のスペシャリストをお迎えして、絵本たっぷりの時間をみんなで過ごしました。正置さんと出会って三十年、岩波書店や福音館書店という大御所の出版社ではなく、まだ知られていないけれど、ちょっとおもしろい視点での絵本の選択、それらを教えていただきました。たくさんの絵本に出会い、絵本を子どもたちと味わい、これからの人生で絵本がいっぱいのヘルパーになるのでは。新任の先生たちもたくさん絵本に出会ってほしいものです。正置さんには『チムとゆうかんなせんちょうさん』を読んでいただきました。実はこれは日本で出版するように描き直されているところもあり、それが長い間かかって最初の原画を絵本というよりは、資料として出版してくださったのがこぐま社。それをもとにお話をしてくださいました。先生は体調が悪くずっと咳き込まれているのに絵本を読むとなると咳が出ない！これには驚きでした。そんな時間や、また春の散策を楽しんだり、みんなで過ごした時間、そしていよいよ今週は入園式です。

（四月十日）

千里の道も一歩から

先日「問いと答えの近さ」について少し話しました。インターネットの活用などで、すぐに調べられるし、何でも結果を即求めようとする。もちろん即対応！　ということが必要なことはあり、なんですぐに言わないのともよく怒られる先生たちですが、それとは違って自分で提起してそしてコツコツと取り組んでということができにくくなっています。一朝一夕にはいかない、まさしく子どもの日々もそうです。文集を読むと「ああそうだった、そんなことがあったなあ」と、ぽっぽさん（三歳児）だった頃のこの春小学校へ行った子どもたちのことがいっぱい。そう、育ちは時間がかかるのです。いちごの苗が寒い冬を越して、そして春に白い花を咲かせるように、それからやっと実がつくように、「時間」です。やっぱり千里の道も一歩から、です。

卒園した子どもたちへの最後の贈り物が「入学おめでとうはがき」。小学校の入学式にはいろいろな園からお祝い電報が届きますが、この時に一枚！　と思って製作してきているのがこのはがきです。それへの「ありがとう」が届いています。先達の詩をたくさん利用させていただいてのはがき。借用が多いのですが、ほんとにいい詩に出会えています。お一人のお母さんは上の子どもの時に受け取ったのも出してきて、しみじみ「ことばの重さ、その大切さ」を感じたと言ってきてくださいました。うれしかったのですが、実はもっとそう思えた話があります。もう卒園して三十年近くになる子どものお母さんから先日お手紙が届きました。お子さんの幼稚園時代のアルバムを出してきて、当時もいっぱいの詩が添えられていたけれど、「ああ詩っていいなあ、園長先生が書かれたのですか」とありました。当時のは詩集からです。最近は先生作、文集の表紙などもそうです。何かそんなお話が重なったのでとてもうれしく思いました。

十一日は予報通りの大雨、年長のこいのぼりはどうするか。この問いに園長先生の回答には脱帽でした。西の道路沿いの空き店舗の利用です。武庫川で描く時はあの白い布、長く感じないのに園内で見ると長い。せっかくの機会ですので、さんぽとらったさん（四歳児）も集まってその白く長い布を見せてもらい、年長の手により彩色されるのだと伝えました。

その前日の十日、これは最高の春の天気、花も満開。年長は王子動物園に遠征です。園庭ではさんぽさんとらったさんのお花見隊。

そういうことでわずかの日々のなかにもあれこれ出来事があり、そして十二日に入園式の日を迎えました。新たなメンバーで、歌に合奏に、がんばっています。青空を見上げて歌う子どもたちやその声、木々の緑、満開の桜が新しい仲間を迎えます。そして緑にもピンクにも、また空の色にも負けない、暖かい思いを持ってここに今いるおとなたち、そのおとなの暖かいまなざしが子どもたちを迎えます。

（四月十二日）

役員えらび

入園式に続いて素敵な青空が広がりました。雨の日は雨の日なりに、実はお天気以上に楽しい時間も流れる公同幼稚園ですが、この新入園直後はやはり、お天気がいいな、開放的な園庭でのんびり過ごすことによって、心が落ち着くものです。朝の門のところ、第一日目も落ち着いた時間となりました。子どもがお母さんと別れて泣かないはずがない、泣いていいのです。でも無用に不安な思いはさせたくありません。そこで入園することが決まった直後から、この場への安心感を育てていこうということで、遊びにきていただくことであったり、クリスマス会であったり、その間にも運動会やもちつきやといろいろお誘い、ゆったりするなかで「場への安心感」を培っていきます。入園式だって親子で座っていただいて、親子で園舎へ行っていただき、保育室を「近い」空間に感じていただく、ということで再々積み上げてきたこれまで。ぽっぽの入園初日のおやつ、全員での集まりは第一日目とは思えない時間となりました。

新旧の役員さん方の引き継ぎの会があり、旧役員さんのお一人が仲間にメールを送っておられて、「順子先生のまた新しい子どもたちのハートをつかむ時間が始まりますね」とありました。何かというと、ぽっぽ全員を相手に前を向いて座って見る、聞くことを自然に身につけてもらうために大出血サービスの三十分弱。それを二週間ほど展開するのが私の新学期の大事な誰にも譲れない役目です。

そんな一日目を無事に終えて、引き継ぎの時間は文庫の部屋で。まずは新しい方々の自己紹介、その方もみなさんしっかり挙手して名乗ってくださった立候補、ご自分の思いをしっかりお持ちになっています。すんなり揃ったことが、これから先必ずうまくいくことにつながる保証はありません。これから作り出していかなくてはいけない、私たちも含めて自覚が必要です。でも、「公同は親の出番が多いから入園させない方がいい」とか、役員を体験していない人の「役員は大変」という対岸の火事のような発言は、ちょっと許せないといつも思ってきました。子どもは「手間をかけて」「手塩にかけて」育てることが大事、それは時間がなくてもその親子の間で、家庭で、何より親がそういう思いをもつこと。子どもは自然体です。その自然体に合わせていくには時間が必要、手間がかかるのです。そんなことを思っている幼稚園の在りようを受け止めて、名乗り上げてくださっての役員会の構成。今年も元気をもらってがんばろうと思った時間でした。

結果はすぐには出ません。ゆったり歩みましょう。急がずに子どもさんの背中をそっと必要な時に押してあげてください。

（四月十四日）

花

天気に恵まれて園庭のあちこちや、特に桜の花びらシャワーを楽しめる、そんな時間を過ごせたぽっぽさん保育日一日目。

事務所前の君子蘭の花芽、多肉性の植物ですから、この冬の寒さで葉っぱもかなりやられていたのに、真ん中には花が咲きますよ！のお知らせがいっぱいです。うれしいですね。こういうのを目にするととっても元気が出ます。もう少しすると川沿い、集会室前に並べますが、オレンジの花を楽しみにしていてください。

花といえば、チューリップ、畑のチューリップがとてもきれいとの報告が。先週のあの暴風で畑の物置がひっくり返ったとの報告に、大きさなどを見に行き、その足でロイヤルホームセンターに購入に行きました。でもその時に色鮮やかに咲いている数本を目にして、「春がきたんだ」の歌詞のとおり♪素敵な春がほんとにきたんだワーイワーイ〜。昨年はこのチューリップの畑にぽっぽさんを連れ出すことができたのですが、今年はどうでしょうか。十二時降園の日まで咲いていてくれるかな。ぽっぽさんのはじめの一歩は年長たちがお世話をしてくれますが、その日を楽しみにしているのが新年長。どんな役割があるか、年長になるとどんなことがあるか、いつの間にかしっかり知っている子どもたち、自然に引き継がれていくってすごいですね。

春休み中に園をのぞいてくださった、今は東京府中市におられる卒園児のお母さん、その思い出話はまた元気をいっぱいにもらうものでした。お子さんがらったの時に、三鷹市にジブリができて、新しもの好きの私は早速出かけてきました。翌日は浅草に行き、そこで見つけたのが、まあでっかいおせんべい。もう興奮してしまいました。これで遊ぼう、ジャンケンでいろいろなおせんべいをゲットする、このでっかいのに次は中くらい、最後は小さい袋のあられ、なんてことにしてジャンケン大会を盛り上げよう、もうワクワクして買い物、そしてその大きなせんべいだけは大阪まで持って帰るのだからと、それはそれは頑丈にお店の人に包装してもらったのでした。さて幼稚園で、いやあ盛り上がったですね。この大きなせんべいの登場は衝撃的だったのでした。そしてジャンケンに勝ったのが、お子さんのクラスの先生。そのことを今でも思い出して、親子で話して盛り上がったと教えていただきました。子どもを喜ばせたい、楽しませたい、その思いは必ず行動につながり、そして楽しい日があり、こんなふうに何年経っても「あれは楽しかった」と言っていただけるのですから。保育者冥利に尽きるとはこのことです。

（四月十七日）

友だちにはかなわん

今年度は年長とぽっぽの兄弟姉妹関係が多くあり、そのカップル、年長がすっかりたくましく弟妹を伴って門の中に入って行く毎朝の光景。みなみちゃんもその一人、久しぶりに送ってこられたお父さんともお話したのですが、二年前、あまりによく泣くみなみちゃんに相当手こずっておられ、「でもかわいいですね」と言ったら、「そうは言っても」と困ったお顔、そんな頃が懐かしいくらいに堂々と妹を連れて登園している彼女です。こうせいくんは「はたけにいつつれていくか」と、これまたぽっぽの畑への第一歩に年長は欠かせないと、しっかり認識して楽しみにしているそうです。

あやねちゃんが登園してきました。ちょっと硬い顔、反対からまゆちゃんの姿が。その瞬間「まゆーっ」と呼んで走り寄りこんな笑顔はないという様子で手をつなぎ、門の中に入っていったあやねちゃん。その様子を見ながらうれしくびっくり、顔の一瞬の変化にも驚き、「まいった、ともだちにはかなわん」ですが、実はクラスの名簿ができてきた時にこの仲良しさんは離れてると思ったのです。途中入園のまゆちゃんにとってすぐにできたお友だち。集まりのたびに目にする二人のはしゃぎように、どれだけ苦笑したことでしょうか。二人で目を合わせて見つめ合っているものだから、みんなが反対を向いて歌っている時にも、その指示と様子に気づかず二人の世界に浸りきっていてほんとにかわいかったのでした。そんな二人ですからクラスが離れるんだと思ったりもしました。しかしそれが社会です。ところがクラスは離れても友情は変わらず。そのあとも「まゆ！」の声がよく聞かれます。親は子どもに何を与えるべきか、だんだん外に向けて発達していく子ども、最初は親、それも母親一番だったのが祖父母などに世界を広げ、近所の人や出会う人に泣かなくなり、集団生活で知っている顔が多くなっていき、そして「親友」も登場。家庭にいては出会えない出来事、だからこそ押し出していくのだなとしみじみ思いました。

春ですね。やっと朝に外に出る気になり、庭の散策。小さい庭ですが、庭にいつも花を咲かせておきたいと宿根草など、そして紫陽花を大事にしてきていて、昨年も四種ほどの紫陽花が咲きました。紫陽花について子どものつぶやきをおたよりに書いていた園の先生のつぶやきに、それではと子どもたちを家にご招待したことも。月を見ての子どものつぶやきを、おたよりに書く先生に「月」の絵本をいっぱい紹介したこともありました。保育＝子どもたちとの生活というのはそうやって広がっていくものです。出会いを大事にするということですね。そんなことを思い出しながら、小さいながらそこの場を大切に思っている庭に、いっぱいの春が来ていることをうれしく思いました。（四月十九日）

こだわりは大事

年長のこいのぼりが津門川に登場しました。これはフラッグデザイナーの福井恵子さんが考案された「さかなのぼり」です。今、滑り台の上で泳いでいるのはそれの大型版、先生たちが何人もかかって色をつけたもの、できて何年になるでしょうか。

　そのこいのぼりを見るべく、川沿いに散歩の第一歩デビューをしたのがぽっぽさん、まだ六日目なのですが、いやあ大成功でした。今年は、列車に乗って門を出ました。段ボールでできた本物の列車、とってもかわいかったのです。帽子のチームごとに分かれて、南の橋まで、そして三角広場でゆっくりこちらを眺め、また出発、北の橋を渡って門のところに帰ってきます。なんて上手、なんてかわいい、そして安心して送り出し、眺めていることができたこの作戦に大満足でした。

　毎年のことながら、今年も公同ズボンに抵抗していた子どもが二人ほど。帽子をかぶりたくない、ズボンはいつもの家でのものをなど、子どもなりのがんこな主張があります。そういう時に「これをしないと園に行けな

い」などと言ってもらっては困ります。本人が元気に来てくれることが大事、泣いていてもいやがっていても、とにかく門のところに来てくれたら、私たちの出番です。さあ、散歩に出発というところで、がんこ第一号のゆうきくんが公同ズボンにはき替えているのが見えました。だめでもともと、もう一人のしゅんすけくんにもズボンを替える提案をお願いしました。なんとすんなり、彼も公同ズボンに。そこで全員青の公同ズボンになって散歩第一歩となりました。二人ともお迎えの時にはさっさと元のズボンをはいていましたが、大丈夫、何事も急がず時間が解決する、そう思う受容が大切です。必ず子どもは慣れていきます。門のところでの朝の別れもずいぶんスムーズになりました。泣くのは決して悪いわけではありません。その子なりの主張です。なんで幼稚園に一人で行かなきゃならないのという疑問を持っているだけです。でも日ごとに顔つきが変わって門の中に入っていく子どもを見て、「そりゃあそうでしょ、こちらは全身全霊を傾けて朝のほんのひとときを準備して満足してお帰りいただいているのですから」と自画自賛。

こだわりを持つことは大事です。ちょうど中間、いい湯加減というものはなかなかないものです。

「いや!」と言えることも大事です。

登園を渋って後戻りをしようとしている子どもが、リュックを放り出したのでそれを預かり「お弁当もらうね」。その瞬間、子どもは急いで戻ってきてリュックを取り、門の中に駆け込んでいきました。「わがままを言うことが多く手におえない、親なのに何もできなくて」とお母さんは嘆かれていました。いやいや私は親ではなく、他人だからできるのですね。お弁当を私に取られまいと走ってきた、そのことを大事にしてあげてほしい、そして明日はもっといいお弁当を作ってあげようと思えばいい。子育ては真っ向勝負はだめです。どう絡めていくか、そこが知恵の問われるところ、時にはおもしろがってみるのもいいのです。

（四月二十日）

いつでもどこでもわらべうた

親子のわらべうたを一か月に一回設けてきました。ここ数年は今在園の子どもたちにもっと向き合っていただきたいので、その時間に下のお子さんをお預かりしています。お家で見ていただける方がいたら何よりですが、そうもいかない時は申し込んでいただくと、卒園したお母さんたちなどが助っ人に駆けつけて、一時間ほどをしっかり見てくださいます。いつもは弟や妹にお母さんを取られ気味な子どももしっかり甘えて（時に甘えすぎて！）、抱っこやおんぶ。触れ合いはいいものですね。子どもたちのうれしそうな顔に元気をもらう先生たちです。

膝に座ったり、頰っぺたを触ってもらったり、指遊びをしたり、身体をくすぐったり、「ふれあう」のに昔からなんとなく伝わってきた歌があって、それを活用しています。このわらべうた、子どもの生活と結びつくものも多く、寒い時や暑い時、いろいろな旬を味わえるものです。つくしを見たら、♪つくしはつんつんでるもんだ〜、そして『かがくのとも』でしっかりとつくしのことを伝えてくれる絵本があり、春が来る、春を探しに歩く、見つける、そんな活動を多面に支えてくれるのがわらべうたであり、絵本です。

子どもに何かを伝えたい時は具体的に、子どもの今の生活に合っているもの、わかりやすいことが大事です。ぽっぽは動きやすいように三チームに分かれますが、その「赤、青、緑」、そのことを楽しく自然に伝えたいといろいろ工夫しています。何かにつけてその色を取り入れてお話をしたり。でも絶対的なものではありませんからあくまでもさりげなく。歌があり、そこに工夫がある時、広がる子どもの生活です。

子どもとの時間は、キャリアもあるでしょうが、何より今の目の前の子どもの気持ちに寄り添うこと。子どもが何か言っても泣いてもあせらない、一緒に泣いてみてもいい場合もあります。「あらあ、それはえらいこっちゃ」「でもせっかくここまできたんだからシールはっていったら」「きょうはおやすみします」、そう言いつつ送ってもらってきたぽっぽさんを迎えた私の一言でした。

公同でうれしいことの一つはおとなへの信頼が自然にあること、そこにいる人に自然に「うんち」と言えたりすること。ある先生は一人の子どもに初めて声をかけられたのが「うんち！」でもうれしかったそうです。

（四月二十四日）

年長の篠山後川《しつかわ》遠征

年長になると！　こんな思いが子どもたちのなかで自然に育っている幼稚園です。そして折につけ「年長はすごいねんで」と思っている幼い子どもたち。歌を歌う時にも年長の番になるとそんなつぶやきも聞こえた昨年度でした。特別のことがいっぱい、そしてよいこともあれば、たくさんの「義務」も必然的に出てくるのが年長の役割。おまつりの朝、集まりが終わり、いざ買い物に、遊びにと順番に出発していく子どもたち、年長は最後の最後まで待ちます。そんな年長の「お仕事」にぽっぽさんの誘導があります。そのおかげで無事にチューリップ満開の畑にぽっぽは行ってくることができました。

そして年長になることを心待ちにしていたことの一つが篠山後川への遠征。「出かけるよ」と言われてリュックを背負うたびに「しつかわかな」と楽しみにしていることがよくわかるつぶやきをもらしていた四月、やっとその日がやってきました。

お天気はイマイチ、でも何も気にしません。雨の里山の散策もいいものです。なんたって体育館がありますからすべては安心、少々気温が低く寒さも感じる一日でしたが、とても充実した一日となりました。

今年も年長は五月に田植え（見学ですが）、六月にホタル、七月には川遊びなどと予定をしています。そして秋の収穫（米、枝豆、クリなど）も存分に味わい、秋の山々の移り変わり、そして三月早春にもう一度、そこで里山の一年、自分自身の一年を感じるということになります。

この日は昼食後広い校庭をたっぷり使って、なわを跳びます。後川を紹介したいとお誘いしたお母さんたちも負けていません。8の字や何人同時に跳べるかなどの大なわ。しばらくして子どもたちを誘って裏手のほうに回りました。そこは昨年秋に公同の子どもたちにとさつまいもを植えてくださり、いも掘りをしたところです。そこにこれでもかと野の草が。またその手前は四つ葉のクローバーの見つかりやすい穴場でも。子どもたちと草花のスポットにはまりこんでいて、ひょっとお母さんたちを見ると、円陣になり「ハンカチ落とし」をみんなでされているではありませんか。女子高生のような笑い声が里山に響きます。次は馬跳びです。どんどん跳んでは最終地点に着くと馬になる、♪こいのたきのぼり～のように動いていくみたい。三月には親子でのおんぶリレーをしましたが、その時もほんとに懸命なお母さんたちに涙が出るほど笑い、この馬跳びにもいっぱい笑わせていただきました。本気で遊ぶ、素敵な母たちです。これこそ何よりの親の姿、上から目線での指示ではなく一緒に味わうなど、おとなとしてやれることはいろいろありますね。

最後は講堂の舞台を利用してのコンサートでした。もっともっと遊びたかったし、いろいろ予定もしていたのですがあっという間の時間でした。

（四月二十七日）

五月

たくさんの緑がお出迎え

お誕生会

あっという間の連休でした。三十日、総勢百九十一人になったカレーパーティー、天候が心配されましたが無事に仁川の上流での集いが行われました。

話は逆になりますが、連休に入る前の全員勢揃いの日のことはもう語りきれない時間でした。幼稚園全員で入園式以来、初めて集まっての礼拝を守り、お誕生日のお友だちをお祝いしました。みんなが一緒にいることの意味、その素晴らしさを園長先生から聞かせていただき、仲間がいるからこその歌声が流れました。ぽっぽさんもしっかり落ち着いていて安定した様子での参加です。何より入園してわずかの時間なのにしっかりとぽっぽさん独自で歌を歌い、園長先生をびっくりさせていました。さんぽとらったもみんなを驚かせようということで「キセキの渚」を歌うことに。これはリフレインのところがうまいから（子どもはそういう個所からその歌を歌うようになっていく）、あとの歌詞の部分は先生たちが応援、年長は歌わずに聴いていてあげてね、ということでご披露です。歌は突然歌うものでもなく、歌う楽しさはもちろん、やはり耳に心地よく届いてくる体験ですね。歌詞を見てしまうおとなと違って、子どもたちは耳に届いたままを天真爛漫に曲にのせて楽しんでいます。ぽっぽさんもこれからたくさんの歌を取り込んでいくことでしょう。

お誕生日のお祝いは今までどおりに最終日曜日にも行われます。教会学校のお友だちも加わって礼拝堂の壇に立ち、お花を受け取ってみんなの祝福を受けました。「おたんじょうびおめでとう！」、子どもたちにとっては最高の響きですね。

語りきれないほどのいっぱいの出会いのあったそんな連休前の一日、そして八日連休が明けての登園、何と静かな門の風景。泣いている子どもがいないことがいいというのではなく、落ち着いたその様子にえーっ！　誰も泣かないの？　と突っ込みたくなるほどでした。とはいえ、いくつかのトラブルというか、それぞれの思いの表現はありましたが、そこは「魔法使い」が登場し、いろいろだまされたり、持ち上げられたりしながら、どれも大事にはならずに。

そして幼稚園のいちご解禁です。「畑からお知らせ、いちごが赤くなって待ってますよーとのことです」と集合をかけ、みんな急いで畑へ向かいました。

さあ、このいちごいつまで楽しめるでしょうか。保護者会の総会でもほんの一粒味わっていただきましたが、丹精こめていただいて、見守っていただいて、そしてやっと。こんなふうに出会いのある畑の時間を支えていただいたり、おやつを作っていただいたり、パンを焼いていただいたり、絵本を大事に考えていただいたり、紙芝居作成にその一筆に心をこめていただいたり、木や土などに真剣に向き合っていただいたりと、公同幼稚園の毎日は暖かい心にくるまれています。

（五月十日）

畑の恵み

畑のいちごを今年はとても豊かに味わっています。太陽と雨と風と人の見守り、そうしていちごが育ち、五月を迎えました。一年のサイクルで考えても、十月の畑作業に始まり、園芸の方々の応援など、そして畑に行かない週はないという子どもたちの日々、などなどいろんな時間が降り積もっての、今の恵みの享受です。それも一筋縄ではいかないのが自然の中で生きている私たち人間の営み、大雨に見舞われた年もあれば、カラスに徹底的に狙われた年も。インフルエンザのための強制休園でせっかくの豊作を味わってもらえない年もありました。昨年はいちご苗がちょっと観賞用に近いのではと思われる感じであまり大きいのを収穫できなかったというハプニングも。今年はむくどり攻撃です。ネットを張って対応、そういういろいろなことがあって、今年はここ二週間近くなかなかいい感じでの収穫。日曜日の母の日礼拝も、そして翌日の未就園児の集まりでもいちごを味わっていただくことができました。

そんな畑の恵み、畑への道筋があるから、外へ出て行くからこそ、生まれてきた物語がいっぱい。秋の柿やざくろなど通りすがりにみんなで見上げていたら、分けてくださったり、桃の木やミカンの木などの実生に目をとめることができたり、園内にとどまっていては広がらない子どもの時間、その育ちがあるのが公同です。

そして数年前にその道筋から広がることになったのが、さくらんぼ。川の東側にある卒園児のお宅のご厚意によりぜいたくなさくらんぼ採りを今年も楽しませていただいてきました。

こうして歴史ができていくのだと思うのですが、年長の子どもたちが出かけていくのを楽しみにしている篠山後川でもその歴史ができつつあります。初めて訪れたのは二〇〇九年の十月、その時にはまだ小学校は全校生徒十六人で営まれていました。幼稚園の子どもたちを見ながら、「このくらい子どもがいてくれたら小学校は存続できるのに」とおっしゃっていた校長先生のことばが耳に残っています。そのあと閉校になり、跡地を有効に使わせていただいてきました。当時の校長先生は今、篠山の教育長になっておられますが、先日公同が来ていると聞いてわざわざのぞきに来てくださいました。子どもたちが歌うのにいたく感激してくださった二〇〇九年の初めての出会い、今回も歌を聴いていただきました。篠山には「しあわせの日」という歌があり、それが公同でも歌い継がれてきているのですが、あらためて歌うとなってもきちんと耳に残っていたようで、すぐに上手になり驚きました。それを聴いていただきました。

（五月十七日）

支え合い、向き合い

幼稚園、教会は、子どもが育つ場、生活する場、いろんな人が集う場ですが、ほんとに多くの思いによって彩りが添えられています。

十七日にパンが焼かれ、五回の焼き入れのうち三回は幼稚園の子どもたちの昼食になりました。かつて三種の神器と言われた「給食、延長、通園バス」、そのどれも公同ではしていませんが、でもしっかりと思いを持った「給食」を楽しめたらと思っています。畑の野菜を使っての味噌汁やカレーとか、丹波からの野菜市で購入したものをみんなで食べるなどです。果物などお届け物も多いですが、それらも食べるだけではなく、感じることからの味わい方をすることを大事にしています。そうして食が広がっていきます。それが集団で生活する良さにほかなりません。

パンのお手伝いは初の試みの当番制になりましたが、初日何とかスムーズに進んだようでありがとうございました。パン焼きの行われている横でカフェが開店していました。そこに集まってこられているお母さん方の様子を見ながら、事務の方が「みなさんいい顔していて、入園前よりずっと雰囲気が柔らかい」と感心していました。子育ては楽しい半面、家で一人で向き合っているとしんどくもなります。保育園に預けて手元から離して解決することではなく、どう子どもと向き合えばいいのかをみんなで考えてみる、これが大事。プレプレクラスも始まりましたが、ほんのわずかの時間、でも目いっぱい遊んできたらそのあと食が進み、眠るのもぐっすり。そういうささやかな時間を支えていく、そして向き合い方もみんなで試行錯誤していく、そんな仕掛けがあって前に進んでいく、それが子育て支援。お金の支給や、何でも肩代わりするのではなく、一緒に支え合い、向き合いなどの相互の作用ですね。

（五月十九日）

見つめてうなずく

さんぽさん、らったさんと一緒に王子動物園に行ってきました。保育を終えた他学年の先生たちが全員駆けつけてくれたところでバトンタッチ。グループごとに園内のあちこちに出発していった子どもたちを見送って、私は「お先に失礼」と帰途に着きました。この動物園公同方式もずっと大事にしてきました。先に十二時過ぎに到着して、お弁当を食べているところに他クラスの先生たちが着いて、そして一グループの子どもの数を少なく抑えて園内を回るというもの。先頭はいろいろ得をするけれど、後方は歩いてついていくだけという不公平への対策、また安全などを守るためにこういう方式をとってきました。

水曜日はぽっぽさんのクラスでの親子わらべうた、この時間に下のお子さんをお預かりさせていただくことで、しっかり甘えられる子どもたち、甘えすぎのところもあるのですが、親子でたっぷり触れ合ってほしいと願っている時間、そして先生たちにとっては緊張の時間でもあります。今は♪こんこんさん～の遊びを楽しんでいる子どもたち、バラバラだった四月、それが先生の掛け声でみんなで動けるようになっているのですから、四月、五月の成長を感じます。集団生活に入ってこその子どもたちの姿です。

ところで、廊下でお待ちいただく時にお願いしたいこと、気配を消すというのはむずかしいですが、おしゃべりは控えてしっかり見ていただくこと、子どもが手を振ったら、振り返すのではなく、見つめてそしてうなずいてあげる。手を振り返すとそれを見た他の子どもがまた親を探して手を振るということになります。「見ているよ」「ちゃんと来ているから安心してね」という思いで力強くうなずいてあげてほしいのです。子どもは見守っていてもらえる安心感でしっかり集団の中で動いていくことができます。ぽっぽさんの場合はまだ幼くて「来ていない」不安感をなくすためにも人数がかなり揃うまで、最初のみなさんに待っていただいています。

小学校に行かれたお母さんから「先生がお話をされているのにわが子の近くに行って写真を撮っている人がいた」、「給食の試食会で子どもとピースで写していた」などのお怒りの報告をいただくことがあります。親同士が参観日にしゃべるのはもちろん、廊下もにぎやかでとか。公同では礼拝堂にお集まりいただいて、始まるとみなさん聞く態勢になってくださいます。大事なことです、だからこちらも待たせたり、またつまらない話はしていられないと思っています。聞いていただくに値するものを準備しなくてはいけないと心することにもなります。せっかくの月に一度の集まり、ぜひかけがえのない時間にしていきたいです。

（五月二十四日）

そらまめ

卒園したご家庭から、季節到来を知らせるそらまめを届けていただきました。すっかりこの「旬」にはなじんでいる公同の子どもたち、でも新しい仲間にも新たにこの味に出会わせてあげる大事な仕事があります。

豆のわらべうたはいっぱいあります。次々に豆の歌を年長が歌ってくれます。♪えんどまめそらまめ〜、♪えんどまめ煮まめ味見て買いなはれ〜、♪まめっちょ〜など、さすが公同の年長たち。この日そらまめの大きさや豆の種類を感じたくて、えんどうまめ、枝豆、三度豆、きぬさやを用意していました。前日に助っ人依頼メールで「そらまめを見せたいから小さい豆を」。その依頼に「いろいろ種類があるといいね」と、ある限りの豆を用意してくれました。

さてメインのそらまめさんの登場、年長が前に出てきて一つずつ受け取り、開いて中の数を数えてくれます。まずは、年長の出席した人数とかごに残ったそらまめで、いくつ届けていただいたかがわかります。みんなで「ひとーつ、ふたーつ」と数えることもあれば、こんなふうに年長の数よりちょっと多い、だいたい七十ほどありましたとすることも。その豆を湯がいていただくようにお願いしたあと『そらまめくんのベッド』の絵本、ずいぶんたくさんの蔵書になった大型絵本での登場。そしてこのあと私が楽しみにしていたのは、『きょだいなきょだいな』を読むこと。昨年亡くなられた長谷川摂子さんの作品、みんなの大好きな『めっきらもっきらどおんどん』と同じ画家とのコンビで描かれたもの。

その『きょだいな〜』を、読みました。大きなものに次々出会っていくのですが、色の薄い山のようなものと三度目くらいに出会います。何であるかを言わずにみんなの顔を見回しました。すると「せっけん！」、そうなんです。いやあお見事、こうだいくん。ちゃんと読んでもらってますね。そして巨大なものに出会って出会って〜終わりに。すると「もういっかい」と言う声がいっぱいに聞こえてきました。おう、そうですか。あまりしないことなのですが、もう一度読むことになりました。簡単な繰り返しのフレーズですから「みなさんご一緒に！」。子どもたちと絵本を読む時は、その時の子どもたちの様子でまた味わい方が違ってきます。静かに淡々と読むことも多い絵本の時間ですが、その日の空気に応じて変わってもいく子どもと絵本のひとときです。読み終わった頃にちょうどいい塩梅のそらまめが届き、ひと房ずつ味わいました。

初めての出会いの子どももかなりいたようですが、「一緒に食事をすると楽しい、ルールに従う方が遊びがおもしろくなるといった経験をさまざまに繰り返すなかで、〝私は私たち〟の心が育ち始め、それが子どもの自律の心の動きにつながっていくということです」（鯨岡峻『遊びの自由な関わりの中での自律性』より）ということになります。遊びのなかで、自然な生活のなかで出会いを広げ、その体験で食事の中身も広がっていく、それでこそ「子どものなかで育つ」、集団に踏み出してきた甲斐があるというものになるのでしょう。家庭にいては体験しにくい、幼稚園だからこそのいろいろな出会いを周囲の影響を受けながら楽しくできていくように、これからも工夫！　と思っています。

（五月二十五日）

絵本の読み方

「わらべうたってハードね」と言われたこともあるくらい、わらべうたの歌を歌いながら、けっこう大きな動きも楽しむことができます。ほんとに走り回ったり、跳んだりなど思いきって動いたので、汗で頭の髪の毛がびちょびちょという子どももいたくらいでした。フープや布（大きい風呂敷に小さい布まで）、ひも（大なわから個人用のなわ）、ボール（これも大小）などさまざまなものをちょっと活かすことにより、いろいろ変化をつけることができます。♪ぎっちらこ〜の船にしても、門遊びにしても、人だけで遊ぶこともできるし、フープや布の使用で雰囲気も盛り上がるのです。運動会では♪ゆすらんかすらん〜で大きな布を門に見立てて走っていただいたのが懐かしいです。

また三十人ほどの親子が五つか六つくらいしか残っていないフープに、押し合いっこしながらも入り込む、これは圧巻でした。フープは「くぐる」「転がる」「引っ張る」などなど、いくつもの「動詞」を引き出すことができます。若い先生たちに貪欲になってほしいとの思いをこめて、大きな声でリードを楽しませていただきました。

赤ちゃんが誕生して育っていく過程でのことばの獲得を、私は孫を見ながらあらためて勉強しています。小学校三年生になる上の子どもはとにかくおしゃべりで、「順子先生の再来」などと言われたりもしています。歩き出した頃、玄関に迎えに出てくる時に、むにゃむにゃむにゃ～でしかないけれど、身体をかがめながらおとなのしぐさで、人を出迎える気持ちを一身に表して目いっぱい「ことばを出して」いたのが心に残っています。下の子どもはこの春保育園に入園、とにかくしゃべりません。この子とは一生仲良くなれないと思ったほどのがんこで、母親でしかダメという子どもでした。めげないのがある種違う意味でのがんこな私は、一週間に一度は付き合い続けて母親の外出願望を支えたのですが、それが功を奏したのか今は最高の笑顔で飛び込んできてくれます。しかしこれがまるでしゃべらない。指さしに、表情に全身行動での意志表現、実に豊かな内容でこれからどう通じることばが表出するのか楽しみで、おもしろくもあります。おねえちゃんは「おばあちゃんしゃべるよ、

パパもママも言える」、えっ、聞いたことないが。バイバイだって、手を振るだけなのに。「うん、ぱーとまーだけどね」。しかし赤ちゃんのしぐさは最高です。

二十年ほど前に絵本のことをいろいろ書いた文章が出てきました。私が絵本を読むときの特徴を端的に表してくださった同僚の文もありました。「あまり字の多い絵本は読まない」。三歳児を担当していたので、絵本への第一歩を意識していたこともあり、とにかくみんなが集まってくることをまず考えていたからでしょう。そして「日頃は早口のおしゃべりの先生ですが、子どもの前に立つと無口で子どもの顔をじっと見ていた」、「その先生がしゃべらない分、子どもたちが競っていろいろしゃべり、それを聞いてにこにこしていた」など。よけいなことばはいらない、でも適切なことばかけは必要、どんなこともほんとに両面あり、裏表があり、そこがむずかしいところですね。

絵本を読むのにも、淡々と読むのは大事です。でも子どもの思いがけない突っ込みに「なるほど」などと返しながら読み進めていくことだってあります。読み手が先によけいなことを言う必要は全くありませんが、「?」の問いかけに「さあ、どうなるか待ってて」とか、ちょっと説明として言ったほうがいいようなら「~て言うことかな」などとはさんだりもすることも。一対一で読む、クラスで読む、かなりの人数を相手に読む、その時その時に作り出されていく雰囲気があり、読み手聞き手対等であり、聞き手が客であり、でももてなす側のしっかりとしたスタンスも必要であり、絵本も「たかが絵本されど絵本」でしょうか。

(五月二十九日)

木登りの上手と言いしおのこ

「木登りの上手と言いしおのこ」というくだりをよく口にする私です。この『徒然草』の一節がとても心に残っていて、保育の仕事につくようになってからその中身とピッタリくるところがあり、何かあると「木登りの〜ね」になります。何度も聞かされた人もいるかもしれません。子どもとの仕事は、思いがけないものと結びつくものだとも思っています。決して子どもを怪我させたことはないとは言いません。古来からの文言もとても大事にしたいと思っていることもあり、長い間仕事をしてきたわりには、そしてけっこう豪快な動きをするわりには、慎重な私ではあります。

先日も年長が出かけて帰ってきた時に、バタバタと降園の用意をしていて一人がつまづいて、こけて〜ということになりました。その報告を聞いてまた前述のくだりを述べて「説教」をしていたのですが、特に注意をする必要があるのは、お母さん方にお渡ししたと思った瞬間、そしてそのあと子どもも気を抜いてしまい、誰もしっかり見ていなくて、というところで起こってしまう怪我もとても多いのです。「気を抜くな」が木登りの〜からの、古来からずっと変わらないさりげない注意のように思っています。もう安心！　と思った瞬間が危ない、ほんとにホッと一息の安心をするのは寝顔を見てからに、です。

ところで『世界昆虫記』、これはあの今森光彦さん。写真家であり、切り紙の超名人であり、おとななのに少年のような風貌と人や風景やモノに届ける視線、そして笑顔が素敵です。「まさかこんな人の講演会をできる」とはの、シリーズ第二弾です。昨年の甲斐信枝さんに続いて、素敵な出会いをこうしてまた広げることができることになりました。昆虫キャンプに参加したのが二〇〇六年の七月、一緒に歩き、話を聞き、目の前でされるフリーハンドの切り紙に驚き、という三日間を過ごしました。そのあとこの話に乗せられたお母さん方は、虫好きの少年たちをたくさんキャンプに送り込んだものでした。

（五月三十一日）

六月

おそるおそる
一歩踏み出す子どもたち

きびだんごと『かにむかし』

本日のお話は紙芝居で『かにむかし』を。私はこのお話が大好きで、特にあのさるのばんばに出向くかにと、次々に出会っていくモノたちとのやりとりがたまりません。久しぶりにこのお話を読んだあと、やりとりもしたあとに、今日届いた本物のきびだんごの登場です。大きな箱を開くと中には小箱がいっぱい。さあ、先生たちが順に登場してくるのですが、ほんのわずかのやりとりが完璧！　にはならない先生たち、修行がまだまだです。やりとり、かけ合いを楽しむ以上に私は、みんなを引き込むようにいろいろな工夫をする読み手です。さて前へ出て頭まっしろけでセリフが飛んだ！　の人や、もたもたする先生たち、その先生たちがみんな出てきたあとに、子どもたちにも「やってみたい人」と声をかけます。一番バッターはせいたろうくん、「かにどん、かにどんどこへいく～」、先頭でもあり消え入りそう、でもこの一番手は出てきてくれることが後続を生み出すのですから大事な役目。無事にきびだんごを受け取って列に加わります。お次はさやかちゃん、これがまあ堂々たること、大きな声での「かにどん、かにどんどこへいく～」とやりきってくれました。ようたくんにかれんちゃん、あきなりくん、いろいろな年長のメンバーでした。ちょっと恥ずかしがりでひとこと何か言いたいところもあるこうせいくんもこのやりとりは完璧。子どもにはいろんな姿があるものです。そしてすぐに手を挙げたくなる三、四歳の子どもたちですが、君たちはまだまだ！　ただこういう刺激がほんとにいいのですね、見て感じて育っていくのです。それにしても、きびだんごちそうさまでした。

生活発表会とか劇遊びは好きではありませんが、こういう時間はいっぱいに持ちたい、いつもそう思っています。全員が無理にしなくてもいい、見ていて楽しんだり、出てみようかと思ってみたり、次こそはの思いにつなげたり、誰もがパクつくわけではないけれど、でも見た目にも味にもどんどん出会いを深めていってほしいです。先日の絵本の会で、保育案を作る時に本を見て考えていてはだめ、歩いて足で稼ぐという話をしたのですが、子どもとの時間は、たとえば偶然出会ったもの、その日の到来物でいかに遊ぶか、これも机上の空論ではなく、環境をいかに活かすかですね。

二百人が食べられるきびだんごをいただいて、もしそのきびだんごをクラスに配って「食べてね」などと言う、この私がそんなことをしたらその時は保育者人生終了、そう思ってもいます。

さていよいよ六月に入りました。あっという間に一年の二分の一を終えるという月に。またまたいろんな旬に出会っていくことでしょう。何よりも健康に気をつけてと願っています。

（六月二日）

「旬」を楽しむ

贈り物はいろいろな形で届けられ、とても豊かに過ごさせていただいています。金曜日の『かにむかし』パーティーもほんとに楽しませてもらいましたが、それを終えて事務所に戻ってくると目に入った五箱。「じゅんこ先生」宛てに「〜のばあば」からのお届け物です。お届け物で暮らしているような、というかほんとに子どもたちの生活を彩っていただいています。一年前も早々に立派なすいか、それで楽しんだひととき、そして台湾からどっと届いたマンゴー、他にも実にいろいろ楽しみました。そしておいしく味わいました。

さてその箱は、なんと南九州市からのメロンです。二十五個も入っていました。マリオネットという種類で、メロンのにおいが満ちあふれた事務所です。さてこれは火曜日のお楽しみにしようとまたワクワク度が高まりました。実は土曜日にはどうしても集まってみんなに紹介したい「旬」のものがあったのです。これは幼稚園の階段下に置いていますが、『はははのはなし』、加古里子さんの力作、これが大型絵本になっていて、歯科検診がある日を前にしてちょっと歯の話をみんなで楽しみたいと思っていました。しかも先日来これまた楽しんでいるのが『だるまさん』シリーズ。「が」「の」「と」というふうに、だるまさんが、だるまさんの、だるまさんと、というふうにこの三冊とてもおもしろい。この絵本に出会ってから、絵本ではなく何とか子どもたち全員と楽しめる方法はないか、模索した結果、素晴らしい「職人」さんがパネル用にと仕事を仕上げてくれました。「の」の中に「歯」があり、歯が強調されていておもしろい。土曜日はこの歯を主人公にして紹介しようと思っていました。一度お母さん方にもお見せしたいですが、子どもたちのリアクションがすごい、素直です。大きな歯や目に驚き、だるまさんが、どてっとこけたり、びろーんと長く伸びたりすると同じようにその動きをやる、かわいすぎる、年長だって！　負けていない動きです。

このだるまさんの「と」は、くだものが出てきます。いちごにバナナにそしてそしてメロン、このメロンを活かそうと思ったのです。「めろんさんと」で、パネルにメロンが六つ貼られる、そしてひたすらメロンを二十五個机に並べる、いやあ、やりがいがありましたね。メロンはすぐにクラスに持ち帰ってみんなおいしくいただきました。

午後はらったの延長お楽しみ保育。豊かな保育の内容を少しでもみんなにおすそ分けしたいと、この日はネフの積み木での遊びを披露します。ネフの積み木はスイスで誕生し、ずいぶん広まってきていますが、まだまだ認知度は低いもの。高価であることや、積み木を買うよりは他に子どもにかけてしまう優先事項があるようです。その積み木ショーを楽しみました。いくつかの技を披露したあと、そしてたっぷり遊んでほしいので二組に分けます。この時に、そばにいる誰かと二組になり、ジャンケンと言うとすんなり、そしてちゃんと分かれて一組は大なわで遊ぶ。そして交替という形をとりました。お見せしたいくらいの遊んでいる光景、この積み木、スピルとアングーラという形は十組ずつ「いつの間に」と園長先生に言われるくらいに購入しているのですが、もっとほしいな、たっぷり遊ばせてあげたいとまたまた思ったりしたのでした。

（六月六日）

バス遠足の〝わな〟

「先生、また子どもたちをわなにかけるつもりでしょう」、どこかにねずみ捕りでも仕掛けるのかという感じですね。「煙にまく」くらいでお願いしたいところですが。外から戻った私にそんなふうに声をかけてくださったのは、パン焼き隊の仕事に来られていた大門さん。そう、この時期いつもぽっぽさんと一緒に北山緑化植物園に行き、緑の山々の中の色とりどりの花々を愛でてきます。昨年は秋の甲山の登山以外、バスを依頼した日は全部天気が不順で実施できなかったというぽっぽの大冒険。今年は無事にお天気に恵まれてしっかり楽しんできました。

朝、ぽっぽたちの出発を行ってらっしゃいと見送ります。そして無事に南出口のロータリーから貸切路線バスが出た連絡を受けると、私はみんなのお弁当やお茶の予備を積んで乗用車で出発。そしてそして、北山の植物園のところでバスから降りてくる子どもたちを迎えます。「どうやってきたの?」と問う子どもたちに「みんなが置いていったから走ってきた!」。そこで一旦話は終了、次に帰りです。みんながバスに無事に乗り終わったら、バスの中のみんなに「じゃあ順子先生は走って帰るからね」。この時のみんなの顔のかわいらしさ、そして心配そうにいつまでも振り返ってちょっと走る格好の私を見ているのがこれまたかわいい。もちろん先に園に戻り、バスを降りて一生懸命園まで歩いて戻ってきた子どもたちを飛び出して迎えます。「はやっ!」、異口同音の子どもたちの顔、これまた最高です。この冒険時の私のとても大事な楽しみの一つ、久しぶりに満喫させていただきました。

さて北山緑化植物園、この日はしっかり山の中を歩いてきました。♪あるこう~の世界です。くもの巣をくぐったり、階段道を上がったり下りたり、約一時間ほどの園内散策。バラやいろいろな花はもちろんきれいですが、この周辺散策がたまらないほど楽しいのです。帰途、先生方と「ただただ感謝やね、子どもたちのおかげであんな道を歩いて、そして何か達成感を感じられるんだから」などと話しましたが、ほんとにそうです。子どもたちと生活しているからこその素敵な時間です。物事は前向きに捉えれば捉えるほど気持ちは豊かになりますね。

ぽっぽに入園して丸二か月のみんな、しっかりと山道を歩きました。どうしても生まれる前後差がありますので、それをたえず修正しながら登ったり降りたり、六月にはこんなことをと毎年願っている一つの一里塚を無事に越えることができました。電車を見たりなどの近場の散歩でしか一緒に外へ出たことのなかったぽっぽさん、そのぽっぽさんと久しぶりに過ごす時間。前へ出過ぎる子、ゆっくりの子、怒られて泣いて、でもひっつき虫さん、などなどもあらためていろいろ観察させていただきました。

（六月八日）

自然観察会

花の日の礼拝、今年は母の日もとても多くお見えくださったことや、昨年も多かった思いがあり、これでもかと席の準備をさせていただきました。でも意外に少な目、黄色の色鮮やかなひまわりが手渡されましたが、もっといっぱいのお友だちにお花を渡したかったなと残念でした。

その前日は年長のみ登園、広田山公園、広田神社を舞台に自然観察が行われるということで先生たちみんなと出かけていきました。すっかりおなじみの菅井啓之先生。今年は八月の後川のキャンプでも、そして九月に研修会を計画していていろいろ聞かせていただくことになっています。先生の足取りの軽さ、何でも手にとって語りだす、またその中身の豊かさには毎回「まいりました」。長いお付き合いになります。特に一九九五年の震災後にもっともっと「自然」が気になり、それまで以上に豊かなものを求めて出ていくようになった頃に、千里北公園での菅井先生の自然観察会に参加するようになりました。先生は同じ場所で何年も変わらずに、その日、その時刻に来た人と歩かれていたのです。同じ場所なのにいつも話は違う、目の前にあるものから広げていかれることには、ほんとに憧れを感じました。また夜に虫の声観察会などもあったりして、ひたすら先生の後ろを追っかけていました。幼稚園での講演会、園庭や川沿い、関西学院までの道のりを一緒に歩いての学び、いっぱいの時間を過ごさせていただいていたのですが、それが途切れることになったのが、あの池田付属小学校の事件です。六月八日の昼過ぎでした。所用で車で出ていてニュースを聞いた時の衝撃は忘れられません。保育後に先生たちの緊急の招集もしました。役員さんとの話し合いもしました。何かを設置する、門を閉める、外に出ていかない、などなどの対応ではなく、「どんな時も先生のところに集まってくる、いい時も悪い時も一番に先生に、と思ってもらえるような子どもとのつながりを大事にしたい」と言ったことを大事に受け止めてくださいました。「さすまた」や「ＩＤカード」「運動会の参観チェック」など、目の前の対応などが取りざたされるなかで、みなさんの信頼のおかげで

今日まで、ここまで来ることができたなと思っています。
菅井先生は当時、池田小学校の理科の先生でした。その直後から連絡が取れなくなります。こちらもとても声などと思いつつ三年が過ぎました。そして思いきってお電話したら、「自分なりの整理ができ、この春京都の小学校に転勤してきた」と言われたのです。そして久しぶりに夏に千里北公園で、当時の年長の子どもたちとの時間を持っていただいた、そんなつながりの先生です。

（六月十二日）

うんていできたから見て

火曜日の朝、年長のかこちゃんが門のところまで来て「うんていできたから見て」。えーっそれはすごい、しかも後ろからはかずしくんまでが、それを証明しようと「ちゃんといけてんで」と補佐をします。それは見に行かなくちゃ、ところがあれこれしているうちに失念、やっと時間をとって探しにいくと今度はいません。見つけ出すのに大変、年長くらいになると「順子先生は忙しいんだからちゃんと呼ぶ時にはおってよ」などとけっこう傲慢に声をかけるのですが、そんなことばもへっちゃらです。で、うんていを見事に渡るのを応援させてもらいました。うんていのスタートのところでぽっぽのりほちゃんが最初の一本にぶら下がっています。おっ、やる気だね。この時に渡って行くかこちゃんを懸命に応援していたのはぽっぽのたくみくん、あの泣き虫さんが！　です。年長の姿に気づき、それを「がんばれ」と応援できる、そこまで成長したのが四月からの日々です。そしてこれがいい形で次につながっていきます。らったのゆうたくんとしょうくんが事務所に顔を出しました。「じゅんこせんせ、てつぼうみてください」。実は日頃うろうろしている時に目を止めたりして、あの子の今はとか心においている場合もあるのですが、この四月に仲間に加わったこの二人については認識が足りませんでした。鉄棒にぶら下がるのを見てほしいということかな、しかし年長のように「ながい」お付き合いになった人たちへの軽口と違って、「ほんとに?」なんてことは決して言えません。何しろ「新参者」の二人が呼びにきてくれたのですからここは何を放ってでもとりあえずは信頼関係作りについて行かなくてはなりません。するとゆうたくん、あの一番高い所で回ったではありませんか。しょうくんは足抜け回りを見せてくれました。けいくんまでがやって見せてくれたのです。ひゃあ!　きみたちもうしっかり仲間になっているではないですか。やはり子どもは子どものなかで育つ、ですね。

保育・教育という仕事は、技術が一番求められるプロなのかどうなのか、というような問いかけを受けました。いやあこれはむずかしい問いです、ピアノは弾けるにはこしたことなく、絵が上手だったり器用だったりするにこしたことはなく、しかしこの言われた技術はそういう技術よりも「教える」という姿勢(教師という立ち位置ではなく、伝える方法とかその内容の魅力とか)のようでもありました。菅井啓之先生と歩くと自然への畏敬をより感じます。そして先生も、知識を取り入れて自然物を集めて、それで遊んでほしいと思っているわけではない、そこにあるものに気づき出会ってほしい、そしてそこから広がっていってほしい、広げてほしいと言われます。何よりそこにあるもの、そして自分が広い世界の中の一つであることに思いを持ってほしい。そういう思いがある時に、「伝えたい」という願いから技術がともなって進化していくということでしょうか。先生であると自らを思うのではなく、子どもとともに生活する。しかし先に生まれてその分生きる知恵も取り入れてきたわけですから、それを活用して子どもを先導することは求められます。おとなの生きる姿を見せることも大事、おとなというのはどう子どもに寄り添うか考えることの多さですね。やっぱり先生だわ、とそう思ってもらえるような、「共に」の毎日でありたいです。

（六月十三日）

生活と結びつくわらべうた

先日、広田神社を散策した時のことですが、いろいろ珍しいものを子どもたちが、講師の先生の姿や声掛けに触発されて、発見して歓声をあげるなかで、そっと前に出てきたのがせいたろうくん。木の枝に何か白いものがごそっと横並びについているものを手に持っています。「おっこれはすごいものを見つけたね」。木耳（きくらげ）とのこと。「えーっきくらげ！　それって何？」の声が飛び交うなか、菅井先生の説明が聞こえてきました。

ほんとに木の枝に耳がついているみたいです。私はすぐに浮かんだのは♪おおやぶ　こやぶ　ひかりまどに　はちのす　ごいしにぼたもち　きくらげきくらげ～の顔遊びの歌。順に頭から顔を触りながら歌っていき、最後に耳を引っ張って♪きくらげ　きくらげ～なのです。だから「これがきくらげですよ」と言われた瞬間に、「ああ、耳だ」と思った次第。日頃の生活と結びついた素敵なひとときでした。

何気なく歌っているわらべうたと生活が結びつくことのうれしさを、そこでまたまた味わいました。子どもたちの好きな♪つくしはつんつんでるもんだ〜、♪たんぽぽたんぽぽ〜をはじめ、どんなものもですが、ほんとに生活のなかで自然に歌えるのです。自然に口から歌が出てくるものばかりです。ちょっと変わったことばの言い回しもありますが、でもほんとそのとおり。「くそつけろ！」だって、そんなこと言うなら「糞つけろ！」なのですよね。この日も蜂が飛んでいて、先生が静かにしていてくださいと言うのを聞きながら蜂を見ると、いつも口から出てくる歌♪はちはちごめんだおらまだぼやら〜。蜂さんぼくはまだ坊やだからこっちに来ないでねというもの、決して逃げたり棒を振り回したりするのではなく、そっとそこにいて回避しなさいと、ということを歌っているのです。それにしても同じところを歩いていても、きくらげを見つける子どもの目。子どもにはいつだって「ははーっ、まいりました」です。

子どもにとっては先生というのは大きな存在。以前にも兄と妹が自分の担任自慢を延々とお風呂でしていたと、お母さんに教えてもらったことがあります。自分の先生がどれだけすばらしいか、その子どもの持ち得ることばをフル動員して語っていたということでした。そういうことを教えていただくにつけ、先生の存在の大きさを感じます。

（六月十六日）

雨の日の幼稚園

雨の日は工夫が必要で、各部屋が分かれて準備したりするのですが、この日はお届け物はないけれど、みんなで集まって遊ぶ「全員集合」をしようと朝から提案。そういう設定をすることにより、子ども同士のぶつかり合いや怪我なども防ぐことができます。広い空間なら少々の摩擦もそれはそれでどう解決するか、子どもどうしにとって学びの機会になりますが、妙ないざこざは避けたいもの。これも三学期くらいになると少々狭いところでも、またぶつかることがあっても上手に解決していくようになるのです。九時過ぎには元気にダンスを踊る様子が二階から聞こえてきます。

暑い！　そこで大きな移動扇風機も登場です。卒園生のお手伝い隊も参加していて、この人たちを有効に活用することもリードの条件、まずはフープを持ってもらいます。二人コンビでフープを持ち、そこにおとなが「おはいりやーす」で入ります。これは次にぽっぽさんを誘導するのにことばで説明するのではなく、おとなが下からフープに入り立つ、そのことを数回やってみるだけで次のぽっぽさんはさっと動いて入っていきます。よけいなことばはいらず、歌を歌うだけで子どもたちは楽しんでいくことができます。人数が多かったり、全体での遊びを誘導する時の知恵、視覚支援ですね。このことは年長が協力して全体で動くという場面もあったのですが、小学生に先に見せてもらったりすると理解しやすい、ここでもまず視覚的に援助です。というわけでいろいろな形で動き回ったのでした。最後は年長の作った二人トンネルにぽっぽもさんぽもらったも通り抜けて遊んだのでした。わらべうたの♪どんどんばしわたれ〜の歌を歌ったりもしましたが、「さんぽ」の曲もピアノで流れます。実は今日は雨で外には出られないけれど「散歩」を意識しての流れ。最後に全員で前を向いて座ってもらって、いつ使うかと取っておいた大型絵本の『へびくんのおさんぽ』。なんともユーモアいっぱいで、優しくて素敵なへびさん、終わりのオチもなかなかで、笑い声がいっぱいに聞かれたのでした。

実習生が昔話を年長に紹介したそうです。最後はハッピーエンドになり、「ほんとの」話を知っている子どもが素直に、悪いことをした奴はそのままでいいのかというような問いをしたそうです。さすが、公同の子どもはすごい。このことは私自身が先日の学生相手でも体験しました。七匹の子やぎたちの話でおおかみが最後井戸に落ちて死んでしまう、そんな残酷な結末でいいのだろうか、という質問でした。子どもとか母親の話をしていて、この『おおかみと七匹のこやぎ』を読みたくなり、次週にそれを読むとまたそんな質問が出て、それならとその次は「昔話」の昔話たるゆえんを語るということになります。学生相手ですから私の体験や思いだけではいけません。それで久しぶりにあれこれ昔話のことを書いた本の中身を探ることになりました。先日楽しんだ『かにむかし』、私の大好きな『三びきのやぎのがらがらどん』、あれもこれも最後はしっかりと勧善懲悪です。さりげなく「悪」の生き方を戒めています。人生はきれいごとではなく、子ども相手だからと変におとなが気を回すのもよくない、このあたりの理解はさまざまです。

（六月十九日）

子どもとの時間はおもしろい

いざ出発、というところでバスにトラブルが。子どもたちが乗りやすいようにとステップを低くするのに下げた車体が戻らないというのです。ここであわててはいけません。いやいや安全のためにしっかりよろしくお願いします、この三年ほどずいぶんバスを活用していることもあり、もう数度お世話になった運転手さんだったので、心安くはありました。そこで動かないバスで「バスの中の授業」をひとつ。

いろいろあった六月を振り返りながら、「時の記念日」について、昔の人は時間をどうやって知ったのだろうか、そんな問いかけをしました。「とけい！」、いや、だから時計がなかったんだわ、「けいたい！」、時計がないのに携帯電話はもっとない！　ついには「ふるどけい！」。いやあ思わず♪おおきなのっぽのふるどけい〜と歌おうかなと思ったほど。子どもとの時間は実におもしろい、元気が出るというものです。太陽などを見たりしたこと、水時計などもあった、そして夏至という昼が一番長いという日もあったというそんなことを伝えたりしましたが、年長とならではの楽しいひとときでした。

五十人との二日間、コンパクトに行動ができました。泥んこの田んぼに入ったり、温泉に行ったり、日常にプラスされる生活内容が多くなります。夜のホタルの鑑賞のあと、着替えてシュラフに入って寝るなど、いろいろなことが実にスムーズでした。

土曜日三時、無事に解散。「自分は迎えに行けなかったが」とご連絡くださったお母さんが「顔を見るなりこの二日間がどれだけ充実していたかすぐにわかりました。焼きそばがおいしかった、幼稚園のパンのサンドイッチもバナナもおいしかったこと、靴下のまんま走ったこと（泥田では靴下で入る）、シュラフですぐ眠れたこと、光るパジャマの友だちがいたこと（えっわたしは見なかった）、温泉のあといっぱいのホタルを見た、山登りもした（秋の栗ひろいの場所まで行って栗の花を見てきました）などなど、弾丸のようにしゃべって、家族中でたくましくなったと感心して見ていた」と教えてくださいました。まあ、報告はバッチリ、そのとおりです。加えて広い校庭で思いっきり走った、なんとモリアオガエルのたまご、そして本体を二匹も届けてくださる地域の方がいて、間近に天然記念物を見たのです。二十四日の朝日新聞に、福島の今住めなくなっている地域でこのかえるが産卵の時期を迎え、早く住人が「かえる」ことを願っているという記事が載っていました。被災地から離れていても、やはり同じ日本の中、こんなかたちで思いを寄せることにもなるのだな、つながるのだなと感じたことでした。ところで後川ではあまりホタルのことは宣伝してはおられません。守ろうと思っておられるのですね。六月にはホタルがきれいですよと教えてくださったその気持ちを大事にしたいと思います。ホタルの生態を少し伝え、ついでに「蛍の光」の歌のさわりを歌い、帰る前の集まりでは『ほたるホテル』の絵本を読みました。

（六月二十六日）

うれしい気持ちのおすそわけ

もうすぐほしまつり、とワクワクするなか、役員さんからは秋の公同まつりの試作の相談。決まったところで役員さんたちは資材を集め、お母さんたちの夏休み宿題キットを作られるわけですから、ほしまつりが終わったらなどと言ってはいられないのですね。これまでの体験もあり、なかなかの案が登場してきます。この段階から制作に関われるなんて私は幸せです。ただし口と目だけですが――。

作業には旧役員さんのお出ましもあるようなのですが、そのなかの一人、転勤で東京へ行かれた方からお手紙が届きました。「何もできなくて～」ということで、昨年ほしまつりで子どもたちへプレゼントしたパンのバッジを申し出。そして「パンが焼き上がりましたので」と送ってくださいました。離れていてもこうして心を寄せてくださる方がいて公同は今日も元気を増すのだと思います。心を寄せるといえば、私たちは一年間特製バッジをつけます。今年は「ちいさいおうち」で彩られたバッジが届きました。プレぽっぽの「くまとうさぎ」、ぽっぽの帽子につける「こぶたほいくえんのこぶたたち」、そして一年を象徴するその年の主題のような絵本から制作されるバッジ、すべて今は名古屋にいるかつての仲間の作です。添えられていた手紙には「ホームページを楽しみにしています。自然の中で過ごしている公同の子どもたちは幸せ」とありました。たくさんの応援のもと、いよいよ七月に。一学期最後の月ですが、毎回のことながら「健康に！」です。

事務所へ戻る時に、冒険小屋の前を通りました。ロープにしがみつきながら、しゅうまくんが「へへへ、かわったよ」と言うのです。うん？　と顔を向けると「ぽけもんかってもらった」とうれしそうです。よかったねえと言うと、そのあとの話からどうやら水筒らしい。買ってもらって水筒が新しくなった、誰かの顔を見た瞬間にそれを報告したくなる、とにかく通りかかる人誰にでもこのうれしい気持ちを教えたい、そんな感じですね。うれしい気持ちのおすそわけ、ありがとうです。事務所にいると最近多いのがピンクや黄色の帽子の子どもたちからのお誘いです。登り棒を見てほしい、うんていなどへの挑戦も多いようです。いろんな子どもたちの様子があり、事務所のみんなはかわいいねと笑ったり、態度のでかい子どもには苦笑だったり。最初は丁寧に「みてください」が、こちらがすぐに行かないと「こらあ、はやくこい！」なんてことにもなったり、「のぼりぼうみてね」の思いと「のぼりぼうのぼるから」が合体してか、「のぼりぼうみるから」と言いながら走っていったり。まあ子どもはおもしろいです。

そんなこんなの毎日、今年も届けてくださいました。超でっかいすいかです。切って子どもに渡す、ではない。まず丸のままを見る、これが大事とずっと思ってきました。魚もそうです。切り身ではなく、本体を見せてあげたり、触らせたり、そんな体験が何より大事と思ってきました。モノには同じ名前でもいろいろな形、大きさ、色がある、そんなことを子どもたちに体感させたい、そして食べ物なら一緒に味わう、そう思って過ごしてきている今ですが、いろんな協力をいただいてきました。

(六月二十九日)

七月
七夕の竹が立てられ
ほしまつり

おてつだいたい

土曜日の朝、小学生が次々に事務所に。丁寧に「きょうおてつだいさせてください」というのもあれば、「おてつだいたいのやつ！」と腕章を取りに飛び込んでくる子どもも。あっという間に十本のそれがなくなり、十一番目だったゆうきくんは「えっまたきょうもないの？」。今追加注文中です。帰りもさまざまの姿が。「ふーん、これ！」と渡すだけに来る子もいれば、「ありがとうございました」「おせわになりました」「しつれいしました」などという挨拶もあり。しかし上手だねと言うと「ママに言われた」とのこと。丁寧な物言いのあとに「おやつは？」と聞くと「うん、たべた！」となりますが、いいのです。こういう関わりが楽しい、そんなドラマが土曜日の朝と昼に繰り広げられます。こんな時に挨拶を教えてあげてほしい、朝の申し入れはお手伝いする本人を押し出していただきたいのですが、帰りは一緒に「先生、楽しかったみたいで～」とか声をかけに来られること、そのおとなの姿が子どもたちの社会での生き方をさりげなく伝えていくことになります。

年のはじめから準備してきた今森光彦さんの講演会を、無事に終えることができました。他の幼稚園も参加して「一つの園では呼ぶことができない、貴重な機会」ということで、全体の半数ほどが先生たちでした。最後の挨拶で園長先生が『世界昆虫記』が出版された時（一九九四年）、クラスに一冊買いました。ぜひそうしてあげてほしい」と言われたら、かなりの園が腕に数冊抱えてサイン会に並んでいました。熱心でほんとに子どものことをよく考えて一体化された聴衆に、一番感動しておられたのは今森さんご自身のようでした。最後にはハプニングで切り紙をしていただきましたが、丁寧にやり方を話しながらの実演。「魔法のはさみ」の展覧会は、神戸大阪でまだ実現していないのですが、写真はもとより切り紙の壮大な世界を子どもたちにもと願っています。昆虫を追っかけて写真家になって、作品とかということではなく、生きるとは、環境とはについていっぱいに話されました。年長が訪れることもある琵琶湖博物館、開設準備されている時の担当が今の知事、嘉田さんでした。その滋賀、琵琶湖をフィールドにしながら子どもたちに「環境」を残したいと思われての種々の活動にも感心したことです。七世代先の子どものことを考えて～というカナダのある学者のことばを思い出しました。「ちいさいおうち」を建てた人は「まごのまごのそのまたまごが～」という思いで丈夫に家を作られた、まさしく六から七世代先のことを頭に置いた生き方、選択ですね。負の財産ばかりではないかと思うこの頃ですが、できることは何かを考えたいものです。

また昆虫に夢中になった少年時代が次を作り出していき、小さい頃飽くことなく眺めた写真、そこに添えられていた文章が、その後のご自身の書く力にもなっていったそうです。一緒に味わう時間の大切さを大事にしたいとあらためて感じました。

地域のみなさんが、この時期のにしきたの

風物詩のように待ってくださっている、そんな竹が立てられるほしまつりがもうすぐです。一九七九年に初めて園庭に大きな竹が立ちました。三十四本目の今年も無事に守られてその日を過ごせますように。

（七月三日）

気づいて、見て、挑む

すいかの時間から一週間、またまた集まる機会が誕生しました。なわとびを後川にも持参、軽やかということではなかなかの年長ですが、今年はまだ赤なわが誕生していませんでした。そこに新人先生の達成に続いてしょうたくんが跳びました。お祝いは年長だけで行われたのですが、みんなにも紹介したいなと思ったので、水曜日朝一番の集まりになりました。モノが届いたから、また誰かが跳んだからなわとびのお祝いをする、そんな集まり方はしません。大事なのは全員にとっての必然性、そしてそれをきっかけにしてのみんなの交流です。まずは今日の青い空に乾杯ではありませんが、♪そらそら～の歌などが響きました。次に各学年今ご自慢の歌を披露していただきました。ぽっぽさんは「パレード」が上手に歌えるようになっています。すごいね、まだ三か月も経っていないのにそしてうれしいくらいに元気な声。次はさんぽとらった、「一番だけですが～」と謙虚な挨拶のもと、♪おしゃべりなまず～を歌う声が。これには驚きでした。歌い方もきれいでした。完成が楽しみです。

さて年長は！「私をハハア！と驚かせてください」、そこで聴こえてきたのは新しい歌「にしきたずっと節」です。自信たっぷりの年長、輝いています。こういう顔を見られるのはうれしいですね。そして「ずっとずっと」なわとびを跳び続けているみんな、特に年長にその様子をお尋ねしました。「七百!」という報告もあるなか「百!」、そう今の自分をこうして誇れるのがいいのです、それが大事。

子どもたちの生活に加わることがあったり、ちょっとのぞき見したりなどなど、自身で情報を取り入れることもあり、そんなことを全体につなげていくのが私の仕事なのですが、今は不十分なことも多いです。しかし仲間の様子を見るのが何より学びの一番! 子どもを次に押し出す力になります。教えるわけではないのに、いつしか気づいた子どもから、鉄棒やうんていや登り棒などを「気づいて」「しっかり見て」「挑み続けて」そして自分のものにしていく、そして人に無理に言われてではなく自分でその気にならないとダメです。そんな積み重ねがおとなになった時に、いやなことでもやってみようという力になるのです。

公同の幼い子どもたちはモノを見る機会に恵まれています。ぽっぽさんのなかにも「ねんちょうになると、しつかわにいくねん」などと「しつかわ」がもうインプットされています。すごいですね、楽しく語ってくれる担任の力もあるのでしょう。ほしまつりだってそうです。年長はほしまつりを知らない新人先生に「ほしまつりとはなあ」と懸命に語っていたようですが、そういうふうに自分の体験を人に伝えていく機会がまたその子どもを育てます。おとなは知っていることでもちょっと知らないふりをすることも必要、「へえーそうなんだ」と驚いたり。ただし知っていて当たり前のことをそんなふうにすると信頼関係は構築されません。

（七月五日）

ほしまつり

雨であろうが晴れであろうが、おまつりを楽しみに待つのが子どもたち。前日は礼拝堂で、そして当日の朝は園庭の山のあたりでの集まり。どちらにも、表現は悪いのですが「これでもか！」というように、顔を出したのが「ちいさいおうち」。いろいろな工夫提案のもとの「ちいさいおうち」、大きなおうちもたくさん登場しました。

まずは絵本のお話を楽しみました。そのあとにまず出てきたのが私のエプロンです。購入でははなく、ほんとに特製なのです。誕生日にと作ってくださったのですが、これはほしまつり、前日のプレの集まりまでは簡単に見せていいものではないと、こっそりしまっていました。先生たちに紺のエプロンをつけて並んでもらって、そしてそのエプロンに何もついてなくて寂しいねということで、これまた特製ワッペンの登場です。二〇〇五年のうさこちゃんから始まったこのワッペン、だんだん高度化してきていて年々そのでき上がり具合が並ではない。私は一枚のボードにこれを全部貼っていつも自慢しています。

母の会の作品のなかにいくつもあった「ちいさいおうち」のあれこれ。そこからどれを全員のプレゼントにするか、また夕方の子どもへのおみやげを（七百！）どうするかなど。しかし準備が無事に進行して、多くの商品などがちゃんと作られていき、お店がしっかり用意されたことを思うと、いつものことながら小人の工場を思いました。見えない、知らないまま、さまざまな多くの準備が行われて、このまつりの日を迎えられたことを心から感謝します。

午前の子どもたち全員へのプレゼントは、ちいさいおうちのティッシュケースでした。一目見ると、何かおまつりの必需品の首からぶら下げるおさいふのように見えて、子どもたちの間から「さいふーっ」の声も。「いえいえ、鼻が出たら拭いてください」、子ども一人ひとりの名前がつけられています。昨年のパンバッジといい毎年素敵なものが用意されています。自分のを受け取ると中からティッシュを出し、ちゃんと鼻を拭いていた子どももいたみたいです。午後は小さな木のストラップが用意されたのですが、これはここに至るまでにほんとにご苦労がありました。ほしまつりを象徴する、公同らしいもの、人の手が丁寧にかけられている、その年その時タイムリーなどなど、でき上がったのが素敵な輪切りの木片、消しゴムハンコで「家」が押されたストラップだったのでした。

四時五十分、山の周りに子どもたちも含めてスタッフ集合、祈ってそしてほしまつりスタート宣言。礼拝堂ではコンサートも行われます。絵本と音楽とのコラボ、『あふりかのたいこ』では太鼓の音を入れてもらい、そのあとパーカッションの演奏の年があったり、昨年はチェロの奏者をお招きしていたので『セロひきのゴーシュ』、今年はフルートなのでフルートが出てくる『ぼくの村にサーカスがきた』。お話に合わせていっぱい演奏を入れてくださいました。お話と演奏の素晴らしさに再度みんなに見せたいと思いました。

（七月十日）

川遊び

十二日は年長が篠山後川を訪れる予定になっていました。恒例の川遊びです。前回六月に訪れた時も流れがきついその川をみんなで眺めたりしましたが、七月に入って天気がよければ思いっきり遊べるなと楽しみにしていました。しかしどうも天候状況がよくありません。どうする、と思っているうちになんと西宮だけ警報です。これはあきらめるしかない、家を出る時のまあ雨のきつさ、しかしあまりに局地的過ぎて、ちょっとその警報を疑ってはいました。小中学校も九時までは「待機」、えーっそれまでにひょっとして解除になるのではと思っていたら、やっぱり八時半過ぎに解除です。あまりの天候の変化に相談の結果、一度断ったバスが再度依頼できるなら、その時点で年長だけGO！　ということになりました。バスが十一時に来ることになり、さあ態勢を整えるために、気持ちの切り替えを。朝すでに休園のお願いの電話をしていただく段取りをしていて、私自身が何の準備もできていません。まあしかし公同のすごいところで、淡々と「いざ出発」態勢に。あとのことはよろしくと先生方に挨拶、補助の先生方ともども、子どもがいないこの時とばかりに整理や片づけが進められています。

さて十一時に平木中学校横からバスが出るということで年長が集まってきて、私もバスに乗り、いつものようにマイクを持ちました。まあみんなのうれしそうな顔、これまた運命が一瞬にして変わったという感じ、もうハイテンションたるや、並みのものではありません。運命の変わった人はもう一人、バスの運転手さん、出動はなしかと思ったら急きょ変更。みんなで心をこめて挨拶をして出発となりました。子どもたちの輝く顔を見て、一緒に出かけることがこれほどうれしいのか、後川をほんとに楽しんでくれているのが伝わってきます。小学校に着きみんなでお昼を、それが十二時半でした。川の流れがきついことは見なくてもわかっています。川遊びはできないとは思っていましたが、四季や旬を味わうということは、ずっと見てきた場所のその時の顔を見ることでもあります。この日はこの日なりの後川の顔を見ることができました。先月に楽しんだ泥田のところに行くと、次々に「はいりたーい」と声があがります。この泥田には今、おたまじゃくし（もりあおたまじゃくし！）がいっぱい。六月に見せてもらったあのモリアオガエルの！　とのぞきこんで大感激のひとときでした。川には入らなかったけれど、小さな川を岸から岸へと跳んだり、川に足を入れたり、などなどやっぱりこの日の顔と味わいを楽しんだのです。

先月にみんなで見たのが栗の白い花、今月はねむの木のピンクの花、さあ次の九月にはどんな色が見られるのでしょうか。ほんとに四季を旬を色を味わっています。ねむの木を往路も復路も探しながら、稲が育ち風とともに流れていくような景色。「ねこバスが走っているかもしれない」というほどの風景です。ところで、次に訪れる九月には稲刈りです。なんと早い！　こうして年長もどんどん年長の時間を過ごしていって、あっという間に、なのだろうなあ。

（七月十三日）

「わたし→わたしたち」を学ぶ

土曜日はほんとに暑い日でした。礼拝堂での集まりはその暑さのなかでお付き合いいただきました。前半は子どものこと保育のこと、保育というより生活、一緒に生きるということについて思うこと、また日々のことをいろいろ話させていただきました。

後半の絵本は近々の話題ということで、その一はホフマン生誕百年を記念して出版された『赤ずきん』。『おおかみと七匹のこやぎ』などグリム童話を子どもや孫のために絵本にしたホフマンの十冊目のグリム絵本です。その二はセンダック、前回に亡くなったばかりのセンダックを少し偲んだのですが、その最新絵本の『ブルンディバール』です。ナチス収容所で子どもたちが演じていたというオペラ、それを絵本にしたものです。子どもたちのたくましさ、しかし世の中の厳しさなどが描かれています。「勝った」と思っている子どもたち、「あいつらは勝ったと思っているけれどね、大変なことは繰り返しやってくるよ」とうそぶく悪者、でも子どもたちに、その底力に乾杯です。その三は六月にお招きした今森光彦さんの写真絵本『雑木林のおくりもの』、篠山後川と同じ風景が広がる私の大好きな一冊です。その四は『ぼくの村にサーカスがきた』、アフガニスタンの子どもたちにと描かれたもの。先日のほしまつりにプロジェクターで、フルートとピアノの生演奏付きで上映したお話です。戦争によって生まれた村を追われることになり、でもいつかその村に戻れることを願っている、そんな子どもたち、今の日本の福島のことが思い浮かんでしまうものです。

　絵本『ちいさいおうち』を意識することになった昨年の三月十一日以来、この絵本が七十年も前に作られたものであることにはずっと驚いてきました。作者はその時何を考えていたのだろう、「まごのまごのそのまたまごの～」そんな先を思って建てた家。ネイティブアメリカンのダイアン・モントーヤさんの言ったことを教えてもらったことがあります。どうしたらいいか迷うことがあったらそのことが「七世代先の子どもにとってはそのことがどうであるか」、それを基準にするというもの。そんな思いがアメリカという国の根底にあるから（えっ？　と思うことも多い国だけれど）、誕生した絵本なのかもしれません。

四季、私たちに与えられた天からの贈り物、それを忘れてはいけない。保育は子育ては、というより子どもとの生活は四季のなかでその旬を味わうこと、暑い時寒い時、自然の涼しさ、温かさを求めるには、せっかくの恵みを活かしてどうしたらいいかを考えよう。どんなものもずっと見守っていく時間が大事です。芽吹きから、つぼみを見てそして花が咲き、満開になる、散る、そんな変化を心から感じることが、人の成長、子どもの育ちをゆっくり見守る力になります。急いだってどうにもならない、でも見過ごすなんてことはしてはならない、それが子どもの成長です。

ずっと定点を追っかけたいと思ってきました。北千里の公園も春には秋にはと思ってきましたが、今篠山でそのことができはじめています。田植えを見守った田んぼ、次に九月に訪れる時には稲刈りを見せていただきます。そうして育つのを見守ったお米を食べる、時間の流れをその積み上げを感じた子どもが、生きることをあせったり、あってはならない選択をするとは思えません。自分の足で歩くことの大切さを知っているから変に人と比べて落ち込むこともそうはない、公同を巣立った子どもたちはしっかり歩みを進めてくれています。ぽっぽに入園して、「相手がいることを知り、意見の違いや譲ることなどもわずか三か月で身に付けてきた」と一人のお母さんが言われていました。しっかり「わたし↓わたしたち」を学んでいっているのですね。いろんな人がいて、その違いを受け止めながら、一緒に力を合わせるおもしろさに出会う、わずか三、四歳でもしっかり周囲を見ていっているのだと思うとおとなはのんびりしていられません。日々進化です。

（七月十七日）

季節や旬を大切に

事務所であれやこれやとバタバタしていたら入り口から声が聞こえます。りひとくんと手をつないだこうだいくんが「うんていみて！」とのこと。これは行かねばなりますまい。暑さに負けていると思いつつ、うんていを応援、渡りきるのを見せてもらいました。たいせいくんの手のひらは豆がつぶれて痛々しい、「きょうはできひん」、また見せてもらうからね。早々引き上げようとすると「じゅんこせんせーい」、軽やかな声です。あすみちゃんです。何に挑戦かなと思った瞬間に「いっしょにかぶとむしみよう！」、思わずずっこけたのです。すると「かぶとむしきらいなん？」、心配そうなゆうだいくんの顔とことば。いえいえ、思いがけないお誘いに暑さもあって面食らったのです。「みてみて」「いっしょに〜」こんなかわいいお誘いに日々触れられるのが幼稚園の時間です。

今年は今まで以上に季節とか旬とかを意識して過ごしています。七月に入った時は夏に行われるおまつりについて話したりしました。わらべうたで歌うこともある♪こんこんちきちきこんちきちん〜、これは京都の祇園祭。大阪では天神祭もあります。みんなが訪れている篠山はデカンショ祭りが有名、夏のキャンプでは地域のおまつりへ最終日に合流するので、地元のみなさんのデカンショにしっかり混じらせてもらいます。ほうずき市もこの季節聞かれることばです。♪ほうずきばあさんほうずきおくれ〜という楽しいわらべうたとその遊びがあるのですが、このほうずきが子どもたちの生活の旬になかなか合わせてくれない、いつも今頃の悩みです。お盆の頃に出てきてそして夏期保育の頃にはもう姿が見えない。タイムリーでない。ところが今年は花屋の店先に七月に入って、籠で登場、ちょっと早過ぎると思いつつ、でもみんなに見せたいと思って購入してきました。先生たちがオレンジの袋をかぶって、「熱い」ほうずきになり、またかわいいオレンジ帽のほうずきも出てきて、そして本命のほうずき登場だったのでした。

わらべうたは季節や古くから伝わっているものなどが自然に歌われています。たけのこの時期には思いっきり遊ぶし、お米の収穫もその作業を歌が彩ってくれます。わらべうたってすごいなと思うのです。プールでもそうです。まだ十年未満の歴史とはいえ、暑い時にほんとに水の中で♪こりゃあどこのじぞうさん、うみのはたのじぞうさん～と歌い、「うみのなかにどぼん！」と水の中に子どもをつけたら楽しいだろうなと思って始まりました。♪おてんとさん～だって♪おちゃにてかぶしょ～で、お水をかけたらおもしろい。

そうやってプールでのわらべうた遊びが積み上げられてきました。

　ほうずきが登場のあと、小さい頃におばあちゃんがほうずきの実を取り、揉んで揉んで中身を取り出し、その皮を口にあて吹いてくれたと和田先生が教えてくれました。そう、ほうずきの頃に子どもたちが必ず遊んだものです。もう何年も前、わらべうたの会に一人のおばあちゃんがお越しになった時に、ちょうどほうずきがあり一人一個で遊んだのですが、上手に中身を取り出されて吹いてくださいました。私はあまりうまくないのでじっと見入っていたのを思い出します。

（七月二十日）

八月
夏休みに思うこと

人のつながりがあってこそ

七月二十日最終日、今年も大雨洪水警報が出ました。園の時間には影響がなかったとはいえ、最後の日、掃除もあり、午前中も雨が降ったりの一日でしたので、小さいお子さん連れは大変だったと思います。暑いと嘆いていたら、東京方面は気温が低かったと聞かされて、これまたびっくりでした。

風邪症状も多いです。日頃室内での生活が多いと、急な暑さで発汗など身体の調節がうまくいかないことも多く起こります。小さい子どもほど受難の季節、ほんとは開放的な季節ですから、思いっきり遊んでほしいところですが、子ども中心のプログラムでお願いします。年長だと三年目を迎えて体力面で「免疫」ができて暑さ寒さに強くなっています。年長の最後、雪山遊びの頃には、時間的にもまた気温などの面でも、安心して一緒に行動できます。

十九日は伊丹の昆虫館に出かけて行きました。帰りは十二時を過ぎたのですが、みんな元気に戻ってきて、三時までたっぷり遊び、それでいて年長は翌二十日、最後の日も欠席なし。これがここでの体力の自然な積み上げかなと思わされた次第です。

休みに入ってホッと！　ですか、とよくお尋ねいただくのですが、子どもたちは来なくても、この時にこそとすることはいっぱい。環境を整備する、片付けておく、次への準備をしておくのはとても大事なことで、天与の機会とばかりに分担してがんばります。

八月一日からは後川での教会学校のキャンプです。篠山の井本さん（♪ずっと節～や♪おしゃべりなまず～の歌などの作曲者）、自然の中で過ごすならこの人と一緒にの菅井先生。そんな時間も用意されて楽しんだ四日間でした。菅井先生も一緒に歩きながら、心身ともにそのことを感心されていました。ほかの学校であれば、二時間もこんなふうには歩けないと。そして子どもたちをキャンプはもちろん、毎週の出会いの時間を支えてくれている幼稚園の先生たち。大きくなっていく子どもに出会えることは何よりの学びです。「あの子、やさしいおにいちゃんになってびっくり」をはじめ、年々その変化を見ていくことができるのですから。学びとはいえ、出会いのすべての時間を支えてくれるのが先生たち。仕事の大きな部分に位置している、卒園生を中心とする教会学校の子どもたちとの時間ですが、ほんとに感謝です。そんな時間の締めくくりは、参加していた地元のお祭りの最中に、西宮に向けてバスが出発するのですが、お祭りに参加している方々がデカンショを踊りながら懸命に見送ってくださる風景のすばらしさ。こんなつながりが生まれて育ち、またこれからも綿々と息づいていってほしい、そんなことを思わされました。人のつながりがあってこその子育てです。（八月五日）

子どもの安全

二〇一一年は、夏休みに入ると同時に福島からお客様を迎えて（総勢約四十人ほど）、五日間を一緒に過ごしたのです。今でこそあちこちで保養プログラムと称していろいろ実施されていますが、この段階で少しでも被爆から逃れてゆっくりしてほしいという思いを実行に移すのは大変なことでした。その五日間をすべて出勤して進行に加わってくれた幼稚園のメンバーの力で、「そんな無謀な前例のないことを」と言われたプログラムも無事に終えられました。

さて後川で幼稚園の活動や教会学校のキャンプが、進行していくのにはそれなりの手間がありました。開校している頃に一、二回ちょっと遊びに行くのは校長先生との話し合いですみましたが、閉校になりその跡地を恒常的に使わせてもらうことは、市教委に地元も加わり、提案を喜んでもらっているような、しかしよそ者が入るのはご迷惑かなと思うところもあり、引き腰になる感じもありました。そんななかでの二〇一〇年初の後川キャンプでした。

ところで話を三十年くらい前に戻して、幼稚園の宿泊保育もまだ幼稚園の園舎でやってた頃に、北海道で子どもの村が作られたという情報に接します。横浜でひまわり文庫という、文庫はもとより遊びなど子どもの空間を大事にする取り組みをしてこられた方々が、北海道で土地の借用が可能になり、長期キャンプを一九八三年の夏からスタートするというもの。子どもの場への考え方、おとなの在り方にひかれるものがあり横浜に行って話を伺い、西宮にも来ていただいての交流が始まりました。染め紙やストローあめなどは、その時に教えていただいたものです。北海道にも行くけれど、ここで自分たちがということが大事ですから、その年から広島で四泊五日のキャンプが始まります。自由、自立を冠したそれらはいろいろ議論を生み出しもしますが、十年続きました。その間に北海道のキャンプでは子どもが亡くなるという事故があります。子どもへの思いなどに共通点はあったものの、その実際の進行には疑問が多くあり、一介の存在がどうやってそのことを伝えるか逡巡していたこともあり、ほんとに衝撃でした。私が必要以上に安全にうるさいのは、十一歳年下の弟を列車事故で亡くしたことと、またこのキャンプで参加者どうしではあれ、幼いいのちを見送ってしまうことになったこと、そのことにあります。

参加者ではあったものの、進行に問題はなかったのかなど時間をかけて話し合い、問題提起をしますが、数人の取り組みと報告はそう簡単には聞き入れられませんでした。

公同のキャンプはその後タウンキャンプなどと称して、幼稚園をベースに街の空間を活用して行われます。そして山や川、森などの緑をと願っていた園長先生が能勢に大阪府のキャンプ場を見つけて、一九九七年から二〇〇九年まで二泊三日が毎年恒例になったのでした。涼しくて星がきれいで広いところもあり、大きな声を出しても大丈夫という場所でのキャンプに、私は「はりつく」ことはしませんでした。一日目一緒に行って川遊び、夜は星空ツアー、それらを終えると帰宅。でも出動要請（発熱や怪我などの発生）があると車を走らせ、その三日間は少し距離を置いて参加しているという感じでした。あれやこれや指示をしたくなるところがあるので自ら距離を置き、それがまたちょうどよい感じになっていました。バンガローでの数人での生活なので子どもも勝手に過ごせる場所があり、涼しいし放っておいてちょうどよかったのです。でも勝手におやつパーティーができて、自販機でのジュースの購入は自由で、結果食事の時には食べられない子どもも多く出てきて、特に食には「うるさい」私としては、「見ないでおく」という距離を置きました。

そして後川小学校の跡地を利用して、三泊四日の提案がなされました。山、森、川だけでなく田に畑に雑木林にとその財産は限りがありません。しかし昼は暑く、学校の外は一歩出れば猛スピードの車が走っています。いわゆる昼間の逃げ場もありません。私がいなくては、この「社会に必要なB型人間」が求められていると、キャンプに全面参加、プログラムの進行や段取りに口出しをすることの了解を求めました。それまでのキャンプでいわゆる自由を謳歌してきて、今度はリーダーになり手伝いに来た大学生たちには不評でした。最初の晩のミーティングで、まず「並んで川遊びに行った」ことを「信じられない！」と言われます。すべてにおいて自由でなかった、公同の味がなくなったというのが若者の意見でした。信じられないのはこっちです。最初の年は百人を超えていたし、川に行くには国道を越えなくてはいけない、全くの初めての場所で慣れないところで、並んで点呼して何が悪い！　です。地元の生活空間の中に入り込むわけですから制限もある、自販機まで自由に買いに行きたいと言われても、北海道では車にはねられて二人も亡くなったのです。行ってらっしゃいとは言えません。最後まで大学生とは意見は合いませんでした。

無事に一年目を終え、二年目はすべての点検をして臨みます。たとえば能勢は車を降りてからキャンプ場まで歩きます。しかし後川では、バスは校門前に止まります。講堂に入りそのあと出たり入ったりを簡単に行えるように、最初からゴムぞうりで来てもらい、登山の靴は荷物の中に、などなど大幅に丁寧に、子どもの動線を考えたうえで持ち物をお願いしたのでした。また地元からはとうもろこしやキュウリにトマトなどの野菜が届きます。それを活かすには市販のおやつはないほうがいい、おこづかいも特にいらないと、大学生たちが聞いたら何を言うだろうかの提案でした。しかし最終日にはお祭りがあり、しっかりおこづかいをもらって買い物に遊びに屋台にと楽しみます。スタッフの一人が「あの豊かな食材はすべてなくなり、全部子どものお腹の中に収まったけれど、それを先導した順子先生には驚きでした」と言われました。とにかくお届け物が多かったのです。キャベツになすびにトマトにキュウリ、メニューを想定して購入した以外に届くものすべて切られ塩もみに。いったいどれだけ食べたか。焼きそばに入る野菜の多さ、しかし食べます。川遊びに泥田にと、毎日遊んで遊んでそして三度の食事、「またあ、やさいーっ」なんてことにはなりません。というわけで小姑はほんとに大満足でした。

真昼には暑過ぎて外に出さなかった分、夕方にはよく遊んでいて、遠くて姿が見えないことも。そんな時に校庭の水槽をのぞいている姿とか、サッカーで走り回っているとか、ぶらぶら歩きながらのおしゃべりなどの様子、そういう交わりを見るのはほんとに心地よかったです。日中は時間を考えながら外に出る時間を作っていく分、講堂での時間をいかに過ごすかも問われます。毎朝、白紙のその日のプログラムを張り出し、書き込みながらみんなに伝える、伝えるだけではなくそこでの会話もたくさん楽しみました。

さて二年前、試行錯誤の一年目だったとはいえ、三泊四日になったのに一人も涙を流さなかった、一年生からみんなとても心安らかに過ごしている様子に自信を得ました。体育館での全部見える、つながっている生活がよかったのです。低学年には無理はさせられない、そう気づき、これは次の年からの備えのなかでの根底になります。班活動より、学年ごとに丁寧に寄り添うなど、加えて卒園まで後川で楽しんできている時間が年ごとに増えているので、必然的に生活ぶりも安定しているのも大きなことでした。

とにもかくにもほんとによき時間でした。盆踊りの最中に子どもたちを集め、トイレに行くように促し、人数を把握してと必死で走り回っていると、いつもお世話になる自治会長さんが「積み残した子どもがいたらお世話させてもらいます」と笑いながら言われました。もっと子どもがいたらなあ、それが現地の人の思い、子どもがいれば小学校は存続します。それが地元の発展の大事な鍵です。

けんかもさびしさも、そんな涙はない四日間でしたが、家に帰るうれしさはやはりみんなあります。そのあと静かに寝入ったのは言うまでもありません。行って帰る、これが物語の大事な要素、行くところも帰るところもある子どもたちは幸せです。後川に送り出してくださったご家庭に心から感謝です。最後の日にそれぞれがとても素敵に四日間をまとめていました。体験を表現できる幸せ、そして表現したいと思う時間であったとも感じました。幼稚園のみんなとは九月、十月また後川の秋を感じたい、とても楽しみです。

最終日の解散は夜十時過ぎ、でも大きな怪我も病気もなく、無事に園庭でのお別れ、今年もそんな日々を終えられたことは最高のうれしさです。

（八月二十日）

切り紙のおもしろさ

八月も二十日を過ぎて夏期保育もスタート、序盤戦というか助走です。全員は揃わない八月のこの時期ですが、九月に向けて身体を慣らしていかなくては、そんなことでの夏期保育という時間。昨日と今日でコロッと変わる、セミもあわてて引っ込む園庭の光景です。

お盆の一番損な時に博多まで行ってきました。今森光彦さんが福岡三越で「魔法のはさみ」という展覧会をされることになっていて、これまでとは違う大がかりなものだからぜひ見てほしいとの声をかけていただいていました。トークショーもあるとのことで、会場におられる十六日を狙っていざ！です。今森さんは相変わらず元気そう、夏の暑さなんて、の雰囲気です。写真家、昆虫少年がおとなになった、として出会った今森さんですが、数年前に切り紙の名手と知らされます。ご本人も小学校くらいに楽しんでいたそれから長いこと離れて、子育てをしながらふと思い立って切ってみたらご自身の子どもたちがやたら喜ぶ、受ける、で思いがけず復活することになったそうです。そして今は、その切り紙だけで大手の百貨店で展覧会を開くことができるというのですから。「長いことハサミを持つことなんかなかったけれど手が覚えていた」と言われていました。手が、というより脳に刻み込まれているのでしょうね。今森さんからは、もしワークショップが一時間あるなら、その大半の時間は外に出て、いっぱい見て観察して、そして室内でのワークになる。最初から切り方を教えるとかそういうものではなく、どれだけ自分が花にせよ、虫にせよ景色にせよ心の目で見ているかどうか、それが問われるというのです。体験ですね。戸外の時間の大切さ、それが八十から九十パーセントとのことでした。公同の子どもたちの日々を見てもそう思います。後川の時間にしても♪しつかわといえば～と歌い出したら、出てくる出てくるそれぞれの体験から。そうして後川という全体像ができ上がっていくのです。また切り紙のおもしろさは、写真と違って自分の想像を入れられるというところ、花と実を一緒に入れたりして構図を作ることもできる、そんな自由さにあるとも言われていました。今森さんの、色画用紙をふんだんに使った切り紙がすごいのです。この広大な作品を子どもたちにぜひ見せたいと心から思ったほどでした。図録も丹念に眺めましたが、実物のすごさ、これは表現しがたいものです。

夏期保育初日の二十日は伊丹までコンサートに。ビートジャックという四人組の楽しいパーカッショングループなのですが、マリンバの安永早絵子さんというと「ああ」という方も多いと思います。暑いし、初日にとは思うもののどうしたって体験させてあげたい音楽、それで今年も行ってきました。みんなスムーズに行動してくれて見事に行って帰ってくることができました。電車の中でおもしろい会話を年長としました。たまたましょうたくんがいたので「夏休み中、何回お母さんに怒られたか」を聞いたのです。百回くらい？と聞いた私に四回と教えてくれたら、そうくんが「そうはさんかい」、するとあきらくんが「あきらはいっかい」、年長となるとその手の回数は少ない方がいいとわかっている、そこが年長ならではの会話です。何でもやみくもに回数を言うのが三歳くらい、真剣に、怒られた回数をと思ってしまうのが次の段階、そして年長になると「いやあ怒られはしたけれどそれほどでも」とちょっと格好つけ、他人より少ない回数を言う、これが年長なのかなと思っています。初日からそんな会話を楽しみました。年長はいろいろ体験が積み重なるこれからの日々、秋、ぐーんと背伸びしてそしてあちこちに駆け出してもいくだろう毎日。そんなことを楽しみに思える、子どもたちとの時間でした。

（八月二十三日）

九月

毎日何かある幼稚園

子どもを育てる仕事

西宮の公立小学校、その地域の公立私立の保育園幼稚園の管理職会議、年に二回ほど開かれます。幼児期から学童期の子どもたちのことについてお互いに意見を述べ合い、共通認識を持とうというものですが、どうしても抽象的な話が多くなります。あるところからは、子どもを一人ひとり大事にしないといけないと思う、でも全体で集まる時にはやはり話を聞ける子どもに育てたい。ちょっとこれ意味不明かも。個人を大事にすることと、園がしっかり集まりを引っ張ることと、どういう関係があるのか、集まりの最中にごそごそ話をしたり動く子どもがいても、その個人を尊重しなくてはいけないということなのでしょうか。

ところで私に順番が回ってきました。ここはおとなに対してもやはり具体的に、です。九月に準備されている平木小学校での「ひらき・まつり」、二十回になるけれどPTAだけでなく卒業してからも力を出してくださる方々がいて、地域の子どもたちのためにと、子どもが子どもを産んでというような年齢になっても中心になり、手助けをする方々がおられて成り立っている。そんな地域で生活できているることのすばらしさ、これが一つ。次に私立であり教会学校があり、という特殊な状況であるから普遍的ではないけれど、子どもたちとこの夏もキャンプに行った、いつまでも触れ合える機会には感謝だけれど、そこで思うことは幼児期の姿だけで決めてしまってはいけない、高学年の子どもたちの様子を見ながら、子どもの成長は長いスパンで見なくてはいけないと、今年の夏もしみじみ感じ自らに厳しく問う思いだった。このことを心にとめて向き合っていきたい、これが二つ目。そして最後に篠山後川のことを話しました。豊かな自然の中で多くの人の心にくるまれて過ごす、そういう時間を大事に思うことがその時間が人のふるまいがそして思いが、子どもの心に届かないわけはないし、それをことばであぁだこうだと言うのではなく、一緒に経験すること、そのことがおとなとしてとても大事な役割と思うということ。会議でだって、あれこれ論評するのではなく、話を聞かない、どうしたら聞くのかと子どもの側に問題を押し付けるのではなく、いつも自分が何をするべきか考えなくてはだと思います。

「集まるよ～」、遊んでいて「えーっ！」と言うような顔をする子どもも「二階で全員集合」と聞くと、さっと片付ける。急な集まりでも階段をわっせわっせと登っていく姿が見られるのが公同幼稚園。「順子先生が前に出てくるだけで子どもの顔が変わるわ」と言われて、またその気になり「次は！」と張り切る私ですが、聞きたくなるような、伸びあがって見たくなるようなそんな時間にしたいですね。そしておとなが子どものことを思ってそのために力を惜しみなく出してこそ、子どもたちは応えてくれるのです。

ケストナーの『どうぶつ会議』はまさしくそんなことを考えさせてくれるものでした。「ぞうはね、大きいから偉いのではなく、賢いから偉いのだ」と、お話を聞いた子どもが興奮して家で語ったそうです。そうなんです、子どものために、ぞうはほんとにほんとに頭を悩ませ、そして自分の思いを行動に移したのでした。

（九月一日）

夏期保育

八月二十日、夏期保育の一日目、教会学校からの参加者も含めて伊丹までコンサートに行きました。小学生はキャンプもあったりしましたが、幼稚園は久しぶりの登園です。うれしさもあり、暑い中での登園に戸惑いもある子もいるでしょう。テンションが高い子どももいれば、涙もあったり、指示が聞きにくくなっていたりなどなど、いろいろな子どもがいる。初日に連れ出すのは冒険です。年長ともなると昨年の体験がしっかり残っています。ぽっぽさんの手を引いてくれたりとなかなか頼もしい存在。そんな働きもあり、みんなの連携行動で久しぶりに登園する夏期保育の初日に、園外というどこでも計画しないような時間を無事に終えることができました。緻密な計画と、それまでの体験と、何よりやる気とそういうものがあってどんなことも可能になっていくと思います。これは夏期保育の最終の取り組みとしての年長の淡路島への時間にも通じます。夏の終わりの海、少しの天候の変化でも波の状況はいろいろに変わります。そんななかで浜辺での遊び、そして順に湾内一周のカヌー体験です。カヌーが進む時には必ずレスキュー用の一人乗りカヌーも同行します。今年は花ゆうの板前さんお二人が一緒に行ってくださいました。そのあとのキャンプ場での園長ラーメンも本職が作ると味が格別に、だいたい暑い思いをして作らなくても、食べるだけでいいなんて、私は最高の気分でした。みんなで浜辺にいる時はこれ以上ないという緊張、ちょっと気を許すとどんどん海の中に入っていってしまう子どもも。横に広がりすぎても怖い。厳しい声が飛びます。子どもたちを見ているはずの先生が一人の子どものトイレに付き添っていってしまった時、私に怒られました。「ちょっと待って」と子どもに言って、どうするべきか、休憩所のところで着替えを担当している先生たちに合図をするとか、とにかく海辺に大半の子どもがいるのだから決して気を許してはならない。淡路島はそういう時間です。その一日も無事に終えて帰ってくることができて幸せでした。

というわけで、子どもたちとの日常がどれほど奇跡で、当たり前ではなくて貴重なものかを夏のいろいろな時間であらためて感じたことです。二十五日のわらべうたの時間もほんとに楽しかったし、あらためて謙虚になってそして日々を過ごしていきたいと思っています。

四日に恒例のすいかがやってきました。今年も重さクイズをします。ぜひ眺めて考えてそしてエントリーしてください。いっぱい触って楽しんでください。大きく育つ様子を思い浮かべるだけでも、生きていることが今ここにいることがうれしくなってくる思いです。

（九月四日）

多様性を知る

つながる、そしてだからこそ広がっていく、そうしてほんとに広がってきたな、としみじみ思います。大きなすいかを目にしたのは二〇〇六年の十一月のことでした。池田の市場の中の果物屋さんの二階ギャラリーで、クリスマスに向けて展示会をされるということで訪ねました。その日、到着して店先にあったすいかを見て、とにかく階段を駆け上がり、挨拶より何より「あのすいかほしい！」。そしてそのすいかが幼稚園にやってくることになりました。翌年からは夏休みが終わるころになると先方から「どうぞ」と声がかかります。

ぽっぽさんたちの驚きの様子をしっかり見ておいてねとお願いしていたのですが、昨年、一昨年とすでに目にしている子どもたち、年長とかは二回目、三回目もいます。でもぽっぽさんはほとんどが初めて、お兄さん、お姉さんに付いてきて昨年の思い出がある子どももいるかもしれませんが、衝撃となる出会いでしょう。

ところで果物屋さんで出会う果物がいろいろ変化に富んでいて楽しい、昨年は緑のマンゴーが二学期初日に仲間入りしました。「みどりのお客様」と称してズラリと並べて紹介しました。大きなすいかに始まり、幼稚園のカリンの実に至るまで、大きな夕顔や福島からいただいたひょうたん、そんな緑の野菜をこれでもかと紹介したのが一年前。今年は以前にも購入したことのある「アウローラ」、最高級のぶどう。一目見ただけでは一粒が小さい青いりんごと思えてしまう、それを買ってきました。ひと房の中にも大きいのもあれば小さい実もあったりする、ぶどうと言っても実にいろいろ、このことを心に留めてほしい、いつもそう思っています。多様性、そんなことが自然に身についていれば、人との関係も障害や病気の理解もむずかしくなくなるのではと思っているからです。そんなことを伝えたいといつも思っていますが、その取組みは何年も前の冬の「みかん」で始まりました。きんかんからみんなのおなじみの大きな晩白柚《ばんぺいゆ》まで、みかんと一口にいっても、その仲間は限りなくいろいろにあるということですね。

まだまだ貪欲にいくぞ！　そんな思いです。いろいろ用意するのですが、先生たちにとってもたくさん出会いをして、そして次の子どもたちとの時間に活かしてもらえたら、しっかり心に記録してほしいなとも思っています。年長のクラスに水曜日の午後おじゃましました。なすをその豊かさを紹介した新学期、それは早速料理されてみんなで食べましたが、そのことをもう少し深めたいと思い、なすの絵本を持っての部屋入りです。子どもたちと生活することによって私たち自身がほんとに世界を広げていってもらっていると思うのですが、なす一つをとってもそうです。このなすの絵本を描かれた人とは以前にどんぐりの絵本で出会いました。どんぐりの奥深さに出会ったものでした。年長の秋はやはり運動会、そんな思いで一冊用意していました。みんなに「さあ、二学期って？」と問いかけました。出てくる出てくる、安易に運動会と言ってもらって絵本につなげようと思ったわたしの想定を大いに覆し、「さつまいも」と言うから、さつまいもだけでは～と問うと、「つぎははたけをたがやす」などという感じでことばの交し合いがまあ楽しい。

年長との会話は準備していっていても、彼らははるかにうわてにも出てくることも。こちらも気合を入れて。そして体験しているからこその彼らの身についたことばの自然な誕生に、いろいろなものとの結びつきに、いやあ一緒にいておもしろい。そんな子どもたちと明日は稲刈り、五月に植えた苗が育ち、そしていよいよ収穫です。このお米の販売もまた声がかかると思いますが、楽しみにしていてください。

（九月六日）

育ちがわかる瞬間

七日は年長と稲刈りに。もちろん手刈りはほんの一部で、幼稚園とかでお願いしている田んぼの機械での収穫を応援するのが仕事です。それでも園舎の一階の廊下に干していますが、これは鎌を持って刈ってきました。子どもたちも手を添えてもらって鎌を持ち挑戦、次は干してある稲を脱穀です。これも昨年園庭で園長先生のもとみんな様子を見つめました。

先日集まりの折に二学期に仲間入りした子どもたちを紹介しました。ぽっぽさんのクラスに、体格年長以上という貫録のある男の子が。前に並ぶとみんなも驚きです。そこで「背の高さでは負けるけれど、おれは年長だ、と思うお友だちは出ておいで」と呼びかけました。そこで勢いよく挙手し前に出てきたのはあきとくんです。並ぶと背は低いです。でもその存在感には圧倒されるほど、見事です。今を生きている、自分を誇りに思っている、これこそが私たちが育てたいと思っているものだと、心から思いました。自分が好きであれば、どんな局面にあっても泣くことはない、自分が好きであれば、他人がその自分を好きである気持ちもわかります。心が育っているとほんとにうれしくなりました。できる、できない、大きい小さい、などで比べるのではなく、その子どもその子どもを見ていきたいとあらためて思いました。

来年度園児募集の時期になりました。お尋ねのなかに「ネットの書き込みなど見ると男の子向きの幼稚園とあり、うちの子はのんびりしているから向かないでしょうか」。いえ育てたいのは自分を誇りに思える子どもであって、男の子でも女の子でもありません。私たちは人間を育てているのだと言いたくなります。

ところでそのあとにもこれが年長だと思う場面がありました。こうちゃんが一番高い鉄棒での逆上がりを見てほしいと事務所の入り口に。最初から一人で来たのではなくどうやら仲間が応援したみたいです。ちょっと机の陰に隠れて聞いていたのですが、どうやら二、三人が一人で言いに行けと背中を押している様子。こうちゃんは「えっ？」と戻るのですが、「おまえが言いにいかなかったらあかんのや」と、ここまではついてこれるけれど、最後は自分やという励ましを送っているようです。おとな顔負けですね、すごい。いったい誰と誰とかを見ることができなかったのは残念ですが、そんな見守り隊のもと、こうちゃんは無事に私に申告することができました。これが育ちだと思います。

（九月十一日）

秋のはじまり

元気に秋を過ごしたい、去りゆく夏をたっぷりと！　なのですが、今ちょっと心配になるのがＲＳウイルスなるもの。こんな気温だと種々の感染症にも要注意ですが、ここ数年感染症に仲間入りしたのがこのＲＳウィルス感染症、特に乳児などが気をつけてほしい急性の気道感染症です。わかりやすく言えば、気管支炎や肺炎です。発熱、鼻水や咳など通常の風邪と変わらず、軽快していくのですが、幼いと上気道炎から下気道炎になりやすい、そうなると入院加療ということにもなります。あなどらず、それぞれに獲得している免疫を信じて前向きに、お母さんの目が、判断が問われます。体調に留意しましょう。

年長と稲刈りに出かけ、この季節をたっぷり味わってきましたが、金色に輝く、果てしなく続く田んぼ、その稲の上をこれでもかというほどに飛んでいるのは、赤とんぼ。あれほどのとんぼの大群というか飛翔を目にするなんてことは、です。稲刈りの機械が入るため、底の方にいる虫たちが出てくる、それを狙ってのとんぼたち。すごいです、自然のなりたちというのは。まどみちおの『せんねんまんねん』という詩があり、それに画家さんが絵を添えてできた絵本があります。千年万年ときたら、もうここは♪にしきたずっと～節ですね。

「いつかのっぽのヤシの木になるためにそのヤシのみが地べたに落ちる　その地ひびきでミミズがとびだす　そのミミズをヘビがのむ」と続いていくもの。順に回って回ってそしていのちがつながっていくものですね。最後は「はるなつあきふゆ　はるなつあきふゆのながいみじかい　せんねんまんまんねん」となっている詩です。子どもたちに紹介したら、題だけでもちろんあの新しい歌につながってピン！　こうしてことばというもの、日本語の豊かさに触れていきます。

　子どもと過ごす時間、絶対に大事にしたいのが、物語。起承転結です。整合性ということばがここで合うのかどうかわかりませんが、納得のいく時間の流れ、そして子どもたちの心に届く中身です。夏の終わりに一緒にわらべうたの時間をお母さんたちとも持ちましたが、大きくテーマがあり、まずは夏。そして秋への移ろいを意識しながら遊びを進めていくことを大事にしました。そんな納得のいく物語がある時に、子どもたちはキラキラと目を輝かせ、食いついてきてくれます。わらべうたの♪ちんちろりん～は、冬の用意をする頃ですよと虫が鳴くのだと話しましたが、虫の季節とピッタリ重なっていることもあり、楽しかったようです。

　秋です。♪ぶどうの畑に～のわらべうたもあちこちから聞こえてきます。

（九月十四日）

絵本の輝き

　一冊の絵本ですが、それこそ「たかが～」であり、「されど」なのです。そういういろいろなことが結びつき、一冊の絵本がまた輝きを増す、それが楽しいですね。相互作用です。誰かが何かを言えば、返す人がいて、そしてまた広がる、人が人たるゆえんはことばあってこその、広がりではないかと思います。絵本の会の準備にしても、また当日にしても、その聞いてくださる、返してくださる方々に育てられて、子どもとの日常があり、また当日の話もあるのだなとしみじみ感謝です。

夏休み最後の年長の淡路島行き、そこで海を見る、感じる、そしてカヌーに乗る体験をしたわけですが、子どもたちと絵本が合わさっていくいろいろな時間について紹介させていただきました。『こぐまちゃん』の絵本や『11ぴきのねこ』で有名なこぐま社の創立者、佐藤さんの積年の思いが完結したのが、昨年の『チムとゆうかんなせんちょうさん』の原画による絵本の日本での出版でした。チムはイギリスで描かれましたが、絵本になる時は絵本用にアーディゾーニは描き直しています。また半分は白黒になりました。そして幻だったページもあります。絵本の出版では当時そうするしかなかったのですが、そのチムの原画を長い間かけて、遺族や大事に預かっている美術館を説得して、そして出版にこぎつけられたのです。アーディゾーニの絵に魅せられ、チムに思いを寄せてこられた一出版人のそんな仕事への姿勢があってこそ私たちは財産に、そんないいものに出会えます。そういう仕事を自分ではできなくても、そんな仕事が行われている、行われてきたのだということくらいは知っておきたいとも思っています。原画のそれをお見せしました。いつか子どもたちにもと、今「画策」しています。

八月の思い出に残ることといったら、それは夏休み最後、久しぶりの教会学校でケストナーの『どうぶつ会議』を読んだこと、「積年の思い」でした。それもこの八月に、と思っていたのが、思いがかない、小学生に聞いてもらえました。素敵な絵だったこともあり、長丁場の絵本をそれぞれが感じてくれたようです。その八月に、いつかどこかでと思って購入し、しかしどこでも読む機会がなかったという一冊。衝撃の一冊でした。戦争はだめ、戦争ということでなくても、子どもが悲しい思いをすることはだめ、小学校高学年など、沖縄に行ったりして沖縄の自然にふれるということが中心でなくもっと多様な体験をしている子どもたちに紹介したい、しかしむずかしいかなとかいろいろ悩んでいました。この日の最後に実に重い話としての登場、夕方に教会学校などのスタッフの打ち合わせ会があったのですが、そこでも読ませていただきました。平静に読むのは大変な一冊です。軽い話から始まった絵本の会は「涙なしでは」という『さがしています』の重い一冊で終わったのでした。

（九月十八日）

後川という宇宙

九月十六日、十七日の二日間はどっぷりと里山の風景の中に身を置いた時間でした。宇宙の「宇」は空間、「宙」は時間を表すと教えてくださったのは菅井先生、つまり私たちは後川という宇宙で二日間過ごしたことになります。

夜の散策は学校の裏手の方にあがっていきます。では出発という時に案内役の兵庫県自然保護協会の方に「何か気をつけることとありますか」とお尋ねしました。何しろ公同のメンバーだけではなく他にもおられるし、慣れた仲間だけではなく行動が揃わないことも考えられるからです。公同だけなら六月の夜、ホタルを見に行く時でも「行くよ！」で子どもたちの気合が入ります。そこで「端を歩かないように」と言われました。「落ちるからですか」と返すと「いや、まむしが」とのこと。人が涼しくて気持ちよいと思う時はまむしもそう思うようで、気持ちのよい気候で気持ちのよい場所は人間だけが独占できるようではないようです。

そんな夜の散策のことを、翌日の午前中に来てくださった菅井先生が小学生たちに感想を尋ねられました。「何も見えないくらい暗かったなかで、風の音を聞いたりして心が落ち着いた」と答えた子どもがいました。その前に「心が落ち着かなくなる、元気ではなくなる」、それは「たくさん見落としているから」と菅井先生は話されていました。見落とさないのはもちろん、耳を傾けている、これ大事なこと、聞こうとする姿勢があるのですから。

月に一度森の中に入り、二時間、樹の気を取り入れると、その後一か月は大丈夫、人間が作ったものではないものに出会うことの大切さ、その自然との時間がどれほど大切かということも心をこめて伝えてくださいました。年長が毎月後川に出かけていくことの意味を、しっかりと受け止めることになりましたし、散歩に出たり、旬の自然との出会いを求めて子どもたちの時間を作り出していくことを、大切にしていきたいと思いました。私たちが仕事のなかで、その気を感じることができているのですから、もう感謝のしようもありません。

夜生活している生物、オオサンショウウオとの出会いが与えられたのですが、日中にはとてもありえないことで、夜だからこその機会でした。生物は時間を棲み分け、場所も山や川や海やと棲み分け、雨が降れば登場するというように天候を見て、気温を見て、季節などでも棲み分けをしているのです。人間は人間だけが、自分だけが生きていると思っている、虫が飛ぶと大騒ぎをするけれど虫もいるのが自然界ということなのです。蜂も飛べば、こおろぎも生活している、蚊だってごきぶりだって！　このごきぶりのことを「御器かぶり」、台所で木製のお椀をかじる、それでついた名前。台所といえば、竈（かまど）、そのかまどに出てくるから「かまどうま」。そのかまどうまがヘビをかじっている場面に出くわしました。時間がかかっていて、行きに見てまた帰りにもという具合にまさしくかまどうまの「宇宙」を見た！　のでした。

先生方におたよりのことで少し話をしました。毎日あったこと、集まりでの体験や絵本など、それを子どもと味わっただけでは何も残らない、ご家庭に伝えるという意味だけでのおたよりの存在ではなく、ことばを活かして記録してまとめて残すことによって財産になると。おたよりには先生たちの思いをいっぱい書いてもいいわけだし、何重もの意味があるのです。菅井先生は、ことばによって経験化すると言われましたが、私は財産を自分のうちにためていくというふうに話していました。出会う、それを積み上げる、そして見ていただけるから、いつしかいろいろつながり、私の中で力になっていくのです。足を運んでいっぱいに出会っている毎日、出会ったものを価値あるものにするための「おたより」だと、私の思いに加えて菅井先生のことばを借りて、あらためて思い至っています。

（九月十九日）

かぼちゃのチャチャチャ

これでもか！　の種々のかぼちゃが勢ぞろいしました。さあ、モノが揃うということは何かを考えなければいけません。それであのダンス「かぼちゃのチャチャチャ」を踊ってもらうことに。もちろんいろいろなダンスのなかの一つです。踊りが進むなか、見に行くとみんな真っ赤になり、汗だく。「何か歌が聴こえたから呼ばれているのかなと思って」と、かぼちゃが公同に集まってきたと紹介していきました。

そこで「あーっ！」、かぼちゃたちが走っていくから、一人間違えて一緒になって走ってきて、ここに仲間入りしているのがいる。間違っているーっ！　緑で丸くてさりげなく置いてますから簡単に見つかりません。実は冬瓜が潜んでいたのです。間違えたから、そのまま隠れていたかもしれなかったのに、引きずり出されてしまいました。いろいろな子どもたちのつぶやきや参加の仕方があったひととき、こちらは汗だくでのリードでした。いくつかをカットして中を見せ、たかがかぼちゃ、されどかぼちゃと私たちも大いに目を見張ったのでした。かぼちゃに敬意を表して、もう一度かぼちゃのダンスを踊ったあと、そばに行って確かめて解散となりました。ここで年長ともう少し楽しみたいと近くに集まってもらいます。ピーナッツかぼちゃは生でも食べられるということで（サラダにも入れるそう）、切って試食。おかわりコールの年長、もう何だっておすすめすれば味わってくれる年長です。ここでは希望すれば、切って中を確かめられるということで、みんなであれこれ切りまくり。こんなこともなかなかできるもんではないねと満足していたのでした。

「親離れ、子離れ」についての朝日新聞の天声人語にも考えさせられました。「母性とは抱く強さと同じ強さで放つもの」ということばがあるそうです。「お母さんはここまでだよ」という一線が必ずあります。ところがどうも昨今は自立を妨げる干渉も。アメリカでは「ヘリコプターペアレント」ということばがあるらしく。子どもの頭上を旋回して見守り、すぐに降りてきて支持や助け舟を出す親のこと。これが日本の大学生にも多くなり、履修登録にもついてくる、就職活動を助ける（親が情報をネットなどで集めて進路決定に関わっている）などの姿が見られるのだそうです。ここから先はあなたの力で！　そう言いきれるような幼い時期の関わりを大切にしたいものです。
私はそれぞれの子どもの大学の入学式に列席しました、一番手がかかった末の子の時は、「ああこの子が大学か」と特に感無量でした。駅からタクシーに乗ろうとしたら、タクシー乗り場まで来たあとに、「それでは」と手を振って去っていきました。自分は歩いていくとのこと。えっ！　と思ったものの、こうして子どもは自ら旅立っていくと思いました。さびしくもあり、これでいいのだと自分に言い聞かせたことを思いだします。

（九月二十日）

歌を歌えるようになっていく

十九日の午前中は、来春の入園を検討しているご家庭を、幼稚園にご案内する日でした。入園案内や願書などの配布は十日からですが、今年は取りにお見えになるのがスローペースだなと思っていたり、だから十九日も少ないかなと想像していました。でもそれなりの数のお客様を迎えました。園庭とかで様子を見ていただいたあと、十時からは礼拝堂に移動です。まずは子どもたちの歌でご挨拶。三歳児は半数ほどが来てくれて、得意の♪パレード〜、そして♪きみのそら〜の二曲、公同幼稚園の歌もご披露しました。最後は、もちろん年長です。♪勇気一〇〇パーセント〜、最後にもう一曲何が歌いたいと聞くと♪ドラエもん〜という声が。おお、それは小さい人が喜ぶでしょう、ぜひということでおなじみの歌を歌ってくれました。歌を耳にしてだんだんと自分でも歌えるようになっていく過程、これはなかなかおもしろいです。自分の歌えるところだけ歌っていくうちにいつしか歌えるようになっていきます。年長になると、歌うということを一つの作業として、しっかり受け止めてもいくようになるまでの歌う様子には「子どもの発達」がしっかり見られます。年長にも公同幼稚園の歌を所望しましたが、歌い終わってから、歌から見える成長について、また三歳で入園してきて、教えられたわけではないのに「歌を歌うようになっていく」、そのことについてお話しました。年齢差のある集団のなかで生活することにより、歌にせよ、だんごにせよ、また日常のなかでリュックを背負って出かけて行くこと一つをとっても「見て」そして体験する機会を通して、自然にそれぞれのものになっていくのですね。

人とともに生きる、これが何より大事。いろんな存在を知り、そして自分自身を確立していく貴重な機会です。そのことに、「もう少し先にしておこう」はあり得ません。今、なのです。それは成長を早めようとかではなく、無理のないところで今できる体験なのです。そのことを子どもの存在、そこにいる姿を通してお伝えできたらと思いました。

他の人の存在に気づき、優しく声をかけたりもしていくようになるのが、生活していくなかでの姿です。途中の入園を検討して来園していた子どもがいました。子どもたちが遊んでいる様子に「奥手で」と言われていたけれど、すっと飛び込んでいきました。やはり絶対に「子どもは子どものなかで」、が一番です。あとからお母さんにお聞きすると一緒にアーチハウスの下で遊びながら、ゆうだいくんは「ようちえんきたらいっしょにあそぼな。おまつりのとき、おなじぐるーぷになってかいものにいこうな」と誘っていたそうです。誘われた方も何のことだかわからなくても、その親愛の情は伝わるのですよね。とてもうれしそうで、また来たいと顔が輝いていました。親善大使のような子どもたちです。
うちは三人目の息子が、「みなさん」ということばで一斉に扱われるのが特に嫌いな子どもでした。このことは私がものごとを、特に人を多様な存在として受け止めることになっていくことに大きな役割を果たしました。あらゆる側面から子どもを見てみる、です。十分とは言えないながら、そんな努力をしてきたつもりです。他に通園していて、どうしても入っていきにくい、そんな子どものお母さんが、その園に来ておられる心理カウンセラーのような方に相談されたそうです。そうしたら「公同を訪ねてみたら」と。これまでにも何度もあったことなのですが、だからと言って列ができるほどに人が殺到するわけでもなく、絶滅危惧種の恐れもある園経営です。人のなかで生きることを模索している親子にとって、少しでもそのことへの寄り添いができれば、です。その一人が元気になることが九十九人の明日を作り出していくのです。優しく寄り添ったゆうだいくんの話を聞き、そこで繰り広げられていた子どもたちの様子に、広く深い心に育っているとうれしくなったのでした。決して男の子向きの、活発ということばが先行する幼稚園ではありません。一人ひとりが活かされていくことを求めている園です。

（九月二十一日）

どんぐり

毎日が何かある、「今日は何もない」なんて日はないのが公同の周辺です。おはぎパーティーには年長の子どもたちのおじいちゃんおばあちゃんに来ていただきました。以前は全園児のご家庭にお誘いをしていたのですが、いくつかの事情があり、数年前から年長だけになりました。今年は年長の園児数が少なめでもあり、四十人ほどのご来園。まあこじんまりとしていましたが、子どもたち全員との集まりのあとに、四月からの後川での写真をプロジェクターで見ていただきました。これはなかなか好評で、私は写される写真にその場でコメントを添えるのですが、何せ一緒に過ごしている楽しい時間です。ついついしゃべりすぎてしまいます。

この日はこの絵本をと思ったのが、宮澤賢治の『どんぐりと山猫』です。これからどんぐりの時期、『わあわあわあわあ』の絵本の中のどんぐりたちと重なってきっと散歩が楽しくなるのでは、です。「長いぞ」とはまた園長先生の一言、でもプロジェクターだし、田島征三さんの絵です。迫力いっぱいに山猫が出てきます。公同の子どもたちは前を向くおもしろさを知っています。これは日曜日の時間もそうでした。二十三日の礼拝は私の担当で、やはり『どんぐりと山猫』を読もうと思っていました。でも幼稚園の子どもたちは一度読んでもらっているし、それを中心にするのではなく、何かいい方法はないか。先に礼拝でする話はくまさんに助っ人を依頼、茶色のくまの登場です。手袋人形のくまさん、もう三十年来の戦友（戦いとはちょっとですが）。その登場の際にひとこと「決してばかにしているわけではありません」と後方の小学生に言いました。幼稚園の園児みたいに扱うなと思うかなと思ったのです。ところがそのあとの、どんぐりの実物にもまた♪おてぶしてぶし〜のわらべうた遊びにも、全部真剣に付き合ってくれるではありませんか。くまさんはいつものとおり、お出かけに行くのですが、途中「あっ」と言って拾い物、でも「ないしょ！」と言うのです。その瞬間にぽっぽのところから「どんぐり」という声が。卒園メンバーはもとより、園児たちももう素晴らしい！　みんないい子どもたち。体験のなかで、見つけた、拾った！　うれしい、でも内緒、それはどんぐりなのですね。その反応に感激しました。そのどんぐりは「しりぶかがし」といってとても固く、ぞうむしの針が刺さりません。だからたまごも産み付けられずにいるので当然、虫も出てこない、そして磨くとつるぴかになる。尻が深いのできちんと座ります。このどんぐりを教えてくださったのは菅井先生、そして私たちは子どもたちに毎年きっちり伝えてきたので、名前を聞くと小学生の間から答えが聞こえてきます。そんな時間を三歳からおとなまで楽しむことができて幸せでした。それで『どんぐりと山猫』は園児たちがその場をあとにしてから小学生以上のみんなで楽しみました。読んでも読んでも、何度読んでもなかなかいい話です。「この前幼稚園のみんなはこの絵本を楽しみました」、だから今日はあとで小学生以上でと紹介した時に、絵本の実物を見るなり「よんだ」とつぶやいたのははじめくん。こういう言い方で「そのほんしってる！」と思わず言える年代です。その反応が何とも素敵でうれしかったのでした。子どもたちとの時間はやはり最高です。子どもたちの大好きなどんぐりを通して宮澤賢治の実に深いメッセージを届けることができる、絵本はいいですね。梅ちゃん先生のドラマで、集団就職した男の子が梅ちゃんのお父さんの蔵書を借りて読む場面がありますが、そこに宮澤賢治全集がありました。お話として書かれたものですが、絵があることによって子どもたちとも楽しむことができています。

（九月二十五日）

ことばを引き出す

すっかり夜は涼しくなりました。一気に掛布団の入れ替わりです。それでも昼は暑いので折々にお茶も欠かせません。火曜日は三時まで。昼ごはんは新米と具だくさんのみそ汁、先生たちみんなと味わいます。せっかくの時間ですので、日頃なかなかできないことを予定するのがこの延長の時間。以前誰か「園長保育」などと思っていたなどという笑い話もありましたが、先生たちみんなと触れ合う貴重な時間です。さんぽさんでは一学期の間にネフの積み木で遊ぶ時間が持てなかったので、先週はその時間となりました。この積み木遊びの様子を見ていると、集中力や挑戦するなどの育ちを見ることができます。らったでは、全員でのわらべうた遊び、それも交替とか少しむずかしい動きのあるものなど、子どもたちを応援してもらって、みんなで遊べる変化に富んだものにしたいと思いました。また翌日のお母さんたちにも楽しんでもらった「人間綱引き」をこの時にもやりました。わらべうたの遊びの奥深さ、展開など、もっともっと楽しめる、そんなことをおとなも実際に学ぶ時間でした。

この日は最初にお米や食べ物の話題から始まりました。さつまいもやかぼちゃなどの食材からどんなメニューが作られるか、尋ねていきます。年長と違っておもしろいのは、「かぼちゃスープ」ではめられたり、みそ汁に入っていると言って「そうだね、すごい」と言われたりすると、もうすべてがスープにみそ汁にとなってしまうのです。はす（れんこん）でもみそ汁です。これが年長と違うところかなと思わされました。もっと食材からの話で展開させられなかったのは実力不足です。翌日に予定していた木の「ドア」（これ実は日本に一つしかない！　おもちゃデザイナー寺内定夫作）での子どもたちとの対話、子どもたちからことばを引き出すプログラムを予定していたことに、ちょっと自信を失いかけてしまいました。でもせっかくの機会です。やるしかない、翌日のらったのわらべうたの会の始めにそれを並べます。どこでもドア！　と言い出したら止まらなくなった子どもたちですが、詩をゆっくり言い始めました。「やまからやまかぜふけば　こんなにかきくりかきくり（柿栗）うみからうみかぜふけば　こんなにおさかなおさかな　まちからまちかぜふけば　こんなにおもちゃおもちゃ」、ただそれだけなのですが、どんなふうに心に届いたのでしょうか。一瞬にして「どこでもドア」はすっ飛んで、たとえば町からのところでは「自動車」とか「道路」「マンション」などの声があがります。ことばの流れをつかんでいるのです。本来の詩は三つなのですが、ドアは五つあるので「畑」と「公同幼稚園」を加えました。すぐに反応してきた子どもたち、畑ではいちごにかぶにさつまいも、チューリップにひまわりとイメージがどんどん膨らんでいくようです。出てくる出てくる、一枚のドアだけなのに、そこから風が吹くと、それで思いをふくらますことができる幸せな時代です。その感性を大事にとしみじみ思ったことでした。幼稚園のところでは私が「ほらこんなに子ども子ども」と言ったのですが、続けてすべり台にお部屋に鉄棒にうんていにと、もう必死で幼稚園ということばで連想するものを言ってくれた子どもたちでした。

一枚のドアなのに、向こうには何もないのに、そこから風が吹いてきたら、ただそれだけで広がっていった子どもたちのことばの世界、後ろから見ていてそこにある子どもたち三十人ほどの空間が作り出していた暖かさに、終わってからひたすら感動されていたのは手伝ってくださっていたぽっぽの先生。与えられた子どもたちとの時間に感謝です。

（九月二十七日）

ぶどうの楽しみ方

二十七日は年長のところにおじゃましました。わけありのおみやげと、あと山梨のぶどうをいただいていたのを、どうぞだけではなく、ちょっと楽しみたかったからです。

そこで「どんな時間が流れたのか」、なのですが、山梨のぶどうをどう楽しんだかです。五房ありました。その日、年長は五十人、十人で一グループを作らせる、そして代表を一人選出してジャンケン勝負、勝った順にぶどうを一房選んでいきます。粒でもそうですが、房でもいろいろあります。必ずしも大きいのを選んでいくとも限らない、またグループに届いたものに誰もケチをつけません。そして分け方もさまざま、なかには二粒残ったら、ちゅうちゅうたこかいな～でその二粒の行先を決めていたところもあるというのです。「子どもの姿の新しい発見」でした。ただただ楽しかったし、年長としての大いなる成長を見た思いでした。提起するとあとは自分たちで動く、これが年長。ぽっぽさんだと最後まで丁寧なお世話が必要になりますが、自分たちで考えて動くそういうグループ活動ができていくのです。

年長との時間にも例のドアを出してきました。ここでも年齢の違いを見ることができました。やはり「どこでもドア」のつぶやきは聞こえます。でも私がそんなことにおかまいなしにことばを続けていくと、どこでも～ではないのだとすぐに悟り、しっかり聞きます。年長では「後川からの風」にしてみました。するとまず出たのが、「サッカーボール」。あの広い運動場でするサッカーは彼らにとっては最高の時間なのですね。もっと出してほしいと思ってさりげなく「しつかわからしつかわかぜふくと～」と誘いかけていくと、「おこめ」、そうそう新米食べたものね。もっともっと、という顔をしていると何と「おんせん」、そう一緒に行きましたね、次は「うどん」、ほんとだ、おいしかったね。風が吹くと～ですから「栗の木」や「山」、「くろまめ」などの、こちらが意図して出会い、声をかけている自然物をとおとなは願いますが、そこで出てくるものはそうとは限りません。もちろん「ほたる」という答えもありましたが、やはり一緒に体験したいつもとは違う時間、それが浮かぶのですね。子どもたちにとってそんな所なんだ、後川はとあらためて思ったのでした。

このドア、二十八日はぽっぽに持って出かけていきました。やはりこんなふうにして子どもたちとの時間を持てるのは最高の幸せです。ぽっぽでは、ドアを五つ並べてそして一つひとつをノックし開けていきます。「あっねっこさんのおへやだ、だれもいない」「あっきいろのらったさんのへや、おちゃのんでる」（ちょうど二階に上がる前に部屋でお茶を飲んでいるのが見えたので）、そこで最後のドアは「あっぽっぽさんのへや」。もう子どもの顔が輝きます。みんな集まってるーっ、一枚の板のドアで、私は逆から（つまり室内からの感じ）子どもたちを見ることが、眺めることができるのです。子どもたちにとって身近な出来事をたとえば「あーっお母さんに甘えてるぽっぽさんがいる」など、ドアからのぞいて、いろいろ声をかけて楽しみました。

このドア、いつかお見せしたいですが、年長のつぶやきのなかに、「それほしいなあ」。どこでもドアではないけれど、何か夢が広がる、ドアを開けると風が吹いてくる、自分の新しい世界が始まりそう、そんな思いがしてうらやましいと思ったのでしょうか。そう、そんなドアです。

（九月二十八日）

十月
みんなで味わう収穫の秋

オリーブの実事件

一日は幼稚園の新年度の願書受付、弟妹などの優先受付は終わっているので、まったく新たな出会いとなる方々の来園です。春のスタートを楽しみです。プレのクラスがまた仲間を増やして新規開店となったり、こうして新しい一年が始まっていくのですね。お越しくださった方々の入園希望の理由の欄には、園を訪れた際の「子どもたちの姿」のことが書かれています。「生き生きと遊んでいた」「とにかく楽しそうだった」、それにつられてわが子もすっと遊びだしたとのこと、礼拝堂で子どもたちが歌ってお迎えしたのも何よりの「説明」だったようです。ポスターを張りに街に出るわけでもなく、先生たちがポスティングに出ていくわけでもなく、園児募集だなんだと大騒ぎするわけでもなく、でも子どもたちの笑顔や街での様子や、そんな親善大使のような存在があって、園が存続していくわけですからほんとに幸せなことです。その笑顔を生み出す多くの関わりや支えにほんとに感謝です。

「じゅんこ、みとったん」、大きな目を向けてのしゅうたくん、「私はなんでも見えてるんです！」。今年はオリーブの実が豊作で鈴なり、手の届くところの実を取っては投げ合いをしていたのが、さんぽとらったの子どもたち。子どもはそういうこともします。でも気づかない先生たちがおかしい、広い園庭でもあるまいし。ただし、それを私が言っただけでは終われません。何しろ園長先生の大事なオリーブですから。一同が先生に謝りに来た時のこと、「落ちたのを拾ったとかそんなものではなく、投げて遊んでいた」と「告げ口」した私に、即しゅうたくんが言ったのが前段のことばでした。園長先生は怒るではなく、「みんなこうどうまつり知ってるか」というところから話を始められました。そのみんなの楽しみにしているこうどうまつりで、オリーブがおいしく漬けられているのを買うことを心待ちにしている人が多い、そんなふうに話されたのでした。風でオリーブもいっぱいに落ちていました。まあ、風に説教するわけにはいきませんが。

そしてこうどうまつりの第一回実行委員会、各活動の代表が顔を揃えて「今年もよろしく」の挨拶が行われました。おまつりニュースも発行されます。あっという間に「一か月先」になってしまいました。

（十月三日）

大学いも

十月に入ったと思ったらどんどん日が過ぎていっています。相変わらず、時間と追っかけっこの毎日、ちょっとゆっくり机の周辺を整理してみたい、本棚の本を眺めるような時間がほしい、切実に思うのですがなかなかです。そんな時間ができた時には、目の前には子どもがいない、たとえ整理したり研究してもそれを活用できる場も、そして何より相手はいない、ということです。だからたとえ忙しくても今を大事に、なのですね。

さて明日五日から年長は宿泊保育です。通常第二土曜日を利用するのですが、現地のおまつりが六日になっているので今回は土曜日を休園にさせていただくことになりました。園全体の取り組みとして年長の広い活動が行われてきました。教会学校で『雑木林のおくりもの』という写真絵本で、里山の一年の映像を見た時も、冬の風景は雪山で目にする光景そのもの。その雪山行も他の学年を休園にしての取り組みですが、卒園した子どもたちにしっかり原風景として心に残っていることを感じてうれしくなりました。秋の篠山、味の恵みをいっぱいに感じてきます。

その秋の恵みのさつまいも、今年は早く食べたほうがいいと園長先生が言われ、一挙に三十キロが大学いもになりました。プロの作る大学いも、料理人の吉山さんはかき氷にはこだわるし、お寿司パーティーはお任せだし、キムチはおいしいし、そして遊びの名人でもあり、こまをとても上手に回されます。そんな吉山さんは前日に来られ、下準備。道具も全部持ってきて、決して譲らない作業のもとの三十キロでした。

子どもたちに、篠山でもいもほりをと学校の裏手に畑を耕し、それはそれは、これぞ専業農家のお仕事というようないも畑を現地の方が用意してくださっています。昨年もまあ大きなものをいっぱいに収穫しましたが、今年も楽しみです。素材からどんな料理が生まれてくるか、よく子どもたちに尋ねるのですが、ぜひ広がりのある食生活にしたいですね。それも自然に、です。食育なんてことばは好きではありません。何でもそういうことばにしてしまうのはいやですね。体験してからならいいのですが、ことば先行はうれしくありません。

『母の友十一月号』にこれぞ！　という記事がありました。スリランカの絵本作家、シビル・ウエッタシンハさんのインタビューです。あまり子どもたちに読む機会はなかった彼女の絵本で、よく知られているのは『きつねのホイティ』など。子どもやお孫さんとの関わりを通して物語が生まれてくることを、それはそれはおもしろく語っておられます。そして子育ての知恵も。子どもがほしがるけれど、おとなは与えたくないもの、そういうものをどうしたかなども教えられるものでした。というかそうなのよ！　と思ったそのままです。「子どもに押し付けることはできませんが、おとなは子どもを注意深く見守る必要はあります。彼らの気持ちを傷つけないようにして導かなくてはなりません」。いろいろ悩むことの多い子育て、親の思いを越えてどんどん世界が広がっていってしまう子ども、そんな子どもを相手にして悩んでいるお母さん！　ぜひ手に取って読んでください。（十月四日）

宿泊保育

あわただしい日が続いて、緊張度もかなり高かったせいか、後川で夜中に目が覚めた時に「もう宿泊も夏のキャンプも、来年はだめだわ」と思いました。そこで帰りのバスの中で園長先生に昨夜そんなふうに思ったと話したのです。それほど九月からいろいろあって忙しかったねということだったのですが、朝の山登りで作ってこられた杖を（必ず木を切って作られます）「これ使うと楽だよ」。いや、そういうことじゃないんですけどね。でもバスを降りてからその杖を持って歩いていると、そうくんたちが「どうしたん？」、園長先生に使ったらと渡されたと言うと「じゅんこせんせいには、にあわん」、そうやそうやと合いの手が入り、「えんちょうはおじいさんやからにあうけどな」とのこと。いやあ、笑ってしまって、で、元気が少し戻りました。私をおばあさんとは思ってないのかな。しかも「えんちょう」に「じゅんこせんせい」です。

その後川の二日間はもうほんとに満腹の時間でした。バスを降りてすぐに栗の木林に向かいます。

それまでにもたっぷり足元に栗だ、どんぐりだ、上を見ればあけびだ、何だと大騒ぎの道中。栗は篠山一と言う福本さんのそれこそ、えびす顔の出迎えでもう拾い放題。籠にいっぱいの栗は一人では持ち上げられないほどでした。

栗の次は、枝豆。黒大豆の収穫です。二年お世話になったところと今年は少し違うところで。根元を大きなハサミで切ります。せっせと豆を外しての大仕事をみんな楽しみました。やはり優しい小倉さんご夫妻に見守られて、ここでも何よりみんな心ほっこりの時間です。さて学校に戻ると、さつまいも畑が待っています。園の畑と同じくらいのところにプロの農家さんが世話をしてくださった畑、大小取り混ぜて五百以上はというさつまいもでした。あとは野菜たっぷりの夕食です。枝豆をおやつに、そして栗ご飯といろいろなお総菜に、具だくさんの味噌汁を講堂でいただきました。

さて朝、起き出してくる順にトイレに行き、着替えてシュラフをたたみ、六時半に山に向けて、リュックにそれぞれ食料を入れてもらって出発です。そしてみんな元気に帰ってきた時には、子どもたちの次の行動の段取りも全体の片づけも、二台の車に荷物の積み込みに掃除などが済んでいるという状態。顔や手を洗って、お茶とおやつで小休憩、その時の子どもたちの顔が何とも。きっと山登りの達成感とかだったのでしょうね、見ていて心地よかったです。

そして城東の味まつりに向けてバスに乗り込みます。舞台でしっかり歌ってきましたよ。いやあかっこよかった! そして全員出席というのが何よりうれしいこの二日間。とはいえ冒頭の思いともなったのは、まあいろいろ目白押しの日々で少々弱気にもなっていたのかも。それでもお節介の性分でちゃんと朝のバスの中で、この日は「野菜シリーズ」で子どもたちといろいろ楽しみました。私がマイクを持って立つと一瞬にして全員の顔が座席のところから出ます。もうこれはたまりません、あまりにかわいいし、その期待いっぱいの目を思うと絶対にやめられない時間です。

（十月九日）

時間が子どもを育てる

いろいろなことに追われていてのんびり園庭に出てみたり、あちこちに顔をのぞかせることができていません。行く時ははっきり用事がある時、全体で集まる、あるいは年長が踊ってみるから見に来てくださいとか、さんぽらったさんが集まるのでとか、どうしても伝えることがあるとかの「用事」です。呼ばれて出ていくと、だいたい事務所にはすぐに戻ってきません。これがいつも事務所では大受け、またあちこちでつかまり、今していたことを忘れてそこにどっぷりはまりこんでしまっていて、「ああおもしろかった、ついつい」。でも「しまったもうこんな時間に」と言いつつ戻ってくるからです。しかしほんとにおもしろい子どもたち、アッピールするのに目の前に次々と登場してくるのです。台所に入って行ったのをどこで目ざとく見ていたのか、ぽっぽのあいちゃんは、台所の前で作ったおだんごを手にして待っていてくれました。ひぇい、まあこんなに立派なおだんごが作れるようになるものだ、ひたすら感心です。そう、あいちゃんは一年前にプレクラスで園庭にデビューしてきました。一年という時間がしっかり育てたのですね。

時間が年長を育てた、ということを宿泊保育のまとめに書いていたのは和田先生。毎日ぽっぽさんと過ごしていて、そして宿泊保育の折などにどっぷり年長と過ごすとその成長がよくわかります。先日四月に入ったぽっぽさんが、最初は一人だったのが数人で集まったり、年長のいろいろな姿に目を向けるようになっていく過程などを写真で整理してくれました。時間が育てると言わしめたほど、観点をしっかり持ったもので眺めていてわかりやすくおもしろかったのです。ぽっぽの成長は帽子にも見ることができます。裏に向けて「しろぽっぽ」、これは年長の存在にはっきり気づき、そして憧れが出てきたということ。この自分の周囲への気づきが子どもを何より育てていきます。

「この頃よく手が出て」という相談も受けます。年長で！　なのですが、成長の個人差は大きい。必死で先を歩む子どもについていっている子もいます。そこでがんばるけれど、背伸びはしているけれど、でもまだ間に合わなくて、つい手でという段階の子も当然います。身体的には遜色なく並んでいても、ことばではという子どもや、全体的に幼い、でも周りがどんどん進んでいっていることには何となく気づき、焦りからつい手が出る、足が出る。怒ってみても始まりません。十分に生活を充実させていく、走り回るから抑える、ではなく、一緒に走り、一緒にすべてを味わう、ことが大事です。

年長さんで最近あえてやっていることが、そこにいる人数と数が合わないものを渡して、「分ける」体験です。ぶどうであったり、後川でもしたのですが、お菓子を分けるなどです。懸命に考え、最後には納得し、喧嘩にはならない、「子どもというものの新しい発見」。子どもはこうだから、ではなく、投げてみてそしてその様子を見せてもらう、そこからおとなが学んでいくことはいっぱいあります。

（十月十一日）

おとながいること

プレぽっぽのクラスが始まりました。環境も楽しそうに整えられ、子どもたちが三部屋にいろいろに分かれて遊んでいます。いい空間ですね。場所が広過ぎず、おとなが配置されて、ゆったり過ごせるそんな時間は三歳頃には必要な時間です。たくさんのおとながいることはこれ必要不可欠な条件、このことにほんとに恵まれているのが公同です。一緒に働いた人、次に旧姓を知っている人、子どもさんの幼稚園時代に園にしっかり関わってくださった保護者など豊かな出会いのなかで、ここの仲間になってくださった方々、子育ての時を経て、今公同の日々を支えてくださっています。

さてそんなこんなで十月もあっという間に半ばを過ぎています。十一日に「梨の集まり」。大きい梨を二十七個も届けていただいたのです。梨も私は子どもたちの絶叫のなか、味見をしました。「身を挺しての」味見は、そのものがどれほどのものであるかをそれこそ身を挺して表現するのです。どんなものもそうやって、つられて口にしていくうちに年長になると、採りたての枝豆の生の豆だって口にしてみようということになったり、あけびやぐみ（お菓子ではない）や、木イチゴやいろいろなものに出会い、味の世界が広がっていくのですね。梨はおいしかったです。子どもたちとの時間がこれまた何より楽しかったです。

公同幼稚園の案内にしおりの写真ページができています。これを見ながら「まるで物語を見ているみたい」と言った人がいました。土曜日の午後、学会がありそれが終わったあとに、仲間でワイワイと交流していた時。お茶一杯で二時間も座り込んで私はとにかくおしゃべりを楽しませてもらいました。オリーブ事件での「みとったん？」、梨の集まりのこと、「ここから先はおまえが一人でいかなあかん、ついていかれないんや」の年長の名言、そんな現場にいる幸せや、障害があっても入園を引き受けていた園が、加配を取る予算がないから間際にお断りしてきて、お母さんを動揺させたことへの怒りなどなど、もうただただしゃべりまくり。聞いてくれるみんなへの感謝はもとより、しかしそれだけ話すことがある幸せな日々に何より感謝ですね。

学会では今の幼稚園、保育所のこれからの方向が少し話されていました。担当する省は別なのに、ただただ一体化しようとする方向。総合こども園の方向はなくなり、認定こども園で進むらしいのですが、なかなか見えてきません。子どものいのちを守るそれしかありませんが、雲行きが！　晴れ渡る空にならない幼児をめぐる政治の世界です。

（十月十七日）

幼いいのちの見送り

心にかけることが多くなった方々を、続けてお見送りすることになった一週間あまりでした。覚悟はあったとはいえ、十か月の幼いいのちが十八日夜半に神様のもとに召されていきました。昨年十一月、一人の卒園児が大きなおなかを何よりの笑顔で支えながら顔を見せにきてくれました。関東からの里帰り出産、私が公同に来て最初の担任だったぽっぽさんの一人です。お母さんになるんだね、うれしい思いでいっぱいでした。ところが一か月も経たないうちに検診で胎児の脳圧の異常が告げられ、大きな病院での診察、そして脳の障害の覚悟のもとに、十二月三日かわいい女の子が誕生しました。産科からそのまま小児科への移動、その後は手術しては小児外科、落ち着いたら小児内科の生活が続きます。かわいい帽子がいろいろに届けられたりしながら、時々小康状態の時はご実家に戻られるという生活でしたが、ほとんどは病院。しかし難治の状態には変わりなく、とうとうお母さんはずっと考えられていた決断を下されます。家庭で見送りたい、その思いを受けてさまざまな医療器具に看護のための材料などが運び込まれ、訪問看護と医師の応援のもと、その後も何度も病院への緊急搬送はあっても、みなさんで暖かく守ってこられました。

覚悟はずっと告げられていたものの、少しでもとの思いがありました。「先生、家で家族だけで見送るから。先生は絵本読んでね」、どうしよう、絵本が好きだ、タイムリーなものを選ぶのも読むのも任せて、そんな傲慢な私も、見送りの場での絵本なんて。でもあの一冊しかない、そう思ってすぐに新しい一冊を用意しました。こんなに早くそれを使うことになるなんて、でした。

これまでにいろいろな、小児の病気に出会ってきました。幼いいのちのお見送りも経験しました。元気に生まれたのに、四日目にビタミンKの不足で脳内出血になり脳の四分の三を切除ということもありました。脳腫瘍が一番多いですが、どの場合も症状は違います。実にいろいろあったこれまでですが、どんな時も思ったのは、ご家族の素晴らしさ、特にお母さんの笑顔でした。見舞いに訪れる私たちが癒され、元気をもらい、健康を気遣っていただき、とまるで逆転のようなことでした。今回も余命がはっきりわかっていても明るかった。姪っ子や甥っ子が彼女の周りに集まり、いつも歌ったり絵本を読んだり。感染が心配されない時には赤ちゃんのところに集まり、物言わぬ存在になっても歌い、絵本を読み、触り、撫でてとしていました。私が三年一緒に過ごした「ぽっぽさん」は、こんな素敵なお母さんになっていたんだと涙のなかの癒しでした。お見送りのお手伝いの時、ちょっとゆっくりことばを交わす時間もあり、闘病中とは違ういろいろなおしゃべりもしました。「おっぱい飲ませても何の意味がある」と思ったこともあったそうです。でも「今日も私のおっぱいを飲んだ一日だった」、そう思うようにしたとも言われていました。自宅（実家）での看取りを選ばれ、それを病院も認め、そして家中が病院のような様相にもなり、おばあちゃんは毎晩泣かれていたそうですが、十九日の夜は集まりを終えてから「思っていたような、いい見送りができる」と涙のなかに喜んでおられました。

集まりで園長先生は夕ゴールの「別れ」という詩を朗読されます。生きたものと亡くなったものと、そこには大きな線が引かれますが、懸命に生きてきた日々があれば、遠くへ行ってしまっても、記憶の中に、自身の瞳の中に心の中に、その存在は生きています。

この一年足らず、赤ちゃんの症状をいろいろに伺うたびに、「世の中のどんな問題もたいしたことはない」といつも思いました。多様な子育ての相談を受けますが、私自身、幼い弟を交通事故の即死で見送った体験があり、そのことをめぐっての母親の慟哭は並でないことを体験しました。子どもの死は親にとって終わりのないものであることも身をもって学びました。だからいつも言います。「生きてるんだからいいんじゃない」、生きているからいたずらもする、生きているから口答えもする、「生きていてこそ」なのです。男であろうが女であろうが、小さかろうが大きかろうが、遅かろうが何だろうが、です。先生も、その話のなかで、みなさんに言いたい、母親を愛して無条件に信じてやまない幼な子をしっかり抱いてほしいと。

私が読ませていただいた絵本は『おやすみ　ぼく』です。落合恵子さんが訳しておられます。夜、眠りにつく時に、一つひとつの自分の身体に「ありがとう」と声をかけていきます。お母さんもうちょっともうちょっとそばにいてと言いながら最後に目がくっついてしまい、安らかな夜が始まるのです。

お見送りする赤ちゃんの眠りは、もう二度と目を覚ますものではありません。でも彼女の身体の一つひとつに「ご苦労様」と声をかけていきました。この絵本に出会った時にずっと歌ってきた歌を思い出しました。♪おやすみ、ぼくのおめめ、いろんなもの見て疲れたね、おやすみおめめ、またあしたドリームドリームねんころり〜。孫にもいつもこの歌を歌って寝かせてきました。「ぼく」のところにその子どもの名前を入れて。この日もそこに眠っている、その眠りは永遠だけれど、その眠りが安らかなものであるようにと思いをこめて、身体の一つひとつを撫でながら歌っていきました。最後はまた明日ではなく「いつかきっと」また会おうねの思いをこめて。

（十月二十日）

見て、見て、学ぶ

事務所で仕事をしているとりんちゃんがやってきました。「のぼりぼうをみてください」。おーっほんとにしっかりしましたね。隣にジャクソンくん、「つきそい？」と聞きましたら、「うんていできた！」。おーこれまたすごい。

あとから行くから待っていてね、しばらくするとぽっぽのしゅうきくん、なかなかのがんこ者、ちょいへそまがりなところもある彼が、「うんていできた」と言いにきたのです。まあまあこれは大変、こんなに人数が増えてきたら、あとでと延ばしていてはとキリをつけて園庭へ。まずはうんていを見せてもらおうと、「ジャクソン、ジャクソン」と言いつつ走っていると、何と彼は彼で後ろから、わっせわっせ。ジャクソンくんとそのあとに続くしゅうきくんのうんていを見せてもらって、そして二階に上がります。りんちゃんが登ってきました。その横で途中まで登っているぽっぽのみつきちゃんが棒を変えるようにと言われて、そして登ってきます。無事に実にかわいい手に手渡すことができました。しっかりかれんちゃんも上がってきました。こちらは体格もできていて余裕の上り下りです。階段を降りていくとすぐに飛んできて「せんせいありがとう」は礼儀正しいりんちゃんです。ジャクソンくんが向こうから手をあげてそのうれしさを伝えてくれます。ちょいへそまがりのしゅうきくんのまあ笑顔、みつきちゃんに「いつのまにのぼれるようになったの?」、何度聞いてもただただ笑顔でうなずくばかりでした。

ぽっぽさんとして迎えた子どもたち、何よりこの場があって、そして仲間がいて、見上げる存在がいて、支えてくれるおとながいて、みんなみんな成長してきました。先日、年長さんと「自然に一列になる」というそんなことをしてみました。なんとなく集まっている態勢から歩いているうちに、一列になるというもの。そこで「自然に一列とはね」とその場にいたおとながそれをやってみました。そして年長が挑戦。やあ見事です。口でワイワイ言うより何より、やってみせる、目でとらえて取り入れていく。これが大事です。なわとびも登り棒もどんなこともみんな、見て見て何度も見て、何よりそういう場にいて取り入れていきました。年長がいものつるを採っていると、じっと見ているぽっぽさん。学ぶ時間です。それは自由に与えられている時間です。自然に自分のものにしていった時間です。先に生きているもの、「先生」として、いっぱいのそんな時間を提供したいものです。

（十月二十三日）

運動会の準備

運動会はいつ？　と聞かれる、十一月と答えると、「なぜ？」「それはね」の会話の多い九月と十月。いよいよその十一月です。三十年前に広場を借りる都合から、十一月三日の祝日を利用するようになり、実際十一月に行ってみるとなかなかよかった。二学期になり、歩く、集まる、輪になる、走る、気持ちのよい季節のなかの日々が、自然に運動会につながっていくことを確信していくからです。練習などということばではなく、おとなも子どももすべて「確認」という形で、プログラムの準備をしています。年長の走る姿に心を寄せ、これまでにも年長さんのいろんな挑戦、それに気づき始めて自分もやってみようとするそんな姿が、幼い子どもたちにしっかり見え始めています。堂々とみんなの前でなわを跳んでいたぽっぽのさきちゃん、一年前どれほど泣いていたか、プレクラスの先生方の毎日の暖かさにくるまれて最初の一歩を踏み出し、そして入園、しっかり大きくなりました。園庭を走り回る姿はもう自信に満ち溢れています。びっくり！　ともに時間の持つ力を思います。

そんなことで今年も運動会、そこに近づいてきました。一緒に楽しもうねと声をかけてあげてください。お父さんお母さんの運動会じゃないよと言われるくらいのノリで楽しんでください。ぽっぽさんはあっという間にプログラムが終わりますが、どんな曲にも反応するくらい一緒に生活してきた年上の子どもたちの様子を、ぜひこの日はご家族と見つめてください。その場で声を合わせ、動き出す子どもたちがいたらそれを応援したり、楽しんでください。そんな日々が明日につながります。

公同の日々は幼稚園側だけではできないものです。年長としてしっかりどのプログラムにも顔を出す子どもたちのために、毎年Tシャツが用意されます。名前の縫い取りは一人ひとりに心をこめて用意しました。踊るのが大好きな子どもたち、年長はマンボのリズムに花笠音頭にと幅広い動きを楽しみます。津門川音頭に、ずっと節にと振付をしてきてくださった卒園児のおばさんにあたる踊りの師匠との出会いで、また子どもたちの音との楽しみが増えました。その踊りをもっと彩るために、公同ならではの素敵な花が用意されました。はっぴが街の活性化の事業で準備されたこともあり、はっぴを着て踊ります。山を歩くことも、季節の物を味わうことも、いろんな人が公同に出入りしていることも、すべての出会いがあってこその運動会です。運動会ということばが独り歩きしてその日があるのではなく、子どものすべての時間なのです。マイクを通しての私の指示を聞いて動いてくれるのも、ずっとここでの生活があるからです。練習をあえてしなくても、おとなの意識と子どもの日々があれば、どんな特別に見えるいわゆる「行事」もすごい出来事ではなく、日常のなかの格別に素敵な時間となります。そして格別な時間が子どもの次を作り出していきます。

（十月三十一日）

十一月

こころはずみからだおどる

どろだんご作り

朝、事務所に生意気な口調で「うんていできる」と呼びに来たのはあすみちゃん。見たかったら来てもいいよというなかなかの強気のお誘いです。事務所にいた他の人には「じゅんこせんせいにいいにきたんだもんね」とそれこそ口をとがらせての「おなま」。そこで見に行きました。軽やかに渡るのを見せてもらったあと、かおるくんも挑戦。身体の大きさはかなり違いますが、見事に渡っていました。そんなうんていの下にふと目をやると、いつだって開店しているだんご工場は、今ぽっぽの子どもたちでにぎわっています。かなりの腕前にびっくり、えーっいつの間にこんなに、ともう驚きです。四月、何をしようかとあちこちを回っている、先生の手の取り合い、そんな光景が多かったぽっぽさんが、しかも壁を向いて黙々と自分のだんごを作るのに一生懸命なのです。最初の頃、よく先生たちに途中までしてもらっていたので、思わず「全部自分で?」、そう聞いてしまいます。「うん、ぜんぶ」と全身自信をみなぎらせて答えるのはたくみくん、真ん中で堂々と! のちはるちゃんを中心に、あやなちゃんや、ゆうりちゃん、ひなのちゃん、さくらちゃんたちが製作に没頭。けっこう甘えん坊の泣き虫さんたちですが、そのだんごはプロ級なのです。「おだんご作ってます隊」を思わず並べて写真を一枚撮ったほどでした。手に土を握るだけだった数か月前、それを見て真似て、工夫して何より自分でだんごを作ることを決めて、彼らの園庭での時間は「ただいま、だんご作り中」になっていることにひたすら感動していたのでした。公同の子どもたちの話をよそでするとと必ず聞かれるのが、土をさわること、どろに触れること、虫を触ることなどなど、おとなができるのか、いやな人はいないかという質問。「どろ！」「むしきらい！」、しかしやっているうちにできるようになるし、子どもとの生活で嫌いなんて言ってられないはずですが、それが学生の質問ならまだしも、同じ仕事の仲間に聞かれるとこちらも返答しようがありません。

ところでそんな子どもたちも「おへやに入るよ」の声にさっさと靴を脱いで二階へあがっていったのでした。さてこういう集まりが、実はいつだって「練習」になるというか、みんなが一緒に何かをする、同じ方向を向く意識を育てていきます。生活はすべてつながっていて、バラバラではありません。

ダンスを踊ったり歌ったり、そしてそして野菜の登場となるのですが、この日はかぶですから、やはりここはあのおじいさんたちにお世話になるのが一番。もう二十年来、『おおきなかぶ』というと登場してくる私の「戦友たち」がお目見えです。おじいさん（かわいい人形）がかぶの種を植えて、びっくりするくらい大きくなって、そこで本物のかぶの長い葉っぱが見えて、一人では抜けなくて、おばあさんをはじめ次々と手伝ってくれるけれど、まだまだ、なかなか抜けない。ねずみも引っ張って、ここでも本日のお話は終わらない、「まだまだ抜けません」。えーっ！　のみんな、そして順に呼ばれて、先生たちが次々に手伝いに出てきます。しかし子どもたちがこっちを見ている姿は、まあみんなお話の世界に入ってしまっていて、口があいていたり、目が落ちそうに見開かれていたり、もうかわいくておもしろくて、話を進めている私は、違反なのですが、笑いをこらえるのに、しかしこらえられなくて笑いながらの進行。実際の知識も気になり始めていくので、そのことを伝えるのも大事ですが、物語の世界にもすっと入っていけるのです。

（十一月二日）

毎日の延長に運動会

運動会無事に終わりました。晴れの日、雨の日、どんな時もとにかく遊ぶ、この「遊ぶ」には深い意味があるのですが、でもその遊ぶ日々をずっと見守ってきてくださったご家庭に、遊んできた日々のそのあとをお見せする、それが運動会だと思ってきました。

ぽっぽさんの自由ながらも、グループを意識してしっかりついていく様子、さんぽらったになると、一列になってグループを構成していくことができる、年長は一日がすべて出番の運動会。適切な指示で、山にも谷にも、森にもなってくれてぽっぽさんの時間を盛り上げてくれます。ぽっぽから単純に二年経つとではなく、年長になってからの、それからの時間も大きいです。リレーも、これまでに積み上がってきた日々に、ほんとに最終の一週間ほどで、おとなのことばを聞き、それを実行して、よりできあがっていっているみんなに、例年以上に脱帽でした。少し助言すると、早くなるのです。レディネスができている、ぽっぽでの初めの一歩、そのあとゆっくりゆっくり日々の遊びのなかで培ってきたもの、それらが一人ひとりのなかで統合されて醸成されて、そしてあの一瞬につながっていくのです。毎年いつもそうでした、でも何かいつもよりもっと違いました。年長と一緒に生活しているわけではないのに、順子先生の年長とのつながりに感心したと言っていただきましたが、やはりここ数年はあの篠山後川行が大きいです。毎回のバスの中での時間、また共有した時間をもっと物語になるように、心に残るようにとあとで訪れるクラスでの時間、持ち込む絵本などなど。担任にはかないませんが、そうして過ごさせてもらっている時間から関わりができているように思います。一朝一夕ではなく、それこそ「おい、じゅんこ」なんて言っておとなをびっくりさせるような時間の集積ですね。

小中学生はいつも一緒に生活しているわけではなく、学校も違い、一週間に一度日曜日に顔を合わせるくらい。でも絆はすごいですね。夏のキャンプや、折々の集合、今度のおまつりにお手伝いなど、そんなささやかな時間が彼らのなかで積み上がっています。Tシャツを着て顔を見せてくれる、東京からも参加というのは非日常の特別な出来事としても、そんな運動会ができたことはほんとに幸せだと思っています。

たくさんの方に「運動会よかったね」と言っていただきました。うれしそうな顔をしない私に「あと何があればいいんですか」とかつて共に働いた仲間たちのことば。日常という点が集まって線になる、そのことが普遍化できればいいなと思っています。

（十一月七日）

おまつりカウントダウン

運動会が終わり、火曜日の朝。おまつりへのカウントダウンが始まります。盛り上げたり、冷静になってもらったり、みんなが健康で過ごせるそのことを一番に願ったりしながら、おまつりまでの短いカウントダウンの日々を過ごします。このカウントダウンはアイディアや台本を作られたり準備をされるのは母の会のみなさん。私はそれを見せてもらってひたすら「踊る」のです。ところがこの踊り手、なかなか一筋縄ではいかない人で、観客の反応に合わせてストーリーを平気でその場で変えてしまったりもするのです。変える以上にせっかくのパーツを時々忘れたりもするので、お付き合いくださるみなさんには申し訳ないことです。

今年は春・夏・秋・冬で四枚の大きなパネルを用意されました。それに子どもたちが体験してきた日々が再現されていき、いよいよ秋のこうどうまつりを迎える頃がやってきます。今が秋だから、まずは秋からスタートしようということになり、初日火曜日の舞台の幕が切って落とされました。その日のその時間にしか上演されない、再演のない舞台です。二階にあがっていくと♪いもほりすんなら〜、♪かきもぎすんなら〜と歌っていた子どもたち、そこで用意されていたパーツの「さつまいも」と「柿」を見せました。もうここで事前にディレクターと打ち合わせていた台本は無視です。♪いもほりすんなら〜と歌詞通りに歌う子どもたちに「ノンノン！」、そこは幼稚園の畑がと変えなきゃと突っ込み、柿も今年は園庭で獲れましたので、歌い直しです。そこで「秋」という「入り」ができた、そこで公同おなじみの♪あきといえばやっぱりあれだよね〜、この歌ほんとは♪クリスマスといえば〜なんですが、本来の歌詞を忘れそうになるくらいにあれこれ歌われています。その秋、いやあ出てきましたね。抜群だったのは「お月見」に「さんま」です。先生たちが答えてくれるのは何でも準備されていて揃っています。見事なお母さんたち、ここ公同の子どもたちと、そこにいる先生たちと一体なのです。公同をその日々を毎日楽しんでくださっているから、子どもたちと幼稚園に寄り添ってくださっているから、できることです。「まつたけ」と答えた人に、私は「あなたはすぐに家庭でできないことの願望を出してくる」と突っ込まれ、却下だったのでした。たくさんの準備された秋のパーツが並び、パネルの中の幼稚園の周りには秋が全開となりました。それでもまだまだ実はパーツが残されていたほど、準備してくださっていたのでした。

ここで秋を味わって、その再現を喜んでいたのではおまつりのカウントダウンになりません。次に♪あきといえば〜で「今日の前のその前の〜」にピンときて「運動会」と答えてくれました。そこで♪うんどうかいといえば〜で年長のほうを向くと、「リレー！」おう、そうその答えがほしかったのよね。そこでみんなで運動会を思い出し、運動会が終わったということで、おまつりへのカウントダウンの第一歩にこぎつけたのでした。

二日目、年長が山です。しかしそれもしっかりとネタになります。「いない！」、後ろを振り向く子どもたちがかわいい。何せ六甲山も作られているのですから、その六甲山に年長の緑と白の帽子をのせて、みんなで「年長さんがんばってえ〜」と応援しました。何でもあり、の舞台です。この日は主たる存在がお出かけとあって、秋の残っているパーツで遊んでいきます。畑にはコスモス、彼岸花、こおろぎにとんぼに、年長が出かけた篠山からのお米に豆に、それを紹介しながら今度は一つひとつにぴったりのわらべうたを楽しみます。秋をしっかりかわいいメンバーで味わったあと、最後におまつりも意識してこの日はささやかな舞台を閉じました。

運動会が終わって一番にあわてているのは他ならぬこの私かもしれません。パズルです。これをしっかり切り、当日販売する。その売り上げがおまつりで幼稚園から提供するお楽しみ袋の費用、運動会やクリスマス用の子どもたちへのプレゼント代を母の会の予算でとっていただいていますが、その不足分を補う、そして宝くじの景品の用意などもあります。

さあ三日目。年長さんが今日は一緒にいる、というのも大事な話。昨日はご苦労様でした、みんなで六甲山に向かって応援したの聞こえたかなというところから始まり、運動会ではリレーをかっこよく走っていた年長も実はぽっぽだった、そしてさんぽにらったになり、この春年長になった。新しいぽっぽさんが入ってきて、桜が咲き、たんぽぽがあり、いちごを摘んでと話は進んでいきます。そして秋の歌を歌い、おまつりまであと二回寝るを確認して解散、三，四歳はそれぞれに出かけて行きました。

（十一月八日）

おまつりだ！

運動会の一日を体験して、次に自ら進む子どもたちをこれまでにも見てきました。毎日過ぎていくなかでの一日、それが運動会ですが、そんな日常の一日、でも非日常の一日が子どもたちにもたらすものはいろいろあります。ひとことで言えば、自信がつくということでしょうか。何かやりたくなる、自分で一歩踏み出していくようです。

六日火曜日から毎日おまつりのカウントダウンを楽しみました。集まっている子どもたちは前から見ても、後ろから見てもほんとにおもしろい。きれいに箱に並んだおはぎか何かのように揃っています。驚いたり感動したりという一瞬、誰一人動かずに前を見ている、まさしく凝視！　の時などはもう最高にかわいい眺めです。さあ、明日はおまつりだという九日は十一時に集合、元気に歌ってそして集まりの始まり。その日もまたパネルが出てきます。昨日のように川が流れているけれど、何か足りない、その質問に答えたのは何と二学期から仲間入りしたぽっぽのかえちゃん。よく見ていたのですね、答えは川沿いのかざぐるまです。そしてパネルの川沿いにかざぐるまがズラリと。小さいそれらをたくさん用意してくださっています。

そして園庭に入ると、またまた立派なアーチハウスが。土山もあります、おだんごまでも。実に細かい。そこで明日はいよいよおまつりだ！　さてさて何が明日は登場するのか、キャンディレイにパズルに綿がしにフランクフルトに、次々登場します。そこで今度はおまつりに欠かせない「なりきりセット」、これは先生たちに実際に着てもらって、えいやあ！　と出てきてもらうのですが、もちろん事前に言ってもいませんし、その場でです。バトンやタンバリン、かわいいおうち型の鈴を渡され、私からこっそりと「しっかり盛り上げて登場してよ」と言われたのに対し、舞台の両側から♪いもほりすんなら～と二人の先生が、まあ楽しく出てきました。打ち合わせしていないとか、聞いてないではなく、その場で流れに乗る、これが公同流。

この日も何度も♪おまつりといえば～を歌いましたが、ここでも「声を合わせて言ってみよう」で「なりきりセット！」とみんなの声が合わさりました。まだまだ続きます。おまつりが初めてのぽっぽさん、かわいいぽっぽさんがパネルに張られて、明日必要なものが紹介されていきます。ポシェットや文庫カバンやお金などです。そうそう、このかわいいぽっぽさんの本物たち、私がこの集まりの最初に「こうどう〇×クイズ」の紙を出しましたかと尋ねたこともあり、帰りにお母さんを連れて事務所に顔を出した数人。いやあ聞いています、素晴らしい！　集まりの最後は、♪ひとつの花から～をしっくり、そして♪勇気百％～を元気に歌い、役員のお母さん方に「明日はよろしく」とお願いして終わりました。

数日前にちょっと外で立ち話。先生の名前を呼び捨ての話題で、これを推奨しているわけでは決してありません。でも園長先生や私などに至って呼び捨てにできるようになるには、その子どもなりの道筋がある。まず先生ってなんだというところから始まって、幼稚園にいるおとながどうやら先生らしい、そうして何々先生という存在が、家での会話でもお母さんたちと結びつくようになります。そうこうしているうちに、さりげなく、あるいは思いきって「○○」と言ってみた、きっと大きなハードルがあったことでしょう。でもある一線を越えて先生と友だちになれた。この気持ちは大きいです。行き過ぎはもちろん注意します。でも呼び捨てにされるくらい、気のおけない存在になれたということは先生にとっては通信簿のようなものなのです。

おまつり当日はほんとにいろいろとありがとうございました。でもこの日は、この時間はまだまだ続いていきます。「子ども目線」を大事にして、変わるもの（時代に柔軟に）変わらないもの（何年経っても大事にする原点）をよく考えながら、与えられた日々を大切にと思っています。（十一月十四日）

母の会の役員会

あんなにぎやかなおまつりがこの園庭で行われたのかと思うような、またいつもの日常が流れています。だんごを作っていたり、なわとびを跳ぶ姿があったり、散歩に出て行ったりとごくごく普通です。普通でないのはおとなの方。十四日は十一月の母の会の役員会が開かれました。通常なら月のはじめですが、運動会とおまつりが終わってからということでこの日となりました。後半は一人ひとりから感想などの時間です。みなさん何か「気が抜けて」というご様子、それくらいにこの秋の日まで一生懸命お働きくださったのがよくわかります。それは他の活動の方々もそうでしょう。さあ、次だ！　と叫んでいるのは私くらいかもわかりません。十二月は忙しいぞ、とただただ次をあれこれ思いながらこの明けの日を迎えていました。

役員のお母さんたちの様子。どんなことにも時間が必要ですが、役員として初めて顔を合わせて四月にスタート。しっかりとした絆ができあがっていき、運動会におまつりにとその日を迎え、過ごされたのがよくわかります。そしておまつりには毎年「旧役」というお店が出ますが、この集まりがとても理解できる思いにもなりました。お互いを知り、素敵な仲間ができて支え合い、過ごす一年があるから、だから同窓会のようにして集まられるのですね。

役員になってよかった、大変ではないとは決して思わないけれど、そんなことも言われながらの感想や反省に、明日への勇気をもらったのは他ならず私たちでした。それこそこれが大事と願い、時には厳しすぎるくらいに一生懸命やっている日常はもとより、あの秋の二日間がある。おまつりは多くのみなさんの力あってこその日々です。「子ども目線」の風景にひたすら友人が感心していました。ひたすら「こんな一日が可能になる」ことに感心していました。子どものためというより、ほんとに子どもと一緒に、の在り方にでしょう。子どもたちのための販売用の作品をあれこれ見たそうで、その作品たちにもほんとに驚いていました。手間をかける、つまり心をそこに寄せて準備した一日であることを何度も口にしていました。

子どもたちだけで運営していた射的や、作ったり、消しゴムはんこを押して遊ぶようなコーナーもあったりで、居場所がなくなるようなことはなかったです。消しゴムはんことといえば、ビンゴカード。翌日に礼拝の折に「おまつり楽しかったね」と言うと「ビンゴ」なんて声が聞こえましたが、礼拝堂での集まりの時間も例年以上に豊かなものだったようです。

ＲＳウイルスに注意と呼びかけましたが、ちょっとそれはおさまり、次はマイコプラズマです。要注意です。インフルエンザのように即効の抗生物質がありません。薬に頼る前に、いつも声をかけている通り、無理をしない。夜に発熱、でも朝は熱はない、熱を出してそのあと下がっていても身体は疲れています。様子を見ましょう。いつもと何か違う、それが子どもの病気を発見するポイントです。

（十一月十五日）

日々の積み重ね

十六日はいい天気、でも気温はかなり低いそんな朝。阪急百貨店が誕生して四周年、毎年お誕生日のお祝いにと駆けつけ、子どもたちが歌ってお互いに「にしきたの街」にあることを大切に思うひとときを持ってきました。

寒い朝ですが、みんな元気です。さんぽとらったの前には、一人なわとびをする笑顔のメンバーが。こういう姿が出てくるのがこの幼稚園の日々の在りよう、その過程だと思います。どちらかというと走っている姿が多く見られる男性群、でも周りが女子ばかりであろうが、自然体で加わっている彼らに拍手です。しょうくんもまだまだなのに、なわを持って仲間入り、こうしてそれぞれの持ち味が深まっていくのですね。どんどん先を行く子どもたちもいます。仲良しのまゆちゃんとあやねちゃんが一緒に向き合って跳んでいるので、二人で跳んでみたらと声をかけたら、回し手を交替したり、なわの持ち方を工夫したりといろいろしていました。ちょっと先を見せる、やってみたらと声をかける、これは大事です。

ぽっぽさんが四月に入園してどんなふうに自分以外の周囲に気づき、集団ができあがっていくかをよく考えます。たくさんの子どもたちを飽きさせないで前を見るということを身体で感じてもらうために、最初の時期は日替わりで、子どもたちの前に立つメニューを考え行う私ですが、その子たちが輪を作れるようになります。そこまで来るとあとは三歳のチームに任せるのですが、それが二人で向き合って遊んだり、待っていて交替ができるようになったりとどんどん成長していきます。

散歩には最初、箱列車に乗せました。また年長やさんぽらったに手をつないでもらい畑まで。いちご摘みも年長の子どもが一人ずつを見てくれて、そして個別に教えてくれて体験しました。散歩に出る時は全員が揃うまで平均台に座らせたり、先生が歌ったり、手遊びをしたりとして出発できるのを待つ、それがある日子どもたちだけで並んで待っている、そうなるように積み重ねているのですからびっくりしていてはいけないのです。そうしてバスにも乗り、道中も楽しみながらコスモス畑を訪れるという日がやってくる、一日一日を一緒に丁寧に過ごしてきた先生たちへの贈り物のような時間です。

集団に入って、周囲に気づく、ほんとにそれぞれの姿があります。ぽっぽのえいたくんが「のぼりぼうみてください」とやってきました。登る登らないではなく、いつそんなことを思ったのだろうか、やってみようと思ったのかということですね。エコちゃんがおもしろいイントネーションで「うんていみてください」とやってきました。少し「ひく」ところもある彼女なのに、何に押し出されたのかなと思うのですが、内面を見るのは限りなくむずかしい、とりあえずそこまでの努力などを讃えてあげたいなというところです。

今の年長のぽっぽの時代からさんぽらったを経て年長になった、そのなわとびの歩みを写真で見せてもらいました。ぽっぽの集団への慣れていく段階も、外に出ていくのも、今の年長のなわとびも一朝一夕には起こり得ません。先を見据えながら今を見守る、整理しておくのは大事。到達目標があるわけではないし、そんなものに囚われてはいけないけれど、でもその一瞬の力を応援し、積み上げていくことがどれほど大事かを整理しておくのは必要です。

（十一月十七日）

なわとび8の字隊

今月もおいしいおやつを誕生会にと用意していただきました。今回はさつまいものチップス、そしてりんごジュースです。畑のさつまいもはすっかり食べてしまいましたが、後川のがあります。りんごもたくさん食べたこの秋ですが、贈っていただいたりんごジュースもよく味わいました。そのりんごジュースが全員に足りるだろうかとの相談、そこで思いついたのが、ジンジャーエールです。数日前に年長の子どものおばあちゃんが届けてくださっていたのです。りんごジュースを割ってはどうだろうか、当日一口味わったわたるくんが「げきうま！」と言ったそうですが、そんなことでたくさんのお届け物や、お働きで、またまた楽しい時間を持つことができました。

この日は雨とあって私はまたお節介で、全員集合を呼びかけました。なわとびをまた少し仕掛けてみようかと思ったのです。前日に、年長の自主8の字隊が十五、六人で五十回を達成していました。いろいろ事件も生み出すことの多かった、だいとくん。彼が自分の前の友だちをうまくなわの真ん中のところに押し出してくれて、全体のなかの一人として8の字隊を構成し、支えているではありませんか。すごいな、感激です。そこで8の字隊をみんなに見せたいなと思いました。この日は五十五回です。そして「久しぶりに先生たち！」、回し手になったり、十人の先生たちが準備します。先頭の先生が、六二九回跳びました。そのなかに志願したのがれいらちゃん、この日お手伝い隊は彼女一人、腕章を腕につけながら先生たちに混じって足を引っ張らずに、見事に六二九を達成する一員となったのでした。

いろいろバリエーションをつけてなわとびの今を紹介したかったのですが、土曜日とあってお休みもあったり、ぽつぽさんでは一人跳びを見せてもらおうと思っても、ひるんでしまったりで、ちょっと残念。でも実はこの日、朝からはっぱの部屋で千回が誕生していました。かずしくんです。そしてかれんちゃんも続きました。珍しく男の子が先行していたあかなわに女子の誕生、人のことを喜ぶ子どもたちには感心することしきり。なわをへびのようにして始まった一歩から、千回や8の字の快挙。まさしく千里の道も一歩からですが、元気を届けてくれる子どもたちです。

雨でしたが、夕方にはまた奇跡のようにやんで。そして園の前の津門川での点灯式を無事に行うことができました。しっかり歌ってくれて盛り上げてくれた子どもたちありがとう。子どもたちのすごいこと、全身で歌うこと。日曜日に礼拝に来ていた年長が十五人、この十五人で♪フクシマ〜を歌ってくれました。いやあ、十五人で百人の働き、素晴らしい歌声です。これからしばらく「十五人で百人の歌声」を連発しそうです。この日はおとなの礼拝に十一人のお子さんの祝福の希望があり、ご一緒に祈るひとときを持ちました。やっぱり、十五人で百人を自慢した私です。お母さんと離れて前に出れるかなと危うんだぽっぽさん数人もしっかりと前に。成長していくのですね。

（十一月二十日）

同じようでも違う

いやあ毎日がこのうえなく、申し訳ないくらいにおもしろいです。子どもの成長というのは計り知れない、先を想定して語れるものではない、だからこそどんな場合も、子どもが集団の場で育つ機会を保障しなくてはいけないとも思います。

子どもたちの前に立つのに一瞬勇気を振り絞ります。あたり前にこちらに向いてと思ってしまうのはおとなの傲慢、どう「入る」か、それは重大事。たまたま♪サンタはいそがしい〜とみんなで楽しんでいたので、それを受けておじいさんの登場。同じ時間、その場にいてバラバラになってしまってはいけません。すべてがつながってその時間が一つの物語にならなくてはいけないのです。

このおじいさんからは大根の収穫もですが、それに加えて段ボールの箱も贈られました。あすみちゃんの愛媛のおばあちゃんが届けてくださったもの、前日箱を見て「これはどなたにもお手伝いしていただかなくても、全部私にでいいんですけれど」と事務所で。それくらいみかん好きの私です。

最初に私が中からみかんを一つ、もちろん味見も。二階からキャーキャーの声が聞こえると、また順子先生が横暴な味見をしていると最近はすっかり有名になりました。そしてみんなで数えてみようと。さあ、ここでそっくりさんを入れる。オレンジのパプリカに、オレンジのレモン、柿にトマトに、黄色いボールに、階段下にあったかぼちゃの小さい黄色も仲間に入れました。

さてさていろいろなものを楽しんでいる子どもたちですが、さんぽさんでおもしろかったのが、「はやとうり」の登場の時です。たくさん落ちてくるカリンの実、それが入れられていた容器にさりげなく置いておくようにお願いしたのが「はやとうり」。これは年長でも登場してとてもおいしかった、そこでカリンと並べて置いてはどうだろうかと声をかけてみました、同じように見えても「違う」のを楽しんだり、実際にその「はやとうり」を味わった子どもたちでした。しばらくしてかけるくんが事務所に、何と立派な！　という洋ナシを五個も。ところが当人は「はやとうり」と言って聞かないとか。ではそれを預かってまた楽しみましょうということで、洋ナシを預からせてもらいました。あとは池ケ谷先生にお任せ、先生はとてもいい絵本を選ばれて、そして二十日に「かりん」「はやとうり」「洋ナシ」対決（とはちょっとオーバー）に臨まれ、さんぽらったさんとこれ以上はないにぎにぎしい時間を楽しまれたようでした。

同じようで違う、このことをしっかり身につけた子どもが、算数にせよ、文字にせよ学習を楽しめるようになります。何事にも前段階があるのです。登り棒でもうんていでも、それまでの遊んだなかでの力が根底にあるからです。ということでひたすら幼児期ならではの「学び」につながる遊びを大切に考え、あらゆる機会を活かしています。

いろんな場で起こるそういう時を切り抜けて、よりおもしろくできた時には、長い間仕事をやってきた自分をほめたくなります。でもいつも自信があるわけではなく、えいやっと前に出ていくのです。それはどんな時も。初めて出会う親子をわらべうたで引っ張る機会も多くありますが、メンバーを見てそして「入り」を考え、「つかみ」が成功するとあとはスラスラと。何が言いたいか、この年になってても毎日が新しくそしてそれなりに経験はあっても「がんばっている」ということ、たとえ幼稚園の慣れた場でも「えいやっ！」で自分を押し出しています。

（十一月二十二日）

冬が近づく幼稚園

京都とか奈良にあえて行かなくても、子どもたちとこの季節に訪れる篠山の紅葉は素晴らしいです。スギの木が多いところなので、緑の中の黄色やオレンジ、赤が浮き出るようにして今を主張しています。十月の宿泊保育以来の訪れ、バスに乗った子どもたちのハイテンションなことこのうえなし、猪名川あたりを抜けたところでバスガイドは山道を元気に切り抜けるためにマイクを持ちます。あの公同まつりのカウントダウンの「冬」のコーナーに用意されていたパネルの材料を使って、これからやってくる公同の冬をちょっと考えてみようというもの。まず「厳しく」、クリスマスのことは忘れようと言い渡します。クリスマスではなく、冬一般。まず出たのは「雪」、おっいいねと言うと、今度は雪に囚われてしまって、どんどん寒さのイメージが膨らんでいき、またまた方向を修正。みんなで訪れる「雪山」のそりあそびが無事に出てきたところで、雪や寒さは忘れてもっと広く冬を考えようと提案。そこで私の意図をわかってくれた先生が「みかん」。いいですねえ、これからその季節だし、昨日のみかんおいしかったね。ところがそうなるとまた方向が果物のほうに行きます。りんごはいいとしても梨などの答えが出てくる、何とか方向をと思っていると、他の先生が「もちつき」といい方向へと向けてくれました。ここで一気に公同の冬バージョンに。しかしおもしろかったのは、こまとかけん玉とかの解答をほめると、次はどんどんあやとりとかお手玉とかの答えが出てきます。いかにおとなの思う方向にはそう簡単にいかないか、こういう時に子どもの側に立ちながら、支えてくれる先生の存在が大きい働きをするし、いわゆる「設定保育」というのはそう簡単なものではないということの、実践勉強のようなバスの時間となりました。おまつりのカウントダウン用にとお母さん方が心をこめて用意してくださったパーツは無事にその役目を果たし、最後にそれではと十二月、クリスマスの方向に持っていき、バスの中はクリスマスの元気な歌声があふれ、あっという間に後川小学校に到着したのでした。

二十一日、みかんの時間のこと、ありとあらゆるみかんに似たモノを集めて、いざスタート。オレンジのパプリカと、メイヤーというオレンジのレモンをスーパーで目にしていたのが事の始まりでした。役者が揃っていますからあとは舞台監督としての指示をしっかりです。まずは何といっても味見タイム。みかんならひと箱でもふた箱でもお任せの私、おいしそうに食べるのにはもちろん、みんなからブーイングもどんどんエスカレート、めげずにみかん一個を食べ、それではと数えはじめる。ところが気をよくして一緒になって数を言っているといつ誰が混じり込むかわからない、この何気なく入れるのがミソです。まずは年長数人が気づき、立っていろいろ指摘してきます。そのうちほとんど全員の年長が総立ちになり、後部席からまあ「わあわあ　わあわあ」、あの『どんぐりと山猫』の絵本のどんぐりたちのようです。そのうち、事の次第に気づいたさんぽさんやらったさんが、少しずつ立ち始め、みかんじゃないものが入ると必死で訴えています。ぽっぽくらいでは、まだそんな事の次第に気づかず、ただ並べられていくみかんに、「多いなあ」くらいの感想だったのでは、そしてみかんを数えるのにお付き合いをという様子です。でも一番前のかぶりつきにいるわけで、だんだんと事の次第にも気づいていくようで、遅ればせながら違うなあという顔もし始めているのも見えておもしろい。年齢を分けてこういう時間を設定する時には、それぞれの理解度を考えていきますが、全員を相手ですので、まあみんなが集まっている雰囲気と、一緒に食べる時間の体験、それが第一のねらいではあります。

そんなことで今年もまだまだみかんアワーを楽しむぞ、にぎやかに幕開けしたおなじみの「公同の冬」の光景です。

（十一月二十八日）

おかあさんコーラス

おまつりが終わるとすぐに「おかあさんコーラス」。母の会では一年間の行事の担当が決まっていて、このコーラス担当の方が「次」を心配され始めます。数年前からこの取り組みをクリスマスに限る特定の行事ではなく、子どもたちの歌に合わせられるように、お母さんたちも歌いましょうという時間になりました。コーラス隊に加わられる方を募集するのではなく、とにかくみんなで集まって歌うというもの。楽譜集を用意してくださって、二年目三年目の方は新譜が渡され、新入の方にはファイルが渡されるというように準備されてきました。これで子どもがいったい何と言って歌っているのか、聴きながら？　なんてことにはならないでしょう。そういう機会を持ったうえで、特別コーラス隊を作っていただき、芸術文化センターのエントランスでのコーラスや、イブの礼拝などにも出演いただくというものです。歌が特別なものではなく、鼻歌でだったり、また歌詞を眺めてあらためてなかなかいい歌だねと思うことになったり、そして何より自転車に乗って、車の中で、お風呂の中で大きな声で声を合わせていただけたらと思っています。

なんといっても年長の歌声はすごい。いつだって適当にとかではなく、全身で歌う子どもたちです。年長のクラスから声が聴こえてくるから、また全体の集まりで歌ってくれたりするのを目にするから、だから歌いやすいところからぽっぽさんもその歌の仲間になっていきます。「歌いましょう！」の会では三十分以上の時間をお母さんたちを前にして、次々とこちらの繰り出すことばに従って歌声を聴かせてくれた年長たちでした。

新しい♪フクシマ～の歌も子どもたちの歌声を聴いていただくところから始めました。♪ずっと節～や♪フクシマ～などの作曲者の井本英子さんが、歌の指導をしていただく方をお連れくださいました。お見えになったのはなんと若い男性、いやあ思いがけない展開で。男性の方の指導というのは今までなかったわけではないけれど、合唱の指導やボイストレーニングなどを仕事の中心にしているからか、これまでとは違った流れ。たとえば曲想の捉え方や声の出し方（どの方向になどおもしろかった）、歌い方など、丁寧でわかりやすく、ちょっとお得な時間となりました。実に重い、福島を思う歌「フクシマ」ですが、この歌を歌いたい！　そういう思いにさせてもらう時間となりました。

（十一月三十日）

十二月

クリスマスを待つ子どもたち

アドベントカレンダー

一番にお弁当を終えて出てきたぽっぽさんを落ち葉拾いに誘いました。ほうき（熊手）を持たせたり、ビニール袋を広げてもらったり、中に落ち葉をすくって入れてもらったり。この熊手隊が働いているのか、遊んでいるのか。「ちょっと山を掃かない」「前に押していかずに葉っぱを集める」「ほうきで遊ぶな」「働くのだ」などなど叫びっぱなしです。でも最後に「でもねこよりまし！」とひとこと。だって余計なこともするけれど、一応ちゃんと葉っぱは集まっていくのですから、素晴らしい働き手たちなのです。

この日の集まりで各クラスのアドベントカレンダーが紹介されました。どう紹介しようか、礼拝の最中にも悩んでいたのですが、園長先生が読まれた『ぶたたぬききつねねこ』の絵本、その最後に緑の幕が登場し、クリスマスを迎えてという場面でお話が終わります。その瞬間に「やった！」、先日来使用しているのが長い緑の布、幕や舞台にしています。よしこれだ！　そこでまずその緑の布を出してきてその後ろにアドベントカレンダーを持った先生たちに隠れていただき、順に登場してくるという流れにしました。「みどりのまく」で終わった絵本を引き継ぎ、そしてクリスマスへの一歩がスタートしたのでした。

十二月、初日は絵本の会です。またまたよき聞き手に恵まれて幸せな時間を過ごさせてもらいました。卒園されている参加者も五人を超えてうれしい限りです。とても素敵なおやつも準備されて、お茶会がこれまたうれしい。そして私は思いの限りしゃべったり、絵本を読んだり、紹介できるのですからこんな幸せはありません。そのためにはしっかり生きてきたことが何より大事、いつもしっかりなどと思ってはいないのですが、その時その時をそれなりにやっていると出会うものも多く、それがつながっていきます。

クリスマスなので、ケーキや雪だるま、サンタさん、ツリーなど、セーターの話もありましたが、ちょっとそんな分類をして読ませていただきました。国別でクリスマスの絵本を紹介したり、しかけ絵本を多数持ち込んだり、いろいろな形でのこれまででしたが、みなさんのあまりご存じないであろう絵本を読ませていただきました。今、佐野洋子さんにはまっています。ある新聞記事がきっかけでちょっと興味を持ち、佐野さんのエッセイなどを読んだりしていますが、その佐野さんの作品に『サンタはおばあさん』という本があります。子どもたちにぜひというより、実は自分がおばあさんで、孫にそして子どもたち一人ひとりにこんな思いを持って接したいと願っているなかで出会った一冊。一年持ち越した絵本です。孫を思う、心配する気持ちに入ってしまいながら読みました。「順子先生はサンタクロースになりたい、目指しているのはここですか」との問いかけが感想文に。「なれるかも」とも書いてくださっていました。サンタのように子どもたちの気持ちをしっかり受け取っていきたい。と同時に一番伝えたかったのは、クリスマスは子どものほしいものを買う行事ではなく、どう心を届けるかということです。子どもがほしいものはそれが心身の成長に必要であればその「今」に渡すべき。クリスマスや誕生日には一緒に今を過ごしていることへの気持ち、大きくなってよかったねの心を届けてほしいと思います。ケーキを作ったり、ご馳走の計画を子どもたちとしたり、子どもとその日に何ができるかなど、一緒にその時間を過ごすことへの工夫です。あなたがいてくれてうれしい、そんな「心を届ける」日にしてほしいとの思いでお話しました。一生懸命テレビもつけずにアドベントカレンダーを作りましたと聞かせていただきましたが、そんな時間素敵ですね。自分の方を、自分だけを見てくれている、それが子どもに力を与えます。

（十二月四日）

子どもの知りたいと向き合う

保育園はけっこう絵本に力を入れているところも多く、絵本の量は多い。絵本の名前を表紙を知っている、こんな話やでと言えもする、でもそんなことではなく、絵本が日々の生活と結びつき、たとえ「そんなこと〜」と思うようなことでも「うんうんあり得るかも」と思えるような出会いをしてほしいとも願います。くるみを見た時に、「りすはなあ、くるみが好きやねん」とつぶやいた子どもが。「えっどうして」と聞いた先生に「さんじのおちゃにきてくださいのえほんにでてくる」と教えてくれたとのことでした。そう、ケーキ作りの場面で、りすはくるみを持って立ってその場面に加わっています。主人公ではない、でも絵を見て、動物たちがケーキを作るなんてあり得ないと思う年齢になっても、でもその場面から読み取っていく。だから絵本は「正しく」なくてはいけません。りすがニンジンを持つより、くるみを持っていてほしいわけです。

本物のくるみに出会ったその時に、そんな体験と絵本の体験が彼のなかでリンクした。このリンクは子どものみならずおとなにも必要、ああれがこういうことなんだ、そう思うことが多ければ多いほど、仕事は楽しくそして無限大に広がっていきます。保育などの仕事にあたる人材を育てる学校では、健康や自然やまた造形や何だとバラバラの教科で勉強させます。保育案はその分類で作成します。「造形で案を立てます」などと言うのです。でも現場はそんなバラバラではない、環境の授業でさつまいもを育てる時に、絵本に歌に絵画にとつなげてほしいけれど、育てる実習はその育てるだけ。秋なら、戸外に歌に表現に絵本にといっぱいつながって子どもたちと過ごしていってほしい、でもバラバラに習ってきたのならそれをリンクさせる努力が必要。これは現場に来ていただいてからの勝負です。先輩としてもとても問われるところです。ところで小学校などの勉強と家庭のあり方をリンクさせるのはお母さんたちの仕事、数を習っていたらさりげなく家での何かの折りに数えてもらう、決して勉強としてではなくです。そうしてこそ身についていきます。

公同の絵本の出会い方はいろいろ工夫しています。『つやっつやなす』というなすび御一行様勢ぞろいという絵本がありました。まあ細いのや太いのやとなすを集めていただきました。冬を迎えてこの絵本のシリーズに加わったのが『どっかんだいこん』です。さんぽらったでも、そして年長でも読ませてもらいました。ここずっと大根とかかぶにいろいろ出会っているので、今回はそんなことを思い出しながらの一冊。赤いのや黒いのや、丸いからかぶとは限らず、似たような大根とはどこで見分けるのか、みんなでじっくり見たり、そして最後には味わったり。黒いのはまあ辛かったようですが、実際に触って食べて、そして大根といえどもその実態はという感じ方を楽しんだようです。

五日、年長におじゃましました。クリスマスを意識しての集まりです。いっぱい歌を歌ってくれて最後の歌は「しずかなクリスマス」。そこで『クリスマスのまえのばん』を何も言わずに静かに読み始めました。そして「クリスマスの十二日」の歌声に合わせて、私のとっておきのしかけ絵本を見せていきます。部屋を暗くして、そして最後に何とこの絵本はツリーが光るのです。その瞬間、歌い終えたその一瞬の子どもたちの反応、「わあーっ」。彼らは最初からずっとついてきた、静かに絵本を読んだらその空気に、素敵なものを見せたら目を輝かせ、思いがけないものを目にした時の全員の申し合わせたような感激の声、見事に空気を読み、リードする人間と一体化してその場を作り出していってくれる子どもたちなのです。みなさんに見せたい、いつもそこで生まれたものはその一瞬のものであって普遍化させるように残すものではないと思ってきていますが、私たちだけではもったいない、そんな思いでした。

（十二月六日）

「場」を子どもたちと作る

実は、私は心底欲ばりで「ああ、またあれか」と子どもたちや先生たちに思われたりするのは絶対いや！　で、努力をします。仕事ですから努力は当たり前で、毎日今日は何があるかなと思いながら子どもたちが門を飛び込んでくる、これが目標を書かなくてはいけないなら、保育の第一目標です。ところが案を作成するのにそんなことは誰も真剣に思っていません。絵本を適当に読んでしまうように、何をしたら時間が過ぎるかとか、これなら時間がどのくらい持つかなど、そればかりとは言いませんが、そのことがまず主流に。就職の面接で四十分の保育をするように言われたと相談がありました。その保育をされる子どもがかわいそう、まあそれはおいといて、相談内容は何を子どもが喜ぶかではなく、四十分持たせることです。ニコニコ笑いながら相談にのっている自分がいやになりますが、何とか子どもたちが思いがけずに楽しい時間を過ごせるようにといくつかの保育案を話しました。

話がすぐに飛びますが、プレクラスではご希望があったので、ネフの積み木を使ってのクリスマスツリーをご披露、幼い三歳になりたての子どもたちがどう反応するか、一瞬にどう動くか、これは「読め」ません。そこを繰り広げる、これは私にとっても実に大きい課題です。場を子どもたちと一緒に作り上げていく、そう保育は一緒に作り上げていくものです。「ああ昨日のあれね」ではいけないのです。

このゆびとまれの集まりのクリスマス会が、園舎二階で行われる予定になっていました。昨年はぽっぽのみんなと交わったとのこと、では今年もということで歌などをお願いしました。園庭で遊んでいたのを呼び集めたら、さっと二階に上がってきてトイレをすませてそして奥に子どもたちは並びました。コンサート開始、コンサートといってもいいほどの歌声です。♪おはよう～の歌声を聴きながら、歌ってもらって出迎えてもらった子どもたちがこうして大きくなり歌って出迎える、接待をする様子に驚き、そしてうれしく。何しろあっちこっちと動く子どもたちを一か所に集めて、歌って踊ってのパフォーマンスでひきつけて、明日も来ようと思わせるべくがんばった四月の事を思うと何とも言えません。クリスマスの歌も含めてたくさん歌ってくれて、クリスマス会としての味わいを作ってくれたぽっぽさんでした。このゆびにはぽっぽさんの弟妹もおられて、そのお母さんたちは思いがけないところで、わが子の成長ぶりを見ることができたということにもなるお得な時間だったのではと思います。

（十二月十一日）

私のもくろみ

十二月も一日一日確実に進んでいっています。不思議なくらいに、でも当たり前なのですが、確実に過ぎてしまう。とても忙しい毎日で、あり得ないと思う出来事もあったり、でも私は「結果オーライ」のたちで、だから最後うまくいけば「よし！」となり、まあ忙しかったけれどねという感じにはなります。教会学校では毎年夏頃、冊子の計画が始まります。「みんななかまさ特別号」というもので二百人近い登録の子どもたち全員集合で「夏！」のテーマでひとこと持ち寄り一冊にするもの。表紙は園長先生の撮影される写真、一冊にすべてをぎゅーっと押し込んでいたのを、二〇一一年から篠山後川の日々、そして沖縄の五日間ということで、分冊になりました。夏！　のはずが遅くなり、昨年は十二月も年末押し迫っていたのを今年は何とか、「夏」と「後川」がつい先日完成しました。「原稿をひとこと」と言っても出会いが非日常ということもあり、また学校のように拘束力があるわけではなく、でも全員集合といきたいなど、あれこれの葛藤のなか、最後の子どもが原稿を届けてくれたのが十二月に入ってから。まあそのページは空けていますのでいいのですが。幼稚園の仕事のほかに、土曜日は最後の仕上げに一日出勤してくれたり、ほんとうに申し訳ないとも思いますが、結果オーライの私は「いいものができた」、そして先生たちは先輩やいろんな事務所の人などに教えられて、パソコンの技術などが高まってもいきます。これからを生きる若い方々にとって「パソコンの文字入力はできるけれど」という私と違って、もっともっと使いこなさないとの世界です。

十二月も半ば近く、この時期訪れてくださるのがクニさんとみかちゃんです。長いお付き合いになりました。二〇〇九年の夏に北海道を四泊五日で訪れ、クニさんたちの住居（収録もできるスタジオ！）におじゃましまして、案内もしていただいてという至福の時間。何台もあるマリンバを豪勢に触らせていただいて、もちろんお二人の演奏も聴かせていただくという一夜を過ごしました。

今年はまた私、もくろみました。「わかいね！」、いやあありがとう、がんばってます。そのもくろみがいよいよ明日です。というものの根底にはみなさんのお働きがあってそれを活かしたい、ただそのことに尽きます。今回は、紙芝居さんとおかあさんぐまのコラボ、昨年はあの大きな木の実のケーキ、園芸担当のお母さん方が私の願いに応えてくださって実現しました。願えばかなう、の相互作用により、何より子どもたちに素敵な体験のひとときが巡ってくるのですから、やめられません。まだまだもくろんでいます。忙しいなかにとよくと言っていただきますが、自分でもそう思います。先生たちにクリスマスにお洒落してもらうトレーナーも今年もかわいいのを見つけました。楽しみにしていてください。ということで明日はクニさん、みかちゃんの「クリスマスコンサート」です。

（十二月十二日）

歌があふれている環境

年長が長居公園の自然史博物館で行われている恐竜展に出かけていきました。ずいぶんおもしろかったようで、先生たちのおたよりを読みながらその子どもたちの光景を思い浮かべたりしました。そこで『パフ・ザ・マジック・ドラゴン』のしかけ絵本を年長に持ち込むことにしました。いいところ行ったんだって？　と聞くと「きょうりゅうてん」と答えるかなと思ったら、「モンゴル！」との声が。えーっモンゴルですって！　それならあの絵本を読んでもらわないといけないよ。モンゴルときたら『スーホのしろいうま』、これを読まなくてはです。

この日、ぽっぽさんが十一時から親子でわらべうたのクリスマスバージョンの集まりでした。先週のこのゆびとまれの集まりでのぽっぽさんの活躍に胸を熱くしたばかりですが、またまたこの集まりで元気をもらいました。お母さんを目にすることになるので、なかには手を振ったり、探してしまって歌を歌えないということも起こります。でもみんなの成長に涙が出そうになりました。実は朝から「ぽっぽさんの独壇場」のようになった園庭で、彼らのいろんななわとびの様子が見られたのです。一人で跳ぶ人、何と大なわに二人で挑戦など、これほどにぽっぽのなわとび光景がと思うほどの様子にびっくりしていました。その前に「さんぽだより」のある文章を読んだところでした。年長の部屋の前で幼い子どもたちが集まり、年長の歌に聴き入り、さんぽの女の子たちが「きいてきた」とうれしそうに帰ってきたというものでした。そして歌い始めたのが♪クリスマスの十二日〜、先日しかけ絵本を目にしたことや何度も耳にする楽しい歌、子どもたちは聴き覚えて自分のものにしていきます。歌があふれている環境、それこそが大事ですね。クラスごとの一人相撲ではいけないのです。何より全体が一枚岩になってこそ、子どもたちが成長していきます。多くの歌を耳にしてそれが散歩の途中でも口をついて出てくる、そんな子どもたちとぜひ一緒に声を合わせてください。歌は時には聴くものであり、でも何より一緒に歌うものです。

そしてぽっぽのクラスのクリスマス会の進行について。実はこれにも涙が出ました。事務所に戻ってきた私が涙目なのを見て「先生がそんなふうになるクリスマス会って」と聞かれたのですが、内容がどうとかこうとかではなく。もちろん一生懸命考えて実施していくのはこれが仕事ですから当然の事です。でもそこに息づいているものなどについてあれこれ思ったのです。二年目の先生がベテランにも支えられながらぽっぽをまとめるのを、わずかのキャリアでこれまでもがんばっていますが、しっかり起案してそれを進め、そして当日の進行をやりきった、なかなかないことです。

午後は年長のクリスマスの会、かわいくてすっと世界に入っていくぽっぽと比べて年長になると突っ込みが厳しい、だからこちらもそれに引っ張られないように力をつけていかなくてはいけません。子どもたちが大きくなりしっかりしてくるおもしろさと同時に、彼らの成長に負けない自分たちを作り出していくこと、突っ込みの厳しい子どもたちをさすがの年季で交わしながら進めていく先生を見ながら、そんなことを思ったりもした時間でした。そして園の経験が豊かになったのがお母さんたち、だからこそダンスなどは交替も速やか、踊るのも楽しみと素敵な流れを作るそれぞれの働きをしてくださっていました。たくさんのクリスマスの歌を聴かせてくれた年長、その年長あってこそのクリスマスを楽しむ日々です。

（十二月十三日）

クリスマスコンサート

いやあ、やりました。おまつり以来胸に温めながらも、「魂胆あり」は顔に出てくるようで、「先生、顔が語ってますよ」と言われるくらいでした。まずは事の始まりは。毎年おまつりで紙芝居の時間が用意されています。二〇一〇年は『フレデリック』、二〇一一年は『からすのパンやさん』など、ペープサートが製作されました。紙芝居作品と違っていつまでも保管にはならないし、また音楽などで盛り上げられますが、時間が経つとそのメンバーが解散になります。おまつり当日だけでは園児の全員は見ていないはず。おまつり当日だけではもったいない、そんな思いで再演をお願いしてきました。「からすのパンやさん」などは、昨年はクリスマスに合わせて話を少し工夫してくださっての特別上演もありました。今年は紙芝居です。私の大好きなホフマンの『ねむりひめ』、当日も見に行くことができなくて残念に思ったことと、ぜひ一度読むのを聞きたいと願ったこと、それが発展して、クニさんたちが来られる時にBGMを入れてもらおう、そしてそしておかあさんぐまに、いつもいろいろ工夫されるクリスマスの頃の壮大なお菓子作りを、絵本の最終ページのウエディングケーキにしていただこうというもの。まあおまつりのことは終わるなり過去のこととして、次に案を練りそれぞれに了解を取り、そしてワクワクしながらこの日を迎えたのでした。ケーキの最後の仕上げは、礼拝堂の講壇の向かって左の小部屋でコンサートの最中に行われていました。紙芝居、音楽、そしてケーキの登場とこの三つが実に見事に一体化して、コンサートの最後を飾りました。しかもケーキにいちごがのっているのを目にされたみかちゃんは、その場でクニさんに合図を送られて、お二人の歌の♪苺の花嫁さん〜が演奏されました。もちろんケーキの登場には、あの結婚行進曲が。

コンサートでの子どもたちの演奏者への一体化は見事なものでした。歌う時、聴く時、「のる」時、パッとやめる時などなど、「おうーっ」と声を上げ、ピタッと止めるなどの見事さは感心するばかり。演奏はお二人のアイコンタクトで見事に展開していきましたが、クニさんはちょっと風邪気味で声が出にくかったようです。でもマリンバの演奏は素晴らしく、毎年この季節にこうして出会える幸せはほんとに何よりです。いつも最後かもしれない、そんな思いで来るとクニさんは言われていますが、ほんとにそうです。どんな機会も当たり前と思ってしまってはダメです。

（十二月十四日）

ご家庭への「おかえし」

ご家庭の限りない理解があって、そしてこれ以上はないという協力があって、素敵な毎日を、何より子どもたちの笑顔とともに過ごさせていただいています。限りない理解、その前にいろいろなことを進めて行ける基盤、それらのありがたさを心から「普通ではあり得ないことができている」として思っているのは、かつて公立の保育所に勤務していたメンバーです。「そんなあり得ないことができている」おかげで、コンサートには紙芝居とケーキが登場しました。日々の下地がある子どもたちですから、単なるコンサートではなく、相互作用のあるとても生きたものとして届いています。そこの子どもたちの歌声をみなさんにお聴かせできませんが、とても素敵な空間と時間でした。そんな日々を与えられていることへはやはり「おかえし」が必要です。この十三日のことをホームページで見た藤原先生は、動画ではない写真から子どもたちの歌声が、順子先生の「しめしめ！」の声が聞こえてくるようでしたとメールを送ってくれました。そう、「しめしめ！」と思ったその仕込みもですが、何よりそこでの子どもたちの笑顔こそがご家庭への「おかえし」、仕事のなかの大きな部分だと思っています。

その仕事は十四日にも。朝から集まります。二階に上がっていく年長が、私が園舎に向かっているのを目ざとく見つけて「じゅんこがくるぞ！」、いやあ期待に満ちているその声に元気をもらいます。実は先日、あの一本三十円のチュッパチャップスのツリーを目にしたのです。全部で百三十五本のツリー、かける三十円で購入できます。一つだけにして、園児数にあと足りない分はその個数を買えばなんて、ケチなことは言いませんし（しかも思いつかない）、ツリー二つをすぐに購入しました。そしてどこかで読みたいと思っていたスーザン・バーレイの『りんご』という絵本と、先生たちからもらったかわいいマトリョーシカ、最初の外側はサンタだけれど中から思いがけないものが出てくるそれを紹介し、最後は小さいツリーなので、結びつくぞ、流れができると、そこでいつ公開しようかと思っていたチュッパチャップスツリーのお披露目となりました。

いやあ盛り上がりましたねえ。この日はまず先生たちが私とジャンケンをして勝つとほしいのを選べる、しかしとことん負け続けた人も。そして子どもたちはクラスごとに出てきて、自分でほしいのを選んでいきました。そのあと、先生曰く「酔ってる！」「こわれた！」みたいな年長さんの♪クリスマスパレード～の歌を聴かせてもらい、その歌に合わせてみんな部屋に戻っていったのでした。とにかく踊りまくりながら歌う、それも男の子たちが女の子以上に。しかしあんな笑顔が見られたら、幸せすぎます。『サンタクロースってほんとにいるの？』の絵本の中の「サンタはねこどもをよろこばせるのがなによりのたのしみなのさ」のフレーズが頭をよぎります。

雨が心配された十四日の午後でしたが、地域の集まりで冬を迎えるもちつき。きなこにごまだれに大根によもぎにとおいしくみんなで味わいました。なかなかの展開になったこの日、もちつきが一段落するとクリスマスのコーラス隊、初お目見えです。五十人ほどの素敵な声で六曲にもなり、しかも前日急に加わった♪子守りうた〜も見事に歌ってくださいました。グッと心が一つになって、コーラスのためにと準備をしてくださってきた母の会の担当の方々にもほんとに感謝。来週は出番がいっぱい、最後は二十四日のイヴ礼拝にです。

（十二月十五日）

「うるさい」ほど無事故を願う

いよいよ二学期終了までわずかとなりました。早い！　と思える日々を過ごせているのはほんとに幸せなことです。

教会学校の礼拝で、私はピーターラビットの『グロースターの仕たて屋』をプロジェクターで映してもらって、読むことにしていました。いつかきっとクリスマスの時期には読むぞと思っていた一冊です。今年は夏には『どうぶつ会議』を読むことができたし、『どんぐりと山猫』などの長い作品も紹介できたし、いい年でした。大好きなピーターラビット集のなかでもほんとに好きなお話で、くいあらためて紅茶を持つシンプキン、猫ですが最高です。素晴らしい描かれ方をしています。それを読み終え、礼拝も終わり、次です。子どもたちに、「クリスマスは忙しい、サンタは忙しい、今日はこれから忙しい」、なんやねんと笑われましたが、ほんとにそうだったのです。まずこの日で幼稚園は礼拝をする日曜日はおしまいです。十二月のお友だちをみんなで祝う、次に二学期に一度も休まずに日曜日に来てくれたお友だちを紹介です。また教会学校ではＰＰバンドで手裏剣を作り、それを合わせて大きなリースを完成させるという広大な計画を立てていて、その進行状況の報告。そして藤原先生がご夫妻で出席してくださっていてその紹介も。何しろ「題名のない音楽会」（にしきたバージョンの収録）をみんなで二十五分ほど観るので、大急ぎ。まだあります。あのチュッパチャップスのツリーを教会学校の子どもたちにも用意していたので披露し、一本ずつ贈呈です。大きな画面での音楽会をみんなで鑑賞して、最後に♪ずっと節～を踊ってそして無事に忙しい朝のひとときを終えることができました。

二学期、暑いなかで迎えたような気がするのですが、もう冬。朝は車の窓が凍っている時もあり、「今日の寒さは～」と思いながらの出勤です。病気は罹患することによって免疫がつき、子どもは体力がついて成長していきます。でも気を抜いての手遅れは困るし、かといってあまりに神経質になるのも困る。怪我もそうですね、この話は何度目かという方もおられるかわかりませんが、私は弟を自転車に乗っての列車事故で、九歳と数か月で見送ることになりました。十二月のことです。まだサンタを楽しみにしている年齢、母は私が子どもを育てるなかで、その体験を越えられなくて口出しが多く大変でした。自転車を買ったのも、乗れるようになったのもすべて内緒に。弟が死んだから、自転車はだめなんてことはおかしい、しかしそのことは事故を想定することにおいてはとても貴重な体験になりました。だからけっこううるさい。どんなことにも泰然自若としているように見えるかもしれませんが、「そこは危ない」「そんなふうにするとこういうことが起こる場合もある」などなど。特に子どもがハイテンションになった時はいかに冷却させるか、疲れていないと子どもは言うかもしれないけれど、子どもはそういう時は自分で自分がわからなくなってしまっている、ひと声おとなが叫んだらバタッと寝てしまうことも。そういう意味で病気も怪我もどんなことも豪快であり、繊細であり、そのようにしなくてはと思っています。宿泊保育や夏のキャンプなどで一緒に過ごした仲間たちはこのうるささをよく知っています。昨年の夏の福島の子どもたちのキャンプもただひたすら「無事故」を願い、がんばったものです。感染症の多い季節です。生活がちょっと時間的にも空間的にも乱れやすくもなります。くれぐれも注意してあげてください。

（十二月十八日）

心を届け合う時間

すっかり落ち葉も落ち着きました。街のあちこちで吹き溜まりを見たりもしますが、それをいやがっていると木々がなくなってしまいます。私の家の前が大きな森で並みの落ち葉ではありません。この秋、四回ほど一人で闘いました。一回に四袋いっぱいにするとだいたい力が尽きます。小さな溝があり、そこに溜り、その続きのかいしょにごっそり山が盛り上がり、そして風でも吹くと家の庭は落ち葉だらけ。以前、その森は見通しが悪く危ないので、ばっさり切るべきだなどとの意見が自治会であがり、「えらいこっちゃ！」と私もささやかな働きを。

さてさてまだまだ忙しい、やることがある、それはやりたいことがある、でも時間が。何せ二十二日で終わりです、絵本を読むだけでももう少し日にちが欲しい、そんな思いの毎日。話がいっぱいに広がることになる、私へのおまつりなどの相談ですが、紙芝居の方々と盛り上がり、実行に移してくださったのが、おまつりのビンゴカード。なかなかの作業をしてくださり、当日も礼拝堂で楽しんでくださいました。それを園児が一回楽しめる分を残してくださっていました。そして十九日またまた全員集合でした。いやあ動画にしておきたかったほどかわい過ぎる子どもたち。ビンゴカードの「正しい持ち方」から講釈が始まる私の時間、しかしみんな正しい持ち方を継承して座っています。みんな聞いている、そんな頭の並び、次に「いっていいか」、「いいぞー」の掛け合いのもと、カードに押されている消しゴムはんこの絵を大きくしたものを箱から一枚ずつ取り出し、みんなの前を見えやすいように横に移動していきます。これを五十回。途中で年長から「ビンゴ」と声が上がりますが、「今日のビンゴは最後の人までが全部あくまでやります！」。じっと前を見ていて絵を見た瞬間にカードに目をやる、その動きが全員が一体化していてもうなんとも言えない。楽しみながら五十回横に走り、叫び、笑いと楽しませてもらいました。そして最後の一枚でみんながカードを持ち上げ、「やったあ」と喜んでいる様子に先生たち全員の気持ちが暖かくなり、何よりの十二月の贈り物と感じたのでした。そんな時間、一人ひとりの成長、それらが私たちには最高の贈り物です。

アドベントカレンダーからスタートしたクリスマスに向けての十二月の一日一日、お母さん方のお働きにも心から感謝です。パンの日に小さいお子さんを抱っこして「こね」に来てくださり、それが子どもたちの心とおなかに届きます。そういうお働きがあってこその幼稚園の豊かな時間。クリスマスプレゼントの大きさや金額ではなく、心を届け合う時間をこれからも過ごすことができますように。

絵本は読みたかった『りんご』を全員に、そして『ミシュカ』は年長で、これはどれもクリスマスの話だから今読まないと。『きつね森の山男』、大根のお話、絶対に年長にと願っていたのを十九日に実行しました。絵本ではなく、原画のコピーが一冊になったもので読みました。『ミシュカ』も少しむずかしい話でしたが、さすがの年長、息も聞こえてこないように感じるほどの絵本の時間に、読み手はとてもうれしかったのでした。

（十二月二十日）

願うこころのクリスマス会

二十日は夕方に合同クリスマス会が予定されていました。地域のみなさんと一緒にということで始まった会で、ほしまつり、こうどうまつり、もちつきなどと同じで、誰でも参加できるというもの。ただただ会場の設置に頭を痛めます。それにしても礼拝堂のあの椅子を一年のうちで何度動かすことでしょう、重いのにせっせとみんなで。

子どもだけに準備されるおみやげ、これが二百五十、あとおとなは百二十人くらいはおられたでしょうか。ほんとにたくさんの方々と同じ場所で、子どもの息づかいを感じながら過ごすことができたのは幸せなことです。♪こうどうようちえんの子どもたちは空に輝く星を見ながら、サンタクロースにお祈りしてるよ、世界中の子どもたちが笑顔でいるように〜、最後に「うさぎのはら公同バージョン」が歌われましたが、平和で元気で笑顔で、そんな日々が何よりの願いです。

合同クリスマス会はどうしようか、どんなプログラムにしようか、ほしまつりの夜のコンサート、このクリスマス会、そして二十四日の夜のコンサート、また五月の母の会の総会のあとのお楽しみなど、年に何回か頭を悩ませます。

ほしまつりの時は『ぼくの村にサーカスがきた』の絵本に音楽をつけていただき、主人公が吹く笛の音色がフルートで演奏されました。戦争はだめ、とか平和であってほしいとか、おとなのことばで繰り返すのではなく、日常のなかにそんな思いを持ちたい、そういう姿勢です。

紙芝居の労作の『ねむりひめ』がクリスマスコンサートで読まれ、特大ケーキも登場した、そんな時間が心に残ることを願っています。でもこの心に残るというのは一人ひとり全く違っていて、こちらが思ってもいないことが子どもの心に残っている場合もある、ほんとに個人差です。その日には話さないけれど、しばらくしてたとえばテレビを見ながら、「あっこれ幼稚園で見たわ」なんてこともあったりするのが子どもの世界。だからすぐに結果を求めず、今日のことはどのくらい子どもの心に響いたかなと余裕をもって眺める、その姿から感じていくことがこちらには求められます。ほしまつりの翌日「きょうもほしまつりか」、しばらくして竹が降ろされたら「あっほしまつりがおらんようになったわ」、いつもは行かない広場を久しぶりに訪れたら「うんどうかい、うんどうかい」とはずむ子どもたち。そこがいやな思い出の場所であってはいけない、それだけにそんな子どもたちを見るとうれしくなります。この秋、六甲山を歩いていた年長が西宮北高校の高校生と遭遇、なかに六人も卒園生がいました。一人が「この道、幼稚園の時に園長と歩いた」と仲間に話していたその直後の遭遇で、「さっきの話の園長や」という出会いになったと聞きました。その時の写真を届けたのですが、お母さんも「もうその日はそのことで持ちきり」、そんな家庭の様子を教えてくださいました。きっとしんどかっただろうし、六歳では先も想定できずに「いつまであるくん」とも思うこともあるだろう山道ですが、仲間と歩いた、海を眺めた、空がきれいだった、そんな景色は心に残っていくのですね。

たった一日だけクリスマス会をして「思い出に残るクリスマス会」とかそこで生活発表会をして、楽しい時間だったなどということもよくありますが、そうではなくて毎日をどう楽しむかです。

そんな毎日の一つ、二十日のクリスマスランチはこれまた見てほしかった、そんな労作、豪華なものでした。毎年いろいろな工夫があるというものの、今年は私からの、アルトスのパンでのランチをという願いに応えて、それはそれは素敵なものを用意してくださいました。ポテトサラダや、お肉、ニンジンの星にしたって並みの数ではありません。またパンを一つひとつ取りやすいように紙で巻いて、スープもあるし、なかなかの大作でした。おかあさんぐまたちに「お口にされましたか」と聞いたら、全部子どもに持って

いったと言われ、それは是非「検食」してください、です。

料理を作り、二十一日のケーキを準備し、どこかでは歌の練習に励み、合同クリスマス会でもビンゴをしようの提案に、それに向けての製作、もうほんとにいろいろなクリスマス、サンタ工場があって、毎日の時間につながっていっている、そんなおとなの思いで守られている子どもたち、自分を生きる子どもに育っていく、これ間違いなし。

先日、もう三十才を越える卒園生と食事処で一緒になりました。一緒の方が「三十年経っていても忘れていないで、そんなふうに幼稚園の頃のことを一人ひとり思い出して話されるんですね」と言いました。「もうホント向き合って真剣に遊んだからねえ」と答えましたが、ほんとにそうです。我が人生悔いなし！　はちょっとオーバーかな。

合同クリスマス会が始まる前はそれはそれはにぎやか、でもマイクで、さあ〜静かに！　ではなく、オルガンを弾き始めました。その瞬間にざわめきがやみました。いやあもうすごい、これが公同です。

（十二月二十一日）

結果オーライそれでよし！

四月から忙しさが倍増したような、単に年を取ったから、そう感じるのか。いや史上最高のようにも思う忙しい一年でした。でもいつもどんな場合も、「いやあ勉強になった」、そして「どんなことがあっても結果オーライそれでよし！」の思いで過ごしました。この年になっての新しい体験、それに伴ってのさまざまな思いもあり、いろいろな意味で豊かだったと思います。何より年齢を増すごとに、子どものおもしろさ、その発見にワクワク、二十歳の時に出会った先輩が五年余りで結婚され、とても憧れを感じる素敵な方だったので、五年はこの仕事がんばる、だったのがなんと、です。五年過ぎたら、いやあ十年だわ、十年過ぎた頃には何もあらためて思わなくなり、自然体になったようにも思います。しかし毎年が新しく、決して同じことはなく、マンネリなんてことにはならずに、だいたいその前に何か工夫するし、です。

子どもはかわいい、必ず大きくなる。先日のクリスマスランチで自分のグループのぽっぽさんを迎えに行っただいとくん、ちょろちょろするぽっぽさんを「おーい」と子どもを追いかけるお父さんのように世話をしていました。うれしくなり、元気になり、また明日が楽しみになる、こんな「劇薬」はどこにもないですね。

そして幸せはあちこちから。園の中、地域、それはそれはたくさんの出会いがあるのですが、二十日に大きな箱が届きました。りんごが、それも姫りんごがどっさり箱にいっぱい。さてどうする、二十一日にどんなふうにプレゼントなどを渡したらいいかと担当の先生が相談に、しかもこの日はケーキも用意されています。それらを共存させて楽しむ方法を一晩考えました。青森サンタが届けてくれた愛情いっぱいのりんご、たった一個でもそれを食べたら、やっぱり絶対「よい子」に育ちます。というわけでたくさんの愛情に支えられながら一年の終わりの日を迎えることができました。

（十二月二十二日）

K O D O

一月

遊びと学びは工夫がいっぱい！

新年を迎えて

あけましておめでとうございます。

毎年のことですが、クリスマスまでをバタバタと過ごし、一月一日が新年の礼拝とあってそれがすむまではなかなかゆっくりとはなりません。前年に続いて東北へもちつき隊が出発、それを送り出し、また出迎えという、行かないメンバーにも大事な仕事があります。三十日にも午後雨の中、やはりずっと実施してきた神戸の被災者連絡会のもちつきの応援もあり、それらが終わって一年が無事に、でしょうか。そのおもちつきのおかげで、年末年始にはつき立てのおいしいおもちも食べることができます。

年賀はがきは子どもたちの制作用、各家庭に、新入園の家庭になどといくつか考えます。でも最近はコピー機がほんとに高性能になり、考えた時間よりでき上がる時間のほうが圧倒的に短く、びっくり。「印刷屋が不景気になるはずだ」とぼやいてみたり。この年齢になると「負担も大きく今年で年賀状はおしまいに」などのひとことが多くなってきます。なんとさびしいことを。私は一年のこの初めがとても楽しみ。特に卒園してからのいろんなお知らせに、驚いたり喜んだりしながら「回覧」です。現在教会学校に登録している子どもたち以外で、年賀状が届くのが百枚くらい。二千人くらいの子どもたちを送り出してきて、一割あまりの交流ではありますが、公同に今も関わり、ここを覚えてくださっているのはうれしいです。私たちここにいますよと言えるような場所をしっかり守っていきたいと思っています。

ひとつ素敵な話を忘れていました。八十年代に通園していた兄弟がいて、お母さんは転居されてからも役員をされたりとお働きくださいました。弟が中学校に行っている頃に思春期の悩みなどでか、不登校になりました。その時はもう山口県に転居されていたのですが、ある日思い立って彼を車に乗せ西宮に来られました。公同に行く！　と思われたのだそうです。その後彼はいろいろに寄り道もしますが、大学を無事に出て結婚します。新潟でしたが園長先生と二人で行かせていただきました。新潟には教会学校にも来てくれていた一家もおられたり、他にも懐かしい卒園の家庭がおられ、ほんとにそうして交われる幸せを感じたものでした。そして彼は親になり、この正月の年賀状に「下関に戻りました」とありました。彼女は新潟産、育ち、でも一家で下関にというお知らせに、お母さんうれしいだろうなあ、私のこの年の初めの一番の感激です。子どもは横道にそれたり、親を悩ませたり、いろいろに揺れながら、そして大きくなっていく、でも二十年前のとてつもなく大きく立ちはだかった壁も二十年経ってみれば、かわいい孫がやってきたにつながっていったのですね。あせってはいけない、人生今日明日で決まるものではない、そのことをほんとに思います。「お母さんはすべてを若いあんたたちに任せるけれど、結婚式は西宮ではできなくても先生たちに来てもらおうよ」と言ったとお電話があった時、どれほどうれしかったことでしょうか。人生は長い、ましてや今目の前にいる子どもたちはまだまだこれからたくさんの時間を歩んでいきます。

（一月八日）

自分を深める三学期

一月八日、公同幼稚園の三学期が始まりました。一学期は担任とクラスと仲間とが出会い、それを深めていく、二学期は団体での行動が多くなり、クラスの名前で呼ばれることに慣れていく、そして三学期は自分をもっともっと深めていく、自分を作り出していくそんな貴重な時間です。三学期が来るたびに思うことが、昇華させていく三学期を奪われたのが十八年前のあの日（一九九五年一月十七日）だったこと、そしてそれからの時の流れです。年長の力強さ、格好よさ、優しさ、加えてみんなのなかでいつもいい位置にいるだけではなく、しっかりと支えていく位置にいること、そんなことを見て聞いて感じて、次の年長が生まれて育っていく。それをしっかり見ることなく、三学期を幼稚園で過ごすこともできずに西宮を離れていて四月に戻り、その年の年長が始まりましたが、「見て」いないのです。また久しぶりに幼稚園に来れたうれしさで、ハイテンションになっての喧嘩、三学期がすっぽり抜けていては、仲間関係も自然には育っていきません。その年長を見て育った次の年長も、次も。あの一瞬の出来事以来、連鎖してきた年月の「呪い」から解き放たれると思えたのはいつだったでしょうか。今、年長が育ち、年長に引っ張ってもらっての日々があり、太鼓一つにしてもそこでの年長の姿、それを見る幼いクラスのまなざし、それらは決して当たり前のことではないことを感じています。一旦奪われ、そしてまた地道に積み重ねてきた時間がそこにあります。だからあの二〇一一年三月十一日の日に、災害の直後の大変さもさることながら、それからの時間がもっと多様に大変なんだと思い、ほんとに落ち込みました。災害に出会ったわけではないのに落ち込んでいてどうする？　です。そんな一月、そして三月、その三学期をしっかり送らねばという思いです。

さて太鼓の音は今年も胸におなかに心に響くものでした。あの大太鼓、運動会に久しぶりにお目見えしましたが、公同にやってきたのは一九八〇年の一月でした。その年の三月に新しい園舎が完成します。その太鼓が初荷で来たときに、新潟は佐渡から鬼太鼓座が園にやってきて初打ちをしてくださいました。毎年感じることですが、今日は太鼓だ！　とやってくる子どもたちが輝いて見える三学期の一日目の朝です。出番はないのにしっかり見守る子どもたちの姿からも成長を感じるうれしいひとときです。

午後は研修会で明石まで出かけました。研修では「明日の保育に役に立つものを。明日すぐに遊べるものを」と希望が出されていました。そんなものはないし、あったとしたらそんなことで貴重な時間を使われる子どもたちがかわいそうです。自分で出会い、自分でやろうと準備し、自分でいろいろに深めていく、それが大事です。受け売りや、その場しのぎはダメ、絵本が時間つぶしに使われたり、どうもその場しのぎが多過ぎます。ほんとに一人ひとりの大事な時間を無駄にしたくはないですよね。わらべうたも急にはできません。コツコツと取り組んできた、そこに生活があったり、一緒に遊ぶ必然性があってこそ、公同では根付いてきたのだと思っています。

正月明けに遊ぶぞと思ったのがボール打ちです。どんどん飛んでくるボールを打ち返す遊び。あの黄色い「一旦お役目終了」のボールが山ほどあります。ラケットは？　孫のところにいいのがある、先日お願いに行って二本貸してもらいました。二本しかないのが残念ですがこれで危なくない道具が揃い、九日に全員集合をお願いしました。全員がラケットでやるわけではなく、やはり幼い順に年齢に合わせた提案が大事です。ぽっぽは拾う、集める、そして何といっても一瞬に全部のボールが転がるのをもう感激して喜ぶ、そんな遊びです。年齢に合わせて遊びを高度化していき、先生たちの戦いも入れたりしながら進めていきました。遊びのきっかけは、テレビの「ＶＳ嵐」です。真剣に見ているわけではないけれど、そこにもヒントがある、そして活かす、講習会などに行かなくても身近にいっぱい遊びのヒントはあり、楽しみたいそんな気持ちさえあれば、子どもの喜ぶ顔が見たいそんな思いがあれば、前向きに考えれば、です。

（一月十日）

「大きいほうをあげるよ」の気持ち

新年早々のおみやげタイムがおもしろかったのか、さんぽとらったに行こうと大きな袋を担いで歩いていると、素早くそれを目にしたかずしくんが「どこにいくん」「なにはいってるねん」と、チェックマンです。もう肩からかけているその袋にぶら下がるようにしてついてきて、鼻を窓ガラスにくっつけて何とか見てやろうの様子でした。冬をテーマにした小さな本、そして『ゆきのひのゆうびんやさん』という絵本を読み、青森サンタが姫りんごと一緒に届けてくださったりんごジュース、そして九州に行かれた方がお持ちくださったお菓子をみんなで分けました。おみやげをなんとか楽しく盛り上げて、たとえ三分の一でも四分の一でもみんなで味わう、これを身上にしています。「けちじゃないよ、ぐりとぐら」です。そんな日々が「はんぶんこにしたらいい」、そしてその歌のように相手に大きい方をあげるよ、という気持ちを育てていくのだと思います。

さんぽとらったでは、「こっそり」外には聞こえないように、間もなく自分たちが年長になるということの乾杯をしました。ぽっぽにもそのあと袋を担いで出かけて行きました。この日は二回とも同じ流れで進めたのですが、そんなふうに異なった年齢での絵本読みができることはほんとに幸せなことです。ところでおみやげをいただいた方の子どもは食材に制限がいくつかあります。だからこのおみやげは食べられない、でもみんなのお礼に笑顔で応答。先日のチーズチヂミの給食事故の報道を思い出しながら、子どもがしっかり認識していくことができていることにうれしく思ったのでした。

ぽっぽの部屋を訪れた時に、『ちいさなたいこ』の絵本がありました。松岡享子さんと秋野不矩さんの作品です。八日に登場した幼稚園の太鼓そのものという太鼓も描かれています。たくさん楽しんだカボチャも出てきます。松岡さんの創作ですが、ああ、いい絵本を選んで読んでもらっているのだとうれしくなりました。時間つぶしではなく、生活とともにある絵本であってほしいです。

（一月十一日）

阪神大震災を悼む日

一月も始まってみれば、もう半ばです。早いですね。最初の日から、こまやけん玉を持ってやってきた年長など「公同の冬体験者」たち、前向きなのが何よりです。公同幼稚園ならではの特製こま板もお役目の季節到来と姿を現し、子どもたちがそれを囲む様子に寒さを忘れます。

一月といえば、十八年前になる一月十七日、その日のこと、別れを告げたいのち、生き残ったいのち、どこで線引きがあったのかを問いながらのそれからの時間でした。大学生たちでももう「親が話していた」「親戚がいた」とか、聞いて知っているという感じになっていますが、「私たちは忘れてはならない」という思いで過ごしてきました。そのなかの一つが十七日に近い日曜日に守ってきた教会の追悼礼拝です。十三日に子どもたちも加わり、合同でのひとときを過ごしました。幼稚園に入園前だった、在園だった、卒園していた、そんな子どもたちの写真も並べられ、十八年という時間を思います。十七日には高松公園での集まりも予定されています。戸外ですが、子どもたちの元気な声に、明日への希望を届けてもらってきました。子どもとの「と」が大事な時間、ご一緒に明日へ向けて歌声をと願っています。

三年生の孫の学習に付き合うということで淡路島の震災記念館を訪れました。あらためて当時のことを思い出す一行、それぞれの年齢でのあの一瞬に思いを寄せました。震度七体験というのもあります。さあ動くぞという覚悟のもとでの揺れですから、相当の揺れでもジェットコースターのように意識しているので、逆にこんな揺れで家があれほどに壊れ、いろいろな場所で輝いていたいのちが、いっぱい失なわれたのかと思うと胸が苦しくなりました。「こうして思い出すことも大事だね」とみんなつぶやきながら、館内を歩き、炊き出しをご馳走になり、という時間を過ごしてきました。

今週は特集も多いでしょうが、私たちが託されている目の前のいのちにどう向き合い、私たちがおとなとして何を見せることができるのかを追い続けたいと思います。ついこの前まで「いじめ・大津」だったのに今は「体罰・桜ノ宮」に終始している報道、いじめも体罰もすべてピンポイントの話ではなく、すべてのおとながその生き方を問われているのに、と思うと腹立たしく悲しくなります。

寒い季節、大寒も近く。俵万智さんの作に〝「寒いね」と話しかければ「寒いね」と答える人のいるあたたかさ〟というのがあります。一緒に生きる人のいることの素晴らしさです。わかってくれる人がいれば、寒さもなのです。そんな一年で一番寒い時期ですが、春も近いのです。淡路島の宝生寺でこぶしの芽をいっぱいに見ました。ちゃんと春への準備が始まっています。桜の木の枝先もそれを教えてくれています。散歩しながら、木の芽を見るのが楽しみな季節でもあります。（一月十五日）

遊び、まずおとながやる

これまでの生活もそうですが、冬の遊びもやはり同じ。子どもたちは「見て見て」そして取り入れていきます。そのためにはお手本になる存在が必要、かつては徒党を組むような兄弟のような遊び仲間がいて、家の前とかで交わりがあったのでしょうが、今はそんな光景はちょっと。だから幼稚園とか保育園の時間は大事です。それもわざわざ異年齢交流とかいうのではなく、そこにいることで自然に交わりができている、そんな風景です。

公同の年長は幼い仲間たちが「見て見て」を繰り返す価値ありの存在。そこで火曜日の朝にまたまた大集合をかけました。特に驚きの一品があるわけではないのですが、今日は先生たちや兄貴分の子どもたちの様子をちらりと見て、みんなも燃えようではないかというもの。集まるのが上手な子どもたち、またぽっぽさんがだいたい一番に揃いますので、先生は前に立ってすぐに遊びの誘導です。今の時期ならではのわらべうたが大活躍です。

そして登場したるは、先生たちのけん玉隊、これがなかなかのもの。補助の先生たちもそれぞれ腕前をご披露です。昨年最後までジンギスカンの曲に合わせて「もしかめ」をやりきった先生、この日はちょっと不調の朝でした。まずおとながやる、そんな公同をしっかり感じるうれしい時間でした。十年くらい前にバギーとかを利用して生活している女の子がいて、体温調節などがむずかしいこともあり、お母さんがだいたい毎日付き添ってくださっていました。そのお母さん、子どもたちとよく遊ばれて、そしてけん玉がとても上手になられていて、「見ているだけではない」「やる」おとなを見せてくださっていたのを思い出します。

毎晩眠れません。明日はどんなふうにして子どもたちとの時間を作ろうと思うとなかなか寝付けない、なんか明日遠足に行くのを楽しみにして眠れない子どもみたい。明日は、と思うだけであれやこれやです。雪山に行くバスの中の遊びは担当をどうしますか？　の問いに「ハイハイこの私が」と名乗りをあげたり、まあこの年齢にしてほんとに楽しませてもらっています。

（一月十六日）

あいうえお

寝ずに考えているというとずいぶん働き者のようですが、まあ考えることを楽しんでいます。三学期の年長との恒例の時間の一つに「文字学習」があります。学習なのですが、いかに楽しむか、毎年同じでなく今を楽しむことでの学習です。みんな勉強は好きです。だからその好きを大切にしてあげたい、いつもそう思っています。

今年はこの日のためにと隠していた一冊、垂石眞子さんの『あいうえおおきな　だいふくだ』。これで「あいうえお一発」、頭を「あいうえおバージョン」にしたあと、子どもたちに自分の名前に「あ」がつく人などと問うていきます。のんびりしている人もいれば、思いがけない子どもがさっと反応したり、隣の子どもを促したりという場面があったり、いやいやおもしろい。無事に「わ」行までいったら。次はエリック・カールの『はらぺこあおむしあいうえおカード』の登場です。「あ」はあおむし、「い」はいちごなど、最初の文字を見て絵を見ると、裏を見なくてもそのことばがわかります。しかしおもしろいのは、時々思いがけなく「動詞」の絵があったりします。鳥と鳥が顔を合わせている、そこから「けんか」ということばを「読む」のですが、これが子どもたちは頭が柔らかい。方法がわかればどんどんことばが出てきます。年長とのこんな時間は楽しく、昨年も「たとえば緑色は～」と尋ねた時の子どもたちの回答の豊かさに感動したものでした。さてカードを終えて次です。これは何と手作りの、あいうえお五十音の布ポケットにアンパンマンのキャラクターをあてはめていくというもの。しかしアンパンマンにこんなに仲間がいたの？　と驚き。五十音が全部埋まるくらいに人形があって、それが順に出てきて、はめていってもらいました。そんな「あいうえお」の時間、前のめりになってくる子どもたちの様子に笑ったりしながら過ごした一時間ほどでした。

一緒に楽しむことから、考えること頭をひねること、とにかくやってみることを子どもたちに伝えることができたらいいですね。バスの中を利用して、そして部屋を訪ねて「じゅぎょう」「べんきょう」、どんなことも楽しく、落ち葉掃除だってなんだって目を輝かせて楽しむのが子どもたち、その子ども時代の感性を大事にしたい、心からそう思っています。

子どもの体調については、その日の顔つきなども見かけて気になれば、お母さんに伺うこともあります。みんなのことにオールマイティになんてことはありえないし、力不足だらけに違いないのですが、でもいじめにも体罰にもそして虐待にも不感症ではありたくない。そこにいるおとなとして懸命にそこにいたい。楽しい時間であっても、ちょっと無反応に近い子どもも時にはいます。そのことに気づかず楽しかった、おもしろかったと思っていません。あの子をいつ笑わすか。こちらを向かせるか、「よーし次は」の思いです。

（一月十七日）

チームプレーの歌声

とても寒い、北部では雪が降っているとのこと、そんな気温の低い一日、でも芸術文化センターの前での歌のひとときは心が温められるものでした。子どもたちの歌う声にはほんとに元気をもらいます。「個人プレー」なのになぜか自然に「チームプレー」になっているのが子どもたちの歌。途中であくびをしたり、ちょっと気を抜いて後ろを見たり、そんなことを交代に行ったりしながら、でもちゃんと一曲ができあがっている不思議さというか素晴らしさ。じっと見ているとおかしくなってしまうほどです。特に年長は長丁場のむずかしい歌もありますが、そんなふうにしてみんなでいつもしっかりお役目を果たしてくれています。そんな年長の姿に励まされ、助けられた十七日のひとときでした。

歌ってくださったお母さん方、ありがとうございました。若い男性指揮者の指導のもと、なかなか高レベルなコーラスになっていきました。この日も「プロですか？」なんてお尋ねもあったんですよ。

さてピアノの井本さんには頭が上がりません。子どもたちに歌ってもらっている間に「急にお願いして演奏していただけるものありますか」とお聞きしました。追悼のピアノ曲でも、あるいはよく知られている曲でもとの思いでした。数秒考えられてから「ディズニーのメドレーでもしましょうか」とのこと。♪星に願いを～を演奏し、次にノリのよい曲にすると子どもたちの身体が動く、それならばと♪ビビディバビディブー～でいこうと一瞬思われたそうです。やっぱり頭ぐるぐる～だったそうですが、弾きながらなんですから。いやあすごい、そしてとても楽しい時間になりました。

この日の朝、毎日がそうであるように八時二十分からの朝礼。お祈りの当番は新人の先生でした。大事な日だから特別なお祈りにとの思いで、交代しようか一瞬迷いました。お祈りが始まって、若い先生のそれは見事なほど、自然の優しさ、恐ろしさ、人の交わり、今から過ごそうという時間のこと、きっと伝わってくるであろう子どもが持っている力などを、とつとつと語られました。鼻をすする音もあちこちから聞こえてきます。一年目だから、この日をここ公同ではどう過ごしてきたかを知らないわけだし、この日を迎えることに対しての祈りは無理であろう、代わろうかなどと思った自分の傲慢さをしみじみ恥ずかしく思いました。ここで過ごしてきた日々はわずか一年弱であっても、この日を迎える姿勢としてもきっちり表されていた、十七日という日の重さをしっかりと感じて朝出勤して来られていたのだと感じました。十三日の礼拝の前に、亡くなった方々の写真を並べるのを手伝ってくれながら、在園していて五歳で亡くなった当時のさんぽ組だった男の子のそれを見て、「私も五歳でした」と言っていた先生。生きることのできた十八年、全く知らない存在だけれど自分の十八年は、この子どもにはなかったという思いを大切にしてほしいと願います。その先生、弱点中の弱点のピアノ伴奏に挑戦中。しかし弱さをさらしてがんばる大きな仲間に、小さな仲間は優しい、協力します。これがいろんな力を出し合って支え合っていくチームプレーだとしみじみ思います。

（一月十八日）

見張りでなくおとなは一緒に

毎日いろいろ忙しい、十七日はコンサートだったし、十八日は厄神さんの屋台目指して反対方向だし、そして十九日は八房玉子さんを迎えて南京玉すだれの公演に礼拝堂に。いやいや毎日何かあるなあ、ほんと何もないほうが、朝確認していて「えっ！」と不思議に思うくらい。

朝は毎日少々寒くても園庭は子どもたちの声でにぎわっています。さんぽさんからはっぱさんまでの廊下にズラリ～はダンシンググループ。先生は園庭に出てみんなでダンスタイム。朝、だんだんと太陽がさんぽの方から広がっていく、絶好の「縁側」。園庭に出るとこま板の周りに年長を中心に男の子たち。なわとびや鬼ごっこや狭いながらも混在しながら元気な声が響く朝の光景です。しかし百％とはいかないのが子どもたちの生活世界。「子ども地図」を作ってみたらなどと提案したのですが、たった今子どもたちはどこにいて何をしているか、というものです。大なわを回しながらも、土だんごを作りながらも、担任は全員を把握しなくてはいけません。一緒に散歩とかに出ている方が実は楽といえば楽なのです。気を張るとはいうものの、同じ方向を見てくれていますから。でも園庭などでの自由時間はそうはいきません。ここが一緒に生活して、決して見張りではなく「一緒に」を大事にする公同のおとなの在り方がもっと深く問われるところです。

さて十九日の土曜日はみんなが揃ったところで、玉子さんはお供のけんちゃんを連れて舞台に登場。腹話術で、けんちゃんにあっちを向かせて玉子さんが彼には見えないように指を出して「なんぼん？」と尋ねると、正解をさらりと言うけんちゃんにみんな「おおーっ！」。そして皿回しに南京玉すだれにと芸が進んでいき、一時間ほどを楽しませていただきました。

この玉子さんは、園児のおばあちゃん。かって保母さんをしておられたとかで、当時のお仲間もお見えくださり、同じ年代の私としては話がはずんでしまいました。園児のおばあちゃんとしてだけではなく、乳幼児期の子どもたちを見てこられたまなざしでの、公同の生活、子どもたちの様子への気づきはとても参考になるものでした。何より、子どもたちの素直さに感心してくださり、お礼に歌った歌声のことなど、いっぱいほめていただきました。日頃大事にしたいと願っているおとなの連携、子どもを飽きさせない集まりでの誘導など、そんなお話に沸いたひとときでした。

さて、後日皿回しの話になった時、成功したのは誰だったっけと尋ねられて、立ち上がって「いけがやーっせんせい！」と叫んでいたのはそうくん。こういう存在に支えられて、育てられていきます。おとなが子どもを育てるのではなくて相互の作用、これはお母さんたちもそうです。育てながら育っていくのですね。とり立てて取り柄もなく、そんなに子どもが好きということもなくこの仕事についてしまった私、自信もなくまあいろいろあった道筋ですが、やはり子どもたちの力は大きかったなと思います。何よりおもしろかったのでしょう。この年になってもあのコンサートのはじめの子どもとのやりとりのように、子どもとともに楽しむことができて幸せです。そのうち「もうやめとき」と言われる前には自分からとは心しているのですが、あのまま時間があったらもっと楽しめたなあ。

（一月二十二日）

白いいちごの楽しみ方

ずっと以前からお申し出いただいていたお届け予定物がありました。届くのは二十三日の朝の予定ですが、生ものですので、とにかく考えて朝を迎えなければなりません。夜っぴいて考えたなどとはちょっとオーバーですが、夜中にどうしようかと思ったら寝付けません。そんなこんなの朝ですが、お持ちくださったのが白いいちご！　です。ほんのりピンクのところもある、まあ大きい粒で十五個、そして赤いのも十五個入って木箱にセットされています。気合が入りました。実は日曜日にマトリョーシカ風のかわいい箱をもらっていました。大中小がセットになっています。五つのケーキを準備して、箱の外側に白い画用紙を貼って、いちごを飾り付ける方法を「ない知恵」で考えます。「もう二階は集まりができるようにじゅうたんも敷いてあってあせりますよ」と準備を手伝ってくれている先生。箱ケーキはそうやって整えられて、出番を待つことになりました。

次は「入り」です。突然、箱！　ケーキ！　いちご！　ではなく、やはりここは遊びが必要です。ずっと出番を待っていた絵本の一冊が『ひともじえほん』、あの「てっぱんダンス」の発案者近藤良平さんが、人間でひらがな文字を表現して、写真で紹介している本です。簡単なのは「く」「し」「す」など一人でできるもの、「い」「ひ」などは二人で、そして「ま」は三人です。先生たちが次々に挑戦して、年長に声をかけると挙手して出てくる、そんな積極性がなかなか頼もしい。ギャラリーは「く」に見えるか「い」に見えるか、毎回みんなで「まる」とOKサインをして盛り上がりました。先月、年長さんが楽しんだ「あいうえお」の勉強第二弾、こんなふうに楽しめるのは最高です。挑戦する年長の姿もかわいい、二人で組む場合もどちらを向くのか、お互いに考えたり指示したりする姿に成長を感じます。

話は前後しましたが、「入り」のあと、いよいよケーキの登場。白いケーキ五台、こんなケーキには何がいる？　の問いに「いちご」、そうです。そのいちごを五台のケーキに飾り付けていきました。五台の争奪戦、簡単には手に入りません。しかしいちごが載っている数は一緒だし、でも盛り上がること。だって箱はかわいいものね。いちごはみんなで一口ずつ味わいましたが、何といっても素敵だったのはぽっぽのきっぺいくん。「ねえ、ケーキはいつたべるの？」いやあかわいい、だから仕事はおもしろい、これがほんとのおもしろさです。

すぐに二階のあちこちに分かれていちごを味わいながら、何と豊かな生活をさせてもらっているだろう、子どももですが私たちの幸せを思いました。そして白いいちご、珍しいけれど数は十五個しかない、どうするのかなと家庭で会話があったそうですが、お父さんは「順子先生が何とかしてくれるよ」と言われたとお聞きしました。これで豚もしっかり木に登ります。

なかなか日頃目にできないもの、味わえないものとの出会いでした。でもそれを子どもたちがこの価値はとか、あれこれ思うことはないでしょう。ただおとなが楽しむ姿が、子どもたちに届くものは大きいと思います。

（一月二十四日）

登園しぶり

冬、この時期に必ず出会うこと。寒いから行くのいや、だれかとうまく遊べないから行かない。しかしよくできたものですね。子どもたちの生活の一年が冬から始まっていたら、乗りきれない事態です。遊んできて、仲間がいて、おもしろいことがあるとわかっていて、だからこたつにぬくもっていたい、そんな思いを持ちながらも、また体力もついているし、やりたいこともあるし、だから来てくれるのです。子どもが来る、当たり前のことではありません。ほんとに「ありがたい」ことです。それだけにおもしろいこと、楽しいことも意識して準備していかなくてはいけません。共生は強制ではありえないのです。

さて試練がやってきました、あのいちごの日の朝です。試練は子どもにもそのご家庭にもですが、実は相談を受ける私にとっても試練なのです。数年前にも年長の子のお母さんから「幼稚園には行きたいけれど、着替えるのがいやと言って泣いていて」。こういう時にさっと応じるのが大切、時々休んだほうがいいと、日頃見ていて感じている場合はそんなふうに回答することも。着替えない！　という電話での相談に、その三人の末っ子のお母さんに、「ゆっくり付き合ってあげて、着替えろではなく、さあ着替えさせてあげよう、にしてあげて。それとできるなら今日はゆっくり家で遊んだら」、休むなんて、かもしれませんがそのことに応えてくださったお母さん。甘えたかったその子の思いを受け止めてくださいました。立ち直りも早く、長引かずにすんだ例です。「あらあ、着替えたくない気持ちわかるわね、寒いしじゃまくさいし」、まずは共感が大事です。しかし今日はなんといっても、眠る時間を削って考えたいちご、なんと屈強な味方が。「今日はおいしいものがあって、来たら始めるからって言ってあげてください」、ちょっと遅れましたが、やってきました。いやあよかった、よかった。

こんな話はこれまでにもいくつか。三学期の始まりの朝、一人の女の子のお母さんから電話、「行かない」とのこと。「えーっそんなあ、お年玉用意してるのに！」。でまかせ、そのあとどんなお年玉を用意したかまでは、もう十年くらい前だし、思い出せないのですが、その子の「お休み相談」はその日一日だけだったと思います。「じゃあ休む？」とすぐに返答する親の私に、いつも危機感を持っていた我が家の三人の子どもは、休むのはいつでもできるという安心感もあり、もうとにかくまじめな人たち。三十代、四十代になってもなぜかまじめ人間です。

年長が絵を描いています。私の五百色の色鉛筆を提供です。絵を描く、その準備はかなりのことが問われるものです。安心して描ける場であるか、表現する絵はその子どものことばですから、そこにいるおとながその子どもにとって心安らかになれる存在か。そして絵は心の表現、そこにはその子どもがどれだけの体験をしているか問われてきます。実際の体験であったり、創作の物語であったとしてもそれが生まれてくる日々を過ごしているかどうかです。手前味噌ですが、年長の子どもたちの表現がなかなかすごい、全員のはまだ見ていませんが、色鉛筆を貸した甲斐あり、そんな一枚一枚にうれしくなっています。

みかんアワー　（一月二十五日）

子どもたちとの時間はほんとに日々勉強です。こちらが意図していることを伝える内容、方法とかではなく、子どもが見せてくれる姿から、子どもを学ぶということです。

秘かに暖めていたものがひと箱。鹿児島から送ってくださったみかんです。このみかん、売り物ではない分、みかんらしく真ん丸もあれば、何かこれ細長くない？　なんていう形状も。ほんとにみかんの種類も多くなりました。ところで今回は通常の温州みかんくらいのもの、ポンカンでしょうか、そして文旦の二種類です。大きな箱にどっさり入れてお送りくださったもの。それに加えて熊本特産の晩白柚《ばんぺいゆ》が一つ。これが園舎での働きを終えて戻ってきた時に、デンと机上で待ちかまえていました。

みんなが集まったところで、おもむろに小さいみかんを箱から取り出し、いつものごとくお味見。当然みんなは怒ります。そこで箱に貼られている宅配便の宛名を読みます。「公同幼稚園、順子先生にと書いてある」と言っても簡単に納得はしません。では分けるのに数えようということになりました。小さいのを続けて置き、間に大きいのを入れると「ちがう、ちがう」と、これまたあの山猫のお話のどんぐりのように、「わあわあわあわあ〜」なのは、さんぽやらったたち。

ここがおもしろいところですね。ぽっぽさんはそんなに簡単に反応しないで座っています。さんぽらったでは、「ちがうものが！」と、瞬時に立ち上がっての抗議でした。黄色いものやオレンジ色の他のものが混じっているわけではないのに、「ちがう」という指摘でにぎやかなひととき。まあそこはさりげなくやり過ごして、たくさんの大小を並べ終えてまずは先生たちで味見タイム。きんかんもあり、それも食べてみるとこれがけっこうおいしい。さて次に提案です。みんなで平等に数えて分けるのではなく、クラスごとに、何がどのくらいほしいか相談する「作戦タイム」。あちこちでどんぐり集団が、「わあわあわあ」やっているのを、みかんの味見の続きをしながら眺めていました。

ぽっぽ、さんぽ、らった、そしてはっぱにねっこにと希望が出揃い、そんなに大騒動にならなくても、よき塩梅に大中小のみかんたちはクラスにもらわれていきました。たった

一個だった晩白柚、これは年長の二クラスから申し出があり、担任対決。負けたあとの子どもたちのがっくりきた様子にはほんとに笑ってしまいました。一瞬一瞬を真剣に生きているのが子どもたちです。みかんはそのあとすぐに丸く輪になったりして味わいました。

この「みかんアワー」もほんとに長くなりました。みかんだけでなく、いろいろな「～アワー」が誕生し、いっぱいの集まりを楽しんでいます。こうでなければいけない、ではなく、そこにあるもの、届いたもの、何より心のこもったお届けもので、その時にそこにいるみんなで楽しむのが公同の「～アワー」。果物や野菜が多いですが、きびだんごの集まりもあったし、たとえ一箱のおみやげでもみんなで分ける、そんなふうに楽しんでいます。

学びといえば、みかんの数を数えた時に、大小があれば普通に数えていってはいけないと「指摘」と「抗議」に立ち上がった子どもたち。昼前に年長のところにぜひ読みたい絵本があり、出かけていきました。みかんの数を数えた時のらったやさんぽの様子をみんなで思い出し、意見を求めました。「おおきくてもちいさくてもみかんはみかん」、冷静です。この原則に気付くこともこれから数の勉強をしていく時の大事な点です。大きさの違うコップに同量のお茶を入れて、どっちがお茶が多いかを尋ねてみたりするのも、です。ぽっぽさんだとコップの大きさが違うと、同じ量を入れても納得できないこともあります。そのうち「おんなじだけいれてるからね」と声を掛ける、そして大事なのは自然に生活のなかで気付いていくことです。

さてそういう子どもとの日々を体験するなかで、理論的な支えになってくださっている方々が多くおられます。これまでにもよくお名前があがっていたのは、浜田壽美男先生。奈良女子大を退官されましたが、先生には「人はその人が今持ってる力でしか生きられない。でもその持てる力を出しきる場所があることの大切さ、出しきった時に獲得できる可能性」などを教えていただきました。歩行がまだ未熟でも歩きたくなるような場があることによって、どんどん力がついていく、今のその力を出しきる応援ですね。

菅井啓之先生、あの大阪教育大学付属小学校の出来事の時、まさしくそこにおられた先生、多くの疑問、矛盾、何が大切かそんなことを逡巡されながら、しばらくして京都の大学に移られました。付属小学校の頃から、そして変わられてからもずっとお付き合いさせていただいています。事件から三年はすべてを断たれて起こった出来事のために奔走されていました。それらのことも含めて「見ること感じること」を一緒に歩きながらたくさん教えていただきました。レイチェル・カーソンの『センスオブワンダー』の日本版のような方です。篠山後川にもどれくらいお出かけくださったか、西宮でも園庭、津門川、関学までの道のりなどをご一緒いただき、「見る」ことを伝えてくださっています。

鯨岡峻先生、京都大学のころから現場を大事にされ、日々書き残していくことからの振り返りあってこその次、と言ってこられました。エピソード記述という用語で紹介しておられますが、出来事の背景、その時のエピソード、そして考察、この三つを通して仲間で話し合い、明日に臨もうというものです。公同でのおたよりや子どもの行動を通してみんなで考える場合には、こんな書き方ができるといいですが、ついつい事実だけ。で、どうなる、どうするということも多いです。内輪で振り返る場合はこの三つの鉄則を大事にして報告し合い、そして子どもたちの明日をと願ってきました。

その鯨岡さんの講演会、貴重な機会です。鯨岡さんからはすでにかなりの資料が届いています。先生は必ず資料を作られて配布される、準備に手抜きをされない方です。今の保育の世界、子どもをめぐる状況に危惧を抱かれ、ほんとに子どもに必要なものは、それは「子どもを主体として尊重し、その存在を認め喜び、存在を受け止める」おとなの働きであること、そのことをことばとしてだけではなく、実際の子どもの生活の場面からも提起していかれることでしょう。

（一月三十日）

雪山遠足

都道府県には県花があるのはご存知ですね。実はその一覧表を目にしたのです。何を見てかというと驚くなかれ、郵便番号簿です。その表紙が県花で構成されているのです。「そうだわ、そりゃあその県はその花よね」というものです。だからとても楽しい勉強になると自分でも期待いっぱい。県の花、まずはもみじから入ります。まだこの段階では、おみやげのお菓子などを想像してみるといいというふうにはすぐにつながっていきません。でももみじ饅頭を思い出していただくと、もみじは広島。とすると梨だったら鳥取、すだちは？　りんごは？　梅は、水仙はそしてチューリップというふうに繰り出していきます。そして日本地図があり、答えた人は間違いなくその都道府県を指さなくてはいけません。北海道から沖縄まで、みんなが結びつけやすい回答しやすいものを選んでいたので、それで楽しみました。

雪山の歴史はほんとに古く、一九八二年一月、子どもたちに『はたらきもののじょせつしゃけいてぃー』の絵本の「じぇおぽりすのまちはすっぽりまっしろいゆきのもうふのしたに～」のところを読みながら、真っ白いページを一緒に見ながら、こんな景色を味わいたいと思ったのが始まり。そして滋賀の箱館山行きスタート、食堂のおばさんは「もうずっと知っているよ」と声をかけてくださいました。元気だった？　今年も来れてよかったね、ゴンドラのところなどでも毎年再会があります。震災の時は翌年に小学校一年生だった子どもたちの同窓会のようにして行きました。ゴンドラの中で「なんかいめ」と聞いた子どもたち、そこで私が「私は三十二回」、その答えにそんなに来てる！　と驚くのではなく「じゅんこ、いったいいくつやねん」と目が落ちそうになったそうくん。妖怪にでも思えたのでしょうか。笑ったひとときでした。毎年工夫に工夫を重ね、絶対に何かを進化させてきたこの雪山行き。交通機関を乗り継いで行っていた時代は、バッグに個人の着替えが全部入っていました。どれだけ言ってもまず靴下と靴を履きかえたりする子ども、今はまず脱いだものを入れる大きな袋を渡し、次に着替えセット。靴下は最後の最後に靴とセットになったものを渡します。これはバスで行っているからできることですね。手袋がなくなる、上着とつなぐグッズを用意した、しかし外れる、そこで縫い合わせてもらう、などなど。またズボンと長靴の隙間を完璧に封じるための努力は並大抵ではなく。昨年の雪山のあと、もうこれしかないとスポーツ用品店で粘ったのはお揃いのスパッツを探すこと、ところが膝上から足元まで欲しいというのはなかなかありません。たとえおとな用でも、これもイマイチ。そこで事務所で検討会を。たこあげの日に完成したのが、まあかわいいビニールコーティングの生地で作られた公同特製のそれでした。補助の先生方は土曜日、私たちがたこあげに出たあと、またまた小人の工場のように順次集まってきて、最後の仕上げを。この時間、女子高生以上のにぎやかな、何が違うかといえば、口以上に手が動くという集団の仕事ぶりだったそうですが、完成にこぎつけました。春以来ずっとワイワイ言いながら、生地探しに入ったのが年末、方針を出すのに何度も話し合い、大きいそうくんとかわいいゆうとくんで実際に身体に合わせてみたりして、そしてそしてできあがったのでした。まだちょっと修正も必要ですが、雪の中で緑地のそれをつけているはっぱさん、白地のねっこさんの姿に胸が熱くなりました。

たくさんの見守りと支えがあって、子どもたちとの生活をしていくことができていることを心から感謝しています。

（一月三十一日）

二月

子どもの成長を感じる時

子どもたちの仲間に入れてもらう

いやあ二月に入ってしまいました。こんなに時間が早いなんて。朝起きて今日は忙しい！　と思える幸せ、そのことばを自分への黄門様の印籠（たとえがいいかどうか）のようにしています。ということで今日も笑顔で！

ピーターラビットのお話を若い人たちに紹介したら、かわいいうさぎの話ではなくて残酷な話だったんですねとの感想。そう、あれは原語では「Once upon a time～」です。そしてさりげなく子どもに世の中の厳しさを、親の優しさを仲間の素晴らしさを教えてくれるもの、ガミガミ教えるのではなくその物語を、絵を、耳に目に届けているのです。そんな昔話、特に冬は聞く季節としても最適、囲炉裏端なんかがもっといいんですけれどね。そしてこの私、昔話をあの語り口調で読むのが大好き。最後のいろいろな締めもこれまたおもしろい。そこで今の時期は何といっても鬼の登場ということでクラスを回りました。何かおみやげがあるのも大事、わざわざ作るわけではないのですが、さんぽさんらったさんにはキャンディ。ぽっぽさんにはおかき、これは実は「菅澤順子さま」にと。缶に入っているのですが、開く前に「もしけむりが～」というだけで、もうその「こわーい」雰囲気にのせられてしまう子どもたち、ぽっぽの年齢のおもしろさです。おじゃましたついでに、おもちゃや豆やあれこれ季節の話題をたっぷり届けて失礼してきました。笑顔で事務所まで送りに来てくれたゆうすけくん、最初の頃はあんなに顔が固かったのに、こんな笑顔で。楽しかったのかなあ、お見送りがうれしく幸せでした。

今、実習生が参加しています。と言っても社会人、そしてお母さんです。たこあげでは親子で来ることが実習課題、しっかりお子さんと遊んでいただきました。子育てをするなかで勉強をしようと思ったそうで、私はここでもひとこと。今年四十二歳になる長男、名言が多い息子でしたが、中学校の頃に次のようなものがあります。「おれは今のうちに勉強するぞ、親になってから勉強すると子どもが苦労する」、とにかく研究会だ、勉強会だ、なんだかんだと出ていく母親、今日の晩御飯を確認しては弟妹の面倒を見る長男として「一言モノ申す！」でした。それがいつしか「お母さんわかってるか、人間はな一生勉強やねん、社会に出てからが大事や」、そして生涯教育を仕事にしたいとまで希望したり、「勉強」が楽しくて、自治大学派遣を希望したり、今も毎週何かに通っていたり。子育ては妙なりです。

そのお母さん、実によく遊んでいます。ぽっぽの時は子どもたちが後ろを走り、さんぽに行くとさんぽの子どもたちが、年長では年長との姿が見られ、なかなかいい時間を。がんばってるねと声をかけたら、「子どもたちに助けられています」、保育はおとなが上から目線で、外から目線でするものではなく、子どもたちの仲間に入れてもらうもの。いやあこれまたよき出会いになった実習受け入れでした。

（二月一日）

もちつき

一日は子どもたちが二階で集まり、台所では巻き寿司が巻かれ、文庫の部屋では、あんこを小さく丸めておく（子ども用には何と一個二グラム）準備がなされ、あちこちがにぎやかに動いていた一日でした。

さて全員集合は十時くらいから、集まってきた子どもたちからどんどん踊りに加わっていっています。この日に踊りたいダンスは♪おにはうちでひきうけた〜、これが動きは簡単なのに、しぐさがかわいい、この日は三回もこの音楽が流れ、歌い踊り、歩きとなったのでした。実習生の記録に大事なことが書かれていました。「子どもたちがみんな先生のほうを向いている、そして子どもが楽しんでいるところには、必ずおとなが本気になって楽しむ姿がある」というもの。鬼のダンス、鬼のしぐさというか顔がかわいい、これにもうこれ以上はないというくらいにはまっているのが和田先生。だからぽっぽの子どもたち以外にも彼女の方を向いている子どもがとても多いのです。石堂先生から、彼女の一年目に担任する喜びとして「踊る時にクラスの子どもたちがみんな自分の方を向いてくれる」と聞いたことが忘れられません。担任としての体験、それは何より子どもがおとなを育て支えてくれるものです。

二日はもちつき大会、そのことに向けての備えに大忙しです。前日にお米を洗ったり、用具の確認などはもうすでに行われています。あとは当日を待つのみです。おもちを食べる、ほんとに楽しみにこの日を待っていた子どもたち、わらべうたにもいっぱいおもちが登場します。一月はななくさ、そして二月に向けておもちに豆にといろんな歌を歌ってきました。おもちのかぞえうたに♪七つ、ななくさ雑煮もち〜とありますが、正月以来の時の流れ、歌と実際の生活がぴったんこ、いいですね。♪ぺったんこ〜の歌だって、♪おもやのもちつき、いんきょのもちつき〜だって、もう実際の場面そのものなんですから。「隠居」はたくさん火のそばに座っておられました。

さて子どもたちがワイワイ楽しんでいる毎日ですが、そんななかをいろいろとお働きくださるお母さんたち。偶然事務所に来られたぽっぽのかいらくんのお母さん。「お母さんいいもの見せてあげよう」、実はその寸前にかいらくんの8の字のうまさに驚いていたのです。8の字隊のところに行くともう彼はいません。少し離れたところの先生に「かいらは?」と尋ねると「8の字してる」「それがいない!」子どもってそうなんですねえ、今ここと思ったらすでにあっち、牛若丸みたいです。園庭を一周して見つけて、そして無事に見てもらうことができたのでした。人のを「見て」「見て」、目に焼き付け、そして機会が巡ってきてやってみたらできた、こんな感じでいろいろなものを自分の力にしていっている子どもたちです。

園庭探索は楽しいです。子どもの様子を見てはそれをまた次に活かします。この日は年長のそうくんとあきなりくんのこまの手乗せを目撃してしまいました。これはまた刺激になります。あとで紹介しようと楽しみに。みんなの前でも成功した二人、「ありがとう」と降壇を促すと「えっ?もう!」。この日には帰り、事務所にこまのお買い上げが多くあり、「いやあ、見ていたのね」、大変よろしい!だったのでした。家庭でも楽しみましょう。自分が回してこそ! です。

(二月五日)

後川バス旅行

雪の警報が出る! 一日中雨がなどと言われつつ、まあ何が起こっても後川と思って迎えた朝。雨は降っていましたが、傘をさしてバスに向かう子どもたち、これまた何が起こっても、どんな指示があろうともそれに応える、なかなかのたくましさ、頼もしさです。そうして出発した後川ですが、その一日は天気にほんろうされることもなく、冬の景色を散策、お母さんたちは校庭で熱いできたての鹿鍋を何杯も味わい、子どもたちは最後のひとときを大好きな校庭で走り回って過ごすことができました。

約一年前にお母さんたちをご案内した小学校の周辺、冬枯れの様ではありますが、遊んだ川、田植え、稲刈り、枝豆収穫、茶摘み、栗園などその場所を子どもたちと一緒に振り返り、紹介します。葛は豊かな盛り上がった緑の光景では全くなく、地面をつるが這っています。そのつるを引っ張り出し、切って持って帰り小学校で一瞬にして籠に仕上げたのは多田先生、いやあ彼女との野山の散策は実におもしろい。冬は景色がほんとにさびしくなっていますが、やはり立春は確かに。梅のつぼみは赤くほころび、あちこちにある木々、紫陽花などの芽も確かに春が近いのを教えてくれています。雨あがりなので、木々には表面張力でぷくっと水がかわいく丸くなっていっぱいについています。指に移せるのです。「これはなんだった?」「ここに何があった?」と言いつつその場を思い出し、いろいろな道を歩きました。川沿いで急に「かわにすわってあそんだのいやだった」、えーっきゃあきゃあ言ってたじゃん、二度目の川遊びの時、お節介で川の中でわらべうた遊びをして、おばあさんがんばったのに! いやあいろんな思い出があるものです。苦笑でした。

お母さんたちを体育館にお誘いし、あの「VS嵐」。わあ、やりたかったんだとの女子学生のような声とともに、後川にまで持ち込んでの黄色いボールが体育館の中をあっちにこっちに。わあわあきゃあきゃあの騒ぎ、ひとしきりボール打ちをしたあとは、羽子板クラス対抗、羽根つきもおもしろいけれど、打ち込みに失敗して倒れ込んだお母さんがいたら、「ぴーぽーぴーぽー」と人間救急車と寝台車が出動し、引き上げられていくのです。参った、参った、楽しすぎました。

この日も私は、バスの中でのお楽しみを。あべ弘士さんの『どうぶつかるた』をうまく利用してのクイズ、ことばだけでもできるわかりやすいのを選んできて半分くらいの枚数だったのに、長い時間を楽しみ、あっという間に後川小学校に！　でした。何度も年長と付き合っていると、たまにはからかってみることも。まずはバスに乗っておやつを。「実はいくつあるか数えていません。前から順に取っていってなくなったらその後ろの人はなし」、一瞬固まる後方席、しかしそのあと「いけそう」「いける」「ありました」の実況中継、報告の様子がおもしろい。「では次は二袋あるので前と後ろから回します。もしかしたら真ん中席は足りなくなるかもしれない」、今度は真ん中あたりの顔がちびまるこちゃん状態に。そんなこんなのおやつタイム、衝撃が走ったり、安堵したり、百面相の様子を楽しんでは次を繰り出してと、最後のバスの旅を楽しんだのでした。

（二月七日）

一人ひとりの子どもがそこにいた

小寒、大寒、そして立春と過ぎていきました。表立ってではありませんが、卒園の準備がそこここで進められています。毎年、静かな雰囲気で進行する式のあと、園舎二階に集まり、食べて歌って、贈呈などなどがにぎやかに行われてきました。子どもたちも思いっきりはじけて、歌声も礼拝堂とは違って口が顔いっぱいに広がるくらい元気に歌ってくれるひとときです。丹精こめたアルバムや、贈り物が渡されます。子どもたちは「あすもようちえんあるかな」の感じではあるので、送り出すさびしさと同時にこれからもよろしくねという雰囲気です。

年長のアルバム製作も三学期の大きな仕事。こんなことがあった、あんなことがあったではなく、オーバーに言えばここでの「歴史」、そこに人がいるから素晴らしい。一人ひとりの子どもがそこにいたこと、畑なら畑、川沿いなら川沿いなど、そこで二年三年と過ごしてきた、そんな時間が写真などを通して残すことができればいいなと思います。

来週は学びの週になりそうですね。菅井先生については先日も書きましたが、西宮のみならず私たちの篠山後川の時間を、もっと豊かになるように現地に何度もお出かけいただき、一緒に歩いてと、支えてくださっている方です。自然の中で生活していく、いわゆる自然がそこになくても、それを感じることはいくらでもできる、そんなことをいっぱいに教えていただきました。冬枯れの後川を歩いていても、つぼみやきれいに光る雨粒や、足元の春の兆しをうれしく感じられるのも菅井先生の薫陶の賜物です。ますます環境の問題が出てくるこれからの日本、子育ての知恵を感じたいと思います。

以前に菅井先生から言語化することの大切さを教えていただき、書いて残してきたその時その時の子どもたちのこと、そして自分たちの思いの広がりなどの財産が、形として読み返すことのできる大切さを思ったものです。

鯨岡先生は、エピソード記述として特に客観的な振り返りの大事さを述べておられます。何か出来事があった時、「これまではどうだったのか」を尋ねたり、何気なくその出来事のあった周辺を探りに行ったり、いろいろなものを合わせて、みんなでこの先どんな感じで見守っていくかなどを考えたりしてきましたが、そのことを丁寧に深め、考え、子どもを感じることを教えてくださいました。「わたし」という一人の幼い存在が、どのようにして「わたしたち」という、人の間で生きる力を培っていくのか、そんなこともわかりやすく話してくださいます。

（二月八日）

教えなくてもいい、そこにいればいい

三学期になると子どもたちの遊びの広がりはなかなかのものです。こま板周辺、大なわ、一人でのなわとび、それぞれに「いつの間にか」「こつこつと」、そんな様子に敏感でありたいといつも思っています。

そんな時間の流れのなか、年長は指絵具で絵を描いていたり、びゅんびゅんごまを作っていたり、園庭ではこま板の周りは年長、そして年長が部屋に入ったらちょうど散歩から帰ってきたさんぽらったさんたちが板の周りにズラリ！　その横で竹馬です。新人先生がちょっと高めにも乗れるようになっている、挑戦する子どもたちにいわゆる指導なんかいりません。先生はそこに乗っている、それだけでいい。乗ってそして挑戦する子どもたちを見守っている、それが公同流です。教えなくてもいい、そこにいればいい、それが大事。午後の鯨岡先生の話に「めだかの学校は川の中、誰が生徒か先生か～」が幼児期の生活というようなことを言われていましたが、まさしくそのとおりです。ずっと竹馬に乗ってそこに居続けることは大変だったでしょうが、でもそれ！　なのです。

さておもしろいのはことばのキャッチボールです。十二日は年長と、そして午後はわらべうたの時間にさんぽとらったの子どもたちと思いっきり楽しみました。

事の始まりは、先生が道の駅でいいもの発見。そこで野菜シリーズ総集編とすることにしました。♪いも、にんじん、さんしょ～何かあると楽しむとなえ歌。これでかなりの野菜が出てきます。最後の「とうなす」まで声を合わせたあと、では「いも」というけれど、何のいもか。絵もあるので「さつまいも」と回答、では他にどんないもがあるか。ここで「じゃがいも」に「ながいも」「やまいも」「さといも」「こいも」なんと「えびいも」などまで出てきて感心。感心するともっと感心させようと必死になってくれる子どもたちは「いしやきいも！」いやいや気持ちはわかるけれどね。そこでいもの講釈が始まる、さつまいもを熱く焼けた石の上に置いて焼きいもを作るのを「いしやきいも」と言う、うんうん。この日、「うんうんその気持ちはわかるけれどね」のフレーズは何度も出て私の定番になったほどでした。

あれやこれやいろいろ寄り道したあとに、本日のメインメニューの登場。けっこう大きなキャベツと「芽キャベツ」。初めて鉢植えになったそのものを目にしました。みんな知らない、では「口でもなく、耳でもなく、鼻でもなくおなかでもお尻でも～」、わざと「め」を飛ばして「きゃべつ」と言っていると、はたと気づいたそうくんが「め！　きゃべつ」。そこでじっくり観察、そして一つずつ外していきます。野菜嫌いの人が小さいのを取っているのがおもしろい。次は大きいキャベツと小さいのを比べるために、台所からはかりのお出まし。通常よりちょっと大きいのは一・八キロ。芽キャベツは大きくても十二・四グラム、小さいのは針が動かない、などあれやこれやの実験を楽しみながら、芽キャベツは集めて台所に。その間に『キャベツくん』の紙芝居を読んでもらいました。長新太さんの傑作です。そして軽くゆでてもらったそれを味わったのでした。

十三日も朝から集まりです。実は鹿児島の方から採りたてのみかん（夏みかんかな）を大きな段ボール四箱も送っていただいていました。箱を開けずに、子どもたちと一緒に楽しもうと思っていました。さてどんな登場にするか、そこで考えついたのが「鬼の恩返し」。何か音がするということでみんなで入り口を見るとまずは白い鬼が（頭に被る箱に白い色の画用紙が貼られて作られている）、また弟妹とやってきたらしい。そして四匹が大きな箱を担いで入ってきました。

さてたっぷりのみかん、いつもどおりに数えていてはとてもじゃありません。そこで箱を全部開いたあとに、みんなが一個ずつ受け取っていきます。この日の出席数、そして先生も全員持って残ったみかんを数えて、届けていただいたみかんは二百十二個とわかったのでした。その一個はみんなお持ち帰りすることになり、残りのみかんを学年ごとに分かれて二〜三房くらい味見しました。ジューシーでおいしかったです。鬼の登場から、みかんの箱のオープン、そして一個ずつ取り、味見をするのに先生たちの準備の間、そして食べて、最後にリュックに入れにいくまでの時間、みかんの皮むきは忙しかったけれど、ただただその時間を全身で楽しむ子どもたちの様子や笑顔に、元気をもらったひとときとなりました。

この日は念願だった鯨岡峻先生をお迎えしました。追っかけまでしたりしながら出会ってきた講演ですが、どうしても西宮でここのみんなにという思いがあり、挑戦しました。一月に早々レジュメが届き、その内容にびっくり。たっぷりのレジュメに驚き、当日はこんな講演会はまずないというくらいの豊かな中身、消化不良もあるかもと思いつつ、一つでもそれを受け止め深めて実践するのは自身の課題だと思いました。

（二月十四日）

「ある」と「なる」

今日はバレンタインデー、各地ではさまざまな行事が～なんてニュースが流れていた十四日の夜。そう、ここ「各地」でも実に楽しいひとときを過ごしましたが、十三、十四日と続いた講演会を終えてホッと一息です。別に自分がしゃべるわけではないのですが、実現したいと願っての時間ですから、いろいろな意味でうまくいくようにと思うと、実行委員長としては気持ちが穏やかではありません。

菅井先生はいつものごとく、穏やかな、でも少年のような輝きのまなざしでお見えくださいました。ほんとは外に出て歩き出すともっと話がという方なのですが、昨日は室内での思いをこめてのたっぷりのお話でした。でも「チャート」という石のことでは、「行きましょう」ということで、絶対にあると園庭に飛び出され、あとをついていく私たちそっちのけに見つけ出されました。先生がお持ちのものほどの大きさはなかったですが、「五千万年」の重さです。そんな少しの時間の間にも一緒に桜の木を眺め、ふくらんできているつぼみの先が緑になっていることを喜び、「終わったらすぐに帰ります」と言われていたのに、やはり机上では味わえない時間を過ごしました。

ところで公同幼稚園のことを「自由に子どもが遊ぶ」園、子どもたちがずっと遊んでいるとして紹介されることもよくあります。この「遊ぶ」、これは相当の曲者のことば。自由に遊ぶ＝放任になりかねないのです。キリスト教保育、そして自由な校風、それをうたっている園などで、「子どもはそのままに、神様から与えられたそのままをいじらずに」ということで、何もしないというところがあり、友人はそのことが変だということで「自由」の歴史をさかのぼって研究しています。私は今の自分の可能な範囲で、この「自由」とか「遊んでいる」を整理したいと思っているのです。

鯨岡さんは「ある」と「なる」ということについて述べておられます。ある、それはあるがままを受け入れること、養護ということばがあてはまる。どんな状態であっても、発達の様子がまだ通常の年齢に達していなくても、その「今、ある」を全身で受け止める。そして抱っこする人の胸に顔をうずめて、抱っこされていた子どもが必ず外を向くようになる、そんな時に急がず抱っこされたまま向こうとするのを、関心を持って外界を見ているのを支える、そうして膝から一歩踏み出していこうとしたら見守る、いつ振り返っても笑顔で「大丈夫、ここにいるよ」と言ってあげられるように見ている。これは「なる」、なりたい、そんな気持ちの変化に気づき、励まし応援していくことです。

今、年長で竹馬に挑戦している子どもたち、みんな「ある」を無条件に受け止めてきてもらった子どもたちです。そして自ら「なる」と思った時に、それに向かっていくのに十分な心身が育っています。だから、こま回しの上を目指し、竹馬を目にしてやりたいと思ったらとことんそれに向き合う。公同幼稚園が自由なのは、そう思った時に、「なりたい」＝「やりたい」と思った時に、その時間を保証する。その意味で自由なのです。遊びに没頭できる時間と場と、手本になるおとな、そして応援してくれる、競える仲間がいるのです。そういう場でも私の出しゃばり、それはたとえばぽっぽの子どもが竹馬に乗ってみたいと言ったら手助けが必要、でも年長なら、もし安易に先生に持ってもらおうと頼んでくる子どもがいたらそんな手助けより、自分が挑戦する姿を見せてほしいということです。

（二月十五日）

雨の日の工夫

火曜も水曜も木曜もいろいろ各クラスに出張してがんばったし、講演会もあり、とりあえず金曜日は、子どもとの時間はお休み。しかし朝が暗い、雨だ、えーっ！ということで、頭の中はグルグル。一日、園舎にというのは子どもたちにとってはあまりいいことではありません。発散する時間、集中する時間、いろいろな工夫が大事です。

子どもはエネルギーのかたまり、力いっぱい遊んで過ごす場所、そしてゆったりできる場所をという思いもあり、雨の日は各保育室が「～の部屋」というふうに構成もされます。雨でも傘をさして、近くのミニミニ水族館とかまた園庭をちょっと散策とかも。九時から二時まであまり変化なしというのはよくない、そこで途中に思いっきり遊ぶ時間をと思ってまた集まる提案です。

わらべうたはしっとり遊ぶのもあれば、ほんとにいろいろなテンポで、動きを楽しめます。この日は「おすわりやす」バージョンを「全宇宙的」に広げよう、そう思いました。公同体験が長くなるとご存じの方も多いと思いますが、あの子どもたちの大好きな♪おすわりやす～、これ実に多様なバージョンで楽しめます。出かけていって、公園などでちょっと木の椅子があったりするとそこでも展開、いろんな空間で可能です。膝はもとより次はフラフープ、ぎゅうぎゅう詰めにもなって入ったりしますね。これ以外に、なんと半畳の畳が何枚も。それから特製の座布団もあります。畳は畳屋さんからもらったもの、座布団はいただいたものにかわいいカバーをつけて。あの学校の椅子などに使うサイズです。それらが昨日は登場しました。新しい先生たちにも刺激が必要、それらでまあ盛り上がり、半そでになって走り回ったひとときとなりました。

最初からそういうものが出てくるのではなく、まずは年長四十八人と聞いて、♪かわのきしのみずぐるま〜で、六人連れ、八つの輪を作ってもらいます。そこでまずは先生たちにその輪に入る姿を見せてもらう、これで次に声をかけるとぽっぽさんは即動ける。いろんな場所に入りにいく子どもたちがなんともかわいい。輪がしゃがむとつないでいる手を越えて入るなどふくらませて遊びます。そうやって次にぽっぽさんには一旦引き上げていただき、次は年長への課題、またおとなが入りにいくけれど、今度は入りにくくするというもの。次々繰り出す提案に子どももしっかり応えていきます。

（二月十六日）

どんな時も絵本持参

絵本の会が今年度五回目で無事に終わりました。会の最初は子どもたちの様子、そこから見えたことなどをあれこれお話します。「子ども」というものの発見！　つまり子どもの理解ですが、そんなことを言うと何を今さらと思われるかもしれませんが、まさしく子どもとの生活は、この年になっても新しい発見の連続です。一瞬一瞬の出来事もおもしろいですが、子どもの生活、成長は物語のように続いていっています。こうだったのに、ああだったのに、とふとつながったり、よくよく考えてみればというふうにつないでみてみることによって、おとなたちにいっぱいの学習をさせてくれるのが、子どもです。そういうわけで、いくつかのおもしろいエピソードなどを話させていただきました。エピソードといっても自分の失敗談ですが、そんなことをお話しできるのもこの会です。

今回準備していたのが二十四節気です。今の時期なら、大寒、立春、そして春分などよくご存知ですよね。これらの仲間が一年で何と二十四あるというのです。さあどのくらい絞り出してくることができるかなです。これらの節気を補うのに雑節というのがあり、立春から何日で八十八夜、二百十日というような設定がされていて農作業の目安にしていたそうで、日本語で季節や一年の自然の流れの営みを表すことばの多さ、豊かさに感心することしきりです。

自然といえば、先日の菅井先生のお話のなかに、アリがすみれの種を運ぶ自然界の営みのことがありました。どうしてそんなことが行われるのだろうか、アリが気づき、そしてすみれの花の広がりに力を貸している不思議さです。いろいろ目を向けてみると不思議だったり、おもしろかったり、そしていやあ、うれしかった！『かがくのとも』にはこのことを簡潔に絵本にした『すみれとあり』というのがあるのです。あの絵本ではどんな語りだったか、えーっと誰の絵だったかと思いながら聞いていたのですが、そんな講演と絵本が結びつくのだということも紹介。絵本の会は絵本の会にして絵本だけにあらず、実に広がりを感じるものです。

子どもに絵本が読みたくなる、と同時に子どもにと思うだけでなく自身の世界の広がりとか横とのつながりとか、そんなことが少しでもあればうれしいですね。絵本の力は今さらながらですが、すごいのです。どんな機会にも絵本持参です。この一年も実に絵本に支えられたし、いっぱいにその世界を感じることができて幸せでしたし、そういうことの一つの力であった文庫の方々に、この会に感謝です。

（二月十九日）

保育は人間関係

寒い日が続きました。まさしく♪あたたかいひさむいひ〜（新沢としひこ作）、三寒四温を感じる二月の終わりです。インフルエンザの報告が多く、連日欠席連絡の用紙に名前がびっしり、罹患する時はそれはそれでしかたがありませんね。ただ室内にこもったり、出ていく場所が人ごみというのはあまりよくない、冷たくてもさわやかな空気を吸って一日たっぷり遊んでそしてバタッと眠る、これです。

年長のわらべうたの会、最後になりました。下のクラスは三月に総まとめの集まりになりますが、年長はこの二月で終了。先日、篠山のまとめとして都合のつくご家庭は参加してくださいました。ちょっと湿り模様の一日でしたが、子どもたちが校庭で遊んでいる横で大なわなどをしておられたのを、体育館にお誘いして、「ＶＳ嵐」の黄色いボール。三年の幼稚園時代、きょうだいがいる時間が重なるとけっこう長いお付き合い。まあ盛り上がっていました。そういう時に元気で盛り上げ役のお母さんを、周りが無条件に受け入れているかというと意外にそうでもない。「私は最初の頃、あの人こわかった、話しかけることもできなかったわ」、なんてつぶやきもあったりして、人間関係というのは時間をかけて作り上げていくものだと思わされます。保育は人間関係、そのことばを何度も思ったりします。これは親もそうだけれど、子どもはもちろんです。時間をかけて、でも大事な関わり、助けは見逃さずにいきたいものですね。幼稚園の時代はまだ身体も小さく、お互いにやることなんてたいしたことはないけれど、今の学校の状況を見ていると、大きくなっていく喜びと、そこでどんな応援が必要になっていくか、子どもに言うだけでなくおとながどんな生き方をするかです。

そういうことでお母さんたちにもいっぱい楽しんでもらって、おとなの本気の遊びを子どもたちに見せていただいた親子での時間でした。

（二月二十日）

次の一歩を育てる

さんぽとらったが市民グランドに出かけるとのことで、それでは出かける前に盛り上げをとおじゃましました。歌がとっても上手になり、いろいろ聴かせてくれているこの頃です。知り合いのご母堂が何と一月で百歳、ここはお祝いをしなくてはとお届けしたら、それこそお返しです。それがおかきの詰め合わせで、大好物なので家で開けて食べたいところですが、かなりの大箱。身のためにはよくありません。それで講釈つきでさんぽとらったに、です。包みを開けると、「百寿内祝」とあります。それを説明しました。この日、みんなに読んだのが『はじめのちいさないっぽ』という絵本です。いろんな始めの一歩があるのですが、ちょっとお尋ねしてみました。挑戦したいけれど、なかなか踏み出せない、そんな思いをしているものがあるかどうか。「たけうま」という答えがあり、ほほうと思ったのです。竹馬を見ているのですね。そしてやろうとも思ったりもする、でもちょっと触ってみるのも何か他のものと違って少々こわい気もする、などなど彼らなりにいろいろ思っていることがあるのですね。「あんたもやればいいのに」とおとなは思ってつい口にしてしまいがちですが、子どもには子どもなりの思いがあります。

日曜日のこと、机の上に「子どもたちに見せてあげてください」と紙が貼ってある、まあ驚くようなかわいい変わった大根。足が四方八方に出ているものです。足二本くらいなら「ヨイサッサ～」と歩かせたりもして楽しんできたのですが、数えてみると十五本！ ほど出ていました。それをぽっぽさんで見せようという計画、何度か登場した『おおきなかぶ』、人形と大根を持ってでかけていったのです。ここでハプニング、おじいさんが大根の種をまいて大根が育ち、一人で抜いても抜けない、ここはおばあさんを呼ばなくっちゃ。ところが人形が勢ぞろいしているはずの箱の中に、おばあさんがいない！ そういえば、朝に人形たちを整えるのに、おばあさんの首を治したりしてそのままにしてしまったような。やり直しなんてわけにはいきません。何度も楽しんできた話なので許されることにして「おばあさん、買い物にでも行ってしまったか」、まだ帰ってこない、洋服でも見て回ってるの？ などといろいろ言いながら、「うんとこしょどっこいしょ」、そうして抜けた大根はまあそれが！ だったのです。幼稚園に持ってきてくださった方は「先生、すごい楽しんでくださったんですね」とこれまたうれしそう。おばあちゃんの畑で採れた変わりもののなかでも、特に際立った大根をお持ちくださったようです。そういう人のいろいろな思いがあって、子どもたちの驚きと歓声が生まれている毎日です。

このあと、大なわ登場。先生にかぶになってもらって、子どもたちがグループごとに出てきて「うんとこしょどっこいしょ」。グループごとに呼ばれて出てくる、一緒に力を合わせて一つのことをする、すべて「進級試験」みたいなもの。というかそういうことができるようになっているのが、この時期なのです。

みんなの前に出てくる、こんな課題もほんとに子どもによってさまざま。その子どもの成長を見守ってあげてほしいですね。お母さんが代わりに跳ぶことになったゆうすけくんですが、終わったあと、いつものように私を事務所にまで見送りにきてくれました。家でも何かあると「順子先生になりきって」いるそうです。ここまで信頼関係ができていても、目力でにらんで彼を動かすことはできません。もう少し大きくなると「やるよ!」とか「できるから行く!」と強く押し出すことばで「ここはやらなきゃ」と思って、一歩を踏み出していくのですが、それはまだ先。「おかあさんとんだね」なんて喜んでました、そんなお母さんの鷹揚さが何より子どもに安心感を作り出し、次への一歩を育てていきます。


(二月二十一日)

大冒険うどんツアー

関西学院大学に向けてうどんツアー。これまた公同にしか通用しないプログラム、いつ名付けられたか、やはり「歴史」の古いものです。一九八一年公同に着任した私、それまでの公立での日々から、籠を抜け出した鳥のように、毎日ぽっぽさん二十三人を引き連れて（あとに従えて）、どれだけあちこちを散歩したことでしょうか。今津西線の道路が開発されるまでに、「ぽっぽ岩」と名付けられた場所があったり、ある時一緒に行動した園長先生が「どれだけ裏道を知っているんだ」と驚かれたり。八十年代、九十年代には親子で、あるいは親だけでオリエンテーリングを楽しんだこともありました。目標は関学、どこから見ても必ず目にできる甲山、それさえ見失わなければ必ず折り返し地点に着くのです。古い家などは間に塀とかも少なく、その隙間をすり抜けていくのも秘密の抜け道として楽しかったものです。その最初の頃のこと、冬になったら外でお弁当を食べるのは寒い、どうしたらいいか、そこでお世話になってはどうだろうとなったのが、関学の学生食堂でした。うどん一杯百円、「レストランにいくぞ」と駆けたり、飛んだり、飛び越えたり、忍び足で抜けたり、「わざわざそんなところを通らなくても」「お父さん見てくださいよ、うちの子も小さい時ああやって高くて細いところわざと通るのが好きでしたねえ」などと、あたたかいまなざしで見守ってもらってきた散歩でした。

ぽっぽ岩がなくなり、宅地造成が多くなり、抜け道がなくなり、子どもの声や姿に対する安全を意識するあまりに人の目が厳しくなり、眺めたい旬の営みや芽吹きが少なくなり、嘆くことの多くなった二〇〇〇年代。それでも歩くことそのことを楽しむぞ、探せばまだまだある、すべては意識次第と、歩きながら楽しい課題を出しては、走ったり跳んだり「進級試験だ」と叫びつつ、二月三月を楽しんできました。

笑顔で受け入れてくださってきた食堂のおばさんたちの子どもへのまなざし。食堂での礼儀や行儀が少しでも抜け落ちることがあってはならないとこだわり、多くの人の集う場での食事はもとより、そういう場のルールを守ってきました。その結果三十年余り、学生食堂の二月頃のかわいい光景として大事にしてもらっています。

十一時過ぎにピンクと黄色の帽子が到着しました。食堂の方々も準備万端で応対してくださり、みんなおいしくいただいたのでした。毎年のことながら個人差には驚きます。ゆっくり食べる子どもだからと一番にもらっていても、なかなか終わらなかったり、いつも食べるの早いから最後にとお椀が届いても一番に終わってしまったり。食べている子ども、終わった子どもを送り出す、食器や机を片付けるなど、あれやこれやの一気に流れるひとときを過ごして、また元気にみんなで帰ってきました。

日頃全体で遊ぶときにも、学年ごとに課題を変化させます。ぽっぽさんを入れてあげる輪を作る年長、その年長は、おとなの作った輪で「入るのをじゃまされたり」など動きも激しくなる。座布団にゆっくり座る、座布団は減らさずに「おすわりやす」の動きをゆっくりあせらずに座る、これがぽっぽ。歌うのを少し早くしたりして少し高度な動きになっていくのがさんぽとらった。そんなふうにして年齢や人数などを見ながら提案していくのです。そんな一緒に過ごす時間は、大きい子どもたちが幼い子どもたちにどう接すればいいか、また大きい子どもの姿や動きを見ながら幼い方が学んでいくものもあり、子どもと過ごす時間は奥深い！　です。

（二月二十六日）

年長の作品展示

二月も終わりを迎え、年長を送り出す日が刻一刻と近づき、恒例の年長の作品展示の時を迎えています。作品展とか生活発表会、音楽会とか図工展、そんないろんな行事に追われるのが教育や保育の現場。生活発表会をしないあなたは子どもの言語（当時はこういう言い方でした）の発達をどう考えてるのと、大学の教授に言われたことがありました。ことばの発達を支えるのに、生活発表会で一冊の絵本をもとに劇をやり、セリフを覚えるのがそれほど重要なことなんかい！　と言えなくて、反撃なしでしたが、「発表会はなし」、それが一九八一年にこの園に来た時の決断でした。

運動会はみんなで楽しく、絶対にお弁当はその場でみんな一緒に食べる、年齢ごとの走りっこはなし、懸命に走るのは「なんでもできる自分がうれしい」六歳とおとな。作品展は子ども自身が楽しみながらやれる、ということでしばらくは続きますが、これも「改良に改良を」。年長児のみ、そして彼らのその後の生活を支えるもの。いつまでも使えるカバンとか、粘土でのお茶碗づくりとか、さおり機での機織りに挑戦などです。

作品を制作する基本は、ずっと活かされるもの、そしてここでの時間が感じられるもの、そんなことを大事にして今年も子どもたちの作品を考えてきました。絵が貼られたり、空き箱などの製作ということではなく、そこにおとなの大きな見守りがあるものを願っています。園で染めたTシャツには、お母さんが今年もご自身の子どもの絵を刺繍してくださいました。消しゴムはんこに挑戦していただこうとも思って提案しましたが、全部は大変なので刺繍とコラボになりました。番馬亭のおじさんがずっと届けてくださるかまぼこの板、これを十六枚お渡ししての大きな宿題が、宝箱製作です。箱に入れるとか包むというのは子どもの大好きな仕事、箱を自分のために作ってもらって宝物を入れる。昨年、子どもたちに読んだ絵本の一冊、お母さんがずっと大事にしてきたものが一個のどんぐり、それをお母さんの小さいころの思い出と合わせて子どもたちが聞かせてもらう、そんな物語でした。それを読んでもらった一人の子どもは、大事にしていたどんぐりを、仕上げてもらった箱に入れて持ってきてくれました。今年は箱の中にはみんなが作っただんごが入っています。Tシャツにせよ、宝箱にせよ、子どもの歩んだ時間、積み重ねてきた時間を親がしっかり守るもの、そんな意味があると思います。どんなことも、そんなふうにして必ず子どもの心に残っていく、ほんとに幸せな仕事だと思います。

名前のボード、運動会に着たシャツに貼られた写真たち、冒険に持ってでかけた年度の最初に描いた大きな帆布のカバン、これらが作品であり、それを携え、隊長を信頼して冒険についてきたみんな、その「みんな」が何よりの作品です。

どんな展示の仕方をするか、毎年工夫です。毎年同じようにカバンとかTシャツであったとしても、人数とか形態とかで大仕事なのです。さあいよいよ二十六日午後に会場入り、うるさいのはまず掃除。隅っこも許さず、しかも表が塗り替えられたりきれいになっていますので、中もです。ガラス戸からのぞくと素敵なお店の様相に。いやあブティックだかファンシーショップだか雑貨屋だか何かわかりませんが、もう大満足。ジーパンなどのブティックの店長さんをつかまえて自慢しました。「加えて、あんたは仕事が早い！」とほめられてますます気をよくしたのでした。

（二月二十七日）

「みっけ」は成長のあかし

雨の日は外には出ないでしょう、そんな予想に残念でしたとばかりに出かけていったのはさんぽとらった。いつも大好評の大阪交通科学博物館に向かっていったのでした。電車を乗り換えての園外ですが、一年の終わりにふさわしく遠出となった一日でした。最近の園庭は、ぽっぽの帽子を被るのを楽しみにしている正式の入園前の子どもたちが、もう先生に手を引かれてというよりは、これまた自由に走り回っています。だからといって四月にそのますんなりとはいかないのが子どもの世界、行きつ戻りつしながらまたぽっぽという時間に慣れていくのだと思います。

この日、次のクラスの進級テストだと言って遊びに入らせてもらいました。実は赤と青と緑のとても可愛い素敵な小さなバッグを見つけたのです。どうしても使いたい、そこで他にもその三つの色が出てくるものを用意して出かけていきました。バッグにアメを入れて、わらべうたを歌いながら、赤なら赤のチームの先生にまずアメを渡し、次にバッグを託す。託された子どもは同じチームの仲間のところに行って同じようにアメを手渡し、バッグも渡してその場所に座る。そんな交替遊びです。同じチームの子どものところに向かっていく姿に一年という時間を感じました。

袋を持って交替していく様子もさまざま、恥ずかしそうに片手で相手の顔も見ないようにして渡す子どももいれば、一目散にあの子にと急いで行く子どもや、ほんとにいろんな様子を見ることができました。来てくれるまでじっと待っている姿にも成長を感じました。

「○○みっけ」、通りすがりに出会った、そんなうれしさを「見つけた！」ということばで子どもたちは表現しています。事務所に入る寸前にしゅんすけくんが「じゅんこせんせ、みっけ！」とうれしそうに跳んでいました。この「みっけ」は「みっけ」だけにあらず。まずそんなことばを言うおもしろさに気づく、大きな声で瞬時に言える力が育つなど、しゅんちゃんの「みっけ」に込められているのは、集団の中でこそ育つ子どもの成長です。そんな楽しさが日々あふれている、そして励まされてもいます。

一雨ごとに春が～、三寒四温そんな日々でしょうか。年長がこの時期歌う、♪あたたかいひさむいひ～のようにいろんな日が。これは子どもの機嫌もそうです。いい日もあれば、悪い日も。それを見守るのがおとなの役目、それは幼児期だけではありません。いつまでもいつまでも、です。鯨岡先生の話に、人の一生のことがありました。育てられて、育てる側になって、ようやく自分が落ち着くと今度は老人の世話が。そしてもう間もなく今度は老人として世話になる時が来る、その世話になる時を感じる昨今だったので、その話がよけいに身にしみる思いでした。

（二月二十八日）

三月
今日を惜しみ明日を楽しみの季節

子どもたちの挑戦

いろんな挑戦の姿がおもしろい今日この頃。年長のほのかちゃんは上手に乗れるようになった竹馬で、事務所前にて待機を。何かの有名スター？ あるいは悪いことをして狙われている議員かのような私。いえいえ私が事務所を出た瞬間に、彼女は赤い屋根の家のかげから出てきて、その場で竹馬に乗ったまま跳ぶのです。今竹馬での大なわ挑戦中。アッピールの仕方もおもしろい、三年過ごしてこその年長の子どもたちとの関係ですね。かれんちゃんがやってきました。「にだんとばしで、ぜんぶうんていいけたらグリコもらえる?」、うーんこんな直接交渉もおもしろい。そりゃあいいでしょう、しかしもったいない、こういう偶発的なことをいかに活かすかが、次のドラマを生み出す、大事です。そこで年長全員集合を呼びかけ、平均台とかを並べて客席を作るように依頼。あっという間に客席が完成、さすがの年長です。そこで次に紹介です。「かれんちゃんが二段飛ばしでうんていを行くと言っているのでみんなで見よう」、その瞬間に飛び出した彼女はみんなが「さるやあ!」、というくらいの勢いと手の長さであっという間に終点にです。そして拍手、「二個目のグリコを渡していい?」に文句なしの賛同する子どもたち。そのあとはしばらく「さるの行列」になりました。

こういうことが次を生み出していく、そのきっかけを作るのが、子どもと一緒にいるおとなの仕事だとしみじみ思いました。みんなずいぶん力がついてきているのですから、ちょっとしたきっかけですね。ぽっぽもさんぽもらったも出かけた後の園庭、まずはこうせいくんが「できるかできないかわからないけれど、やってみるからみていてください」、もう真剣そのもの、いやあやりました。次々に、みんなやれるじゃない。すごいじゃない。そして何より挑戦しようとするときのその顔つきに感心することしきり。それぞれがいい力を、何より素敵な顔を見せてくれて、思いがけない朝のひとときとなりました。

そんな時間を作っていくことができる、自由保育ということばを使うならこういう時には使いたい。あそこの花がきれい、見に行ったらと言われても今日は動かせない予定が、それでもちょっとの合間にということはできるはずなのに、そういう柔軟性がないということがよく見られるのが保育現場。そうではなくて天気だって毎日が違うのだから、子どもの気分もいろいろ、それらを見て、今日を一緒に作り出していく、そんな場所でありたいと願います。

いよいよ三月です。大阪城の梅も見頃のよう。きっと陽気に誘われて訪れる人が多いことでしょう。♪うぐいすのたにわたり、うめにうぐいすホーホケキョ～のわらべうたを口ずさみたくなるこの季節。ただし、梅にはうぐいすではなく、めじろ！　だそうです。テレビで「めぐろ」の子育ての映像を見ました。親鳥は一日に三百回も餌を届けているのだそうです。子育てはどんな場所でもどんな親子でも「手間のかかる」もの、そして「手塩にかけて」育てるもの、自然界のすごさを感じました。

（三月一日）

エピソード記述

作品展示の会場をのぞくと、いつも温かい談笑に包まれています。子どもたちとの触れ合いがあったり、お母さんどうしの交わりがあって、「あっあの子のね」とか「おっあの母ちゃんやるじゃん」などのほめことばがあったりと、笑いがあふれています。子どもたちの描いた絵は、何度見てもずっと眺めていても飽きません。同じ絵にならないようにちょっとした配慮は必要ですが、何といっても豊かな体験あってこそのもの。

三月一日、午後はいよいよぽっぽへの入園を楽しみにしている子どもたちの健診などが行われました。転勤のお知らせが相次ぎ、さびしさを禁じ得ない毎日ですが、でもオレンジの帽子をにぎって放さない、被ったりもしている姿の子どもたちに、ああ新しい春が来るなという思いに。この日はその後ひどい雨降りになりましたが、部屋とか園庭で元気に遊んで帰る様子がありました。

作品展示のところなどで、今の年長がぽっぽ時代の姿を見ることができます。三年！　六年のうちの半分、彼らが生きてきた年数の半分をここ公同で過ごしたことになりますが、その三年でいろいろな新しいモノとの出会いにより、一人ひとりができあがっていったかを感じさせられます。それは幼稚園がどうこうというより、幼稚園というきっかけにより、広く深いたくさんのまなざしがどんどん増えていき、そして子どもたちが育っていっているのです。今年新しく文集に登場したページ、事務所の様子をそのページで紹介しましたが、文庫や園芸や紙芝居やおやつ作りで、子どもたちには一番身近なおかあさんぐまの方々、組み木を切るサークル「ききるんの会」も陶芸もパン焼きもみんなみーんな、一人ひとりを暖かくくるんでいる、そんなまなざしこそが、子育てを支援するのだと思っています。新旧交代、卒園があり、そして次に新たに構成メンバーになる幼いぽっぽ予備軍、どんな四月が来るのでしょうか。

朝、しばらくアートガレージにいて事務所に戻ってくると、印刷をしながら「先生、今日で百です」、何のことかと思ったらこのおたよりが百号とのこと。ついつい今年は書き過ぎてしまいました。たくさんのエピソードがあります。そのことについて紹介したいと思います。鯨岡先生が提唱される「エピソード記述」とは、まずその子どもの背景を丁寧に客観的に述べる。そしてその日のエピソードを記録して、最後にそのことを通しての自身の考察をまとめて、それをみんなで読み合わせて振り返りをしていくというもの。私はせっせと書いて、ご家庭にも伝え、また先生たちにも感じてもらえるものでありたいと、厚かましくも何重にも願っています。ご家庭には子どもたちをこうして見守っていきたいと思っている幼稚園の方針、先生たちにはどんな場合にもあせらずにみんなと同じようにさせようとは思わずに、様子を見て見守ってほしいと願ってそのことを具体的に伝えたい、そういう思いでせっせと子どものエピソード、そしてさりげなくこうあってほしいと思う子どもへのまなざしを書いています。いわゆる園内での研修のためのエピソード記述ではないので、こんな風景ですよというさりげない書き方にはなりますが、そこからここで生きる子どもへのまなざしを今の立場で見てとっていただけたら、そう願っています。

（三月二日）

ひなまつり寿司の分け方

今日はひなまつり寿司です。ことばで表せないほどの衝撃となったのは、朝から作ったそれらが五分ほどで子どもたちのおなかに入ってしまったことかもしれません。二つの餅箱を使って、ちらし寿司が敷き詰められ、その上を飾ったのが、お内裏さまおひな様、三人官女に五人ばやしまでも、ごはんでの製作です。髪はわかめ、頭はゆでたまご、目はのり。巻き寿司で工夫された花も散らされています。しかしいつまでも見ているわけにはいきません。全員で丸く座り、一口ずつですがお皿に取り分けられて味わうことになりました。三升でのお寿司が百六十人ほど、小さなお皿に分けられて「みんなでいただきます」。お昼ではなく一口おやつです。「おかわりコール」にはほんの少しお応えできたかな、おいしくいただきました。そうして集まりを終え、無事解散してからのことです。さて、力作のお内裏様たちはどうするか、です。先生たちが山分けしても「いいですよ」と言ってもらえそうですが、でも、う〜ん。玄関先に飾ってお見せするにはあまりの生ものすぎて。年長二クラスこの日は四十九人。そこで、大きなお内裏様とおひな様はそれぞれ十人で、三人官女は各五人、五人ばやしは各三人、これで五十人。どう！　このいつもの「おとなの計算」。そしてどれでもいいからまずは希望を同じくする仲間を結成して、取りにきて分けて食べる、こんな課題です。三人グループが作りやすいとばかりにさっと集まり、その五個が出ていき、最後はなかなか十人ができずにいたメンバーが、「十人できた」と大きいのを受け取りました。お母さんたちこっそり廊下から眺めながら、「これが噂の〜ですね」。そうこのおもしろさ、かわいさはおたよりでは伝わらないでしょうが、なんだかんだで三人や五人ができて、話し合いがそこにはあって、そして仲良く思いがけない「人形」のお寿司を食べるという展開になり、それもそれほどの大事でもなく、和気あいあいの時間が進んだのでした。いやあ上手に分けるもんだわ。小さなうずらのゆでたまごまで分け合っていた子どもたちでした。

多くの温かい働きにより彩られる実に楽しい集まりをすることができています。集まりについては文集でも、また年長の卒園アルバムでもページが取られています。全部を残すことはできないのですが、でも幼稚園のみんなで集まった、楽しんだ時間をふと思い出してもらえたら。そしてそこには必ずいっぱいのまなざしが届けられ、働きがあったこともです。子どもを巡るさびしいニュースも多いのですが、子どもたちの今日を大事に、明日への思いを一緒に持ちながら一日一日過ごせたらいいですね。戻ってくる寒さのことを「うぐいすが肝を冷やす寒さ」と表現した句に出会いました。なるほど、♪たにわたり〜とのんびり春を告げようと思っても急な気温の変化に、びっくり！　しているのでしょうか。

（三月五日）

転勤

三月、送り出すことが決まっている年長たち。さびしいことだけれど、順送りでみんなこうして大きくなっていくと思って、残り少ない日々を少しでも楽しくしている毎日です。でもまだまだ一緒に過ごせるはずのご家庭から、相次ぐ転勤などのお知らせに少々びびっています。出会いは別れの始まりとか、来る人、遠くへ行く人、いろいろいて仲間が増えていくのだとも言ってきました。文集には少しでも一緒に過ごした仲間のページがあり、ニュージーランドに帰っていったグレースからもかわいい写真が届き、今でも「POPPO」の帽子は頭にフィットしているよとのお手紙も。こうして世界中に公同の仲間が！　とは思うものの、お母さんが事務所に入って来た時「転勤て言わないでよ！」、でも転勤だったというのが続いています。

公同の遊びの様子を見学したいとお申し出があり、先生と学生二人が朝から来られていました。あとからどのくらい子どもの遊びがあったかと質問したのですが、よく見ていたようです。おだんご作りも、それから砂場とかでのピザ作りもあったようで、この時期になると砂場の道具とかがなくても、子どもたちの遊びの世界が広がっています。おもちゃがなくても、場と仲間がいれば存分にも遊ぶのですね。来園の目的は「伝承遊び」、いわゆるこまとか羽根つきとか昔から伝わってきた遊びです。そういうことばを使わない園なので「伝承遊びの様子を見たい」ということで来られたと園長先生に紹介すると、あの特有の「いけずな」顔で笑っておられました。それくらい、子どもの生活と遊びが自然なのがここ公同です。

こんな偶発的契機を活かして二階での時間を設けました。大なわの8の字を全員で。そこで感心したことは、なわを持つ相手にせいたろうくんにお願いすると、彼はいわゆる「柱」になっていました。子どもたちが跳ぶときの回し手は一人が責任を持ってリズムを作らないとうまくいきません。だから相手になる先生はいつもなわの片方を両手でしっかり持ってそこに立っているのです。それは先生の姿そのまま、身体は小さくても「なわを持つ先生」です。感心しました。「見ている」「しっかり見てきた」姿にほんとにことばもありませんでした。そしてなわの中に飛び込んでいくのはけっこうリズム感が必要。すごいのは決してみんながみんな同じ位置に到達しているのではなく、いわゆるひっかかってしまう、流れを止める仲間もいるのに、その彼らの今をしっかり受け止めていくこと、また一から仕切りし直ししていくのをさらりとやっていける子どもたちの姿です。リレーの時のように、自分は力を百以上出す、友だちを自分のこと以上に応援する、明らかに遅い仲間がいてもそんなことは関係なく、ひたすらチームのがんばりに一人の存在として加わる、それがここで育ってきた年長の姿です。この思いを姿勢をこれからもずっと大事にしてほしいと願うばかり。学校は違っても会える時は、これまでのつながりを活かした時間を生きていってほしいと思います。

（三月六日）

卒園生の訪問

五日朝、年長と同行される保護者の方々を川沿いで見送り、そこにおられたお母さんと話をしていると一人の男性が玄関に入っていきました。若いしなあ、入園の相談ではないだろうと思いながら、「何か？」と声をかけました。「卒園児です。順子先生を訪ねてきました」、それは私です、でも大きくなり過ぎていてわかりません。でも話をしていくとどんどん通じ合う会話になっていきます。彼は一九九七年三月の卒園、近くの小学校に入学のはずが埼玉に転勤となり、それから十六年。本人曰く「原点回帰」とのことで、大学を卒業する際、ずっと行ってみたいと思っていた幼稚園を訪ねようと西宮へ。わかる範囲で仲間に電話を取り次いであげたり、担任だった先生にも電話をしたり。

さあ、この時からこの日の一番お得になったのはさんぽとらったさん。まあよく遊んでくれるのです。肩車をしてもらってバスケットゴールを触らせてもらったり、こまに鬼ごっこに、そして一緒にお弁当などなど。当時の仲間の一人が昼過ぎに到着、二人になるとまた若さでもっと場が輝きます。それこそ話に花が咲き、アルバムを見てもっとにぎやかになり、そしてどこか行きたいところを聞くと「畑を見に行きたい」。何て優等生なのか！　事務所にいた人はみんなもう驚き、自分たちの子どもも大きくなって幼稚園に顔を出して「見に行きたいところ、畑」なんて言ってほしいとワイワイ。そして畑から帰ってきての一言が「園長ラーメン！」、園長のあの鍋かっこうよかったなあ、小さかったけれどどうやって作るんかなと思った、一本でも食べさせてもらった時はうれしかった、もっとくれよなとか思ったなど、またまた会話が発展していたのでした。そして園長ラーメンもおいしく味わっていたのでした。

古いアルバムを園庭で見ていると、一緒にのぞきこんだ子どもたちが、これが順子先生と言われたら、「わっかあーっ！」「ほんまや、にてるわ」。園長先生に至っては髪も黒くふさふさ、で「何かおんなのこみたい」などの突っ込みが。まあ十六年も前です、そりゃあ私たち若かったですよ。

さてお天気のなか、無事に全員出席で六甲山、最後の山登りを終えてきた年長組。卒園の思い出のなかで、先輩の彼らから出てくることばに「ろっこうさん」はもちろん入っていました。あれこれ思い出すよねえとおしゃべりの止まらない二人でしたが、直接には会えなくても、こうして子どものなかにいろんな時間が残っているのだろう、一年の終わりの思いがけない一日でした。

（三月七日）

子どもたちに多くの見守り

事務所にいると、園庭の側のガラス戸がガラリと開き、おんくんが「じゅんこーっ、そうが九百五十こえた」、昔の早飛脚のような様子です。それはそれは、園庭を見るとアーチハウスの前で跳んでいるではありませんか。それにしても、公同ズボンを履かなかった、重役以上の出勤だった彼が、「じゅんこーっ」ですからね。しかしそんな存在が、最初は「みんなと一緒に」をいやがっても、必ず一緒の時間を楽しむようになる、「あせらなくていいよ」という自信を私たちに届けてくれました。いろんな子どもたちに「ありがとう」です。最初のお弁当日、部屋に入れなくてそれで私と一緒に廊下で食べた子どももいました。お弁当の中身を眺めさせてもらい、三歳の子がちゃんとお箸を持って食べる様子に「だいじょうぶ」とこれも自信を持ちました。色取りが整い、野菜なども入った子どものお弁当を用意できるお母さん、きちんとお箸を持つことを伝えてきているお母さん、その家庭の子どもだもの、いつかしっかりと必ず一歩踏み出していくと確信しました。一緒に廊下でのお弁当はその日で終わり、もう二度とない機会だったのです。みんなほんとに大きくなりました。旅立つ日はほんとにすぐそこ、旅立っていくしかないそんな様子の子どもたちです。

子どもたちにはほんとに多くの見守りがあります。それには思いがけないものも。西側にある古い美容室。娘はこの西宮公同教会で結婚式をしましたが、この美容室でその日お世話になりました。その美容室さんとちょっとお話する機会があったのですが、裏を抜けて走るのが好きな子どもたち。決して平坦でもなく、またいろいろ物もあったりして気持ちとしてはやめてほしいなと思ったりもするし、おまつりの時などは通行禁止にもします。そこを走ったり、遊ぶ子どもたちを、美容室ではお客様と一緒に眺めながら「元気もらうねえ」とよく話をされるのだそうです。まあ危ない、ではなく、あんなに子どもって元気なんだ、おとなは子どもから元気もらうねと言ってくださる、そうしてまなざしを届けてくださる方々がこんな近くに。あらためて感謝する思いでした。裏のスウェーデンハウスは元は古いおうちで、おばあさんが一人で住んでおられました。この方から私は木々の見守り、水のやりかたなどを折にふれて教えていただきます。垣根越しの会話でした。水の量はね、花や木に聞くといいのよ、花と会話をしながらね、どのくらいいる？　と聞きながらお水をあげるのよと教えてもらったものです。その方もよく裏で遊ぶ子どもたちのことを教えてくださいました。「あなたの知らない子どもたちの世界よ」とニコッと笑いながら、自分は空気のようなものだから子どもは何にも気にしていない、その会話のおもしろいこと！　そこで私は管理されない空間の大事さを教えられます。安全には気をつけながら、でもそんな遊び場の大切さ、それを守らなくてはと思ったものでした。怪我をしないでほしい、そう願って「うら」に目をつぶっています。

（三月八日）

子どもは何かを持つことで安心する

年長さんにとって最後の週になりました。八日、園庭で遊んでいたのはぽっぽぐみ。赤い屋根の下にかなりのメンバーが入り込み、わいわい。なかには仕切る子どもも出てくる、慣れてくると成長してくるとこういうことも起こってくるのが集団であり、仲間ですね。一人があまりに大きな声で仕切っているので、ちょっと声をかけました。そんな大きな声はだめやわという感じです。するとぽっぽのひかるくんが「おともだちがびっくりするからだよね」「おどろくからいけないよね」、そんなふうに懸命に言うのを聞きながら、ぽっぽも一年経ったんだなと思いました。

年長が山に出かける日の朝、行ってらっしゃいと見送る時に、気合いを入れよう、それとみんなの気持ちをしっかり一つにしておくのに、アメを用意して少し脅かしたり、持ち上げたり励ましたり。むずかしいことばも使います。「山で先頭の方と後ろの方とで少し離れることもあるかもしれない、もし遭難したらそこを動かずにこのアメをなめておいてね。待ってたら必ず誰か迎えに来てくれるから。またポケットに入れておいて、もうダメと思う時に食べるんだよ」と渡してきました。このアメが思いがけないほど、子どもたちをこの日支える働きをしてくれたことを、あとで聞かせてもらって感激でした。一緒に行かなくても、送り出して迎えてという仕事も、大きな役割を果たす大事なものだということです。

何かを持つことにより安心する、これはたとえば子どもをちょっとそこで待たせる場合、お母さんとはっきりわかるもの、ハンカチでもなんでも「母」だというものを手渡し、待っててねと言えば、子どもは安心します。そういうものが全く必要なくあっさりしている子どもも時にはいるでしょうが、「これ持っておいてくれる?」、そんな一言が勇気を出すきっかけになります。

お母さんと手をつなげなかったら、そのスカートを必死に持とうとしたり、子どもたちも今を必死で生き、乗り越えようとしているのですね。そして次をどんなふうに作り出していくかは大事です。食べないからといつまでも口に入れてあげる、そうではなく関わりに自信が持てたら、「一人で食べてね」と押し出し、何よりおとながおいしく食べることそのことが大事な伝えるべき、あるべきおとなの姿です。

多くの仲間に支えられ、その働きを得ながら、今年も年度の最後のまとめを。卒園の準備であったり、新入園の子どものことを考えての作業、また文集作成です。文集は、一年のまとめ、各クラスの紹介、年長のご家庭から、先生たちの一年、公同からお見送りした人などの原稿に加え、今年は子どもたちへの多くのまなざしということで、いろいろな働きの場からのメッセージのページが仲間入りしています。すべてのページが印刷を終え、しっかりとどのページも製本しやすいように機械で折った後、「ゴリゴリ」と称して手作業で折りを加え、そしてセットが始まっています。すべてが手作業の文集、毎年の毎日がぎっしり詰まっている、高齢者には老眼鏡プラスまだ虫眼鏡が必要なほどのもの。年度の終わりをしみじみと感じつつの毎日です。全員出席のクラスも多くなってきて、ようやく「復活」の兆しがあちこちに。最後の一日まで楽しんでほしいです。

（三月十二日）

『ころころころ』から新たな物語

西宮の大谷美術館で元永さんの原画展が行われた時、もうずいぶん前になりますが、なぜだったのか一人で訪ねました。展示室に「ころころころ」と色玉が広がっている様子にまさしく「目からうろこ」。保育のヒントとはこういう機会から自分のものにしていく、さっそく園に帰って遊んだことは、スーパーボールを活用しての遊びです。あっちからこっちからボールを転がし、子どもたちの頭に降り注ぎ、もうみんなで玉から逃げてそして追っかけて、足を取られないようにと走り回る、学年を変えたり、年齢に合わせたテンションで、そんな機会を持ちました。下から転がす、子どものいない方から転がす、子どもの後ろから転がす、この工夫一つでほんとに遊びがもう百二十パーセントになります。元永さんの作品には他に「せん」とか「かく」というのもありますが、「せん」はひたすら横に横にと書いていく、線ですね。そして実際にやってみる、子どもとの時間は楽しいです。

元永さんは八十歳を越えてなお元気で次にお会いしたのは伊丹の美術館です。その時は斜めに立てかけた畳二枚くらいの板に白い紙を貼り、思いっきりバケツの絵の具をかけられるのです。いやあ、すごかった。あれを一度やってみたい、この即実行の私がちょっとまだ機会を持ち得ていない願いです。色をとにかく楽しまれる、そして色の偶発的な出会いを次につなげていかれます。子どもたちの大好きな『もこ　もこもこ』などのように、また違った作品もあります。『いろいきてる』という一冊はまさしくその時の絵の具の動きからお話を作っていかれたのでしょう。色は大好き、色は実に深い、広い。子どもたちと色を巡って会話をする時も、どれほど豊かさがあるか思いが届くように話をします。年長はここ二年続けて五百色のえんぴつを使って絵を描いています。豊かな生活だからこそ、豊かな色を駆使して楽しめる子どもたちです。

宝塚で作品が展示されている所で『ころころころ』を目で感じ、身体で味わってほしいとぽっぽを送り出しました。ところが作品には触れられなかったとか。でも帰ってきてからぽっぽさんは園庭に降りてきません。何やってんのかな？　あとから聞いて感激でした。幼稚園には私がコツコツと買い貯めた大型絵本があります。『ころころころ』も『もこ　もこもこ』もあり、読んでくれたらとは思っていましたが、何とボールでもしっかり遊んだというのです。スーパーボール以外にも、マクドナルドのボールプールからやってきた赤や青などの大き目のボールがあり、チームごとの課題も持ったりしながら遊んだようです。いやあ、物語が大事、いつも言うように、出かけたあとが何も続かないのではバラバラ、悲しいです。何かに続き、展開していき新たな物語が生まれる、これが大切です。

二十代の頃、保育所の年長の運動会のプログラムで「うちわ体操」をやりました。きちんと並び、見事な入場に退場、もちろん揃った動き、一点のミスもないようなでき具合。若かったゆえに満足、そして年が明けて作品展。そのうちわが描かれていました。一つ下の学年を持っていた先生が「いやだったんだねえ」とつぶやかれました。ハッとしました。きれいに見せようと四苦八苦、ただおとなの目での「指導」だったことを突き付けられる、しかも「えっそうなんだ」とそのことばで気付いた当時の私。そのあとの私の大きな課題になりました。学びはエンドレスに続いています。(三月十三日)

絵本で色を感じる

タイムリーな絵本を届けたい、といつも思っています。そこにある絵本を時間つぶしにではなく、今こそ! この絵本を絶対読むぞ! 読む機会があった! 自己満足になることもあります。私のかつての運動会経験のように、おとなの思いは時々一方的になることはあるのです。運動会に子どもの立場から加わっていた先生が「おとなの目線での厳しい仕上げ」を感じていたからこそ、素直な感想を私に言われたのだと思います。

でも心を込めて読むことができるのは、その絵本を読みたいから。文集にまとめた絵本のページは読んだ絵本の全部を網羅していませんが、そんな思いで今年読んだ絵本を整理してもらいました。何といっても最初は「幼稚園へようこそ、絵本の世界へようこそ」の思いで読むもの、そんな時期を経て次に進んでいく。きっかけを作り、集団での出会いも進化していきますが、次は子どもにそしてご家庭にも任せていく、文庫の部屋で久しぶりに絵本たちの背表紙を眺めながら、これらが子どもたちのこれからをしっかり支えてほしいと願ったのでした。

十三日は朝の散歩「春さがし」から戻ってきた、さんぽ、らったさんの部屋におじゃまです。最近ちょっとおすそ分けし過ぎたことを反省、私の顔を見ると食べる「おみやげ」を期待しています。この日持ち込んだ絵本は四冊です。年長でもいろんな色を意識して楽しんできました。帽子のこともあるし、色には敏感なみんなです。クーピーというペンシルがかわいい水筒に入っている、そのボトルもクーピー模様。そんなものを見つけてきて「これどう？」と言ったのは娘。ありがとうこれ使えるわ！　の私の反応に満足げな彼女でした。その貴重な「ブッ」でこの日の導入、みんなの帽子の色と重ねて会話を楽しんだのです。少しむずかしい質問をしたのが「春」。春さがしに行ってきた子どもたちに「ところで春ってなに？」です。「紙を壁にはる」でもなく「はるくん」という名前でもなく、「春をことばにしてみて」の問いかけに、懸命なみんなはこの日見つけた「なのはな」や「つくし」「たんぽぽ」と答える。でも年長になるということは「もう少しことばを説明してみる」努力を、です。すると「はるは、さくらとかがさくきせつ」と答えておとなをあっと思わせたのがたつやくん。お騒がせなところも多い彼ですが、ちょっと名誉挽回の回答だったのでした。色から入った話題は、長新太さんの『ぼくのくれよん』という大型の新規購入の本、これをまず読みました。独特のおもしろい世界が広がります。そして色の勝負は次の絵本も。春を待つ日々を表した絵本は、青の表紙なので青い袋から、「はるはまだかな」「ちーかいちかい」と返事が。赤い袋からはわらべうたの♪おてらのつねこさん～で楽しむ真っ赤な絵本が登場し、最後に緑の袋から元永定正さんの『いろいきてる』の絵本。あの絵具を思いっきり大きな白い紙にぶちまけた時の絵具の動きが絵本になっています。そんなこんなで色シリーズ、これでみなさん満腹かと思いきや「おみやげは？」と聞かれるなかでの退去となりました。甘やかし過ぎた！　です。

（三月十四日）

子どもは子どものなかで育つ

寒い朝となった十四日。この時期の甲山は無理をしないことにして十三日はぽっぽ、十四日はさんぽとらったがバスを利用しての園外。行動的な先生たちの働きで春をあちこちで感じている子どもたちです。

年長仲間がはっぽの前に集まって、こまの板の周りがからっぽになったその瞬間、さあっと板の周りに姿を現したのはぽっぽさんたちです。その間合いには驚きます。心得ているというか、機会を逃さないというか、周辺をしっかり見ているのです。誰かが教えてできることではなく、この場で生活していてこその学びですね。

そんな姿を目にして心ウキウキしながら事務所に戻ろうとすると、年長の8の字のなかにぽっぽのオレンジ帽子が二人いるのを目にしました。この8の字のリーダーははるとくんです。いつも先頭、先頭は向こうからの最後尾が出ていくのにぶつからないようにして跳ばなくてはいけませんから、気を使うし一瞬出そびれることも多いむずかしい役割。彼はいつも見事にそれをこなし、まずひっかかることはありません。そしてそのぽっぽのオレンジ坊やたち、いやあ、うまい。そして年長が優しい。さりげなく押してあげたりしながら、やっています。ほんとにもう最高の光景なのです。事務所のガラス戸の中からずっと眺めていて実況中継です。その間合い、呼吸、もう感激の光景。この取り組みが大好きの年長たちは男の子が多くて、また人数が少ないと8の字を描いていくのにけっこう大変なのですが、力を合わせて楽しんでがんばっていて、そこに自然体にぽっぽが入りこんでいて、時に失敗するけれど絶対に責めません。みんな笑顔です。

盛り上がっている風景に気になりはじめたか、ぽっぽさんがやってきたのです。跳ぶ子もいれば、中を走り抜けていく子もいます。年長は誰もじゃまとは言いません。ところがある一瞬にして年長の姿はなくなり、そこに残ったのはぽっぽだけになりました。ほんとに一瞬でした。先ほどの年長たちはうんていの下あたりで談笑。もう次の世界に入っています。二人くらいのぽっぽならそれなりにいいけれど、それ以上多くなるなら譲ろうかな、それも誰かが相談したりではなく自然に流れができるのでしょう。さわやかな風がさあっと吹いたあと、大なわのところはぽっぽさんたちが〜という様子になっていたのです。8の字に入れるようにまでなったぽっぽの一年、自分たちもどんどん挑戦していくけれど、幼い子どもたちを受け入れる心の余裕を持つ年長、日頃子どもの成長にあれこれ思い、悩むことは多いのですが、そんなこといいや！　の思いです。

〝椅子の座り方が今一つ〟、〝好き嫌いが多過ぎる〟、あれこれ目にする課題、先生たちからの相談はありますが、でもそれなりに一人ひとり身体も心も育っているようとうれしくなりました。あえて異年齢交流という名目で日時を設定し、そんなひとときを持つことも多いのが幼児教育の世界ですが、家族だったらわざわざ交流なんて言いはしません。ちょっと人数の多い集団ではありますが、自然な交わりは決して不可能ではない、やはり子どもたちが教えてくれています。

さて春です。一歩踏み出していくのをおとなはどう応援するか問われますね。おとなの目線で無理をしてはいけない、でも必ず前に出たいと思っている子どもをどう押し出すか。おとなの思いだけで都合で押し出そうとすることはあるけれど、子どもが出ようとしている時に気づかず、おとなの都合でその一瞬を過ごしていることはよくあります。年度の代わり目、暦に合わせての無理はいけないけれど、大きくなろうとしている子どもを押し出すチャンスですね。

（三月十五日）

母の会とおかあさんぐまに感謝

総会で何かを話すというよりは、子どもたちの姿をお見せする、旅立っていく子どもたちの姿を、他の学年の方もしっかり刻み込んでいただければとの思いで、年長を呼んできました。人の前で歌うことに何の怖気も持たない、むしろそのことを誇りに思ってやまない彼ら。四月最初に連れ出した神戸文化ホール、少ない人数で始まったばかりの年長だったのに、しっかり歌っていたことを思い出します。みなさんには初の♪さくら～（森山直太郎）を聴いていただきました。ガーデンズがさくらまつりをする時に歌いに来てほしいとの依頼があり、それなら「さくら」をレパートリーに加えようではないかと年長にお願いしたのです。曲が流れて歌い始めるとたくさんの方が、年長のご家庭ではない方も涙を隠せなかったようです。何の憂いもなしに全身で歌う子どもたち、知っていれば大きな声で、自信がなくなったら小さな声にと実に素直な子どもたち。こんな自然な歌声が、これから先ずっとずっと守られますように。♪さくら〜はそういうわけで来週にガーデンズで歌声を響かせます。こうして一年が過ぎ、また新しい年度を迎えるのですね。また次を楽しみにしながらがんばりたいものです。

今年は今年で、こまに竹馬にと子どもたちの風景がほんとに広がりました。こまにプロがいるかどうかはおいといて、もうみんなの糸の引きなど「おそれいりました!」です。わらべうたと大なわがセットになる♪いちわのからすが〜の歌も聴こえてきています。子どもたちの世界がどんどん広がり、そうして一人ひとりが育っていくことを願います。箱の中で育てるわけにはいかないのが子ども。おとなにその育ちに合わせて見守ってもらいながら今日も一歩、明日も一歩です。

おかあさんぐまには最後までお世話になりました。最後の誕生会への依頼を気持ちよく受けてくださってケーキが登場しました。決して居心地のいい場所ではない台所でのお働きに感謝です。

それでは十八日に年長を送り出します。涙より笑いいっぱいでと願っています。

(三月十六日)

卒園おめでとう!

十八日は嵐、しかも前日の夕方くらいからは降り出すかも、という予想らしく、「先生の力で」などと声をかけられたりもしていました。いやあ、そんなおこがましい。それに礼拝堂の中だし、天気は雨としてもいいでしょう、ただし朝の登園とか園舎への移動は大変だから雨も少しは遠慮してほしいなあ、くらいの願いを持っていました。それが園舎での集まりを終える頃に、青空も祝福するかのようにのぞくような時間となりました。

お天気にも恵まれて無事に子どもたちを送り出しました。最後のこの日になって体調を崩し、園児席ではなくお母さんと一緒に座るという子どももいましたが、そんなことも起こるのが子育ての道筋ですね。思いがけない展開にご家庭はあたふたとなったかもわかりませんが、そういうアクシデントがみんなを強くしていくのです。

式は静かな時間、といっても歌ったり笑ったりもありますが、十時から十一時半。完璧に準備して逐一、一言一句書いて準備するようなものではなく、誰も知らずに私がこっそり進めている部分もあり、それで前夜は眠れず。案外根性なしの、一緒に暮らして四十三年の相棒が保証する小心者。これでも当日下痢をしなくなっただけましなのです。出席者の方から「いつもと変わらず安心できる順子先生の進行」と言っていただきましたが、いろんな場面に育ててもらってきたのですね。やるしかない、です。場数が人を育てます。

その私、本番に弱いのは演奏、これだけはどうも。ただ抜けてもまたどこかで復活するということで、何度も「抜けては復活」をすることになりました。なかなか完璧にはいきません。いろいろ考えるのは得意なのですが、あるパートを死守するのはイマイチ。

子どもたちの一年を追うスライドショーの作成、『チムとゆうかんなせんちょうさん』の絵本をプロジェクターに取り込む、などいっぱい外部の方にもお手伝いをお願いしました。たくさんの快く引き受けてくださる応援隊のおかげで、この特別な日も、したいと願ったことをやりきることができました。一つこっそり願っていたことが年長の♪フニクリフニクラ～の歌、これをあのコーラス隊を指揮してくださったテノールの藤川さんに原語で歌っていただくこと、子どもたちが歌ったあとに、原語、そして三番目は一緒にというもの。藤川さんは式に出席してくださっていて、お母さん方のコーラスを指揮してくださって、そのあとのスペシャルでした。年長のお母さんみなさんでの♪子守りうた～が素晴らしかったです。藤川さん曰く、今までの最高！　とおほめが。そして♪フニクリフニクラ～でまあ、盛り上がったこと。

そして園長先生が、子どもたちにむずかしいけれどと言いながら話されたことばが「他者」、ノリのいい彼らは「一番大事なのは」「じぶん」、「自分と同じように大事なのは」「たしゃ」という具合にきちんと聞いている、驚きでした。この「他者」、重要な他者の存在は子どもが育っていく時にとっても大事です。お父さんやお母さんだけではなく、いろんな人たちのまなざしや子どもへの思い、それが子どもの力になります。心理学の用語でもよく使われているのですが、この他者ということばが出てくる詩を卒園式の案内に引用していました。大好きな詩人に吉野弘さん、新川和江さんがいます。この二人は全集まで買ってよく引用させていただいています。

その吉野さんの詩に出てきていたことばが「他者」、「生命は」という詩のなかに使われていました。子どもが育っていく時の人との交流、それは子どもが作り出すのではなく、幼い頃はおとなが積極的に進めていかなければいけないことです。ということで日頃思っていることが、それぞれの担当の場所で顔を出したということでしょうか。この年度も木曜日、金曜日だけとなりました。年長がいなくなった園庭に園舎、さびしくもあり、また次の時代がやってくる、です。

（三月十九日）

愛して、認めてくれてありがとう

卒園式の翌日はだいたいお花見の第一歩。今年は王子動物園に出かけていきました。ほんとに暖かい天気でもうそこここに春を見ることができます。桜の花芽を見上げてください。真ん丸ですよ。川沿いの集会室の前に緑のプランターでたくさん花を咲かせているのはオランダからのお届け物。ファンヘーストさんのおばあちゃんたちが秋に来られた時のおみやげです。クロッカス、水仙など球根を植えましたが、ほんとに健気な花たち。春をいち早く知らせてくれて、みんなを出迎えてくれています。春、雨は芽吹きを助けるものですが、これが雑草の伸びを応援もします。ということで春の暖かさにひかれてしばらく草抜きをしました。

朝、子どもたちが電車に乗るべく出発するため、川沿いに並んでいるのを見送っていたら、らったのしゅうたくんが「そつえんしきでもなあ、ようちえんきたで、やくいんやからな」、「あっそうか、お弁当とかを並べてくれたんだ」、「うん、おはしとかさしていった」、なるほどね、それはそれはありがとうございました。知ってるか、働いてたんやぞ。お礼を言ってもらって認めてもらってホッとしたのかご機嫌で出発していきました。

卒園するということで、お父さん方から声をかけてくださることが多くあります。入園式に出てきてくださり、いろんな折に園の生活に加わってくださる機会も多いですが、卒園ということで会話ができるというのは、それだけの交わりがあったわけでうれしいことです。

一人のお父さんはお手紙を書いてくださいました。そこにあったことばが「認める」というもの、いっぱいのありがとうのなかに「認めてくれてありがとう」「愛してくれてありがとう」がありました。そしてご自分たちがもっとわが子を好きになったとも続けていました。一人っ子の男の子で、時には宇宙人みたいに思うようなこともあったり、どうしていいかわからずに、お父さんお母さんは子育ての過程で眉根を寄せてしまうようなこともあったと思います。でも子ども本来の姿を楽しみ、何より一緒にいろんなことに取り組み、味わい、そんななかで視点が合い、気持ちがわかるということができていったのではないでしょうか。そんな時間が流れたとしたらうれしいことですね。

やっぱり子育て支援はモノとかシステムではなく、そんな子どもの世界へのおとなの気持ちの広がりを支えることだと思います。式に出ておられたお父さんが、あとで人のつながりの深さに感じ入っておられたと聞きました。園長先生と子ども、園長先生とお母さん方、そこでの気持ちの通じ合いがあるから、話が進んでいく、受け入れられていくということでしょうか。何度目かには「たしゃ」と答えた子どもたち、話を聞いているのです。最後に子どもたちが歌う段になってから、講壇のところで三列に並びました。子どもは歌うのは三曲ですが、まずお母さんたちの歌を聴くなどいくつかのプログラムがあり、そして歌うのです。でもどんな時間も、今から何するんだろうと思っても動じない、いい意味で身を任せています。信頼関係なのでしょうか、すごい子どもたちです。教会の方が見にきてくださっていましたが、ただただ子どもたちがすごい！　と感心してくださっていました。話を聞く、歌う、待つなど何の心配をする様子もなくその流れにいる、そんな子どもたちでした。

（三月二十一日）

新たな出会いの別れ

いよいよ年度の最後の日となりました。

あっという間だったような、そんな一年。いや卒園した子どもたちの三年間を考えてみてもあっという間でした。一年間ありがとうございました。

新たな出会いのお別れです。また会いましょう！

大学に入学するという男の子、三年前に朝「高校に合格しました」と挨拶に来てくれてうれしかった、その子のことも思い出してもそれからあっという間の三年だったように思います。六十歳を過ぎても、あっという間の日々を過ごせることはほんとに幸せなことです。これからもそんな時間になるように、能動的な日々をと思っています。

卒園までの作業に補助の先生方が毎日残り、アルバムに文集に、そして土曜日は園舎二階の茶話会の会場作り、物の用意などを手伝ってくださり、私はこの時とばかりにまた大清掃。すると二人の大学生が助っ人に。ずっと気になっていたぽっぽの部屋のあの大きい鈴割のような「ピニャタ」（『クリスマスまであと九日』の絵本に出てくる）三個に、階段の大時計の掃除をお願いしました。そして低くなっていた山をかさ上げするべく、園庭の土を寄せ集めたりとよく働いてくれたメンバーでした。こんな卒園生にも助けられています。

四人を卒園させてくださった方が「四回卒園式を味わったけれど、一度も同じではなく、そして毎回が楽しくて感激だった」。そう最低限守ることはあるものの、毎年の味を大切にしてきました。子どもの映像を映すのに、三十年ほど前はスライドで一枚一枚動かしていました。次はビデオにしたこともあります。大型のテレビが入り、子どもを一分ほど映して、それに合わせてコメントを入れた時代があったり。園長先生の話も子ども向けだけです。おとなには子どもが退場してからです。今年は赤ちゃんの時の一枚、できたら生後すぐの写真をとお願いして、待ちに待ってそれぞれの家庭に誕生したその時からスタートしました。みんなほんとにかわいい赤ちゃんだったんだ！

（三月二十二日）

あとがき

「涙が流れた時にはいつも順子先生がそばにいてくれました」、二〇一三年の三月、卒園文集に書いてくださったたみなみちゃんのおかあさんの文章です。子どもにとってそんな存在だったとしたら、望外の喜びです。四十数年をかけて子どもたちが育ててくれたと感謝です。

書くことそんなに好きだったかな、自分ですら思うほど書いてきた毎日。好きというより、とにかくこのおもしろさを伝えたい、そんな日々です。幼稚園の事務所によく顔を出されるロシナンテ社の四方哲さん、月刊誌「むすぶ」の編集者。「地域闘争」という以前の誌名の頃に出会ってもう何十年。私がまだワープロを使っていた数年前、入力をしていると、編集のことやあれこれ話しているうちにおたよりの話になりました。書く人、編集出版する人の会話は自然に、それらの文字をまとめたらいいねというところに及びます。結果、年間少なくてもB４の用紙が七十枚にはなる、時には裏表びっしりの号もあるおたよりを一年分まとめた冊子を数年分持ち帰られました。書くことは書くけれど、書きっぱなしの私、あわよくばそんな「書きっぱなし」から、幼児期の子ども、そしてともに過ごすおとなの在りようなどを抽出してもらえたらいいなと思っていました。

それからまた数年。そしてあの「二〇一一・三・一一」、東北への思いを持ち、行動もしている幼稚園の母体の西宮公同教会を、四方さんが訪れることが多くなりました。何度も顔を合わせるなかで再び「おたより」の話題が再燃し、二〇一三年春、出版社に編集作業を依頼したと伝えてこられました。東京に届けられたのは二〇一二年の一年間のおたより百十三号と夏の臨時号。ざっと見繕って

「三十万文字」。普通、一冊の本は十万文字くらいとのこと、その「三十」から「十」の作業を担われたのが東京シューレ出版の小野さん。明るい元気な電話の声に「若い人だから大丈夫」（実はそうでもなかった）なんて勝手な根拠と、正直忘却もあるなか、やはりローカルすぎるおたよりは無理かなとあきらめかけていた秋の気配を迎える頃に、初校がやってきました。「先生の原稿は重すぎます」のことばが添えられて。「十万字」を越えたけれど見事に整理してくださっていました。

ところでこれまでどれだけの人に支えられてきたでしょうか。書き出せないほど。「先生の今にではなく、この先きっといい先生になると期待している」と、若い頼りない新米保母を折にふれ励ましてくださった方のひとことは忘れられません。当時前例のなかった「子育てと仕事の両立」は後輩たちの応援。保育案や日誌を書くのが嫌いで、ただただ子どもたちと今日いかに遊ぶかだけに走っていたこんな先輩と、今も変わらず一緒に仕事をしてくれている仲間たちもいます。幼稚園に勤務してからも「子どものこと」となると熱くなり過ぎる私と日々過ごしてきてくれた先生たち、こんなことがしたい！　そんな夢をかなえるべく毎日一緒に走ってきてくれました。今もです。

学会で発表したり、論文を書いたり、思ってもいなかった体験もたくさんしましたが、どんなことも私がそれをできたのではなく、「一緒に子どもたちと過ごしてくれる」多くの仲間がいたからです。たまたま書いた、しゃべったのが私。でも書くことも話すことも見守ってくれた仲間への感謝のかたちの一冊と思っています。

付録

二〇一二年四月から二〇一三年三月までの間に子どもたちと読んだ絵本で、おたよりの文中に出てきたもの。絵本との出会いは語りきれないほど多くあり、子どもたちとの生活を彩り支えてもらって、恵まれた日々を過ごしてくることができた。最初の出会いを与えられたのは一九六九年に大阪新森小路、平和の子保育園で。心から感謝しています。

・四月

「チムとゆうかんなせんちょうさん」
福音館書店　エドワード・アーディゾーニ／文・絵
せたていじ／訳

「かがくのとも」
福音館書店　一九六九年に創刊された月刊誌

・五月

「そらまめくんのベッド」
福音館書店　なかや　みわ／作・絵

「きょだいなきょだいな」
福音館書店　長谷川摂子／作　降矢なな／絵

「めっきらもっきらどおんどん」
福音館書店　長谷川摂子／作　降矢なな／絵

「今森光彦世界昆虫記」
福音館書店　今森光彦／写真・文

・六月

「かにむかし」
岩波書店　木下順二／文　清水崑／絵

「おおかみと七ひきのこやぎ」
福音館書店　グリム童話　フェリクス・ホフマン／絵
せたていじ／訳

「ははははのはなし」
福音館書店　加古里子／文・絵

「だるまさんシリーズ」
ブロンズ新社　かがくい　ひろし／作

「へびくんのおさんぽ」
鈴木出版　いとうひろし／作・絵
「三びきのやぎのがらがらどん」
福音館書店　マーシャ・ブラウン／絵　せたていじ／訳
「ほたるホテル」
福音館書店　カズコ・G・ストーン／作

・七月
「ぼくの村に　サーカスがきた」
ポプラ社　小林豊／作
「ちいさいおうち」
岩波書店　バージニア・リー・バートン／文・絵
「セロひきのゴーシュ」
福音館書店　宮沢賢治／作
「赤ずきん」
福音館書店　グリム原作　フェリクス・ホフマン／画
大塚雄三／訳
「ブルンディバール」
徳間書店　トニー・クシュナー／再話
モーリス・センダック／絵　さくまゆみこ／訳

「雑木林のおくりもの」
世界文化社　今森光彦／写真・文

・九月
「どうぶつ会議」
岩波書店　エーリヒ・ケストナー／文
ワルター・トリヤー／絵　光吉夏弥／訳
「せんねん　まんねん」
理論社　まど・みちお／詩　柚木沙弥郎／絵
「さがしています」
童心社　アーサー・ビナード／作　岡倉禎志／写真
「どんぐりと山猫」
三起商行　宮沢賢治／作　田島征三／絵

・十月
「きつねのホイティ」
福音館書店　シビル・ウエッタシンハ／作・絵
まつおかきょうこ／訳

「おやすみ、ぼく」
クレヨンハウス　アンドリュー・ダッド／文
エマ・クェイ／絵　落合恵子／訳

・十一月

「おおきなかぶ」
福音館書店　ロシア民話　A・トルストイ／再話
内田　莉莎子／訳　佐藤忠良／画

・十二月

「ぶたたぬききつねねこ」
こぐま社　馬場のぼる／作
「サンタクロースはおばあさん」
フレーベル館　佐野洋子／作・絵
「つやっつやなす」
「どっかんだいこん」
童心社　いわさゆうこ／作
「クリスマスのまえのばん」
福音館書店　クレメント・C・ムーア／文
ウィリアム・W・デンスロウ／絵　わたなべ　しげお／訳

「Puff the Majic Dragon」（Pop - up - book）
「スーホの白い馬」
福音館書店　大塚勇三／再話　赤羽末吉／画
「フレデリック」
好学社　レオ・レオニ／作・絵　谷川俊太郎／訳
「からすのパンやさん」
偕成社　かこ　さとし／作・絵
「りんご」
かまくら春秋社　三木卓／文　スーザン・バーレイ／絵
「グロースターの仕たて屋」
福音館書店　ビクトリクス・ポター／作・絵
いしい　ももこ／訳
「ミシュカ」
新教出版社　マリー・コルモン／文
フョードル・ロジャンコフスキー／絵
みつじ　まちこ／訳
「きつね森の山男」
こぐま社　馬場のぼる／作

「ねむりひめ」
福音館書店　グリム童話　フェリクス・ホフマン／絵
せた ていじ／訳
「サンタクロースってほんとにいるの?」
福音館書店　てるおか いつこ／文
すぎうら はんも／絵

・一月
「ゆきのひのゆうびんやさん」
福音館書店　こいでたん／文　こいでやすこ／絵
「ちいさなたいこ」
福音館書店　松岡享子／作　秋野不矩／絵
「あいうえおおきな　だいふくだ」
福音館書店　たるいしまこ／作
「ひともじえほん」
福音館書店　こんどうりょうへい／作
かきのはら　まさひろ／構成　やまもと なおあき／写真
「はたらきもののじょせつしゃけいてぃ」
福音館書店　バージニア・リー・バートン／文・絵
いしい ももこ／訳

・二月
「どうぶつかるた」
ブロンズ新社　あべひろ士／作・絵
「キャベツくん」
文研出版　長新太／文・絵
「すみれとあり」
福音館書店　矢間芳子／作　森田竜義／監修
「はじめのちいさないっぽ」
評論社　サイモン・ジェームズ／作　小川仁央／訳

・三月
「もこ　もこもこ」
文研出版　谷川俊太郎／作　元永定正／絵
「いろいきてる!」
福音館書店　谷川俊太郎／文　元永定正／絵
「ころ　ころ　ころ」
福音館書店　元永定正／作
「ぼくのくれよん」
講談社　長新太／作・絵

著 者 略 歴

菅澤順子（すがさわじゅんこ）

1949 年大阪生。兵庫県西宮市西宮公同幼稚園勤務。長きにわたった保育者生活のスタートは銀行勤務、そして公立保育園を経て現職。神戸松蔭女子学院大学、大阪青山短期大学、関西国際大学、京都文教大学で非常勤講師も勤める。
でも一番の「肩書」は小さい赤ちゃんからおじいちゃんおばあちゃんまでを笑顔にする“魔法使い”。著書に「どっちどっちえべっさん」（1987 年・長征社）「子どもの生活世界と人権」（共著・1995 年・柘植書房新社）「じしんなんかにまけないぞ」（2000 年・西宮公同教会出版事業部）など多数。

子どもを見守るまなざし 12 か月

発 行 日　2014 年 3 月 10 日 初版発行
著　　者　菅澤順子
発 行 人　小野利和
発 行 所　東京シューレ出版
〒 136-0072
東京都江東区大島 7 - 12 - 22 - 713
TEL・FAX　03-5875-4465
ホームページ　http//mediashure.com
E-mail　info@mediashure.com
装　　幀　藤森瑞樹
D T P　高橋貞恩
印刷／製本　モリモト印刷株式会社

定価はカバーに印刷してあります。
ISBN 978 - 4 - 903192 - 27 - 7　C0037

目でみる
斜視検査の進めかた

浜松医科大学病院教授
佐藤美保 著

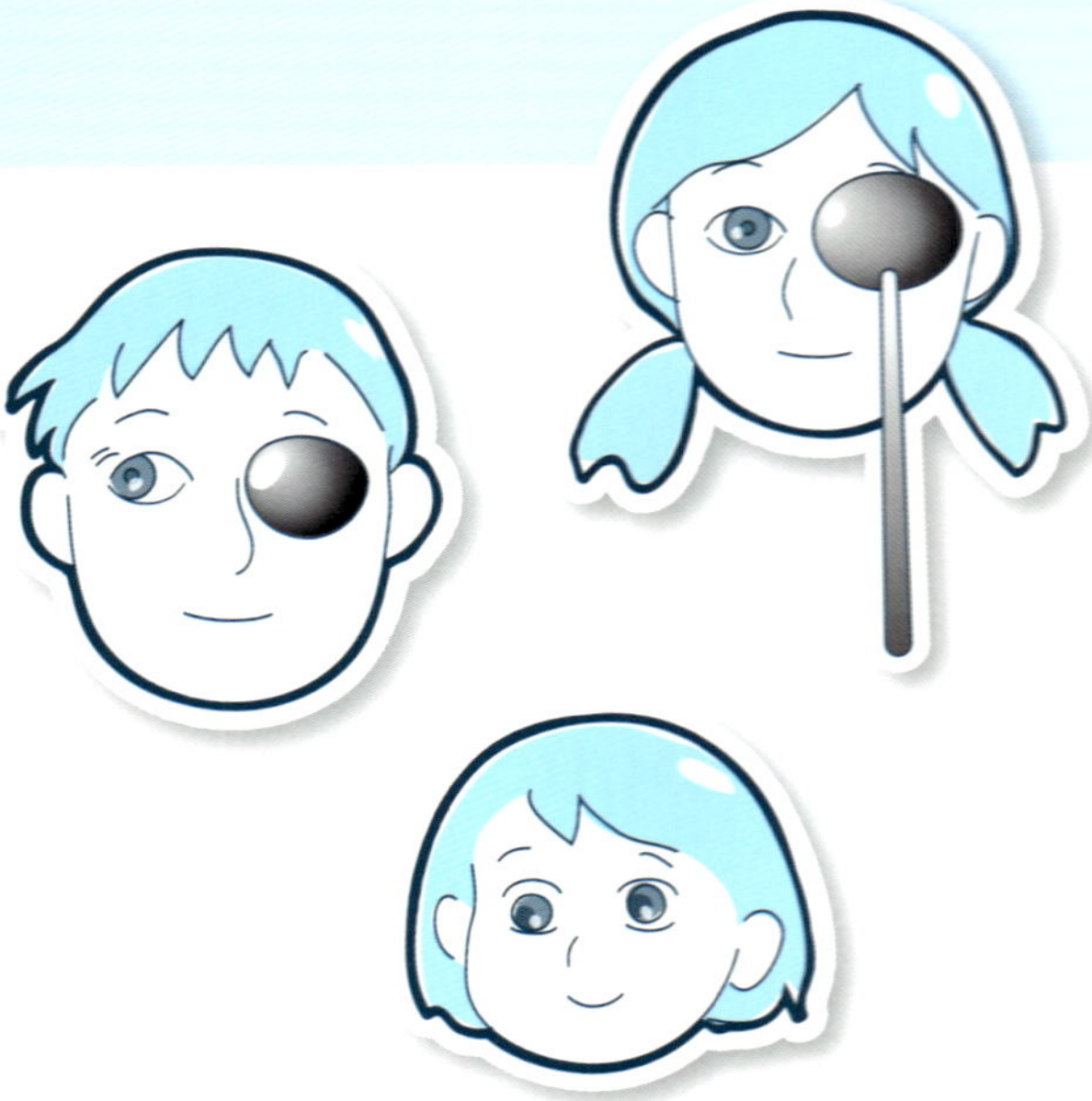

金原出版株式会社

Illustrated Technique in Strabismus Examination

Author
Miho Sato, M. D.
Professor of Ophthalmology, Hamamatsu University School of Medicine

Printed and Bound in Japan

はじめに

斜視や小児眼科の診療は，眼科のほかの診療に比べてとっつきにくい，と言われます。独特な専門用語が多く，感覚状態を表す用語が多いためかもしれません。スタートでつまずいてしまうと，「斜視はわからない」「カルテを見ても内容がわからない」「視能訓練士さんの言っている言葉の意味がわからない」ということになってしまいます。また，それぞれの施設ごとに独特の用語を用いていたり，検査方法，治療方法を行っていたりするために，教科書のどこを見ていいのかわからない，ということもあるでしょう。細隙灯顕微鏡検査や眼底検査，その他の最新の機器を使った眼科検査に比べると，斜視の検査方法は全く異なっています。ですから，一般的な眼科検査方法を勉強するのに費やすのと同じくらいの時間と努力が必要になります。それに比べると，受診してくる患者さんの数は白内障や糖尿病，緑内障に比べて圧倒的に少ないので，実際の症例に出会う機会が少ないのが特徴です。

外国語を勉強するときには，まず簡単な会話を丸暗記することから入る方法がしばしばとられます。そこで，外国語を習うときと同じように，まず，用語を覚えてしまうことと，実際の患者さんを繰り返し見ることをおすすめします。患者さんは必ずしも斜視の患者さんでなくても結構です。眼位や両眼視機能を検査してみてください。まず，正常を知ることが異常を発見するための第一歩だからです。繰り返していくうちに，だんだん慣れてきます。もし，眼球運動に異常を感じたら，漫画のような絵にしてみてください。あるいは，デジタルカメラで眼位の写真を撮影してみてください。カメラは最新の高解像度のものでなくて結構です。後から見てみると，診察時には気づかなかったような異常がわかることがあります。

第一歩を踏み込むことができれば，だんだんわからないこととわかることがはっきりしてきます。詳しく調べたくなれば，専門的な書籍を読むこともできます。この本では，その第一歩の手助けをしたいと思います。

最初に，とりあえず斜視の診察のための基本的な方法を書いています。ここからスタートしてください。そのあと，徐々に後ろに進んでいってください。なお，本書の内容は，浜松医科大学眼科視能訓練士の稲垣理佐子，鷲山愛，長谷岡宗，新井慎司の各氏からの多大なるご協力をいただきました。

一人でも多くの眼科医および視能訓練士が眼球運動や両眼視機能に関心をもって，斜視の患者さんの力になってくださることを望みます。

最後になりますが，本書の発行にあたり，私を推薦してくださり，また筆の遅い私を最後まで辛抱強く待ってくださいました所敬先生，金原出版の井上様に深謝いたします。

平成26年10月

佐藤美保

目次

略語一覧

ここに示したのは，カルテによく記載される略語です。これを使うことをすすめるものではありませんが，先輩たちが書いたカルテを読むことから始める場合，知っておいた方が速く理解できるようになるでしょう。

略　語	もとの言葉	日本語
ET	esotropia	内斜視
XT	exotropia	外斜視
ortho	orthotropia	正　位
LHT	Left hyper tropia	左上斜視
X (T)	Intermittent exotropia	間欠性外斜視
E (T)	Intermittent esotropia	間欠性内斜視
MR	Medial rectus muscle	内直筋
LR	Lateral rectus muscle	外直筋
SR	Superior rectus muscle	上直筋
IR	Inferior rectus muscle	下直筋
SO	Superior oblique muscle	上斜筋
IO	Inferior oblique muscle	下斜筋
Abd	abduction	外　転
Add	adduction	内　転
Spd	spraduction	上　転
Ifd	infraduction	下　転
OA	Over action	過　動
UA	Under action	遅　動
sup	supression	抑　制
DVD	Dissociated vertical deviation	交代性上斜位
DHD	Dissociated horizontal deviation	交代性水平斜位
DTD	Dissociated torsional deviation	交代性回旋斜位
DSC	Dissociated Strabismus Complex	交代性斜位複合
ARC	Abnormal retinal correspondence	網膜異常対応
NRC	Normal retinal correspondence	網膜正常対応

1 正常な眼球の発育と両眼視機能の発達

A 眼の正常な発育

アクセスポイント

- 眼軸長は，生直後は約17mm，3歳で22.5mm，13歳でほぼ成人と同等になる（成人の平均値は24mm）。
- 生直後の角膜径は平均10mmである。
- 視力は生後3カ月～1歳の間に急速に発達する。
- 黄斑部は，3～4歳頃まで発達を続けて完成する。
- 立体視は生後4～6カ月で急速に発達する。

眼球の成長

- 生後すぐの眼球の眼軸長は約17mmで，1年後には20mmに成長する（図1-1）。
- 眼軸長が正視の成人のレベル（24mm）に達するのは13歳頃である。
- 新生児の角膜径は約10mmであり，11mmを超える場合には先天緑内障を疑って精密検査を行う。9mm以下の場合には小角膜である。角膜屈折力は生直後は51ジオプトリーだが，生後6カ月で45.2ジオプトリーに減少し，生後1年でほぼ成人のレベルである43.0ジオプトリーになる。角膜の厚みには人種差がある。日本人では生直後は600μmほどであるが，1週間で560μmまでいったん急速に薄くなり，生後1年で540μm，5歳で成人のレベル550μmとなる。

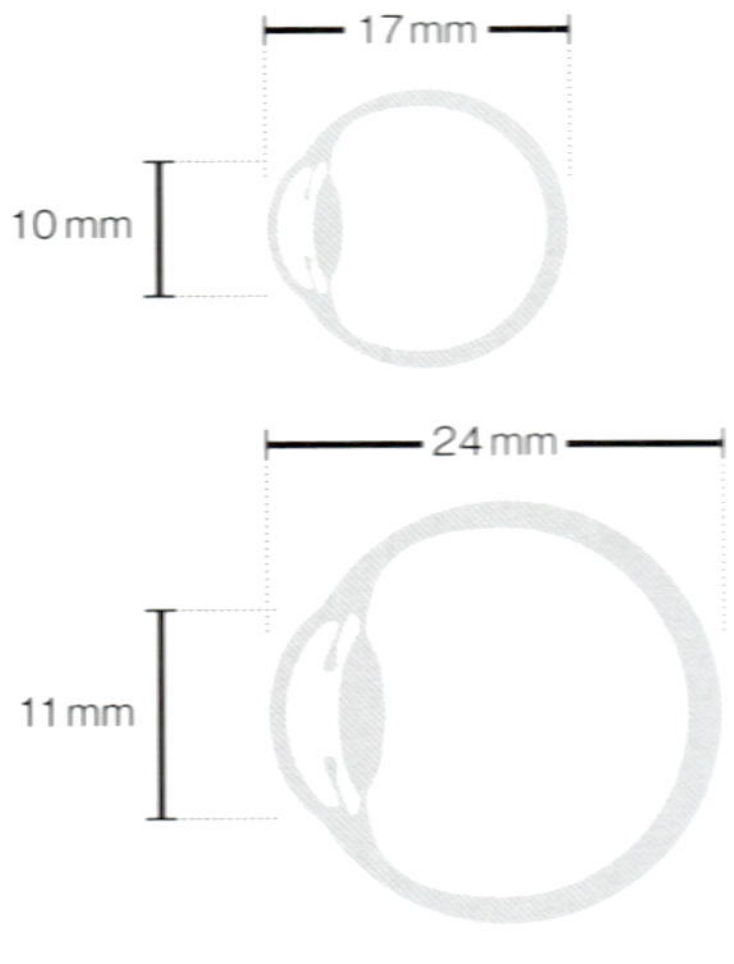

図1-1　眼球の成長
上：新生児，下：成人

- 水晶体の厚みは6カ月で3.8mm，1歳で2.5mmと，いったん減少するが，その後は徐々に厚みが増して12歳では3.6mm，成人では4.5～5mmとなる。
- 水晶体の直径は，生後1年で急速に大きくなり，6カ月で4.5mm，1歳で7.5mm，12歳で8.8mm，成人では9.0～9.5mmとなる。
- 屈折度は徐々に近視化することが多く，日本人の中学生の30～40%は近視となる。

- 黄斑部は生後すぐは完成されていない。黄斑部の錐体細胞の密度は生後1年間に約5倍になり，成人のレベルに達するのは3〜4歳とされている。

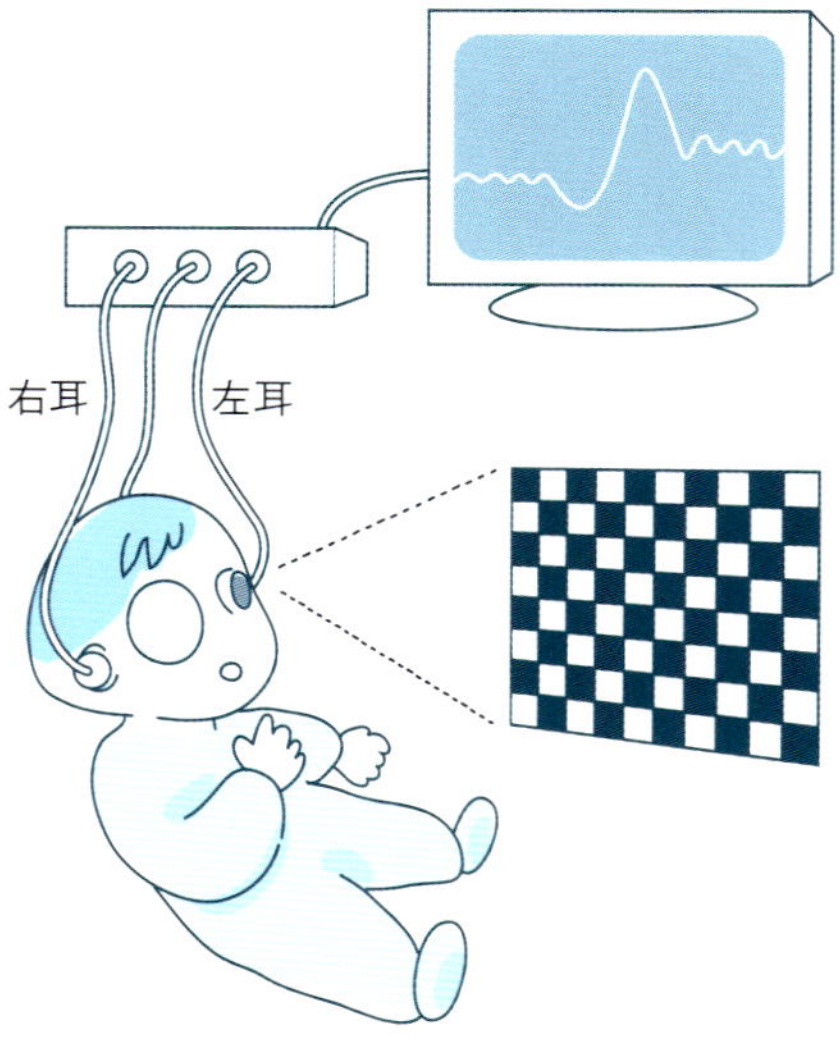

図1-2　VEP

視力の発達

- 生直後は，眼の前で手が動くのがわかる程度（手動弁），1カ月で大きなものを見つめる程度（指数弁）の視力をもつ。生後3カ月頃から急激に発達して，人や手を眼で追いかけるようになる。それと同時に調節力も発達し，見たいと思うところに焦点が合うようになってくる。6カ月で0.04〜0.08程度，1歳で0.1程度といわれている。3歳の平均視力は0.8である。
- 視力は測定方法によって異なるが，visual evoked potential（**VEP**：視覚誘発電位）を用いた検査方法では，1歳で1.0程度の視力があることが知られている（図1-2）。VEPにはフラッシュ刺激とパターン刺激があるが，小児で著しい視力障害が疑われる場合はフラッシュ刺激を用いる。
- 選択視法による視力検査法をpreferential looking（PL）法という。Teller Acuity Card（**TAC**）が最も普及している（図1-3）。TACは被検者がカードの縞を見たかどうかを検者が判定する方法である。

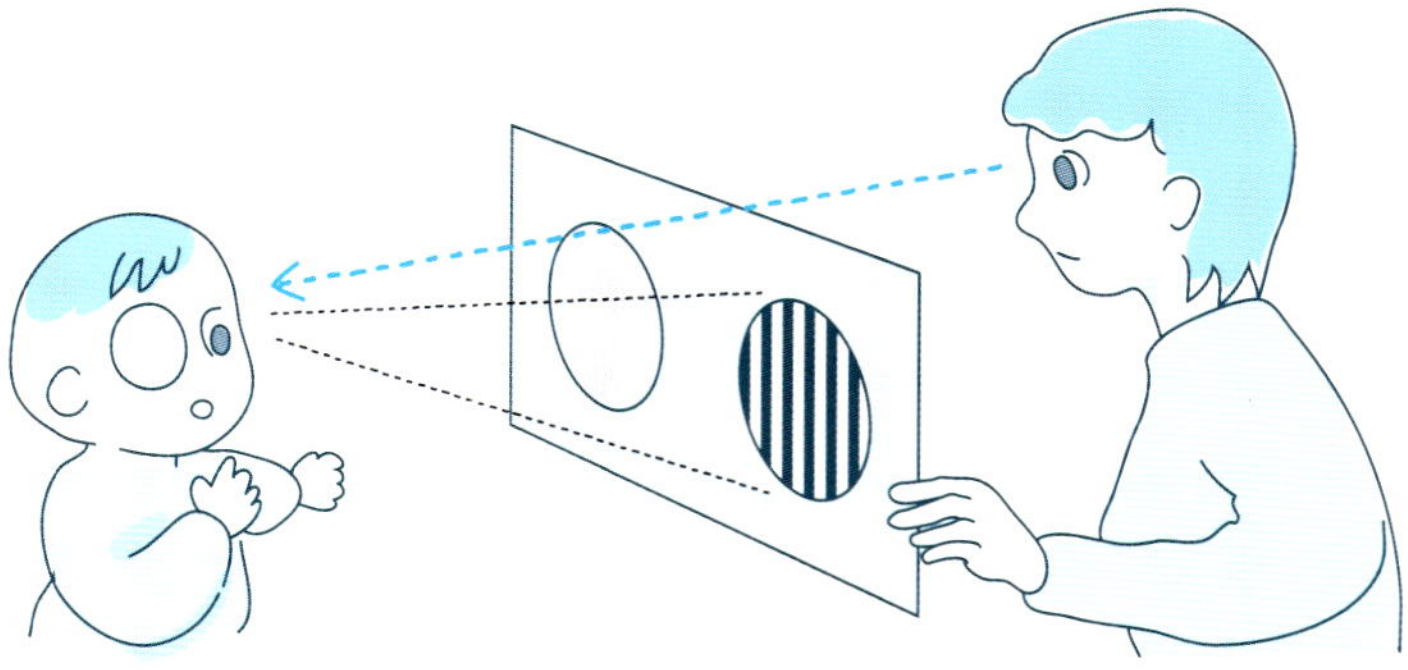

図1-3　TAC

- ランドルト環を用いた視力検査ができるようになるのは3歳頃で，3歳半でほぼ80％が1.0の視力に達する。

屈折の変化

- 眼球の解剖学的変化に伴って，屈折も著しく変化する。新生児の約6割は遠視で，平均は＋1.0D程度である。調節麻痺下屈折値は，1カ月児で＋3.2D，3カ月児で＋3.9Dといったん遠視が強くなり，その後，1歳児で＋1.9D，3歳児で＋0.84Dと次第に軽減し，正視化する。
- 一般に乳幼児は，明視するのに十分な調節力をもっており，通常は輻湊とのバランスも問題にならない。生後早期に何らかの理由で視覚が遮断されると，正視化が妨げられ近視化する。

両眼視の発達

- 両眼視機能は生まれたときから備わっているものではない。視力，調節力が発達するとともに両眼視機能が発達してくる。成人のレベルに達するのは3歳頃である。
- 大脳の視覚領野にある両眼視細胞は生後3～4カ月で急速に発達するために，この時期に両眼の中心窩によく似た画像が入力されないと，良好な両眼視の獲得は困難となる。逆に言えば，正常な両眼視機能を獲得するためには，生後6カ月以内に斜視治療を行う必要がある。

ものしりポイント

新生児の眼位を見てみると，1/3は外斜視，2/3は正位だが，生後2カ月までにほぼ全員正位になる。新生児のときから内斜視ということは非常に稀である。調節は生後3カ月までに完成し，輻湊は生後2カ月からみられ，6カ月までに完成する。

外眼筋の解剖と作用（表1-1, 2）

- 乳児の内直筋付着部の輪部からの距離は，生後6カ月までは3～6mm，生後9カ月では成人の付着部よりも0.5～1.0mm輪部に近いだけである。乳児期は外眼筋は眼球後方に付着し，上斜筋と下斜筋の付着部の間は短い。眼球の後部が成長すると，直筋の付着部は相対的に眼球の前方に位置するようになり，上斜筋と下斜筋の付着部は離れる。

表1-1　外眼筋の作用

内直筋	内転
外直筋	外転
下直筋	下転，外方回旋，内転
上直筋	上転，内方回旋，内転
上斜筋	内方回旋，下転，外転
下斜筋	外方回旋，上転，外転

表1-2　外眼筋の神経支配

動眼神経	内直筋，上直筋，下直筋，下斜筋
外転神経	外直筋
滑車神経	上斜筋

B 正常な両眼視機能と発達

アクセスポイント

- 正常な両眼視の発達のためには，両眼の中心窩によく似た像が投影されることが必要。
- それぞれの眼の中心窩を同じ位置として認識することを網膜正常対応という。
- ともむき筋同士は等量の刺激を受ける（Heringの法則）。
- はりあい筋同士は一方が収縮するときは，一方は弛緩する（Sherringtonの法則）。
- 立体視は，両眼の中心窩にできるイメージのずれを利用して立体感を認識するものである。

● 両眼視とは

- 両眼視とは，左右それぞれの眼で得られた映像を重ね合わせることによって得られる機能である。両眼視の認識の仕方には種類があり，両眼で見たものを同時に認識できる同時視，両眼で見たものを重ねて見ることができる融像，両眼で見たときのわずかなずれを認識して得られる立体視がある。
- 同時視や融像はわずかな斜視があっても存在する能力であるが，立体視は両眼視機能のうち最も高度なもので，右眼の中心窩と左眼の中心窩が同じ方向に向いていることが必要である。
- 両眼視の発達には，乳児期から小児期にかけて，両眼に同等の視力があり，左右の中心窩が同じ物体を見て成長することによって，大脳皮質視覚領の両眼視細胞が成長することが前提である。したがって，子どもの頃に長期にわたる斜視があると，両眼視細胞の発達が妨げられ，成長してから斜視を治療しても正常な両眼視機能が得られない。
- さらに，常に両眼に同程度の視力があること，片眼ずつ見てもほぼ同じ大きさに見えることやコントラストや色がほぼ同じであること（図1-4），両眼とも同じように動くことなどの条件が必要である。

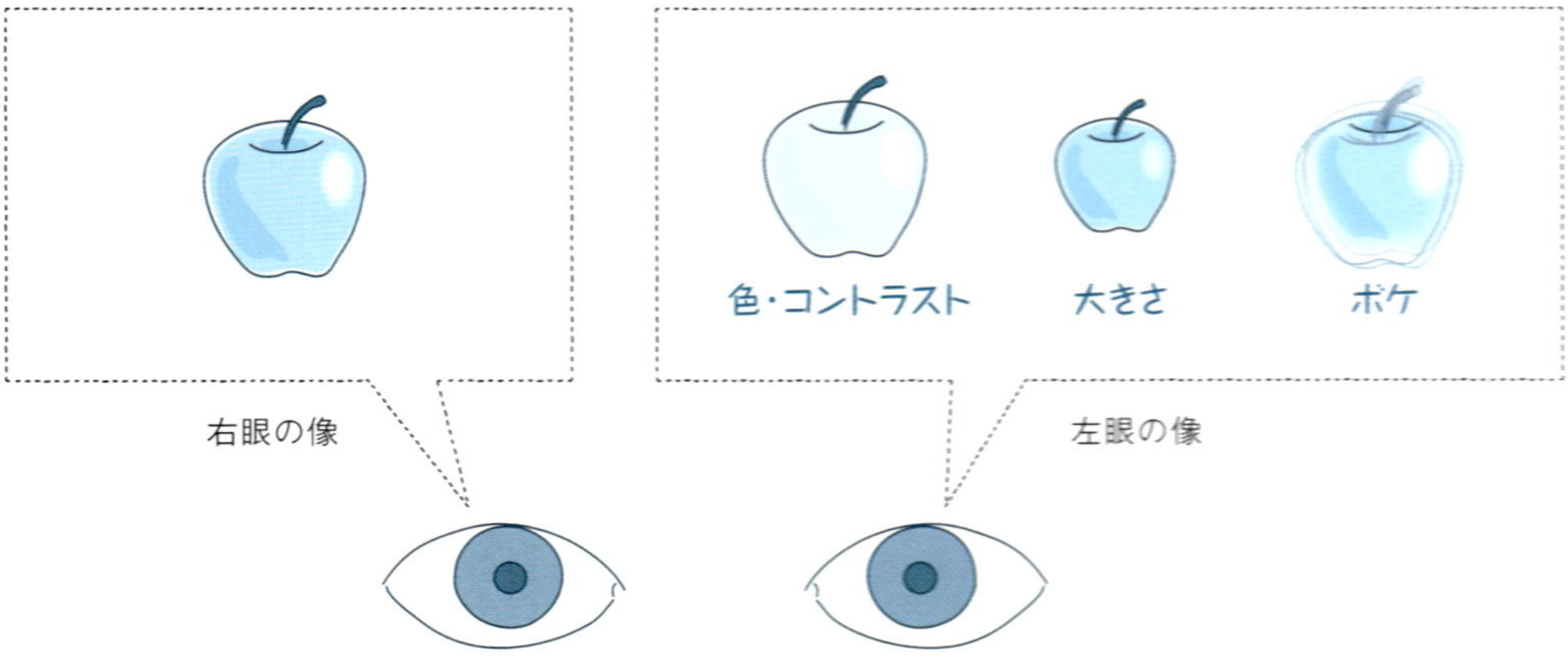

図1-4　両眼視のために
右眼で見ている像と左眼で見ている像の色やコントラスト，大きさなどが同等でないと両眼視を得ることができない。

網膜対応

- 両眼視のためには，右眼の中心窩と，左眼の中心窩で見ているものが同じ位置にあるという感覚が備わっている必要がある。その能力がある場合を“網膜が正常に対応している”（**網膜正常対応**）という（**図1-5**）。
- 斜視では，見たものが一方の眼では中心窩に，他の眼では中心窩と異なる網膜上に投影される。斜視が子どもの頃から長く続いた場合には，抑制（p.27）や網膜異

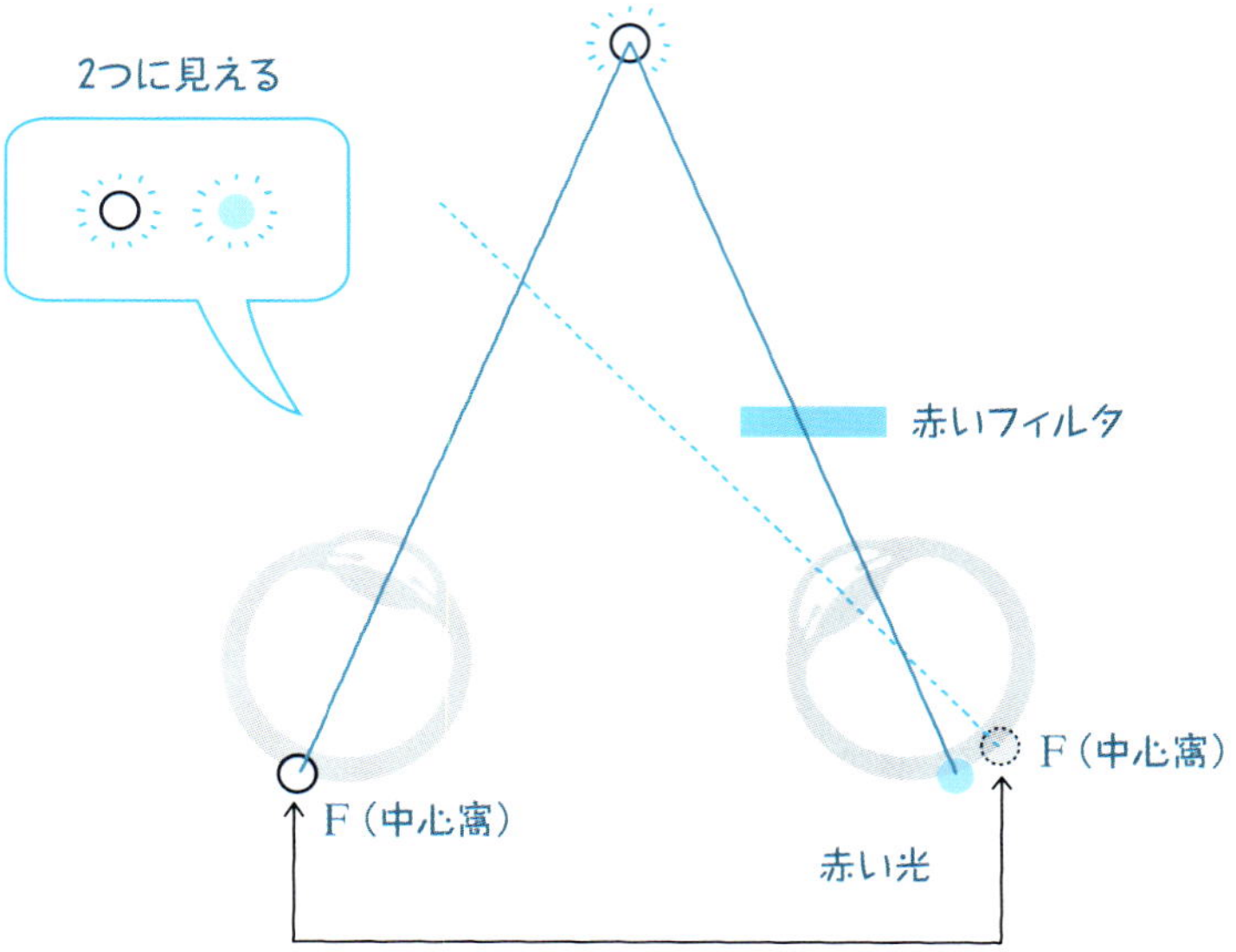

図1-5　正常対応の内斜視
右眼で見ている赤い光が右にあるように感じる（同側性複視）。

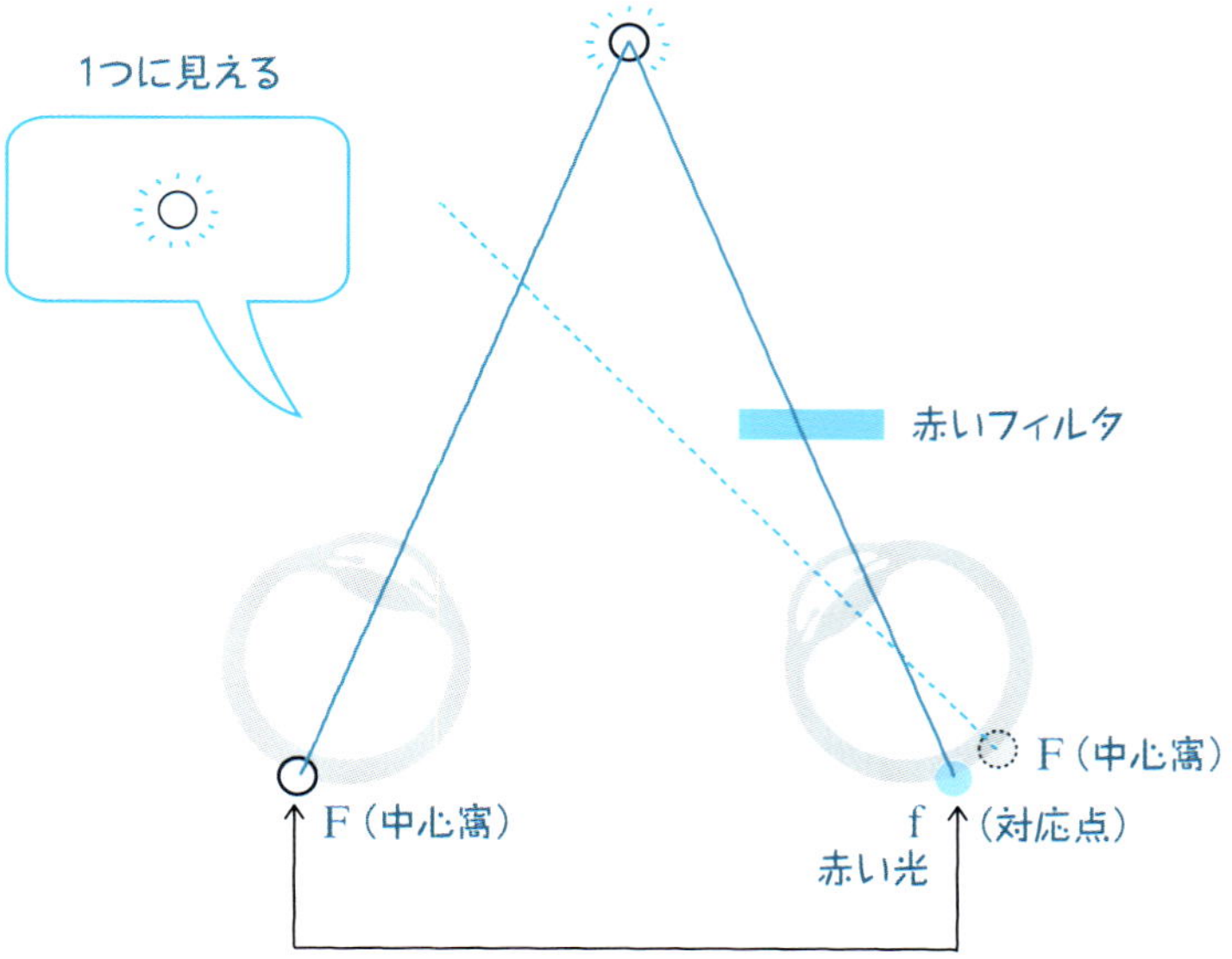

図1-6　異常対応内斜視（1）
複視は感じない。

常対応（p.29）が起こり，複視を自覚しない（図1-6〜8）。

- 網膜異常対応の程度が，斜視の程度と一致している場合を**調和性異常対応**といい，斜視の程度と一致しない場合を**非調和性異常対応**とよぶ。
- 網膜異常対応が存在すると，内斜視なのに交差性複視を訴えたり，外斜視なのに同側性複視を訴えたりする。これを**背理性複視**という（図1-7）。

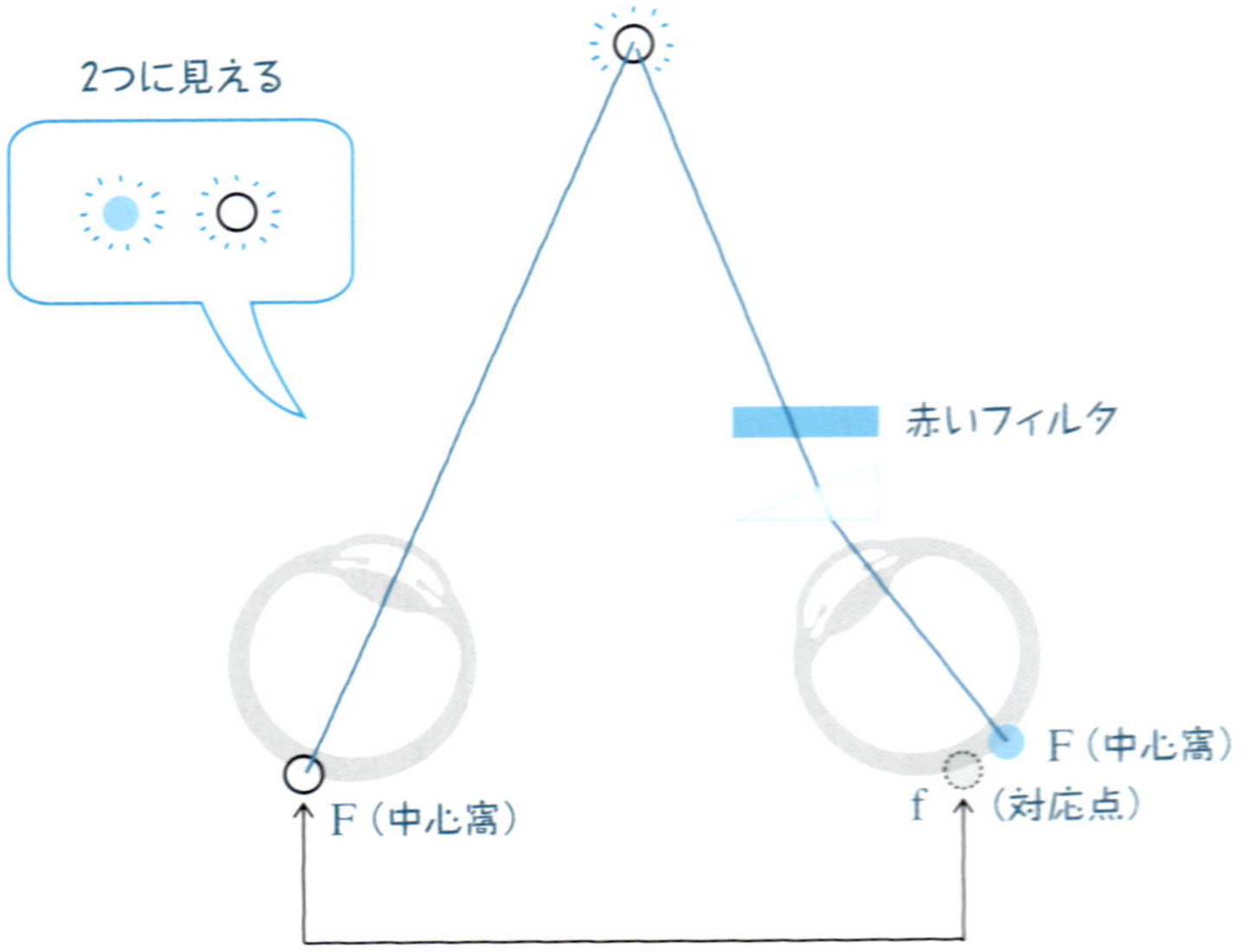

図1-7　異常対応内斜視（2）
斜視をプリズムで矯正すると，正位にもかかわらず交差性複視を感じる（背理性複視）。

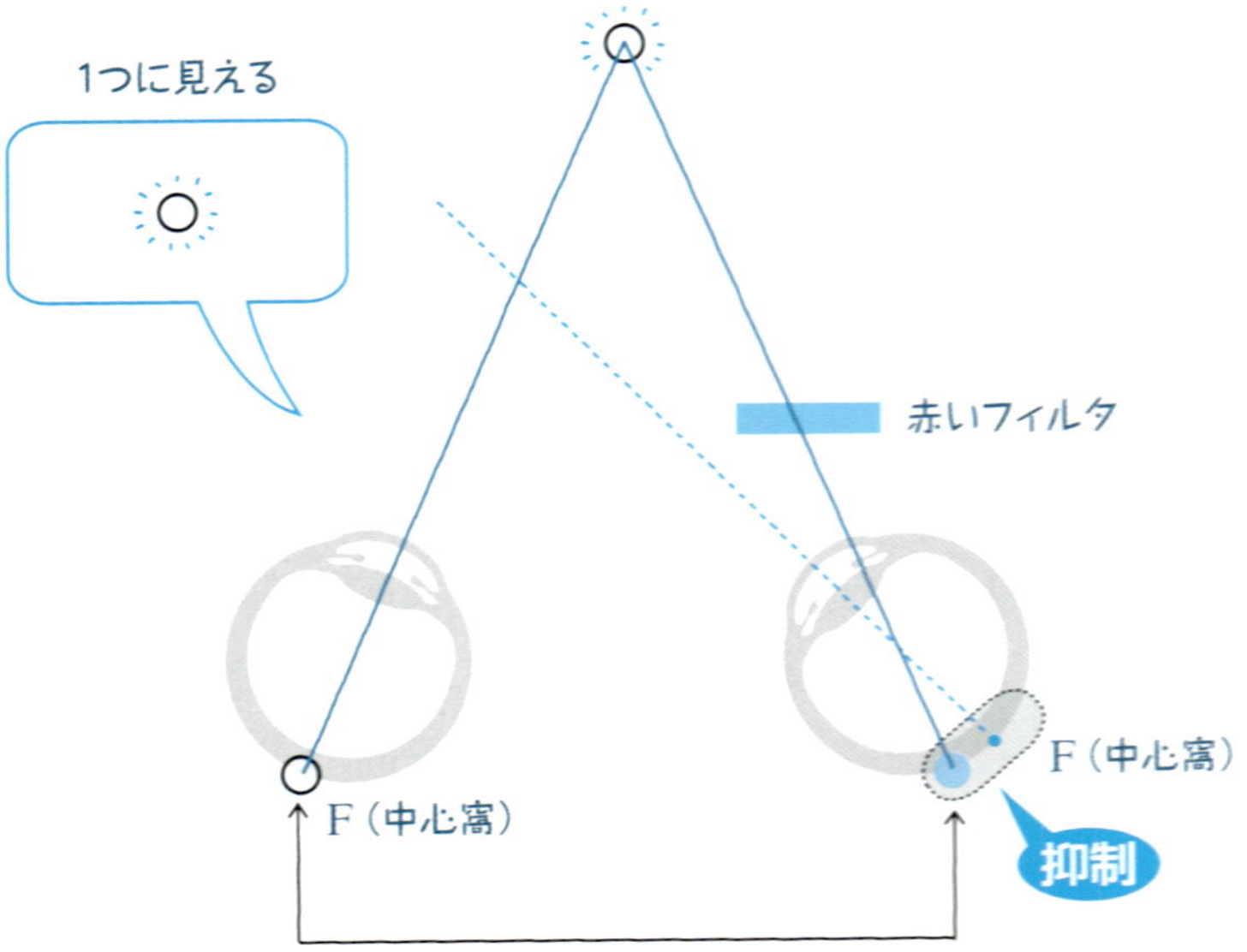

図1-8　正常対応内斜視で抑制がある場合

Heringの法則

- 右内直筋と左外直筋，右内直筋と左外直筋，また右下斜筋と左上直筋といった組み合わせの筋を**ともむき筋**といい，同時に働く（図1-9）。ともむき筋同士は同じ量の神経刺激を受ける（**Heringの法則**）。
- **麻痺性斜視**では，麻痺眼で固視しようとするときには，麻痺眼を動かすために通常より多くの刺激が必要である。そのとき，健康なともむき筋には過剰な刺激が送られることになるため，健眼で固視しているときよりも斜視角が大きくなる（図1-10）。

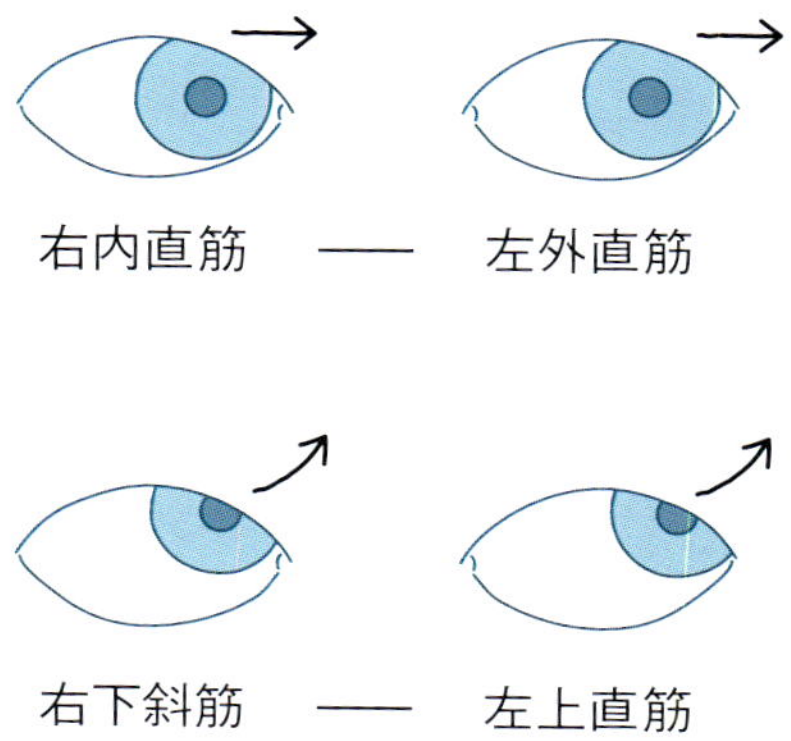

図1-9　ともむき筋

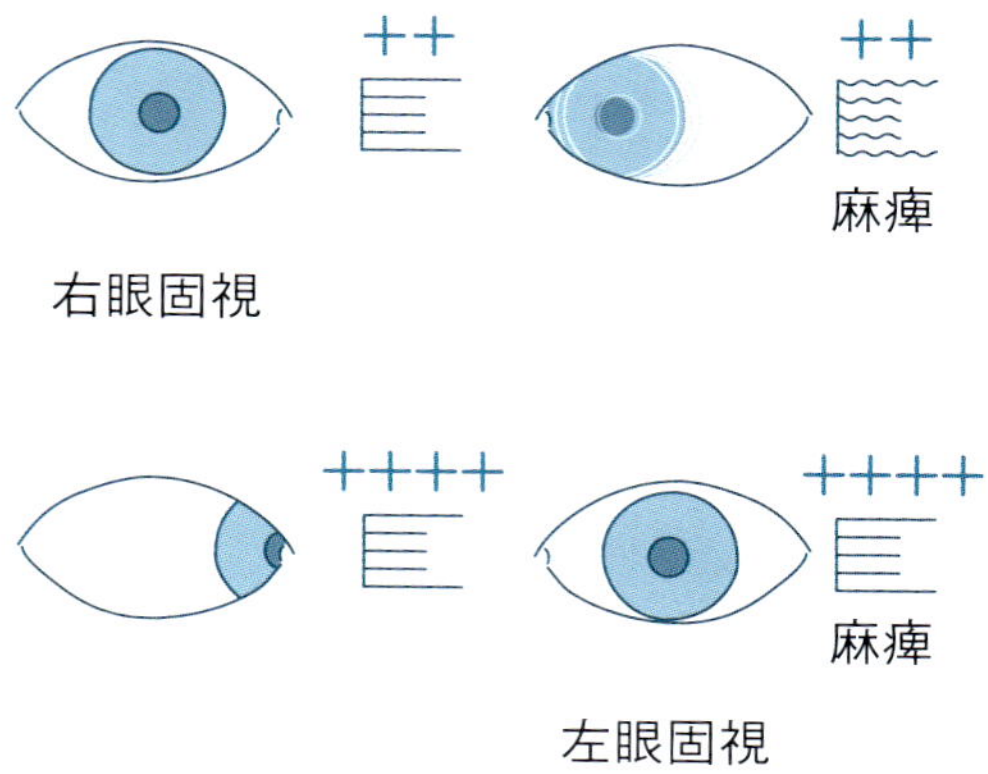

図1-10　左外転神経麻痺
右眼固視より，左眼固視で内斜視が強くなる。

ものしりポイント

斜視の程度が右眼で固視したときと左眼で固視したときで異なるなら，麻痺性斜視を疑う。

Sherringtonの法則

- 右内直筋と右外直筋，右上直筋と右下直筋のように相反する方向に眼球を動かす筋同士を**はりあい筋**（拮抗筋）という。はりあい筋同士は，一方が収縮しているときには他方が弛緩するという関係にある（**Sherringtonの法則**）。
- Duane眼球後退症候群（p.85）では，麻痺している外直筋を動眼神経が支配しており（本来は外転神経支配），内直筋と外直筋が同時に収縮するため，Sherringtonの法則が成り立たない。

ホロプタ

- **ホロプタ**とは，両眼で一点を見つめているとき，両眼の網膜の対応する点をつないでできる仮想の面である。ホロプタの近くには複視を感じない範囲があり，これを**Panumの融像域**という（図1-11,12）。

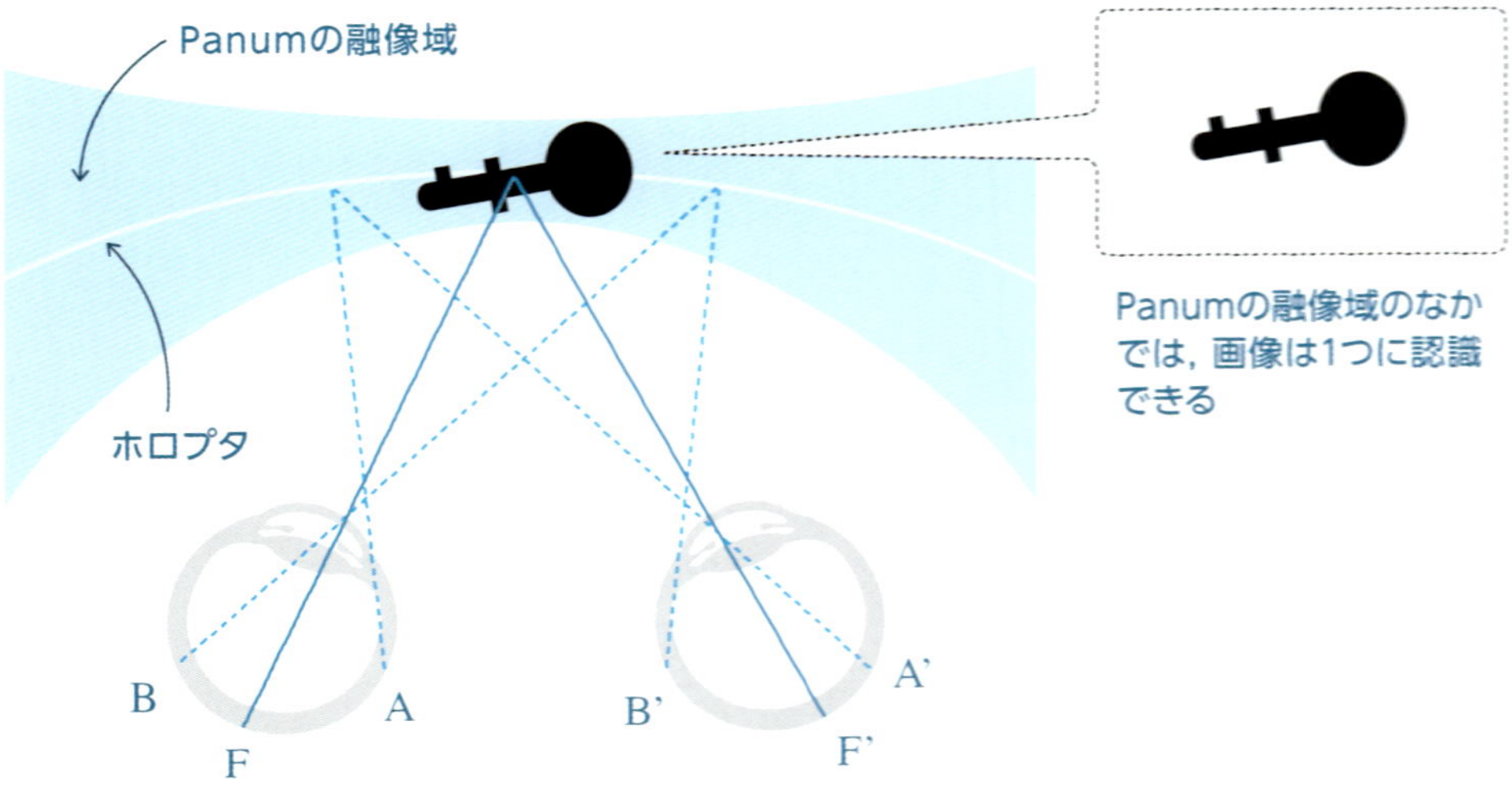

図1-11　ホロプタ（1）

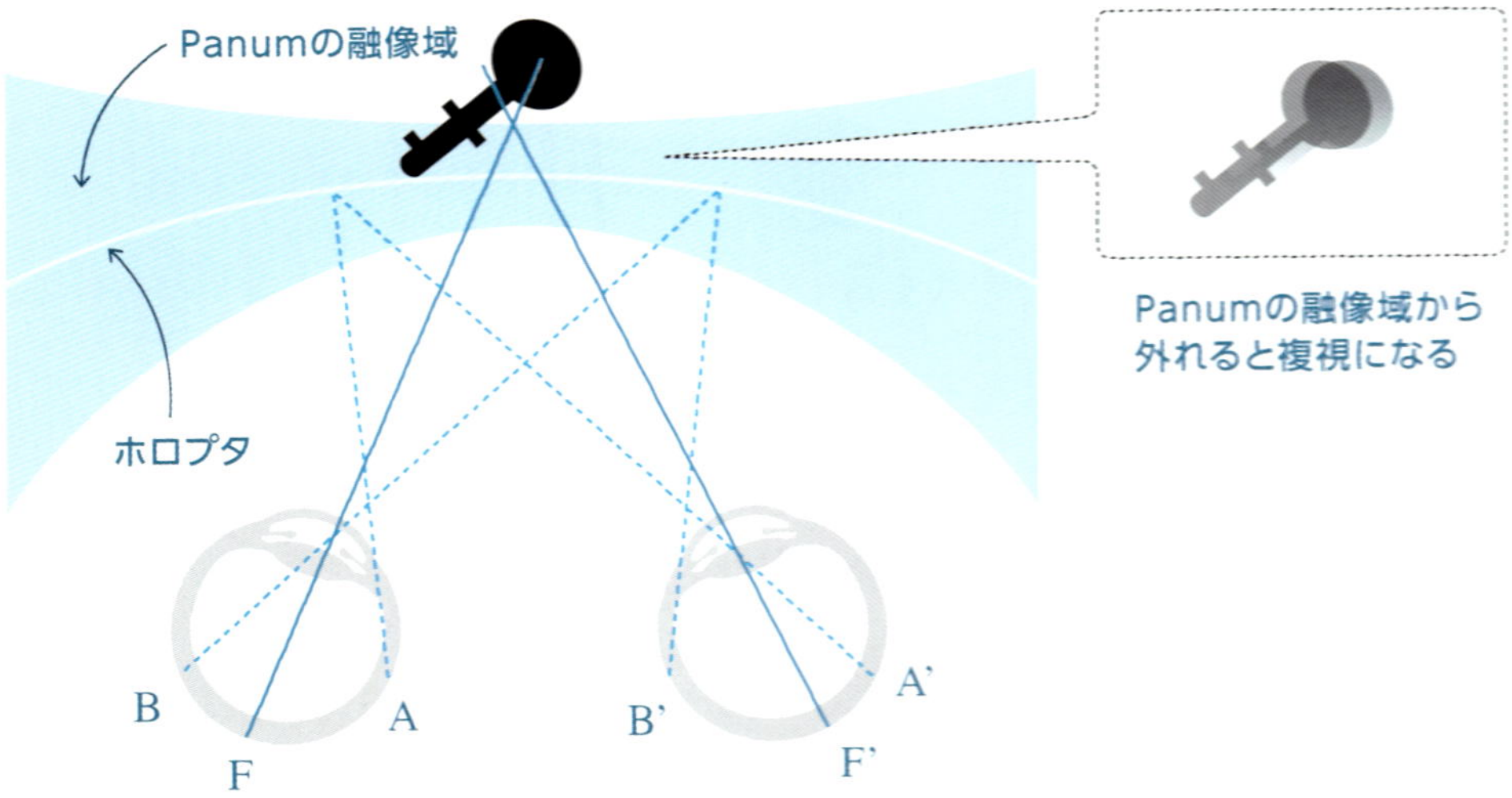

図1-12　ホロプタ（2）

- 周辺視野になるほどPanumの融像域は広く，複視として自覚しにくい。

立体視

- 立体視は，両眼の中心窩に投影された画像を大脳皮質で認識して三次元として捉える能力である。立体視を検査するためには，実際の三次元の画像を見せて答えさせる方法と，人工的に作成した二次元上のわずかに異なる2つの画像をそれぞれの目で別々に見させることによって測定する方法がある。単位はsecond of arcまたは秒で表記する（図1-13,14）。

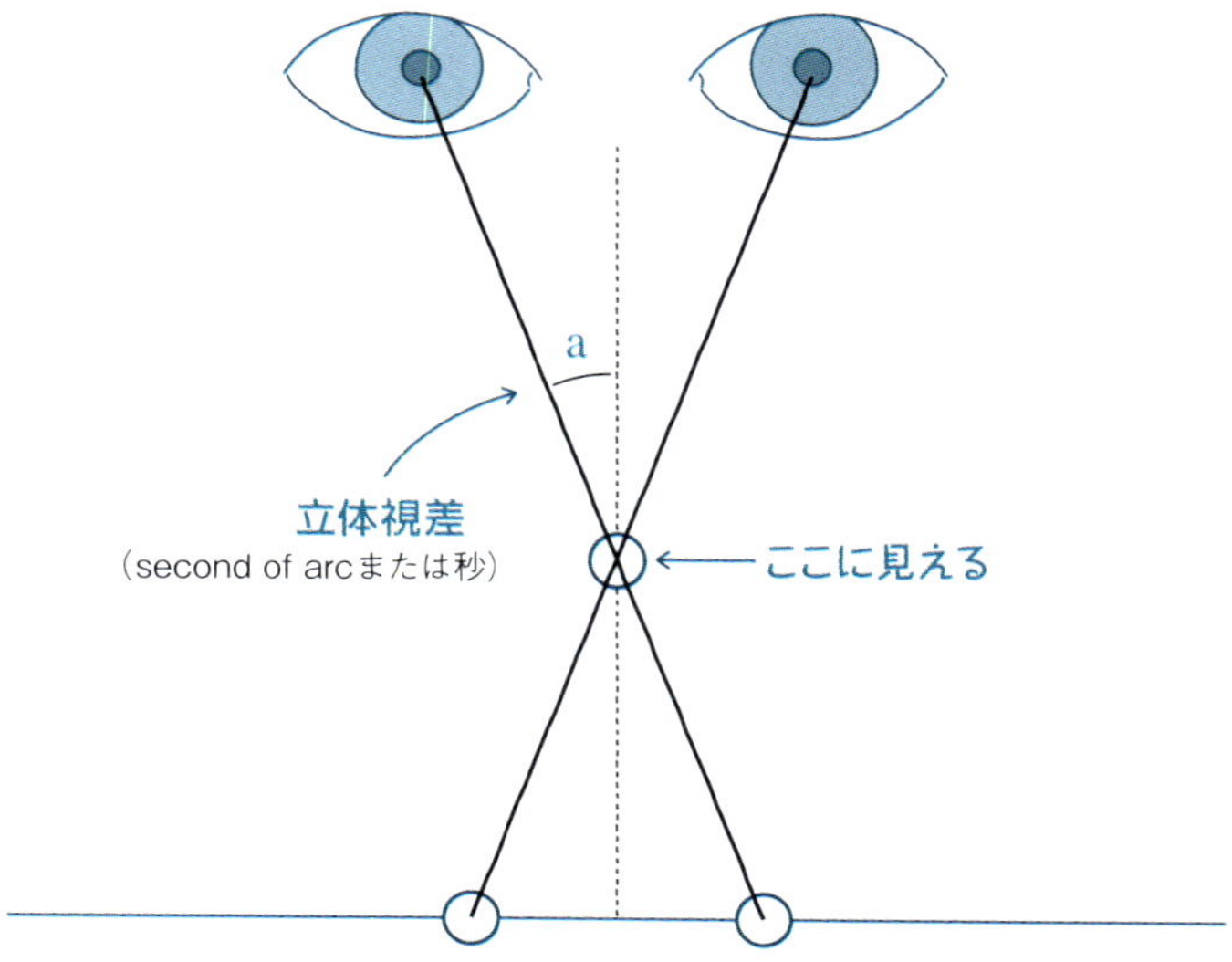

図1-13　立体視差（1）

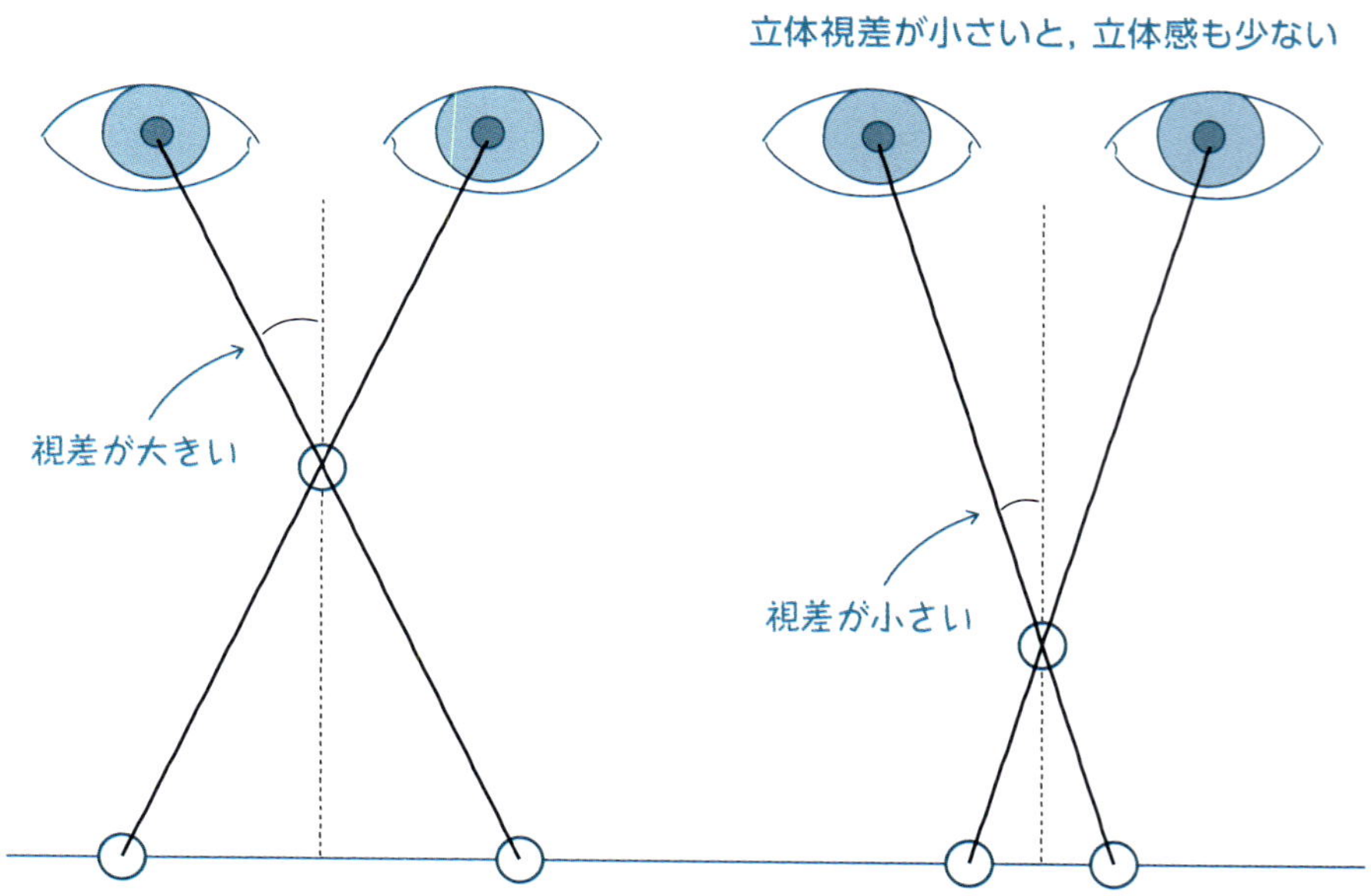

図1-14　立体視差（2）

- 数値が小さいほど，わずかな遠近感を感知できることを意味する。正常な両眼視機能を持つ人の立体視は15秒とされているが，検査の方法によって得られる立体視の値は異なる。

動的立体感

- 正常な立体視がなくても，前後に移動する物体の移動方向を網膜上の像の移動方向の違いから感じ取ることができる。眼位異常の程度が少なければ，子どもの頃から斜視があっても，この能力を得ることができる。

両眼視を使わない遠近感の感じ方

- 日常生活では，さまざまな感覚を使って遠近感を得ている。例えば絵画にみられるように，手前のものを大きく遠くのものを小さく描いたり，手前のものは細かく描写して遠くのものは大まかに描写したりすることである。
- 日常生活では，図1-15のような片眼で見てもわかる遠近感のヒントを多く使っている。これを**画家の手法**ともよび，二次元の絵画で遠近感を表現するときに用いられる立体感のヒントである。

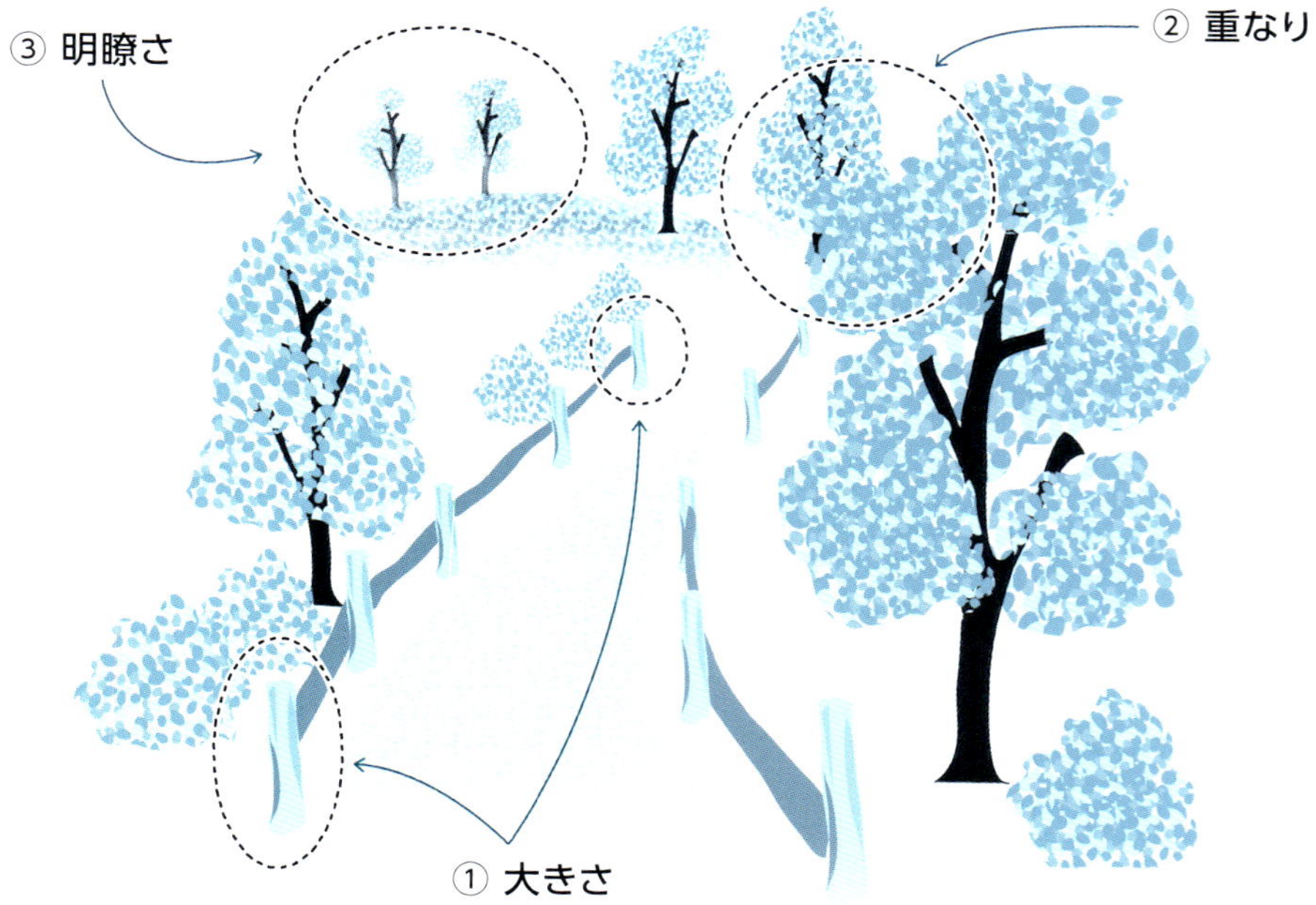

図1-15　画家の手法

ものしりコラム　立体視がない

「お子さんに立体視がない」と家族に説明すると，親はしばしば子どもが平面的に世界を認識していると誤解して，過剰な心配をすることがある。最近流行の3D映像などは，立体視差が大きいこと，二次元画像のなかに遠近感のヒントが多い。したがって，斜視角が小さい場合には，診察室での立体視検査が合格しなくても3D映像では立体的に感じることのできる人が存在する。

2 異常両眼視

A 斜視とは

アクセスポイント

- 複視は，両眼性か単眼性かをまず区別する。
- 斜視の発症時期がわからないときは，古い写真を利用して推測する。
- 斜視が後天性か先天性かで，必要な検査の組み立てかたが異なる。
- 先天性斜視では，複視の訴えは少なく，後天性斜視では複視の訴えが多い。
- 後天性斜視でも長く続くと，抑制や無視のために複視を自覚しなくなることがある。

- 斜視とは，両眼の視軸が同じ目標物を見ていない状態をさす。
- 先天性や小児期に発症した斜視では自覚症状はないことが多い。
- 後天性に発症した斜視では複視や眼精疲労を自覚する。
- 小児期からの斜視でも複視を自覚することがある。このような場合には，重症筋無力症や麻痺性斜視，甲状腺眼症，中枢疾患の合併などの鑑別のための検査が必要になる。
- 患者が複視を訴えて受診した場合，まず単眼性の複視なのか両眼性の複視なのかを区別する（図2-1）。
- 両眼性複視は斜視が原因だが，単眼性複視の原因は屈折異常（角膜性，水晶体性），瞳孔異常，網膜異常などであることが多い。
- 斜視検査は，「どのような斜視か」，「どの程度の斜視か」といった眼の運動面をみるための眼位検査と，患者が「どのように物を見ているのか」，「両眼を上手に使っているのか」といった感覚面をみるための両眼視機能検査に分けられる。
- そのほかに，脳内や外眼筋に異常がないかを調べるための画像検査や，斜視になる原因を探るための全身の血液検査も含まれる。
- 「ピントが合わない」とか，「ぼやけて見

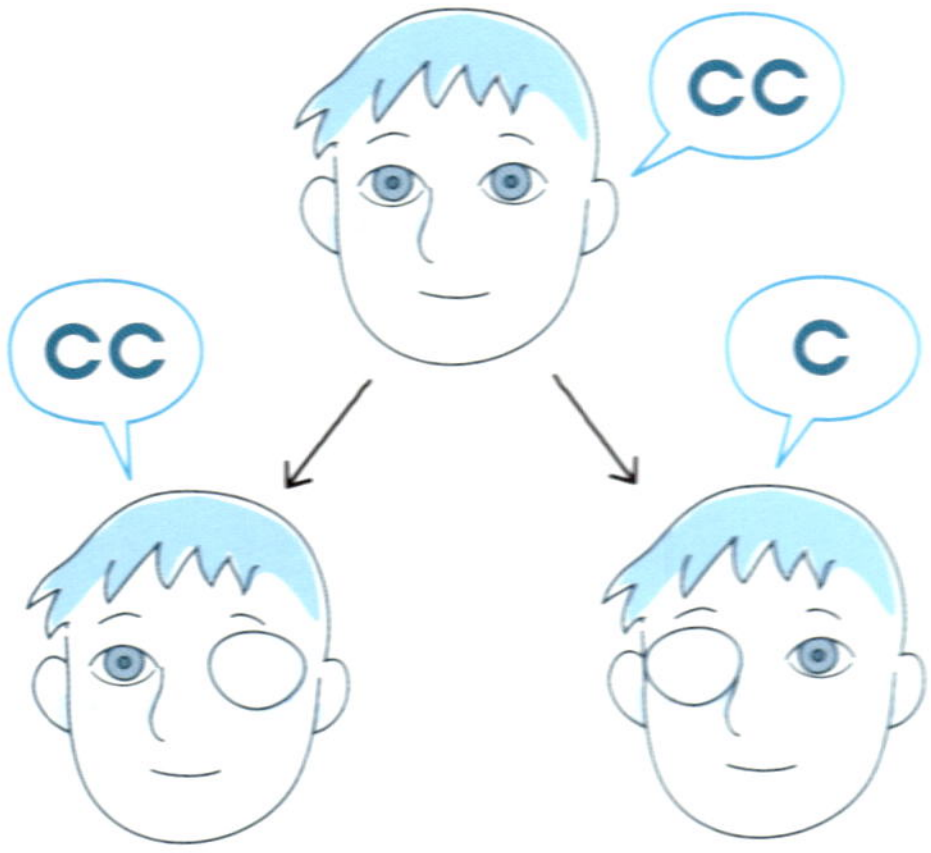

図2-1　単眼性複視

える」という症状が実は複視のことがある。散瞳すると判断しづらくなるので，その前に眼位検査，眼球運動検査，両眼視機能検査を行うことが重要である。

B 斜視の症状

アクセスポイント

- 成人の斜視では複視，眼精疲労，整容上の問題が大きく，小児では両眼視機能の消失，弱視，整容上の問題が主な問題となる。
- 間欠性外斜視（p.89）には，両眼視しようとすると近視化して見えづらくなる斜位近視，固視眼が交代するときに像が全く別の場所に見える「イメージのジャンプ」などがあり，日常生活に支障をきたす。

● 複視

- 正常な両眼視機能をもって成長した人は，右眼の中心窩と左眼の中心窩を同じ場所と認識している（網膜正常対応：NRC）。眼位ずれが生じて左右の中心窩が異なる方向を向くと，見ている像がそれぞれの眼の網膜上の異なる場所に投影される。
- 左右の中心窩にある異なる物体を両方とも同時に認識してしまうことを**混乱視**（図2-2）という。
- 多くの場合，混乱視は起こらず，同じ画像が2つあるように感じたり，ボケを感じる。これを**複視**（図2-3）という。

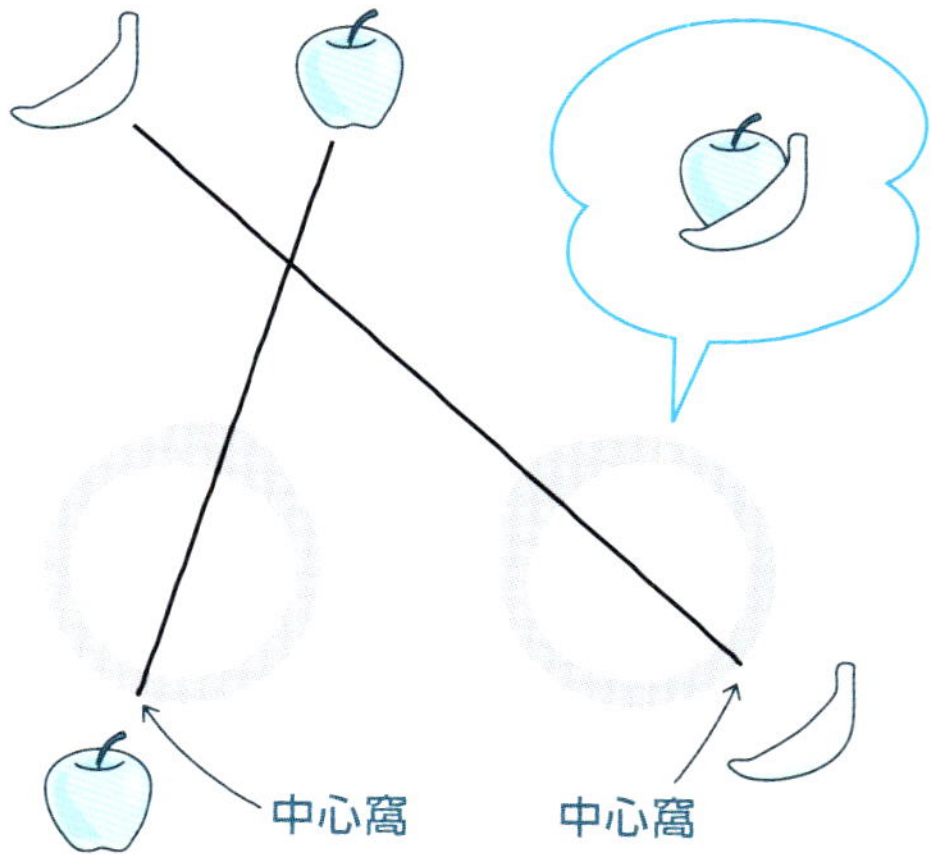

図2-2　混乱視

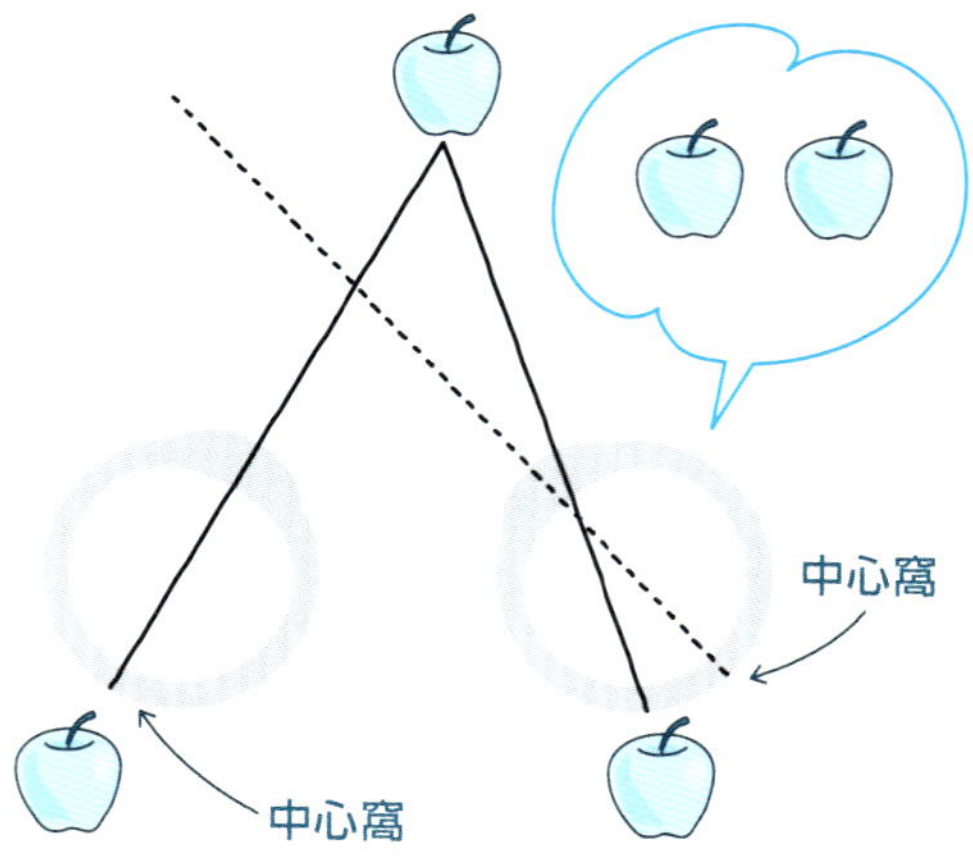

図2-3　複視

- 複視には生理的複視と病的複視がある。
- Panumの融像域の外にある物体は複視として自覚される。これを**生理的複視**という（図2-4）。しかし通常，われわれはそれを無視して生活している。
- 正常対応の内斜視では，右眼で見ている像を右側に，左眼で見ている像を左側に認識する。これを**同側性複視**（図2-5）という。
- 外斜視では，右眼で見ているものを左側に，左眼で見ているものを右側に感じる。これを**交差性複視**（図2-6）という。

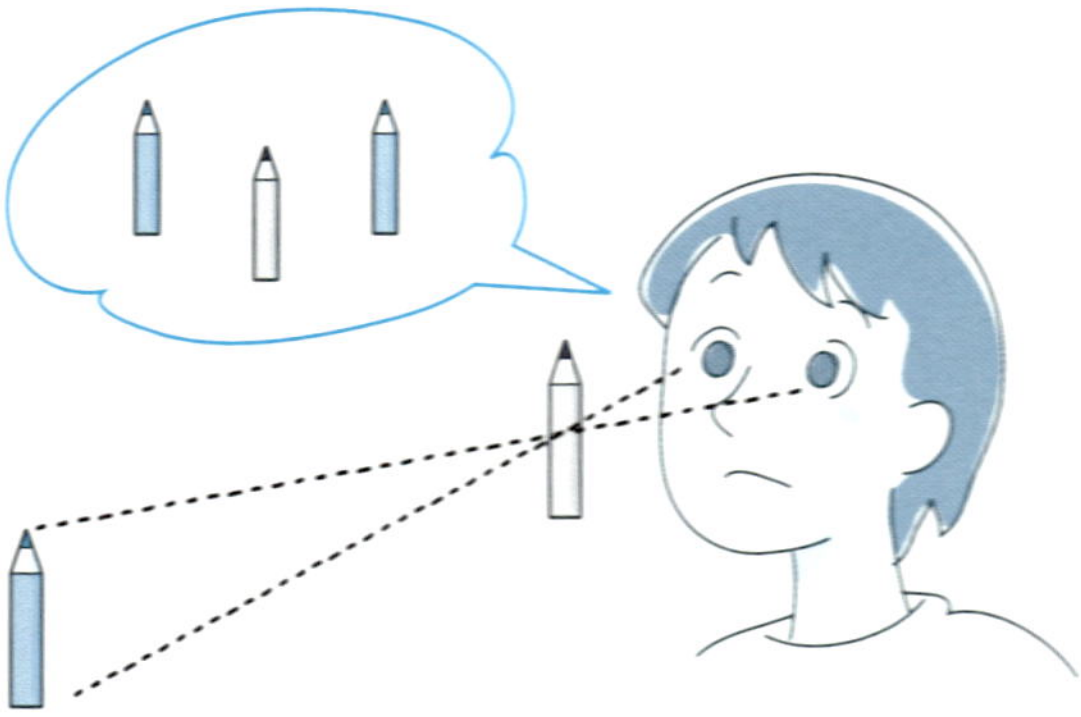

図2-4　生理的複視

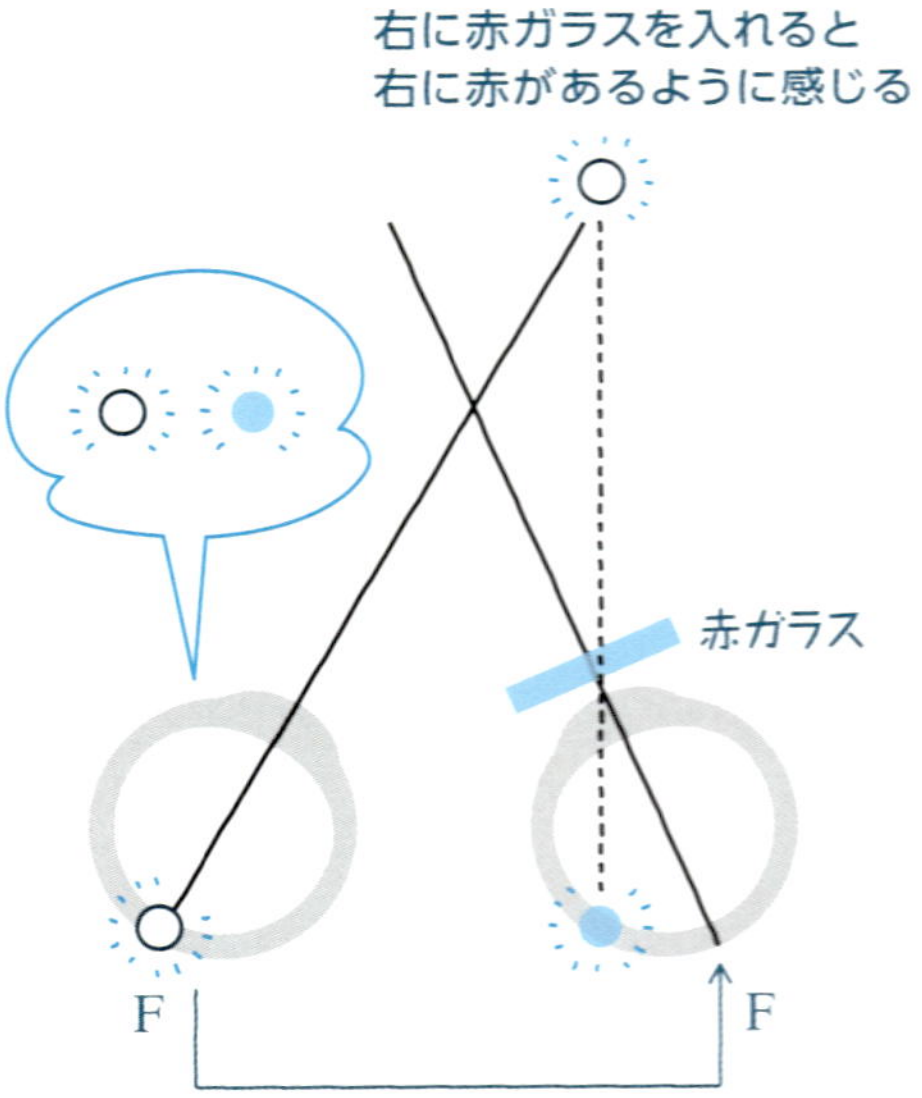

図2-5　同側性複視

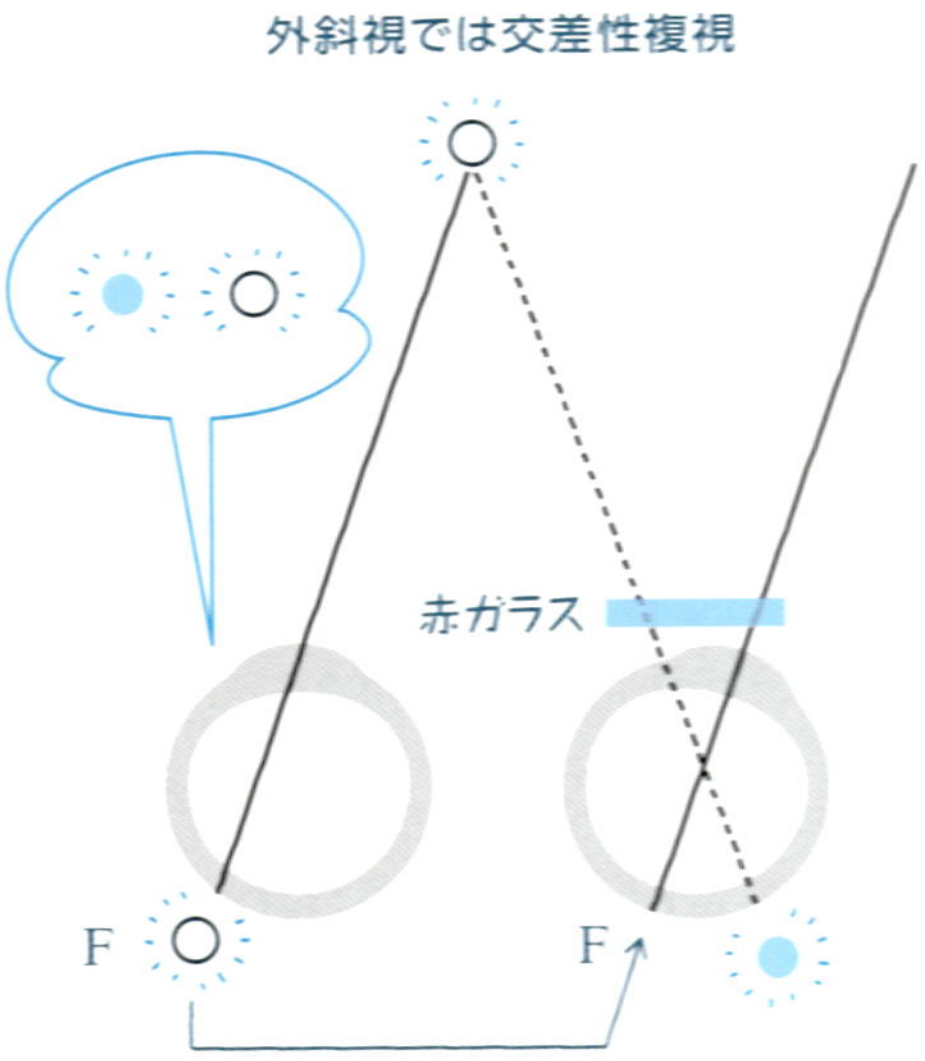

図2-6　交差性複視

- 内斜視なのに交差性複視を自覚するものを**背理性複視**（p.17）といい，網膜異常対応（ARC）を疑わせる。
- 上斜視眼で見ている像は下側に，下斜視眼で見ている像は上側に感じる。
- 複視は，上下左右だけでなく，像の傾きとして感じることもある。眼球が外方に回旋すると，本人は対象物が内方に回旋しているように感じる（**回旋複視**）。回旋複視は通常の眼位検査だけではわからないため，見逃されることが多い。

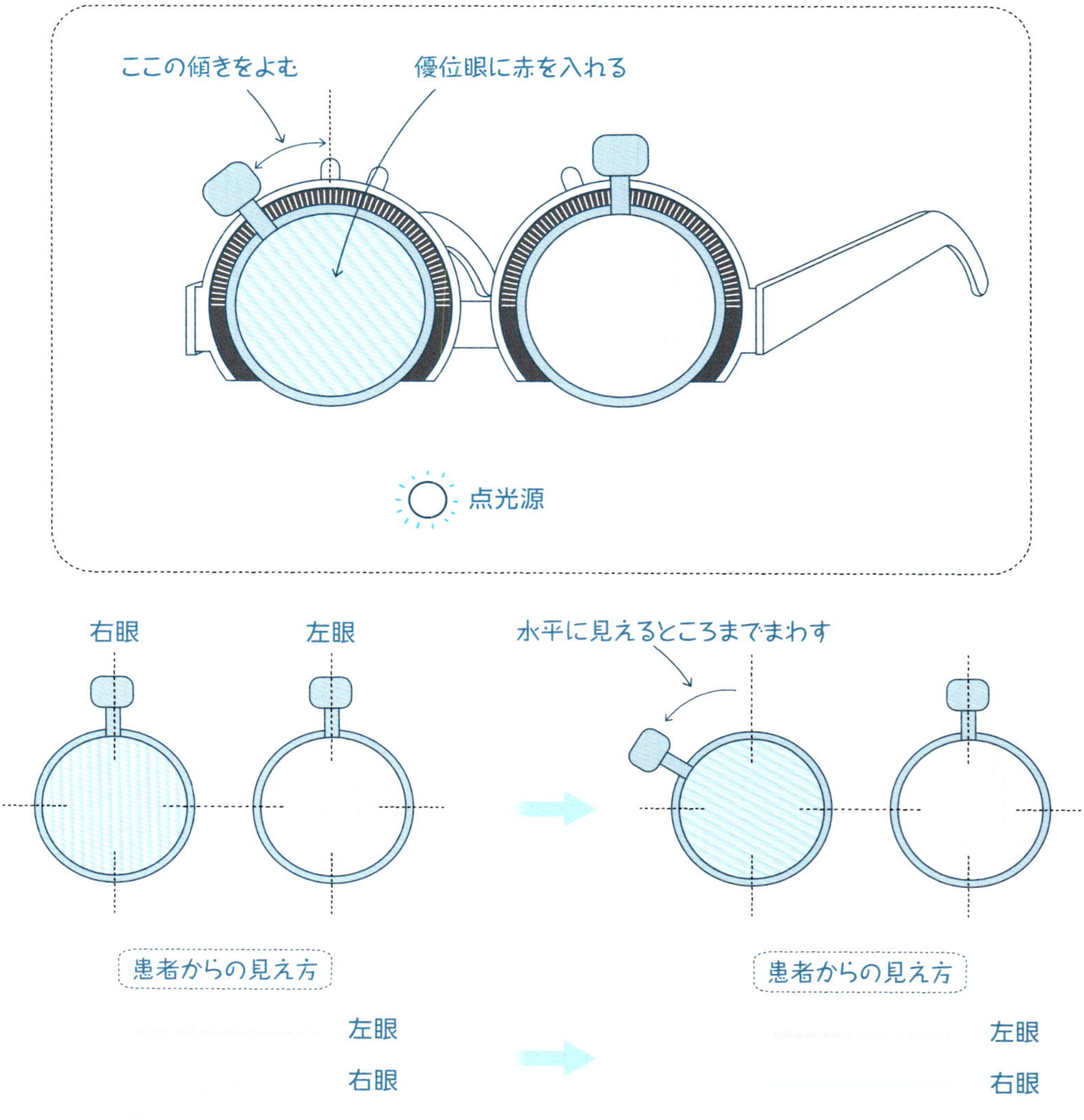

図2-7　マドックスダブルロッドテスト

- 斜視が目立たないのに患者が強い複視を訴えるときには，回旋複視を疑って検査をする必要がある。直筋よりも斜筋の異常で強い回旋複視を訴える。片眼性の斜筋異常であれば上下斜視を合併するので眼位検査で検出できるが，両眼の上斜筋麻痺では第一眼位での上下斜視が小さいので診断が困難である。
- 「階段を下りるときに怖い」というのは，両眼の上斜筋麻痺患者がしばしば訴える表現である。診察室では，患者に壁の梁など水平な直線を見せて，どのように感じるかを絵にしてもらうとよい。
- **マドックスダブルロッドテスト**は回旋複視をみる簡便な方法である（図2-7）。一方の眼鏡枠に赤のロッドレンズを，他方に透明のロッドレンズを挿入し，レンズを通して点光源を見せる。点光源が作る２本の線状が水平になるまでレンズを回旋させ，そのときのレンズの角度を測定する。

抑制

- 斜視が長期間続くと，斜視眼で見ている画像を複視として認知しなくなり，日常生活では不自由を感じなくなることがある。特に小児期に発症した斜視では，短期間で複視を自覚しなくなる。これは抑制や網膜異常対応（p.29）による一種の適応現象である。
- 成人でも斜視が長く続いたり，斜視眼の視力が悪かったりすると抑制がかかる。間欠性外斜視では，斜視のときには抑制がかかり，斜位のときには両眼視が良好なことが多い。
- 抑制には深さと範囲の概念がある。抑制は，どんな状況でも同じように起きるわけではなく，見ている環境によって起きたり起きなかったりする。"抑制が深い"とは，どんな状況でも抑制がかかりやすい状態を指し，"抑制が浅い"とは，抑制が容易にとれて両眼視ができたり，複視を自覚したりする状況である。
- 抑制の深さをみるためには，固視眼の視力を赤フィルタバーなどで徐々に下げていき，抑制眼で認識できるようになるときのフィルタの濃さで判断する。抑制が強いと，濃いフィルタで優位眼の視力を十分に落としたときに，はじめて2つ目の像に気づくが，抑制が弱いときは薄いフィルタでも2つ目の像に気づく（図2-8）。

①斜視眼は抑制されているので赤い光しか見えない。

②濃いフィルタを固視眼の前に置くと斜視眼でも像が見えるようになる。

図2-8　抑制の深さ（赤フィルタバーによる）
下へいくほど濃くなる赤フィルタを固視眼の前に置く。

- また，検査の方法によって抑制の検出が異なる。一般的に両眼分離が強い検査方法ほど抑制されにくく，弱いほど抑制がかかりやすい（図2-9）。
- **両眼分離**とは，右眼と左眼に人工的に異なるイメージを見させることである。2つのイメージが似ている場合を両眼分離が弱いといい，大きく異なる場合を分離が強いという。

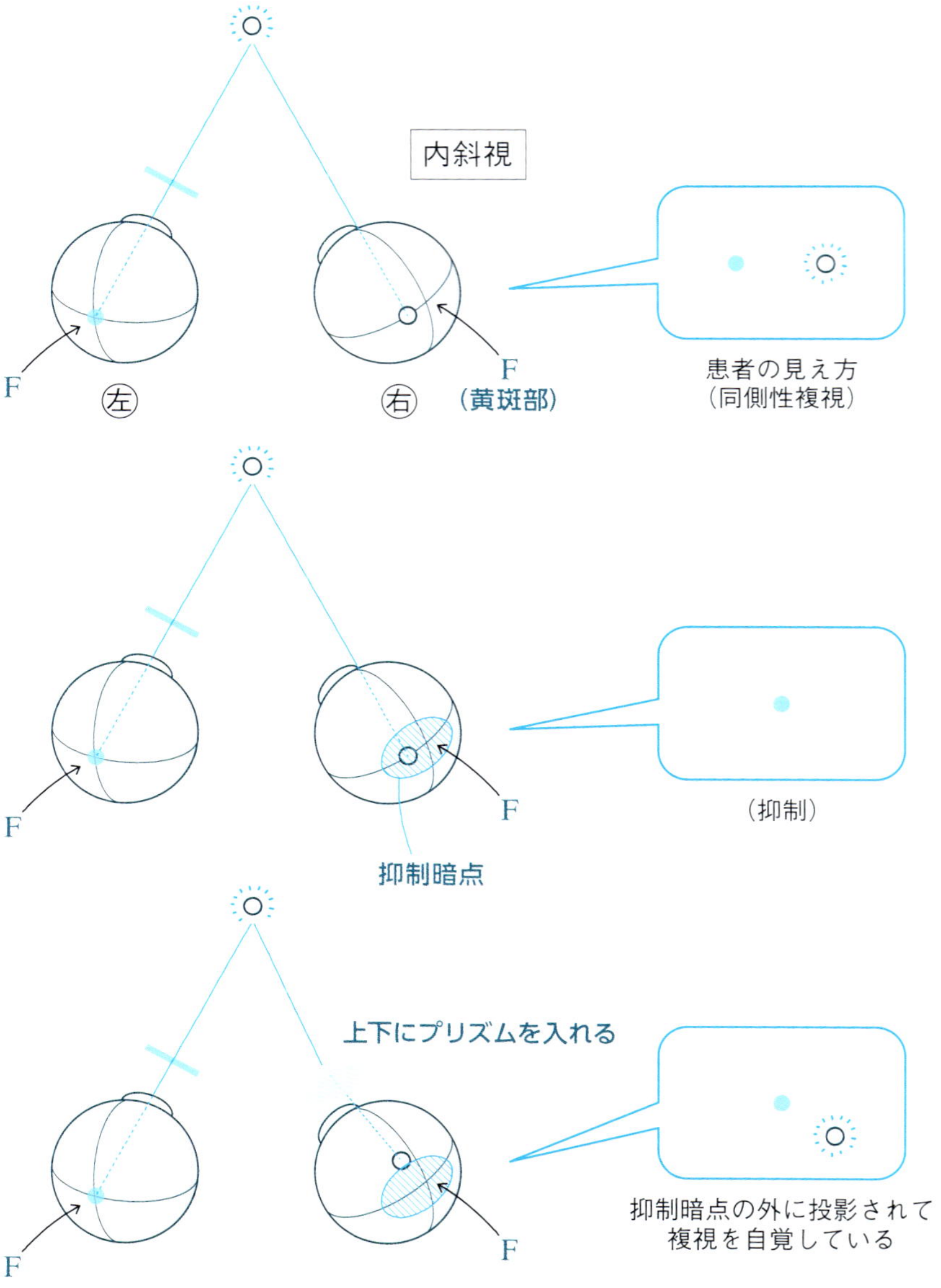

図2-9　抑制の範囲

ものしりポイント

- 網膜異常対応や抑制は一種の適応現象である。そのため，視覚が成熟してから抑制除去訓練を行うと，耐えられない複視を自覚するようになる危険があるので勧められない。
- なんらかの理由で健眼の視力が低下し視力の逆転が起きると，抑制されていた眼を使うことがある。
- 弱視だった眼は成人になっても読み分け困難が残ったり，健眼の抑制がかからず複視を自覚したりすることがある。

弱視

- 視覚感受性期間内に斜視になると，斜視眼（非固視眼）に抑制がかかり，弱視になる危険がある。弱視予防（治療）のために眼鏡をかけたり健眼遮閉などの視能訓練を行う。
- 斜視角が小さい斜視弱視は不同視を伴うことが多い。また，目立たないために発見が遅れやすい。

網膜異常対応（表2-1）

表2-1　網膜異常対応の検査方法

①	バゴリーニ線条レンズ試験
②	位相差ハプロスコープ
③	プリズム順応検査
④	大型弱視鏡による検査
⑤	赤フィルタ検査
⑥	ワース4灯試験
⑦	残像試験

- 視覚感受性期間内に斜視が続くと，両眼の中心窩同士の対応が失われてしまい，複視を自覚しない場合がある。これは抑制や異常対応による適応現象である。
- 英語ではNormal Retinal Correspondence（NRC）－Abnormal Retinal Correspondence（ARC）だが，日本語訳は網膜正常（異常）対応と語順が逆である。抑制によりNRCもARCもみられないものを対応欠如と呼ぶが，大型弱視鏡検査の用語である。
- 網膜対応は検査の方法によって結果が異なることがある。
- **残像試験**（アフターイメージテスト）では，それぞれの眼の中心窩に異なる刺激（例：右に垂直，左に水平の光刺激）を与えたのちに，眼を開けた状態と閉じた状態で，どのように見えているかを尋ねる。両眼の中心窩が対応していれば，左右の眼に投影された水平と垂直の像が中心で交わって見える。これは強い両眼分離の条件下での検査である。この検査で十字に見えないのは，深い網膜異常対応と判断する。
- 逆に，**バゴリーニ線条レンズ試験**（p.66）は，両眼を同時に開けた状態で，光の線条がどのように見えるかを尋ねる。透明な硝子を通して光源を見るため，両眼の分離は日常視に近く，しばしば網膜異常対応が検出されるが，この場合の異常対応は大変浅いとされている。
- 実際には異常対応の斜視でも，術後に耐えられない複視になることは稀である。

眼精疲労

- 斜視患者は，しばしば「眼が疲れやすい」と訴える。間欠性斜視では，斜位を保つ努力のために眼精疲労を強く訴えることがある。また，恒常性斜視で単眼視の状態でも，一方の目にストレスがかかって強い眼精疲労を訴えることがある。
- 眼精疲労の原因には，斜視だけでなく，不適切な屈折矯正，ドライアイ，作業環境，精神状態などもある。

異常頭位（図2-10）

- 斜視患者は最も快適な両眼視を保つために異常頭位をとることがある。外転神経麻痺で内斜視の場合，麻痺眼と逆の方向に顔をまわし，複視を回避しようとする。上斜筋麻痺では，健側に顔をまわして顎を引き，健眼の方へ首を傾ける。両眼の上斜筋麻痺では，顎を引き上目遣いになる。A型やV型の斜視では，眼位がより良くなるように顎を引いたり上げたりする。
- 甲状腺眼症の多くは，上方視で複視が悪化するため顎を上げている。
- 眼振のある患者では，最も眼振の減弱する方向で見ようとして顔を反対側にまわす。

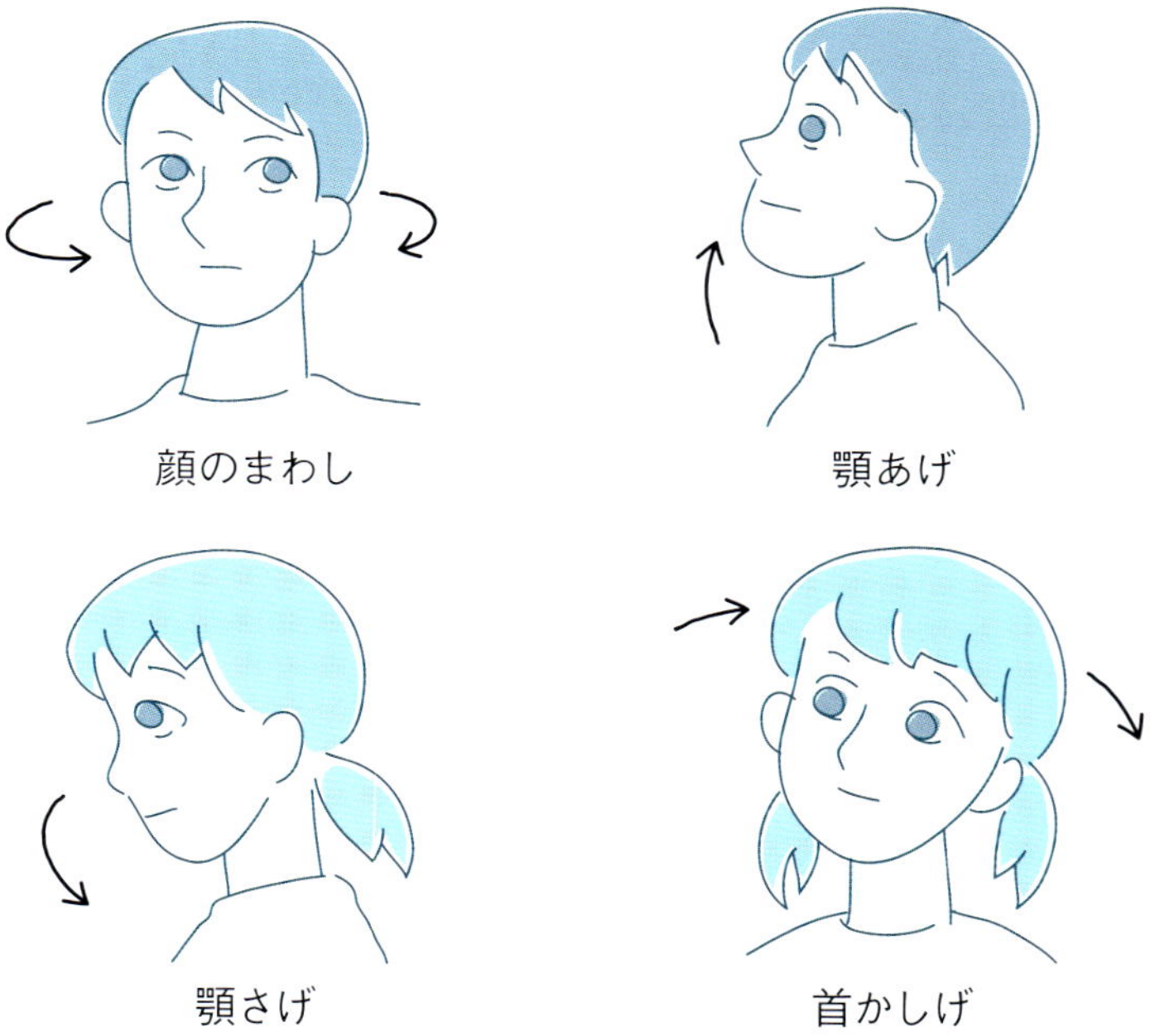

図2-10　異常頭位

ものしりコラム　**異常頭位の原因**

異常頭位の原因は，斜視以外にも眼振，屈折異常，視野障害，眼瞼下垂などがある。斜視のための異常頭位であることを確認するためにはパッチテストが有効である。片眼を隠した場合に，異常頭位がなくなれば陽性，すなわち斜視による異常頭位である。必ず左右それぞれの眼で確認する必要がある。

● 整容面について

- 斜視のために，からかいの対象となったり，人事査定などでマイナスの評価を受けたりすることがある。また，「相手の目を見て話ができない」というのは大きな精神的ストレスで，ときには人格形成に影響を及ぼす。
- 見かけだけの問題と軽く考えるのでなく，患者の心理を理解する態度が必要である。

C 斜視の分類（図2-11）

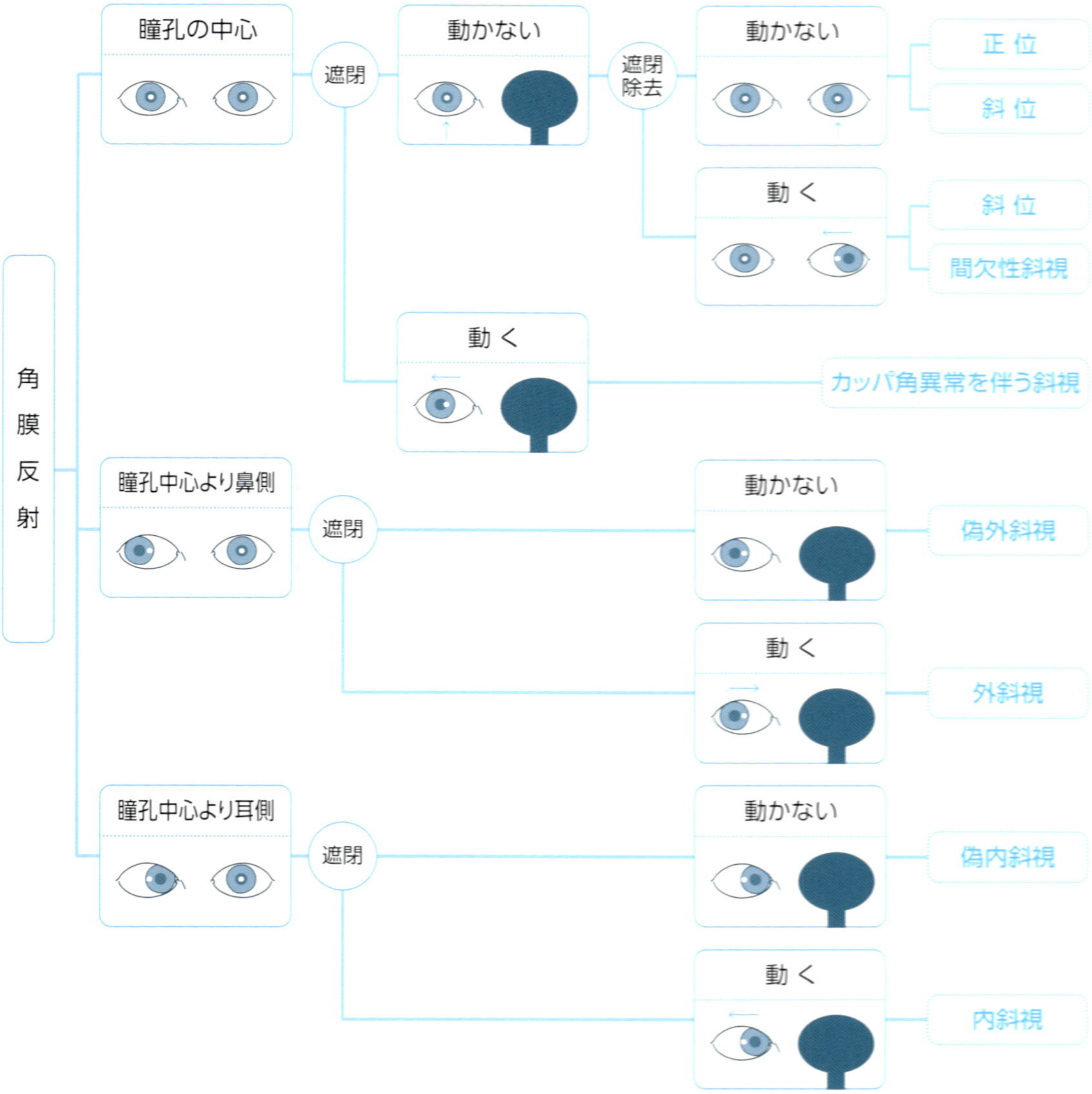

図2-11　遮閉－遮閉（除去）試験による斜視の分類

表2-2　斜視の分類方法

発症時期による分類	先天斜視
	後天斜視
視軸のずれの方向による分類	外斜視
	内斜視
	上斜視（下斜視）
	回旋斜視
麻痺の有無による分類	麻痺性（非共同性）
	非麻痺性（共同性）
斜視の頻度による分類	恒常性
	間欠性
原因による分類	特発性
	続発性（廃用性・外傷性・内分泌性など）
	医原性：斜視手術後，網膜剥離手術後，副鼻腔手術後など

- 斜視の分類は，発症時期による分類，視軸のずれの方向による分類，麻痺の有無による分類，斜視の頻度による分類，原因による分類など，さまざまなものが用いられる（表2-2）。
- 斜視のように見えても，実際には斜視でない場合も多い。特に乳幼児では，鼻が低く，鼻根部の皮膚が内眼角にかかるため，偽内斜視になりやすい（図2-12）。
- またカッパ角異常や網膜疾患によって，中心窩の位置が変わると，外見と実際の眼位が一致しないことがある。角膜反射だけでは正確な眼位を知ることはできないため，遮閉試験が必要である（図2-12〜14）。

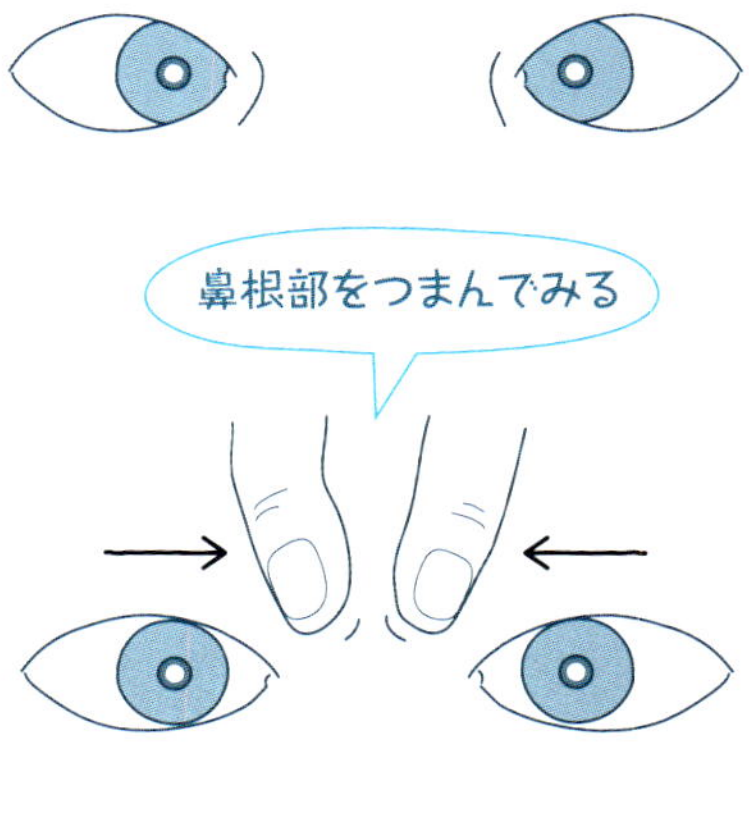

図2-12　偽内斜視

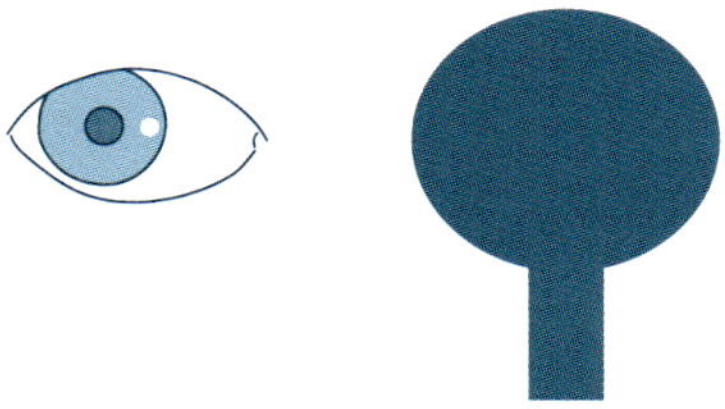

カッパ角異常による偽外斜視
単眼視のときも同じ位置で固視している

図2-13　偽外斜視

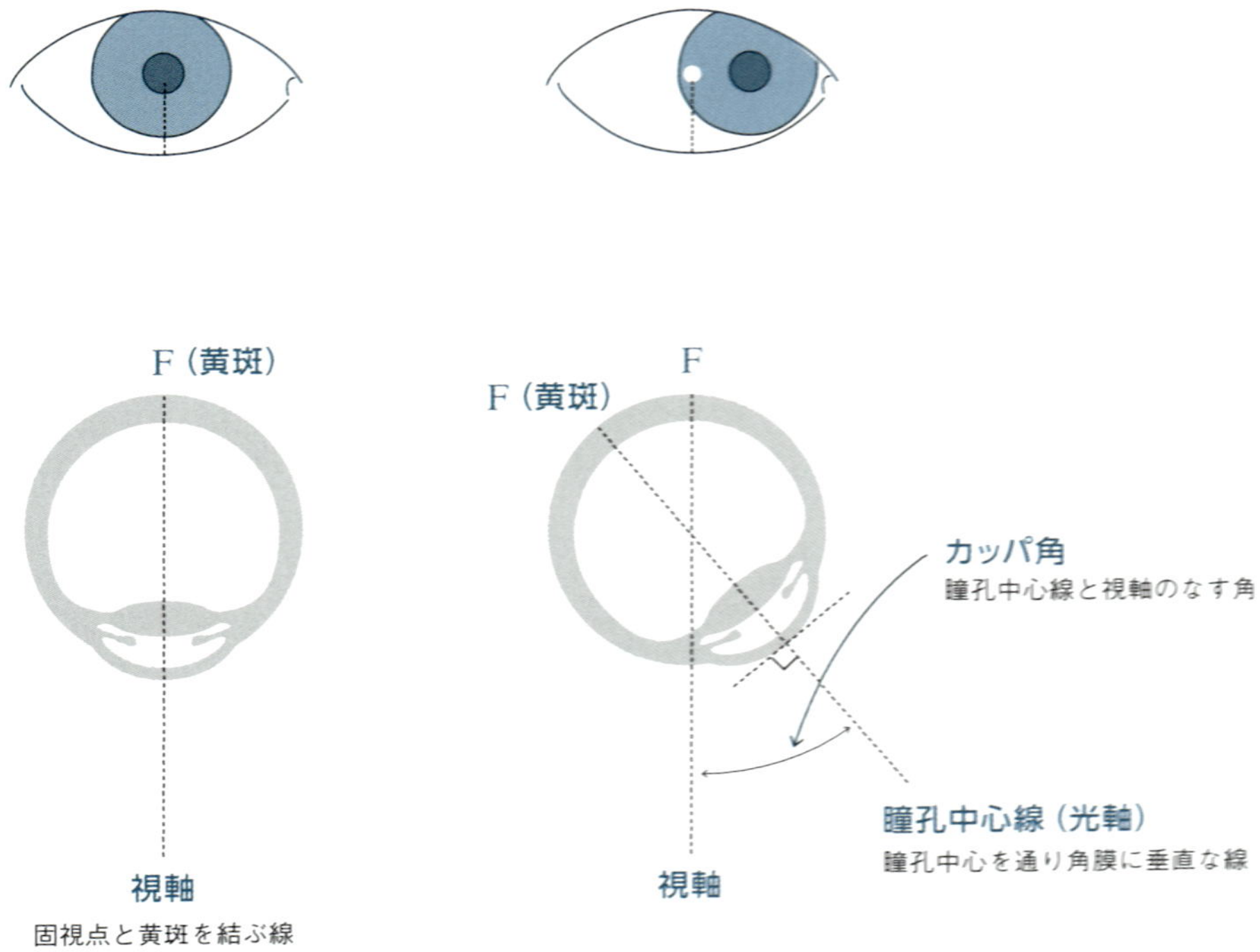

図2-14　カッパ角

D 斜視の原因

先天斜視

- 先天斜視は生直後から発症する斜視であるが，実際に斜視に気づくのは生直後とはかぎらない。
- **先天内斜視**は乳児内斜視ともよばれ，生後6カ月以内に発症するものを指す。生直後から内斜視でなくても，斜視になるような要因を先天的にもっていると考えられている。通常，外眼筋に解剖学的異常はみられない。
- **先天上斜筋麻痺**は，上斜筋の先天的な形成不全を伴うことが多く，眼球運動異常よりも異常頭位で気づくことが多い。**先天外転神経麻痺**や**先天動眼神経麻痺**は稀な先天異常である。
- **Duane眼球後退症候群**（p.85）は，外転神経核や外転神経線維の欠損による外直筋麻痺と動眼神経による外直筋支配を伴う先天斜視である。先天異常であるが，特定の眼位でのみ斜視になるため発見が遅れることがある。
- **Möebius症候群**は両側顔面神経麻痺に外転神経麻痺を合併した稀な疾患である。表情が乏しく，内斜視を合併する。

遠視，調節異常による斜視（屈折調節性内斜視）

- 1歳以上で発症することが多く，通常遠視を伴っている。遠視を矯正する眼鏡をかけて内斜視が消失するものを**純調節性内斜視**（図2-15），眼鏡をかけても斜視が残るものを**部分調節性内斜視**という。眼鏡をかけても残る内斜視部分に対して手術を行う。
- 生後6カ月以内に発症する内斜視のなかに，**屈折調節性内斜視**が含まれていることがある。小児の内斜視をみたら，必ず調節麻痺下屈折検査を行う。

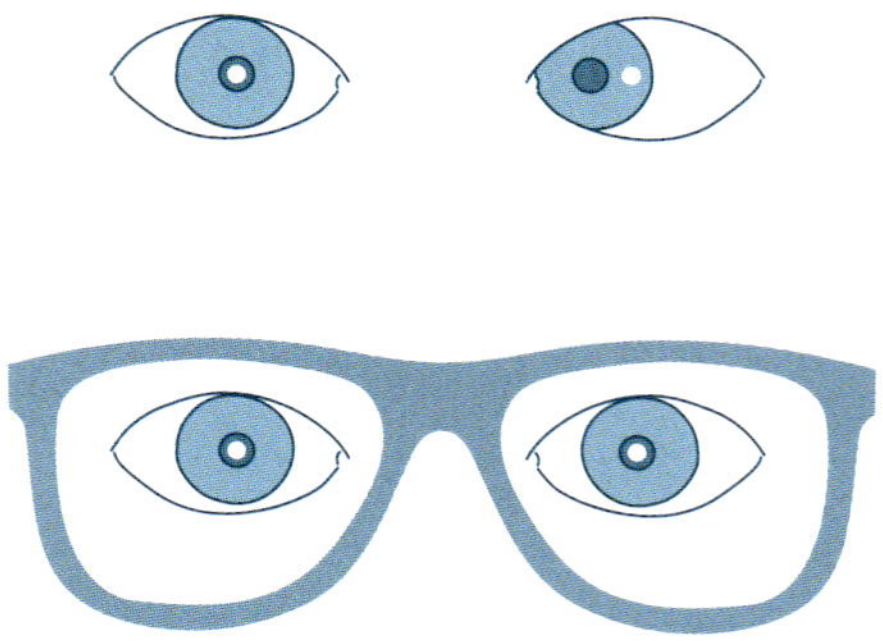

図2-15　純調節性内斜視

- **非屈折調節性内斜視**は，遠視を伴わないか，遠視を矯正しても眼位が改善せず，近くを見ようとして調節負荷がかかると内斜視となるものである。調節量と輻湊量の比（AC/A比：調節性輻湊/調節刺激量）が高く，治療には二重焦点眼鏡が必要である。

廃用性（感覚性）斜視

- 一眼あるいは両眼の視力が著しく低下すると，両眼視が困難になり徐々に斜視となっていく。一般的には，視力の悪い方の眼が斜視になるが，乳幼児の頃に視力不良が起きると内斜視に，それ以降では外斜視になることが多い。さらに，上方や下方に眼球が偏位する交代性斜位（p.92）となることもある。

麻痺性斜視

- 麻痺性斜視で最も頻度が高いのは**外転神経麻痺**で，眼球は外転が不十分となり，内斜視となる（図2-16）。

軽度の麻痺では，顔を麻痺側にまわすことによって両眼単一視ができるため見逃されやすい。診断のためには，水平方向に固視目標を動かして眼球運動を確認すること，単眼ずつ眼球運動をさせて運動制限があることを確かめる。

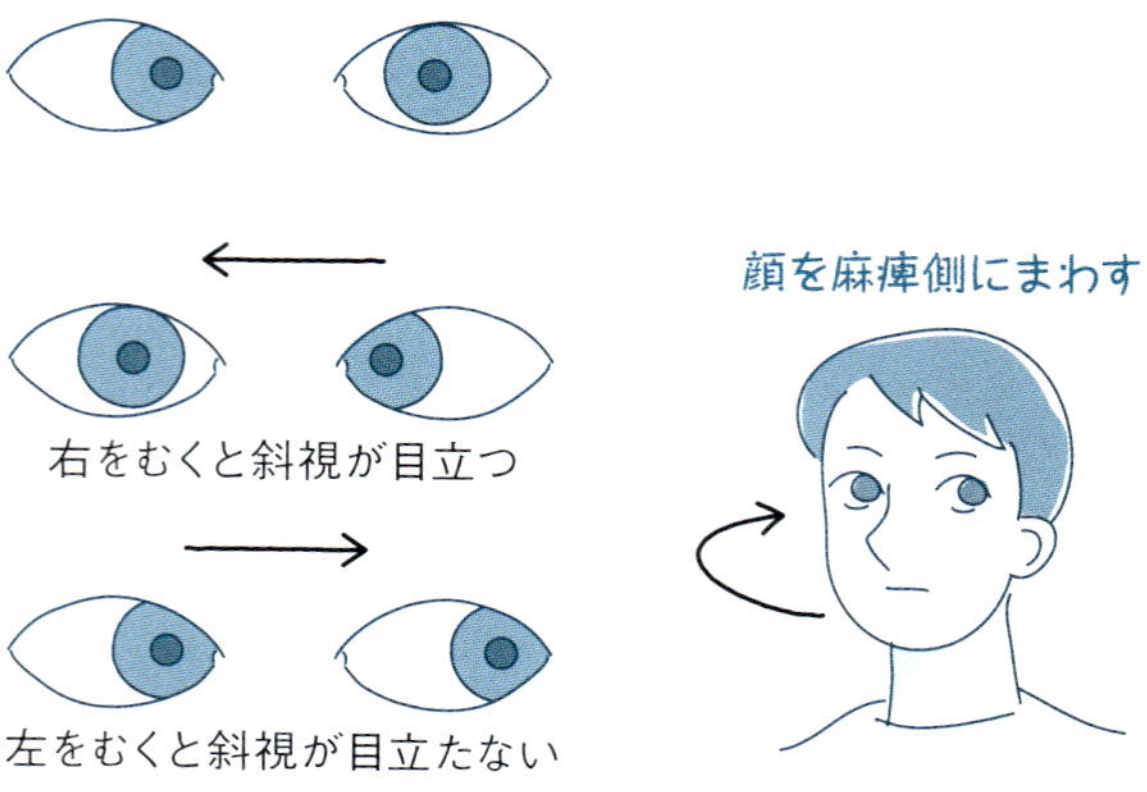
右をむくと斜視が目立つ
左をむくと斜視が目立たない
顔を麻痺側にまわす

図2-16　右外転神経麻痺

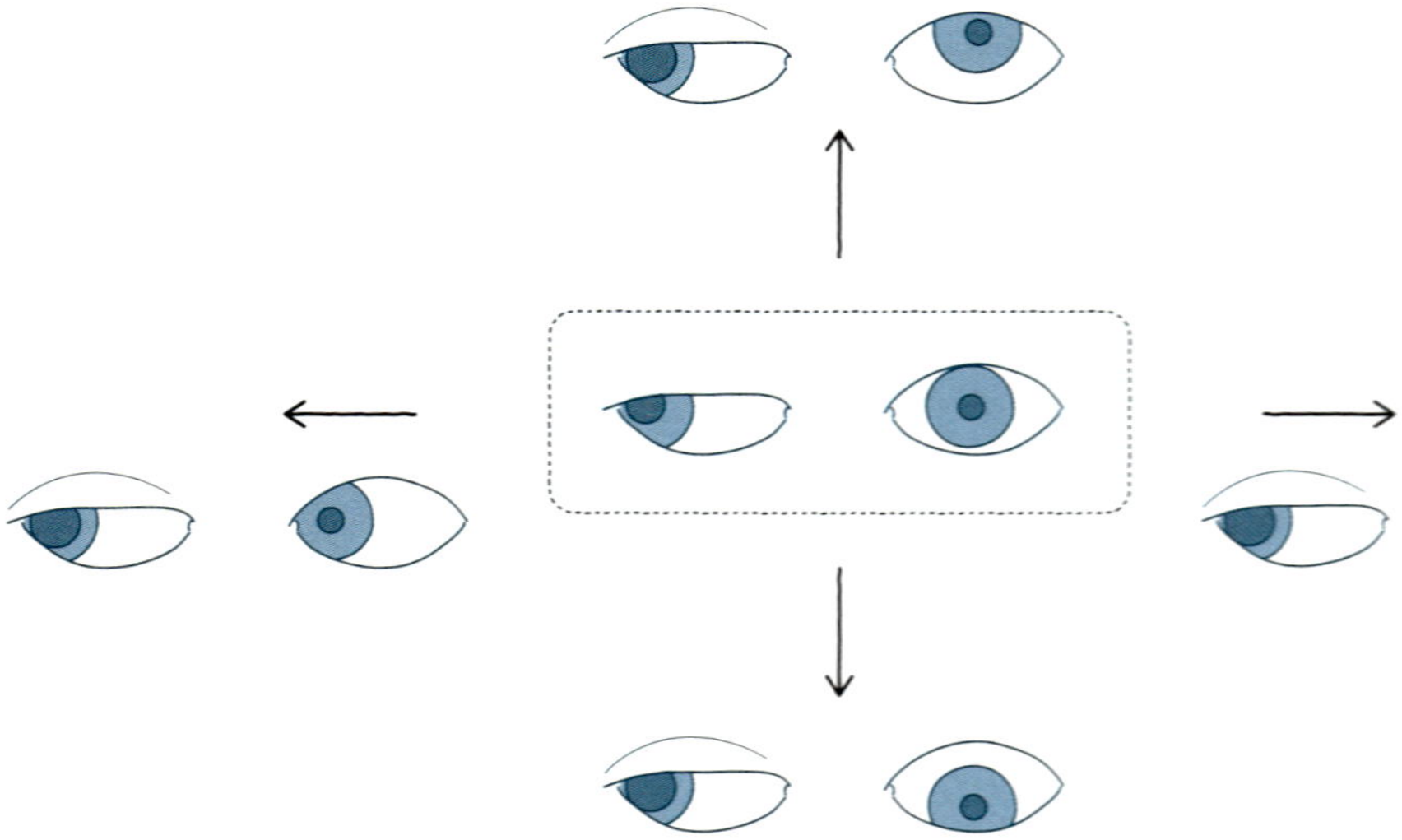

図2-17　右動眼神経麻痺

原因には，ウイルス感染，糖尿病などによる微小血管の虚血，脳腫瘍，頭部外傷，多発性硬化症，髄膜炎などがある。

- **動眼神経麻痺**は眼瞼下垂，第一眼位で外斜視と軽度の下斜視，瞳孔散大を示すが，動眼神経の部分麻痺では，これらの一部のみがみられる（図2-17）。
  原因は脳腫瘍，外傷，動脈瘤，糖尿病を含む虚血などがある。なかでも，内頸動脈と後交通動脈の分岐部にできる動脈瘤が原因の動眼神経麻痺では，くも膜下出血を起こして致死的になるため，緊急で脳外科医に紹介する必要がある。

  糖尿病による虚血性動眼神経麻痺では，瞳孔反射が保たれることが多い。
- **滑車神経麻痺**では，麻痺眼が上斜視となり，外方回旋複視となる。しばしば無意識のうちに首を健側に傾けていて斜視が目立たなくなっているので，異常頭位がないか，よく観察をする（図2-18）。
  頭部外傷後には両側の滑車神経麻痺を発症していることがあるが，上下ずれが少ないので見逃されやすい。また，左右で麻痺の程度に差があると片眼性と診断されてしまうことがある。顎ひき頭位と強い複視の訴えが特徴である。

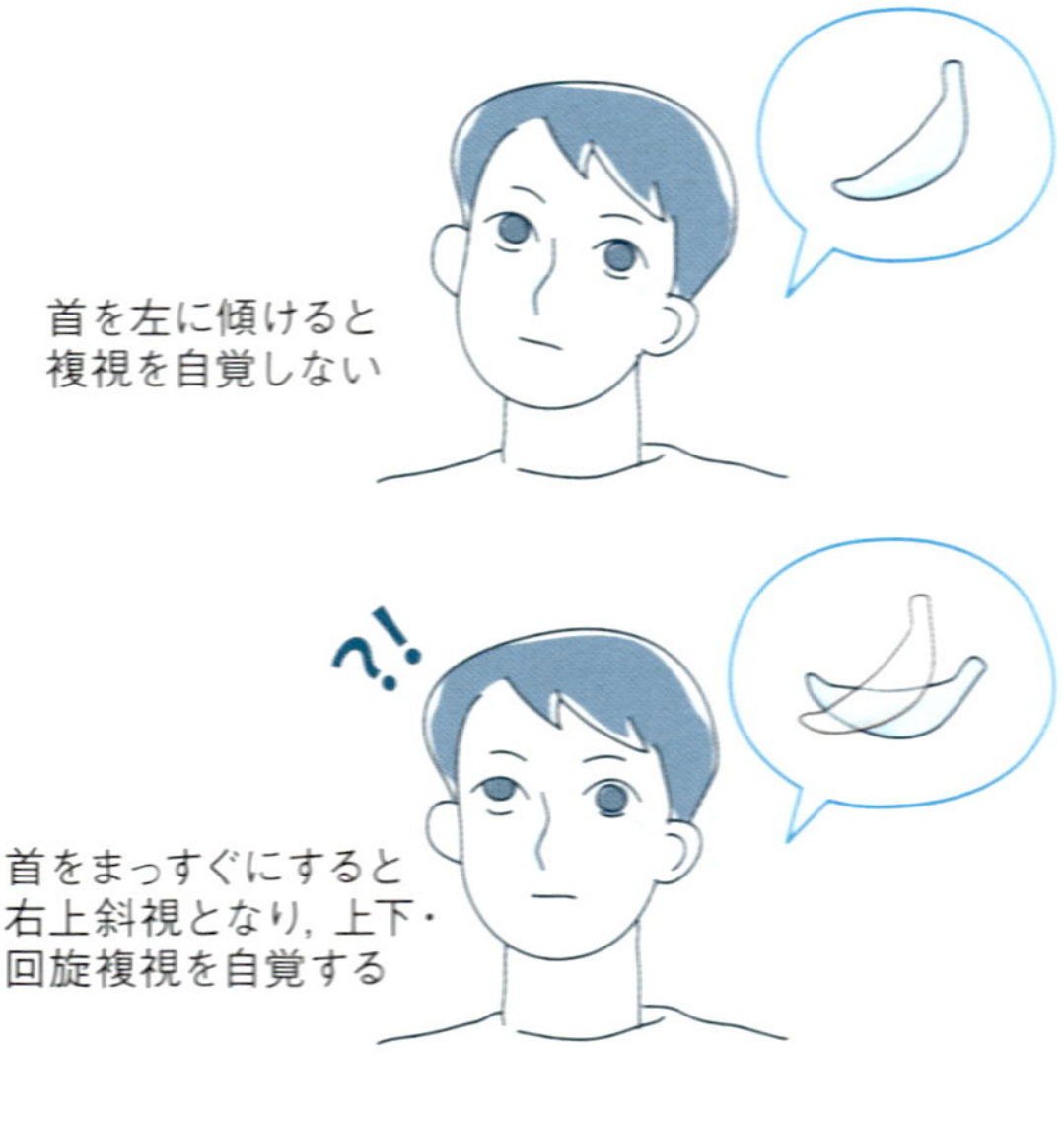
首を左に傾けると
複視を自覚しない
?!
首をまっすぐにすると
右上斜視となり，上下・
回旋複視を自覚する

図2-18　右滑車神経麻痺

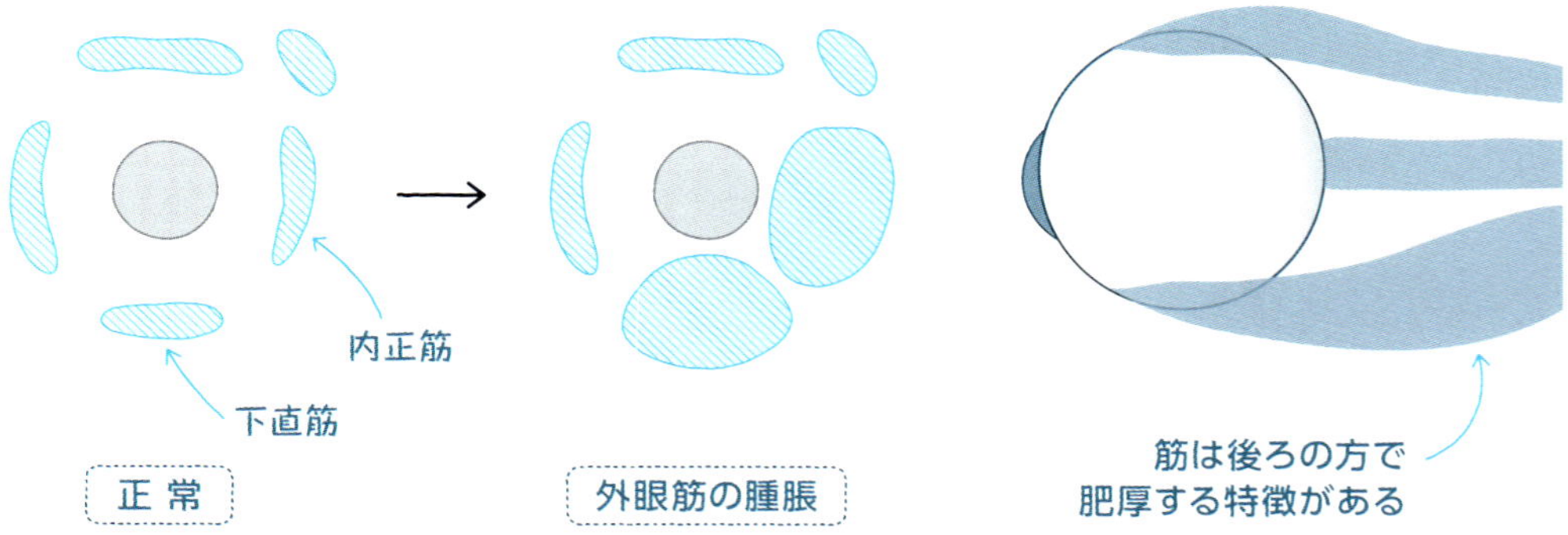

図2-19　甲状腺眼症

筋原性斜視

- 代表的なものは**甲状腺眼症**である。甲状腺眼症は甲状腺刺激ホルモンレセプター抗体による自己免疫疾患であり，免疫反応による炎症が外眼筋と眼窩脂肪に起こるものである（図2-19）。

両眼に起こることが多いが，発症時期・程度が左右眼で異なることがある。眼球突出，眼球運動障害，上眼瞼の開大（Dalrymple徴候），下方視時の眼瞼下降不全（Graefe徴候）を特徴とする（図2-20）。甲状腺機能が正常になっても眼症だけ進行することがある。最も頻繁に障害されるのは下直筋であり，次に内直筋である。左右差があるときには片眼の上転障害となるが，両眼に発症すると自覚症状が改善することがある。

眼窩画像診断で眼筋が眼窩深部で肥厚していることが確認できる。MRIではT２緩和時間の延長がみられる。

眼球突出は外来では**Hertel眼球突出計**を用いて測定する。しかし精度が劣るためＣＴ画像で測定する方がよい（図2-21）。

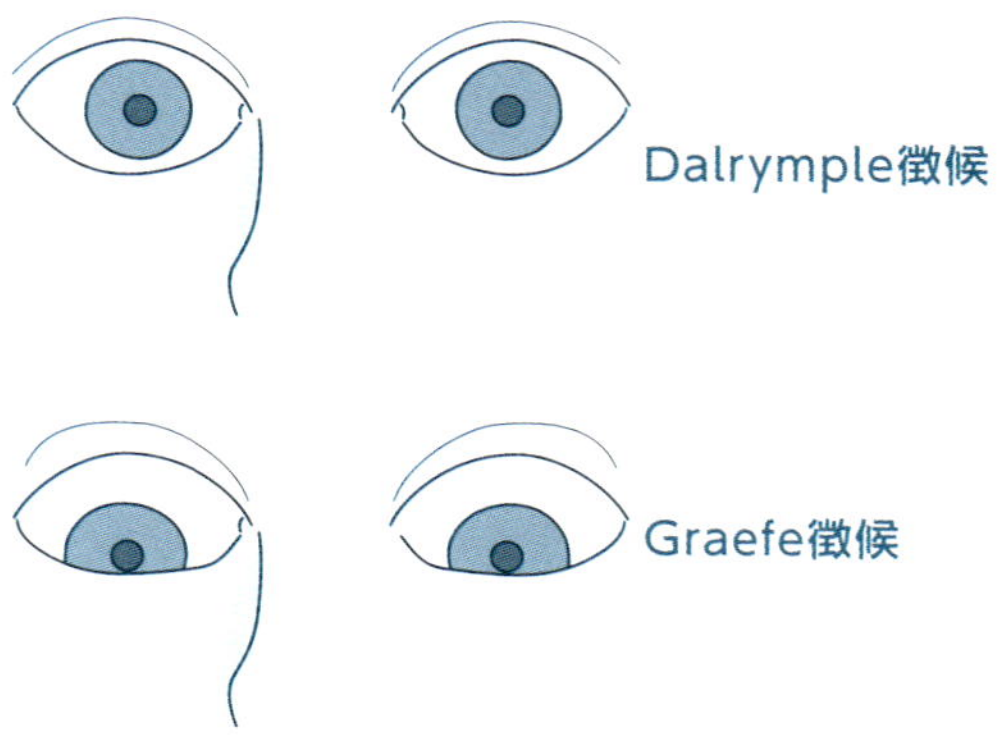

図2-20　Dalrymple徴候とGraefe徴候

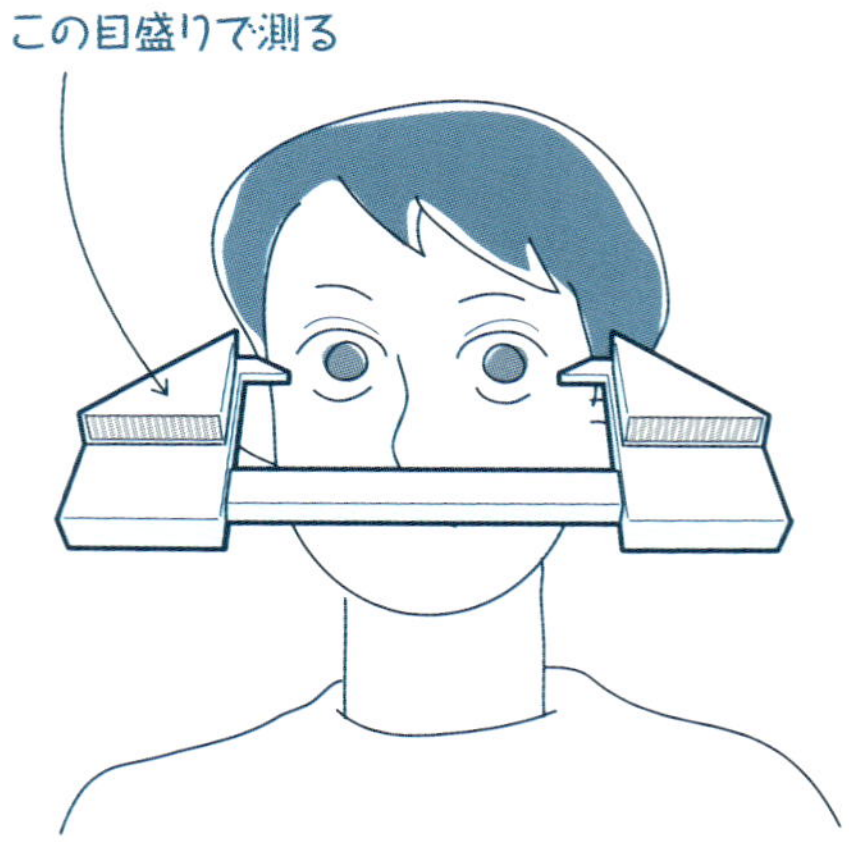

図2-21　Hertel眼球突出計

- **慢性進行性外眼筋麻痺**（CPEO）は，ミトコンドリアの異常によって起こる筋線維の進行性萎縮による眼球運動障害である。網膜色素変性症を合併するものを**Kearns-Sayre症候群**という。

機械的斜視

- 機械的斜視の代表的なものは**眼窩吹き抜け骨折**である。眼窩に外傷を受けると眼窩内圧が高くなり，眼窩骨は容易に骨折する（図2-22）。骨折部に外眼筋や外眼筋周囲組織がはまり込むと，機械的運動制限をきたす。受傷直後は，出血や浮腫による眼球運動制限との鑑別が困難であるが，画像診断や眼球牽引試験で区別する。筋や神経の損傷による麻痺が起こると，上転・下転ともに不良となる。

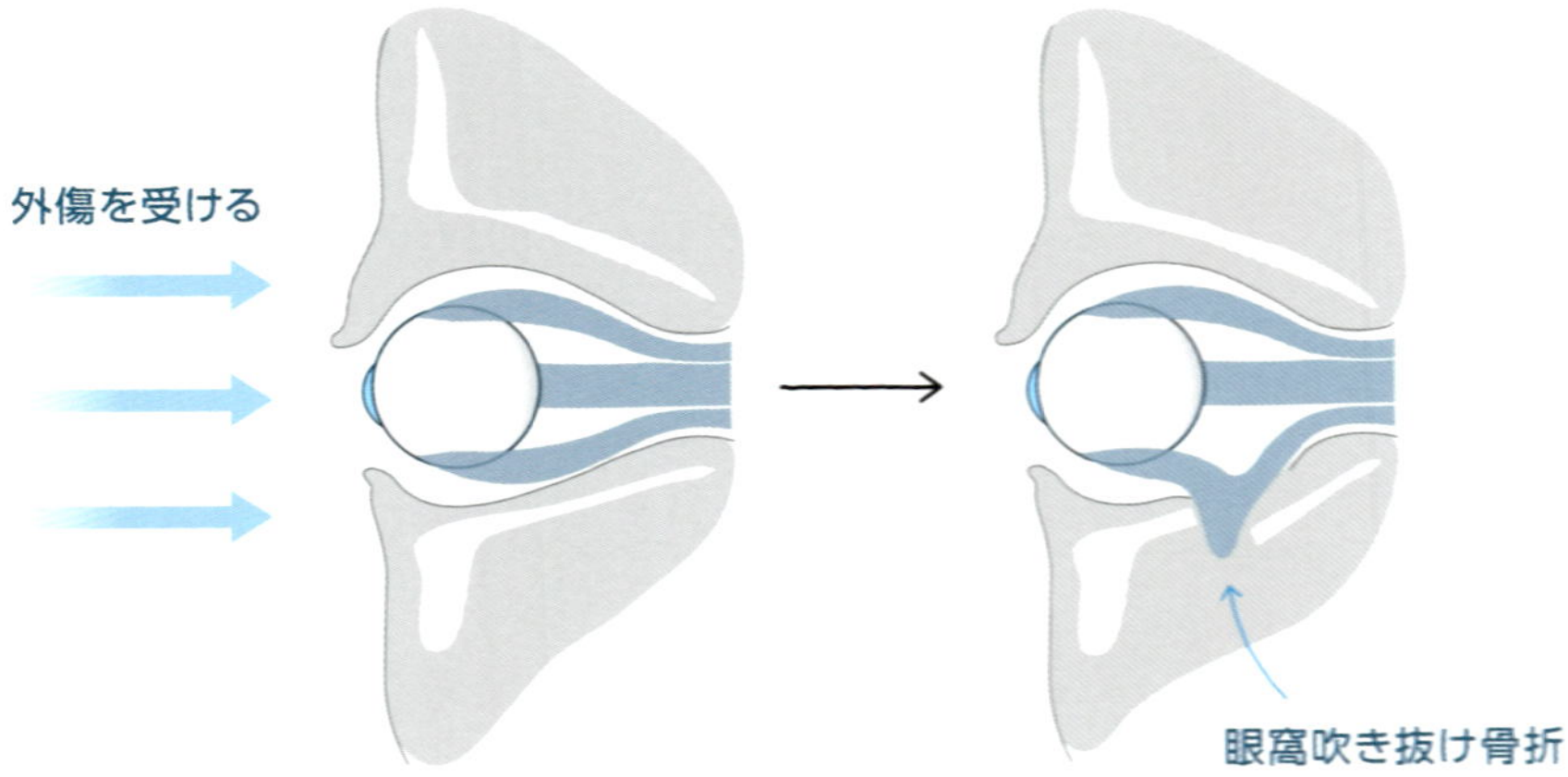

図2-22　眼窩吹き抜け骨折

- **Brown症候群**（p.98）は，上斜筋腱鞘に異常があり滑車部を通過する際に抵抗となり，内転時に上転制限をきたすものである。先天性のこともあるが，外傷，炎症，医原性（術後性）がある。

強度近視に伴う斜視

- 強度近視では，外転神経麻痺，あるいは開放不全による内斜視を伴うことがある。眼軸が長くなることで外直筋の菲薄化が起こることや，外眼筋を支えているプーリー（Pulley）の異常によって外直筋と上直筋の位置が変化することが原因と考えられている（図2-23，p.103）。

重症筋無力症

- 神経伝達物質であるアセチルコリンの筋肉側の受け皿であるアセチルコリン受容

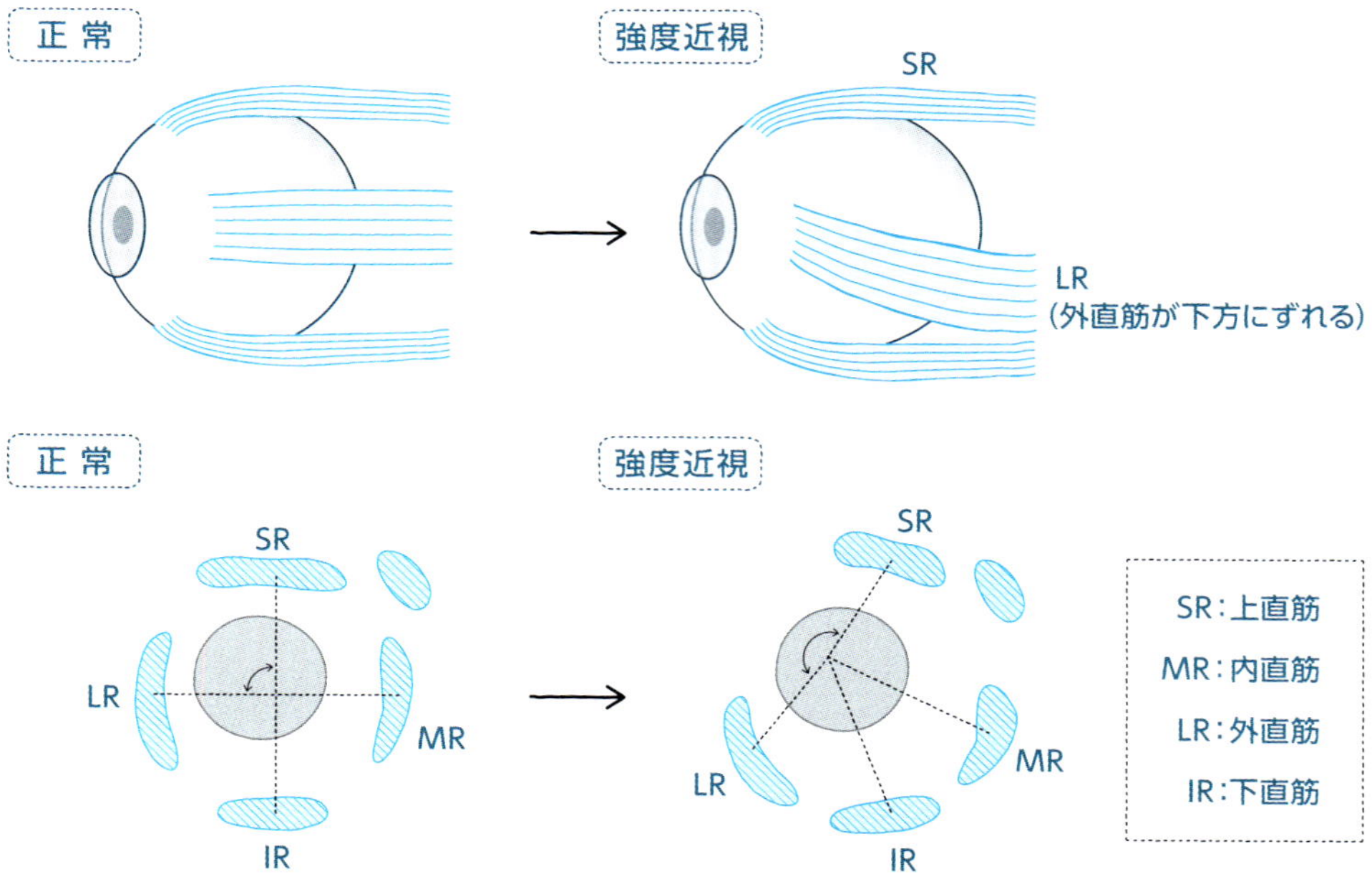

図2-23　外直筋と上直筋の位置変化

体に，抗アセチルコリン受容体抗体が結合するために，アセチルコリンが伝達されなくなる自己免疫疾患である（**図2-24**，p.104）。

- 症状に日内変動や疲労による悪化がみられるのが特徴である。眼球運動だけに異常が現れる眼筋型と，全身の筋に症状が出る全身型がある。眼筋型から全身型へ移行するものもあるため，神経内科医と連携をとって診療にあたる。
- 眼球運動は単一の神経麻痺では説明できないような複雑な形をとる。**抗アセチルコリン受容体抗体値**を測定したり，**アイステスト**や**テンシロンテスト**（ワゴスチグミンテスト）で眼瞼下垂や斜視が改善するかどうかをみる（**図2-25**）。

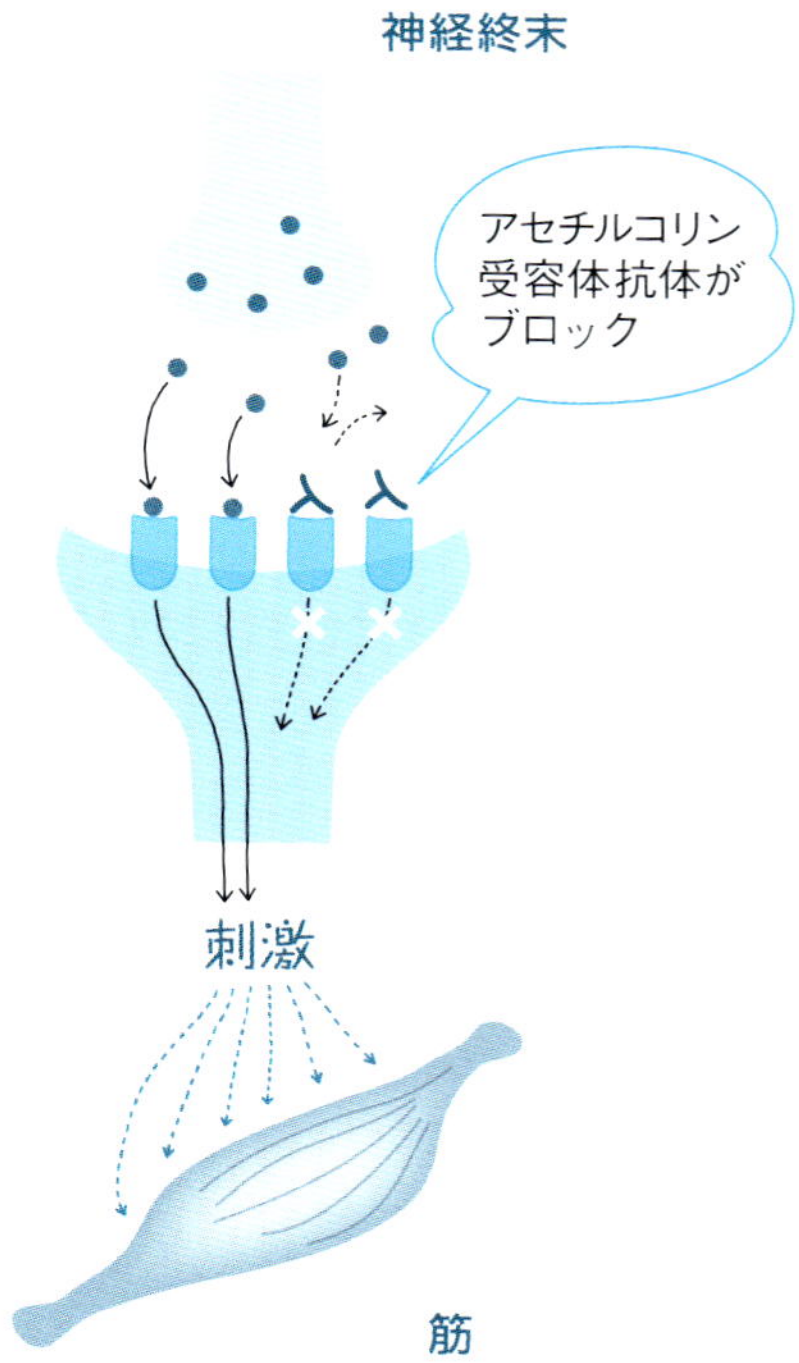

図2-24　重症筋無力症の病態

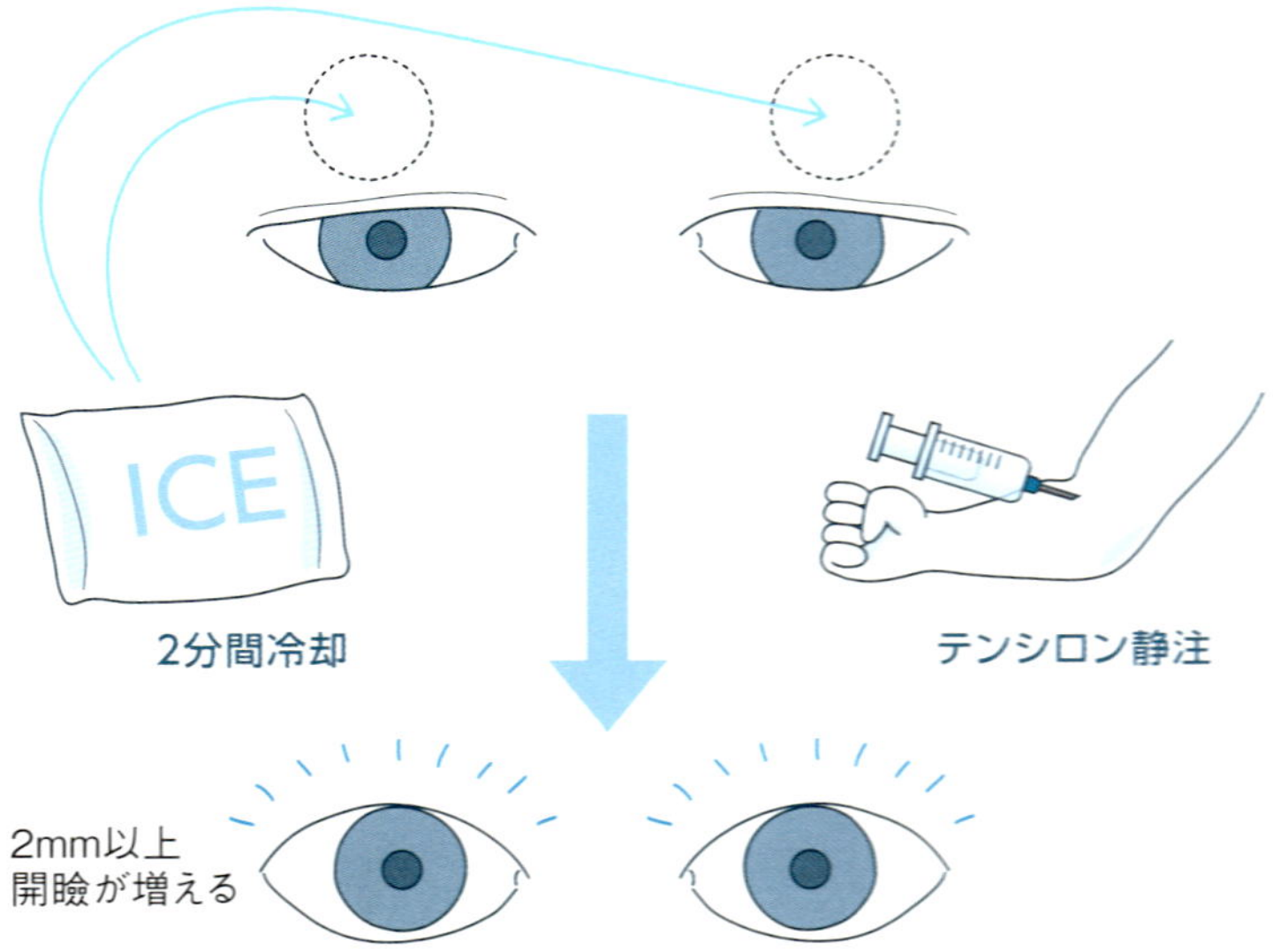

図2-25　アイステストとテンシロンテストによる診断

- 抗アセチルコリン受容体抗体は眼筋型の30%，全身型の15%で陰性である。
- アイステストは，眼瞼を2分間冷却し，その前後で眼瞼下垂の変化をみるもので，簡便で特異性が高い。
- 治療には，コリンエステラーゼ阻害剤を使用したり，胸腺摘出，副腎皮質ステロイド，免疫抑制剤，血液浄化法などがある。
- 眼筋型で，症状が固定すれば斜視手術を行うことがある。

ものしりポイント

眼瞼下垂，複視，日内変動，易疲労性は重症筋無力症を疑わせる。日内変動では，朝良くて夕方悪化する。甲状腺眼症は朝悪く，午後から改善する点が異なる。

3 斜視検査の進めかた

A 斜視検査の流れ

- 問診
  - 現病歴
  - 既往歴(含出生歴)
  - 外傷・手術歴
- 検査
  - 視力検査
    - 固視・追視検査
    - PL検査，TAC検査
    - 絵視力検査
    - 5m視力検査
    - 近距離視力検査
    - 両眼開放視力検査
  - 屈折検査
    - 調節麻痺下屈折検査
    - 雲霧法
  - 対光反射
    - 直接・間接反射
- 眼位・眼球運動検査
  - 定性的眼位検査
    - 角膜反射
    - フォトスクリーニング
    - 遮閉試験
    - 遮閉一非遮閉試験
    - 交代遮閉試験
    - 単眼運動（ひき運動）
    - 輻湊・開散（よせ運動）
    - 両眼運動（むき運動）
    - 頭位傾斜試験
  - 定量的眼位検査
    - プリズム遮閉試験
    - 交代プリズム遮閉試験
    - 大型弱視鏡検査
    - プリズム順応検査

(次ページへ)

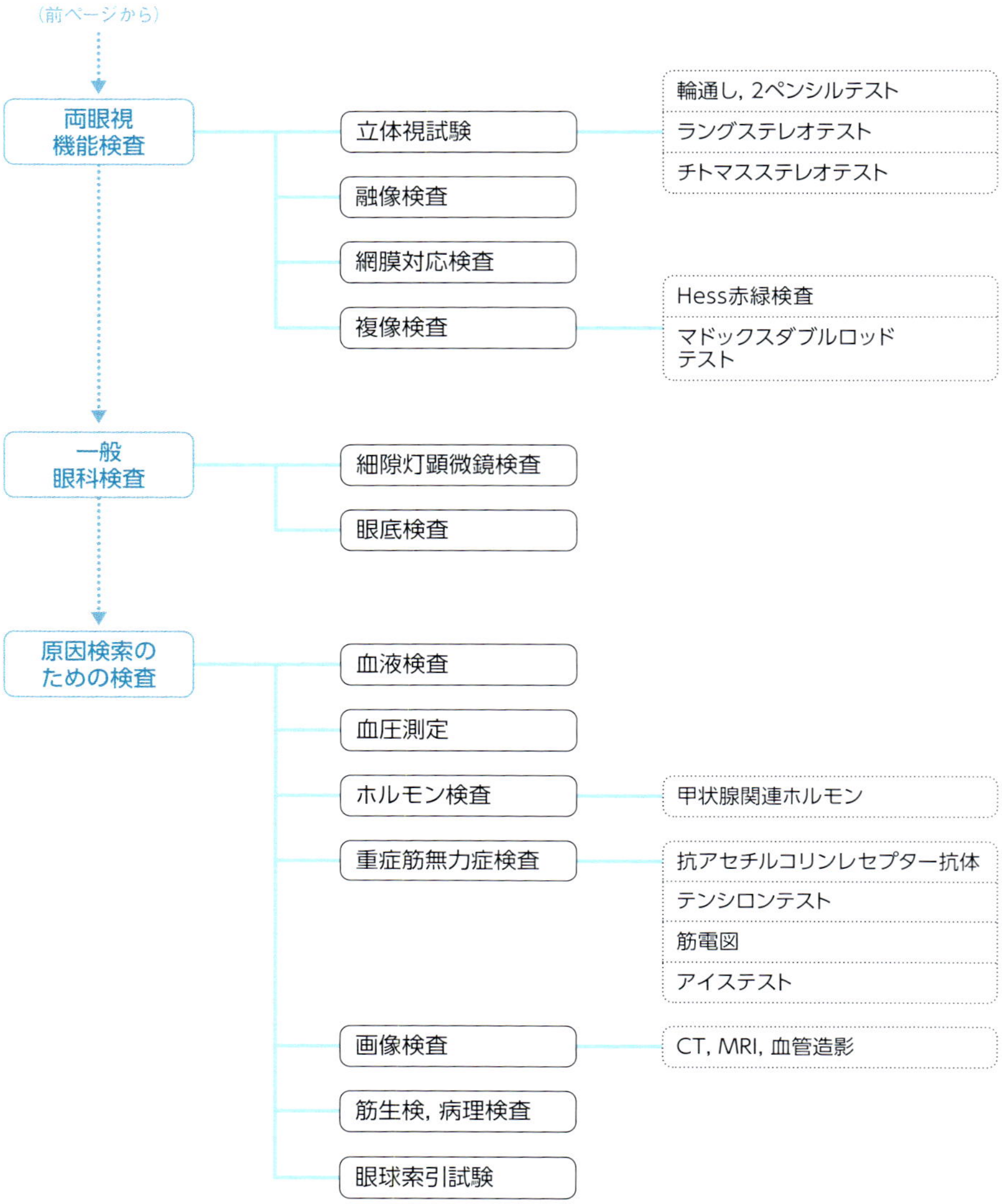

問診

- 問診をとることは診療をスムーズに行う上で大変重要である。疾患を予測した上で適切な質問をする。
- 質問には直接答えづらいこともあるため，待ち時間に問診表を記載してもらうとよい。小児用の特別な問診表を用意するとよい（表3-1）。出産の状況，発達の程度，全身合併症，斜視の発症時期などについて記載してもらうと，診察時間の短縮につながる。

眼科小児問診票

氏名＿＿＿＿＿＿　愛称＿＿＿＿＿＿　男・女（　歳　ヶ月）

身長＿＿cm　体重＿＿g

1. いつから、どのような症状ですか。

＿＿＿＿＿＿＿＿＿＿

＿＿＿＿＿＿＿＿＿＿

今回の症状で他の病院を受診されましたか。　はい・いいえ

病院名＿＿＿＿　いつ頃＿＿＿＿　病名＿＿＿＿

経過＿＿＿＿＿＿＿＿

2. 今までにかかった病気はありますか。

ない・ある　年齢＿＿歳　病名＿＿＿＿　治療中・完治

3. 薬や食べ物でアレルギーはありますか。

ない・ある＿＿＿＿＿＿

4. 発達・発育について

発達・発育について医師に言われたことがありますか。

ない・ある＿＿＿＿＿＿

また、気になっていることはありますか。

＿＿＿＿＿＿＿＿＿＿

＿＿＿＿＿＿＿＿＿＿

お体に不自由なところはありますか。

目・耳・足（車椅子・杖）・手・言葉・その他（　　）

5. 出生時について

分娩（正常分娩・異常分娩）　在胎週数＿＿週　出生時体重＿＿g　身長＿＿cm

ご両親の年齢　父＿＿歳　母＿＿歳

6. 家族について

血縁関係のある方で、目に病気のある方はいらっしゃいますか。

ない・ある（　　）

家族構成をお書き下さい。

［　　　　　　］

7. 該当する項目を○で囲んで下さい。

- 右目と左目で、黒目の大きさや色が異なる
- ひとみの中央が白く見えることがある
- まぶたの大きさが気になる
- 両眼の視線が合わない（目が外にむいたり、内に寄ったりする）
- 目を細めたり、顔をしかめたり、首を傾げたりして物を見る
- よく物にぶつかったり、階段を怖がったりする
- 片目を隠すと嫌がる
- 目が揺れる
- 絵を描くときに、色の使い方がおかしい
- 皮膚病、ひきつけ、麻痺（まひ）がある
- 頭、顔の怪我をしたことがある
- 薬を長期に服用している
- 入院したことがある
- 涙っぽい
- 目やにが多い
- 白目が赤い
- まぶしがる

その他に相談したことがありましたら、ご記入下さい。

＿＿＿＿＿＿＿＿＿＿

＿＿＿＿＿＿＿＿＿＿

＿＿＿＿＿＿＿＿＿＿

＿＿＿＿＿＿＿＿＿＿

表3-1　眼科小児問診票の例

- 特に斜視が先天性か，後天性かの判断は重要である。「いつ」「だれが」気づき，斜視の状態に変動があるのか，改善あるいは悪化しているのかを尋ねる（図3-1）。

図3-1　問診

- 成人の斜視は，原因となる基礎疾患の発見に努める。患者は，全身疾患が斜視に関連しているとは考えていないことが多い。特に高血圧，糖尿病，体重変化の有無，睡眠障害などについては，こちらから質問する。
- 症状の発現時期と発現のきっかけ，症状のこれまでの経過について詳細に問診を行う。

ものしりコラム　乳幼児の大まかな発達

乳幼児の大まかな発達を覚えておくと判断がしやすい。

- 首の座り：3〜4カ月
- 寝返り：5〜6カ月
- 歩く：12〜14カ月

ものしりコラム　**間欠性外斜視のコントロールの評価**

間欠性外斜視では，斜視角だけでなく，眼位のコントロール状態の確認が大切である。診察室での観察とともに，家庭での家族による観察も参考になるので，以下のように4段階で尋ねてみるとよい。

0：眠いときや，とても疲れたときだけ気になる。

1：気づくのは1日に5回以下である。

2：1日に5回以上気になるが，遠くを見ているときだけである。

3：遠くを見ているときだけでなく，近くを見ているときでもしばしば視線が外れている。

小児への配慮

- 小児に対しては，できるだけ機嫌が良い間にたくさんの情報を得たい。検査の順番にとらわれることなく，嫌がらない検査を優先する。
- 病院を怖がる小児に対しては，白衣を脱いだり，廊下や待合室で様子を観察したりするのもよい（図3-2）。

図3-2　白衣を脱いで

- 一方，眼底検査を含む器質的病変の観察は重要であり，泣かせてでも行う必要がある。小児の眼の悪性疾患である網膜芽細胞腫の17%は斜視を主訴に来院している。
- 乳幼児の眼底検査は，小児の身体をタオルにくるみ，頭を手で固定し，開瞼器あるいはデマル鈎を使って開瞼して検査を行う。
- 眼位は本人の協力の程度や体調によって変化するものである。診察室では緊張のため斜視が認められないことがある。逆に，診察前検査で疲れてしまい，診察室では斜位を保てないこともある。
- 待っている間に眠ってしまったり，疲れて泣いたりして，診察ができないこともある。家族にはスナップ写真やビデオを持参してもらうのもよい（図3-3）。

図3-3　写真による日常眼位の確認

- 直像鏡やレチノスコープの光を使ってred reflex（眼底反射）をみる方法（Brückner test）は，子どもに近づかずにできる検査で，まぶしくもないので，最初に試みるとよい。両眼の瞳孔に光を入れて，① **対光反射の左右差**，② **眼底反射の左右差**をみる。片眼が暗い場合には不同視，斜視，白内障などの異常を疑う。
- 1回の診察ですべてを完了する必要はないので，重要度を考えながら順番を替えて行う。

チェックポイント

診察室で十分確認できない場合，スナップ写真などを持参してもらい，日常の眼位を確認するとよい（図3-3）。

ものしりコラム　検査のときに赤ちゃんはなぜ泣くのか？

いきなり頭を押さえられ，強い光を眼の前に見せられたり大きな音を立てられたりしたら誰だって不愉快だ。赤ちゃんだからと思って，いきなり検査をすると驚かれる。まずは，笑顔で安心させて，話しかけながら検査をしてみる。こちらが思っている以上に赤ちゃんはこちらのことを理解している。

成人の斜視検査の心構え

- 成人の場合には，複視が両眼性かどうかを確認し，いつ発症したのかを知ることが大切である。小児期からの斜視であれば詳細な神経学的検査は不要であるが，後天性の斜視であれば原因となる基礎疾患の有無を検索する必要がある。
- 成人の診察にあたっては，「患者の訴えが理解しがたい」という場面にしばしば出くわす。患者本人の言葉をいろいろな尋ねかたで引き出し，共感するように努力することが大切である。

チェックポイント

✓ 「その年齢でも外見が気になりますか？」などと発言しないように注意する。斜視のために社会的な困難を感じている人は多く，治療を受けることは生活の質の改善に役立つことが多い。

患者の観察

- 検査室に入ってくるときから検査は始まっている。歩いているときや視力検査のときの頭位を確認する。異常頭位は，両眼開放で視力検査をしているときに最も現れやすい。異常頭位の異常には顔のまわし，首のかしげ，顎の上げ下げがある。
- 両眼視と関係のある異常頭位は，片眼を遮閉するとみられなくなることがポイントである（**パッチテスト**）（図3-4）。もし，異常頭位がなくなれば両眼視機能異常による異常頭位と判断できるが，なくならない場合には屈折異常や眼振，筋性の異常頭位を疑う（p.30，図2-10）。
- 顔の特徴は，眼球運動障害を伴う種々の症候群の発見にとって大切である。頭部の形や大きさ，眼瞼下垂を含めた眼瞼の異常（図3-5），顔面の瘢痕，耳の位置やその他の奇形，皮膚の色素沈着などについては注意して観察し記録する。
- 診察室に入ってくるときには，年齢相応の行動や反応ができているか，手足の麻痺がないかを観察するとともに，付き添い家族のなかのキーパーソンは誰か，などを把握する。

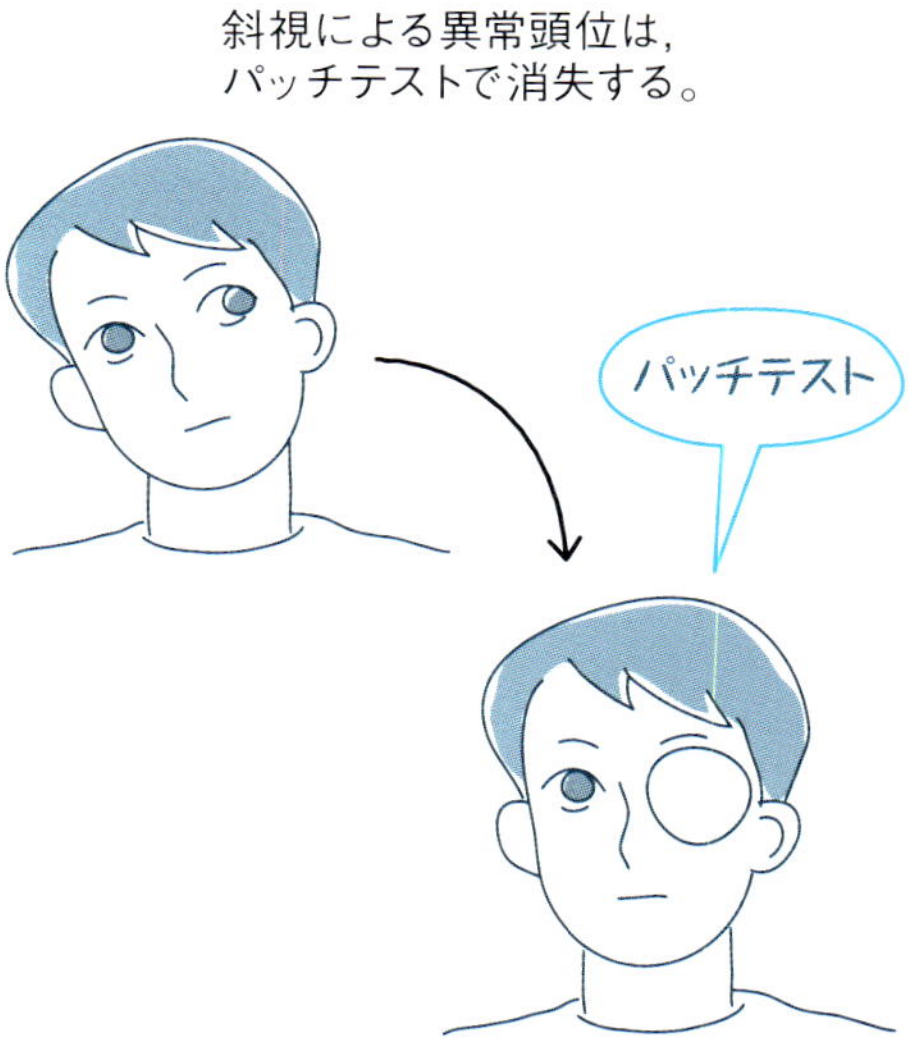

図3-4　異常頭位とパッチテスト

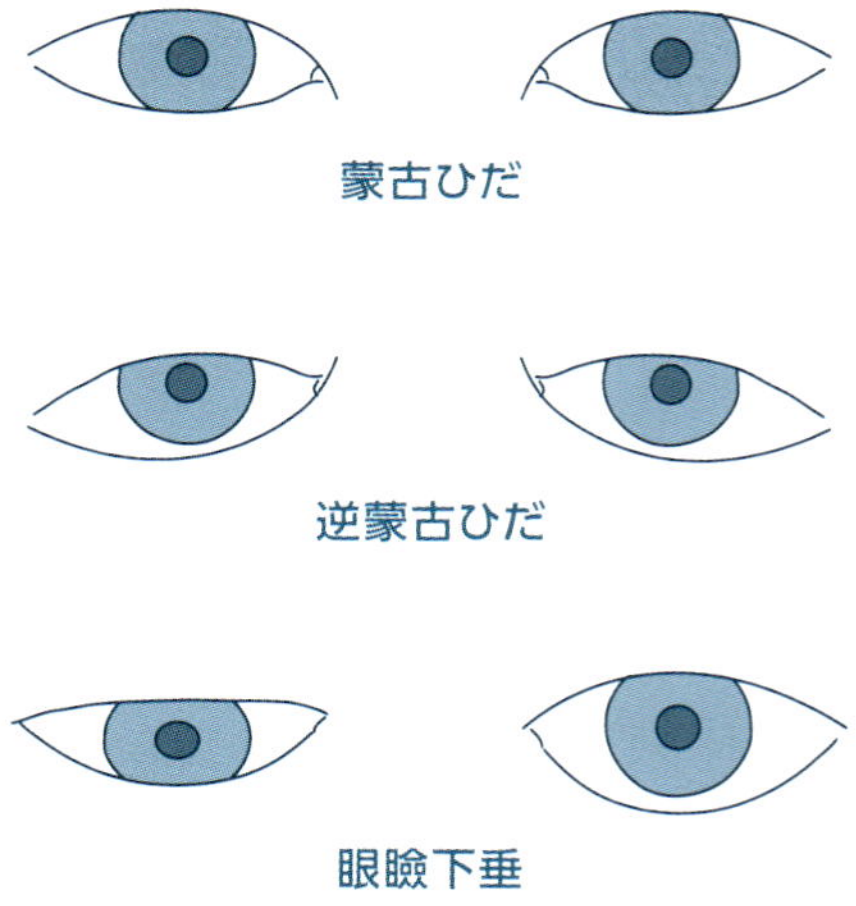

図3-5　眼瞼の異常

● 異常頭位の見かた（図3-6～9）

- 異常頭位は，入室のとき，診察の会話のときなどに確認するとよい。
- 両眼で視力検査をしているときに最もよくみられる。

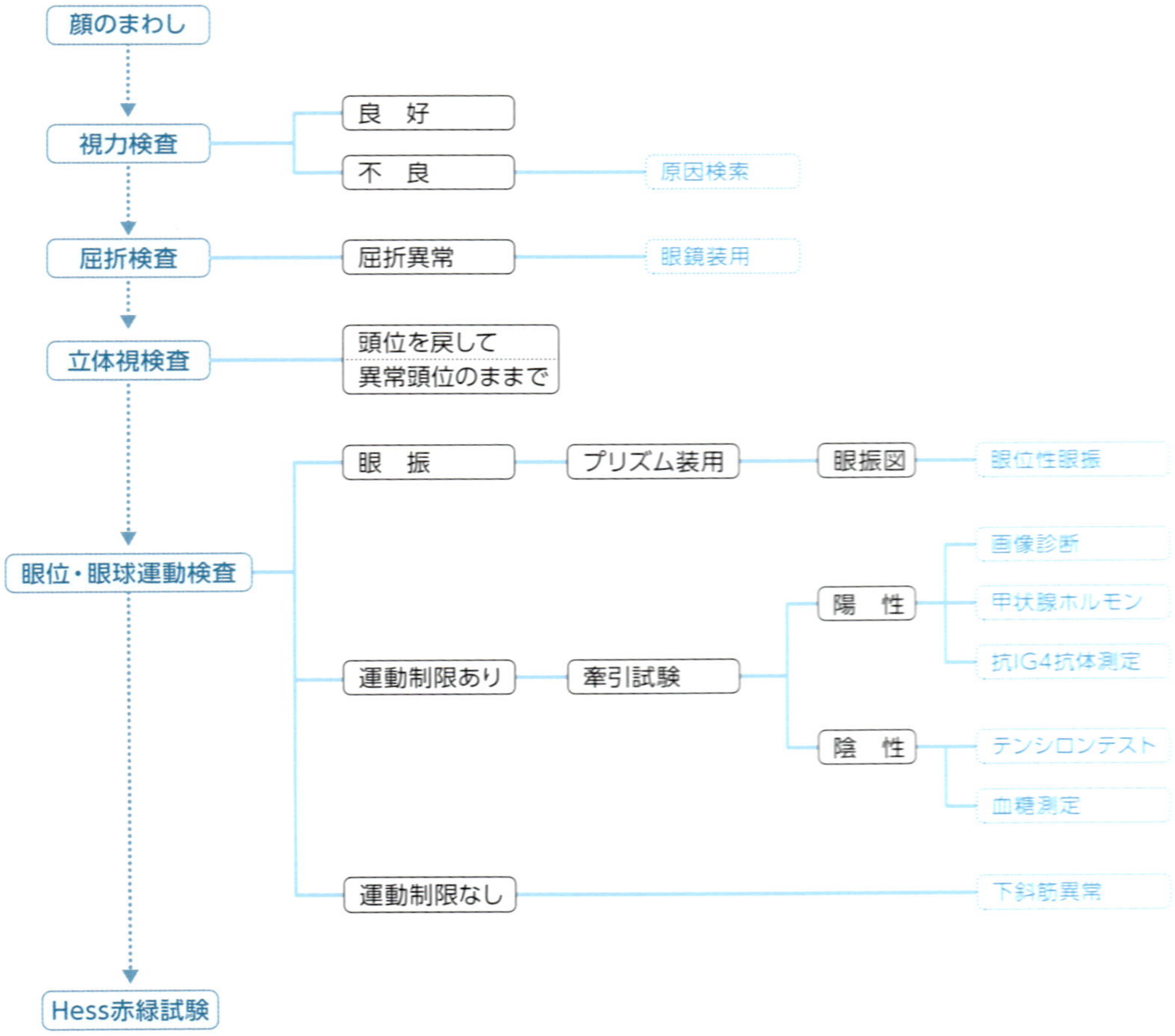

図3-6　顔のまわし

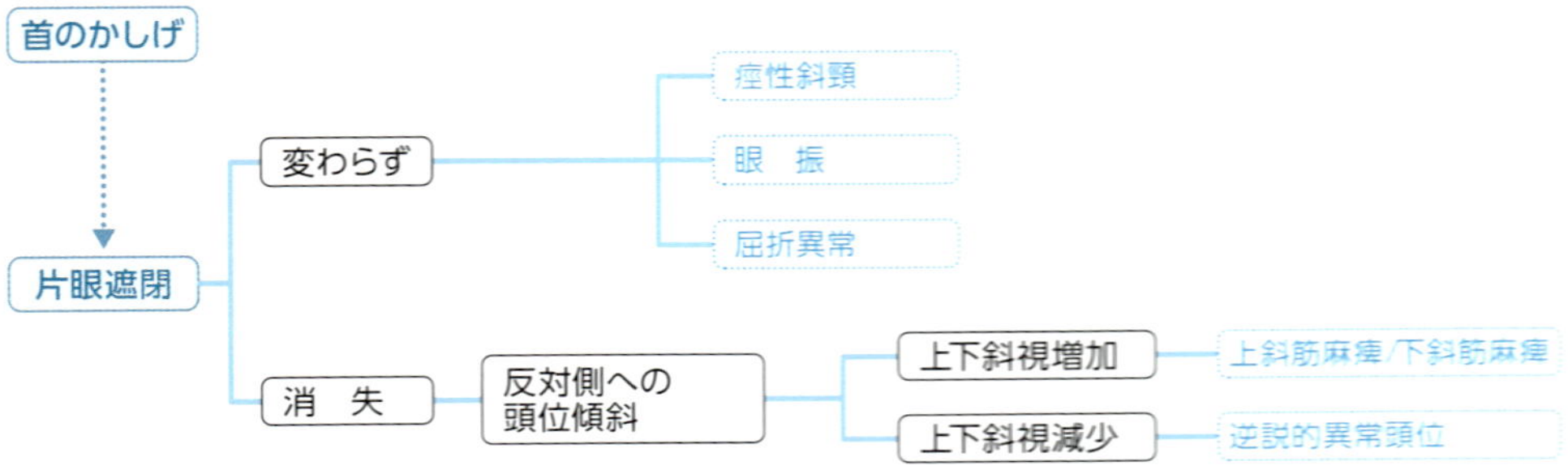

図3-7　首のかしげ

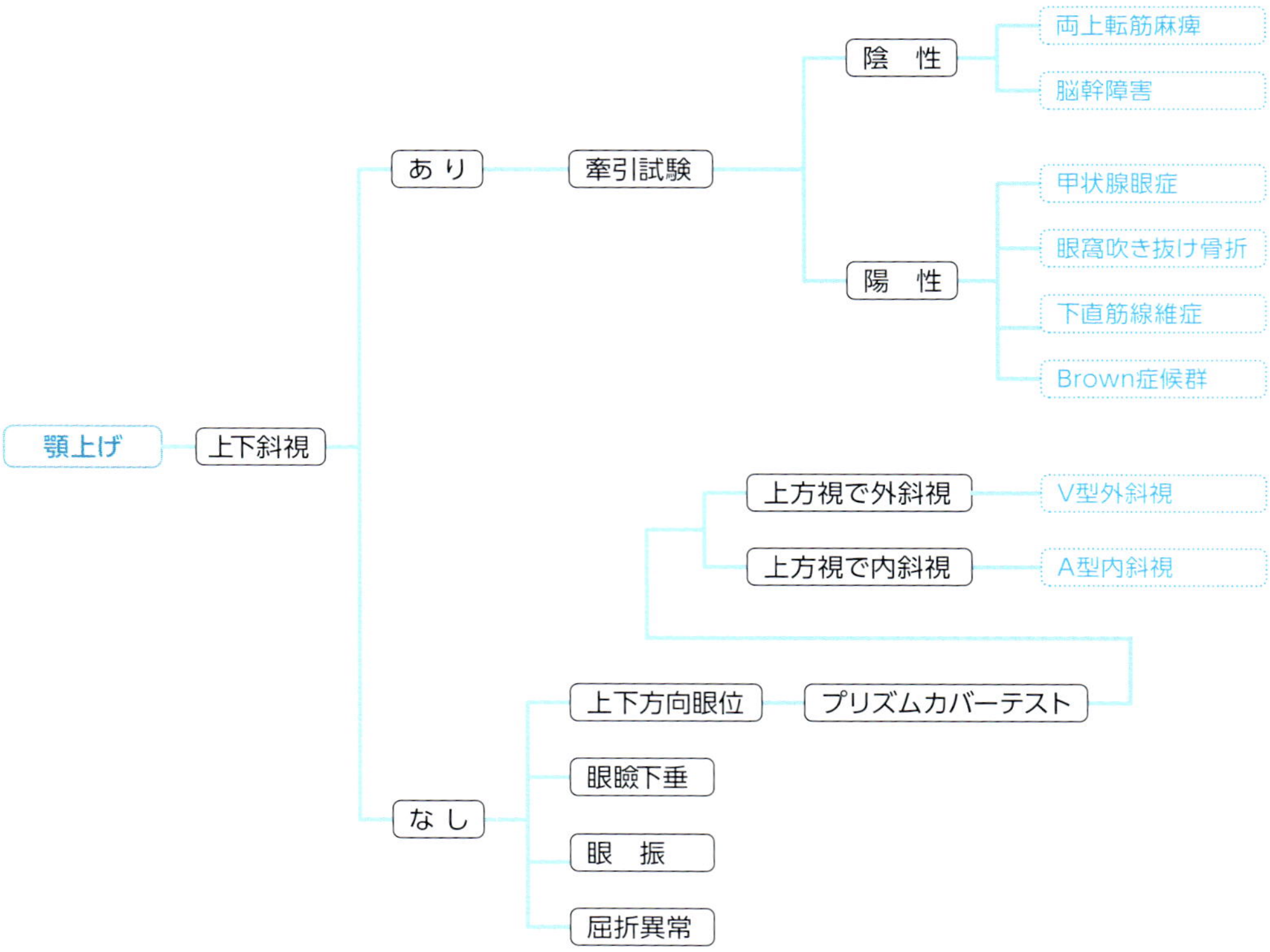
顎上げ
上下斜視
あり
牽引試験
陰　性
両上転筋麻痺
脳幹障害
陽　性
甲状腺眼症
眼窩吹き抜け骨折
下直筋線維症
Brown症候群
なし
上下方向眼位
プリズムカバーテスト
上方視で外斜視
V型外斜視
上方視で内斜視
A型内斜視
眼瞼下垂
眼　振
屈折異常

図3-8　顎上げ

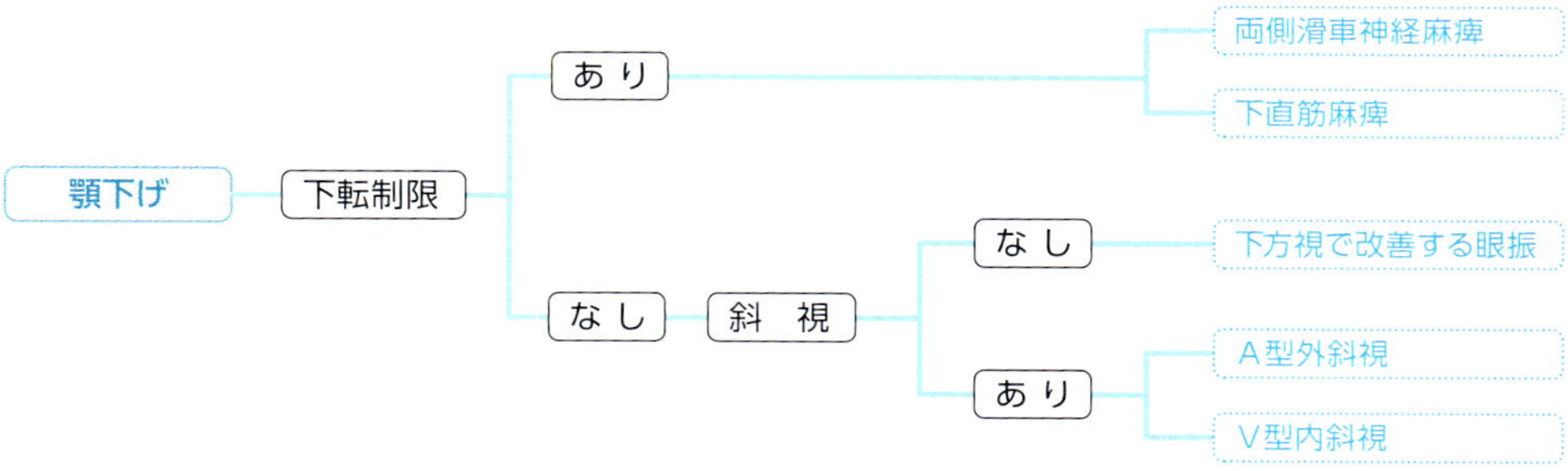
顎下げ
下転制限
あり
両側滑車神経麻痺
下直筋麻痺
なし
斜　視
なし
下方視で改善する眼振
あり
A型外斜視
V型内斜視

図3-9　顎下げ

B 眼位検査に必要な器具

- 眼位検査のために必要な器具には，固視目標として近距離用，遠距離用および調節視標と，非調節視標がある（図3-10）。

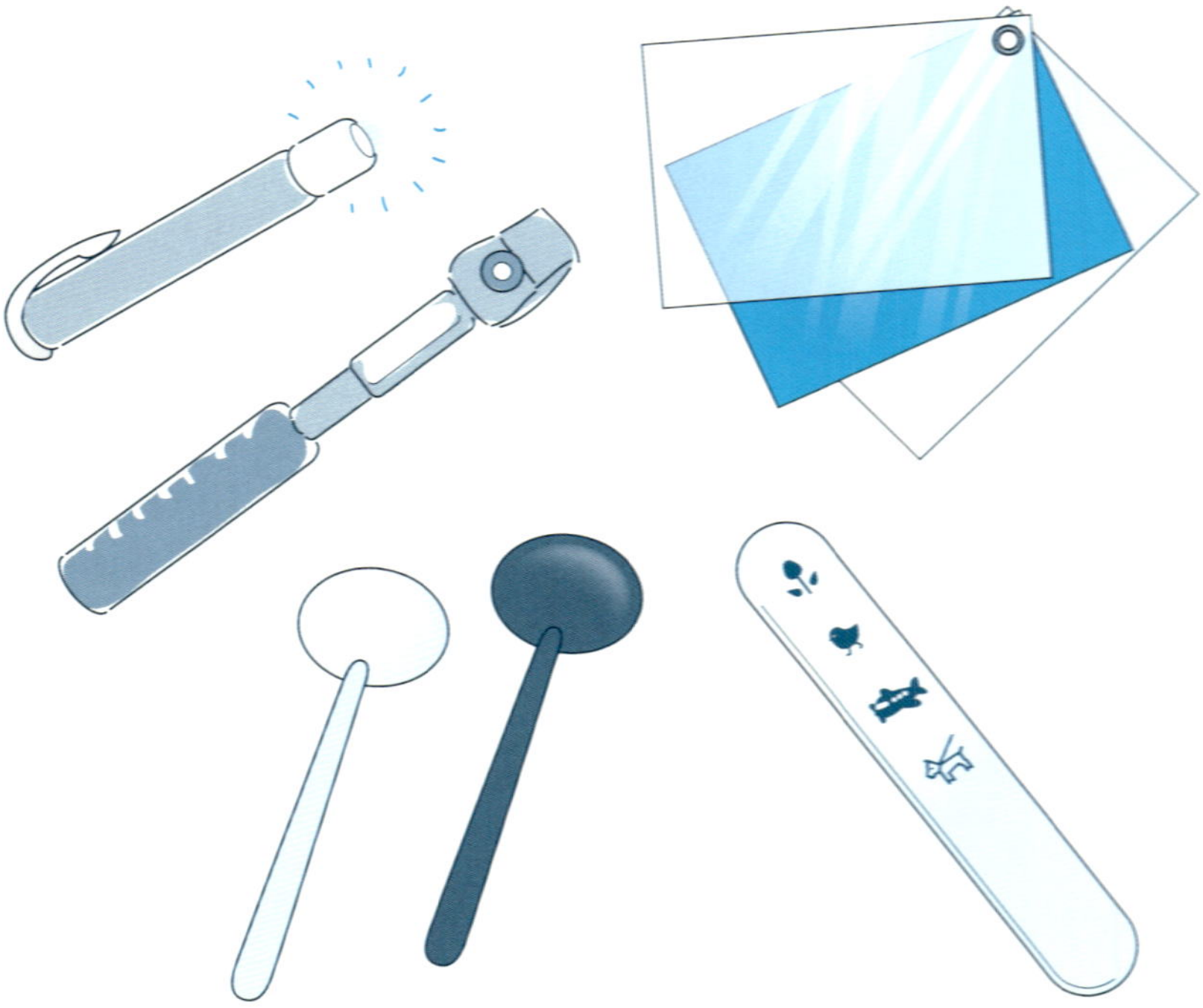

図3-10　斜視検査の器具

- **調節視標**とは，文字や小さな絵などが書かれた視標で，はっきり見るために調節力を必要とするものである。眼位検査では，調節をコントロールできるような固視目標が必要である。小さなおもちゃや舌圧子に小さなシールを貼って作成してもよい。また，眼鏡枠に小さなシールを貼ったものを検者が身につけると，両手が自由のまま子どもの注意をひくことができて便利である。

- **非調節視標**とは，ペンライトなど調節刺激とならない視標である。内斜視では，調節視標と非調節視標の眼位を比べることで調節の関与を明らかにすることになる（図3-11）。遠距離の固視目標は，はっきりと見えて，周りと区別できるようなものがよい。

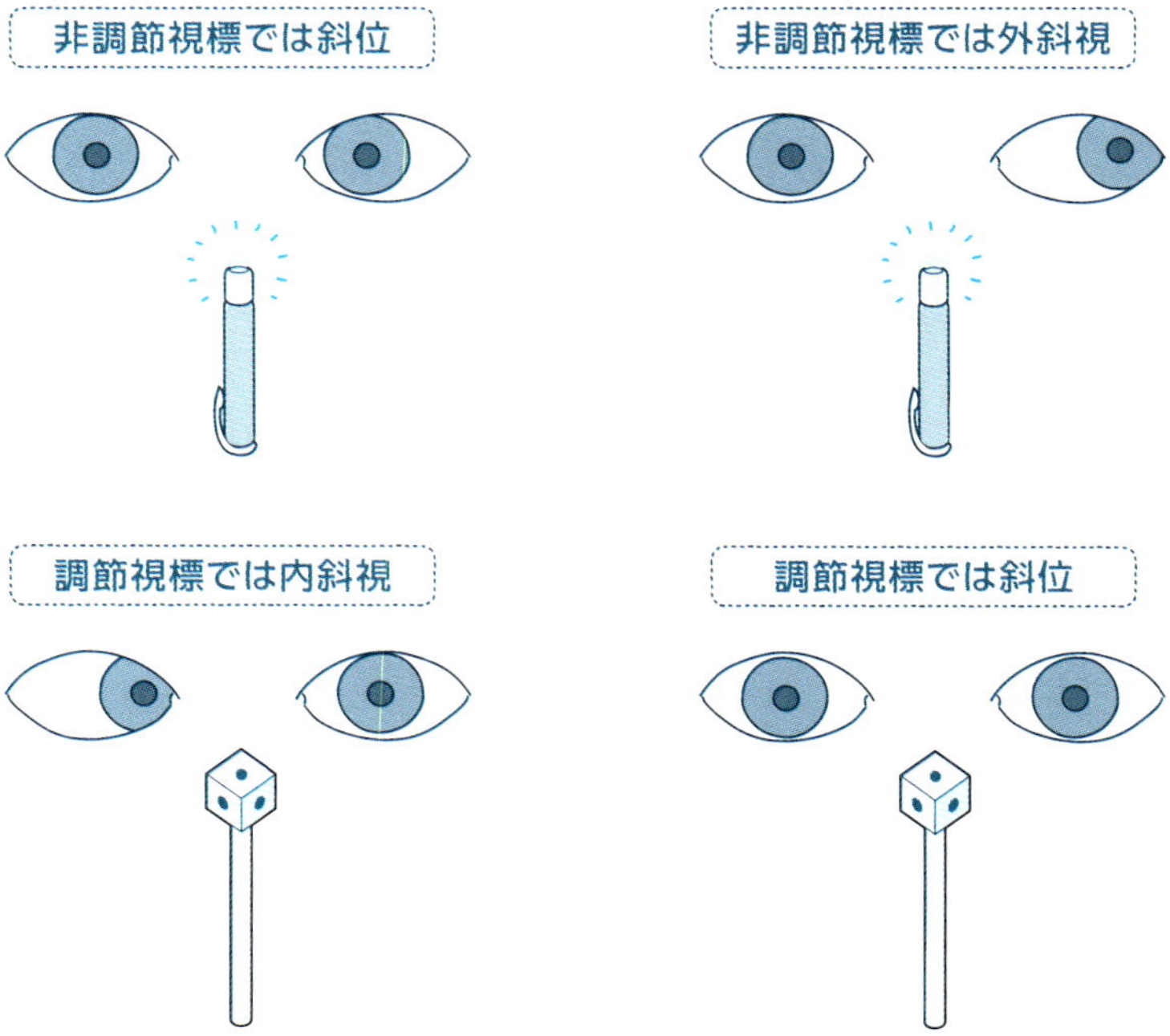

図3-11　視標の違いと眼位

- **遮眼子**は，完全に遮閉する不透明のものと，半透明のものがあるとよい。半透明のものは被検者からは固視目標が見えないにもかかわらず，検者からは被検者の目が見えて，遮閉されている眼の位置や動きを確認できる。しかし，視力差が強い場合には，遮閉されていても，よく見える方の眼で見ようとしてしまうため注意が必要である。
- プリズムには，ひとつひとつが独立している**角プリズム**と，複数のプリズムがまとまっている**バープリズム**がある。バープリズムはプリズムを持ち替える手間がないため検査がスムーズにいくが，プリズムひとつひとつが小さいため，きちんとプリズムを通して見ているかどうかわかりにくいことがある（図3-12,13）。

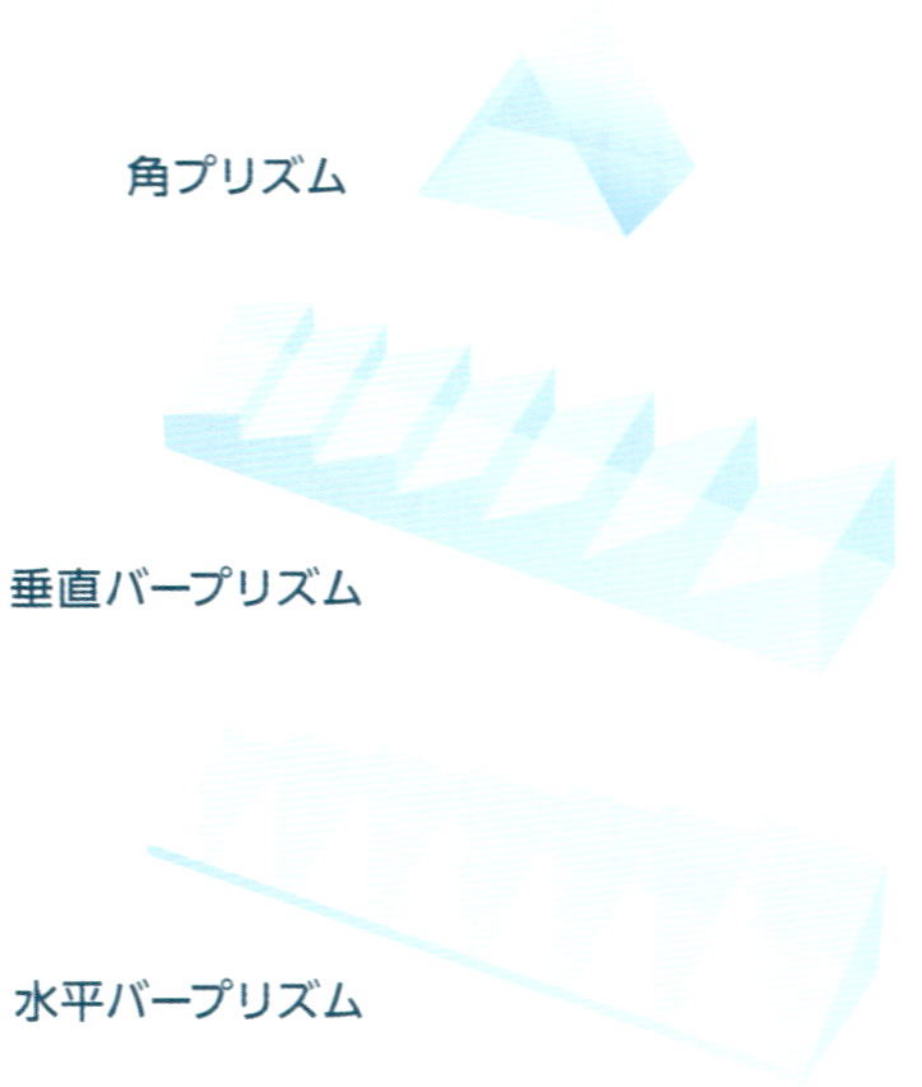

図3-12　プリズムのいろいろ（1）

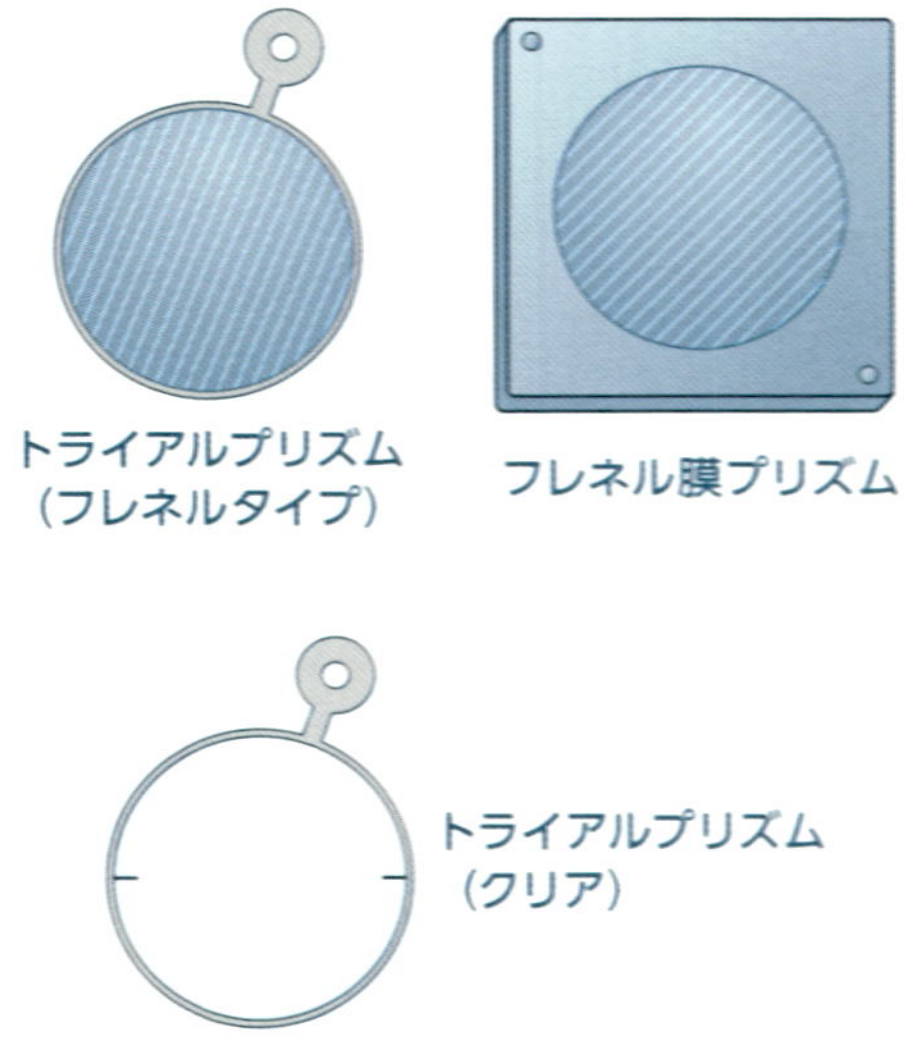

図3-13　プリズムのいろいろ（2）

- 50プリズム以上の斜視がある場合には，左右眼にそれぞれプリズムを置いて斜視角を測定する。2つのプリズムを重ねてはいけない。2つのプリズムに分けて測る場合，斜視角は単純に合計するのではなく，換算する必要がある（**表3-2,3**）。

表3-2　2枚のプリズムを重ねたときの換算表

P.D. \ P.D.	20	30	40	50
20	47	66	89	122
30	66	94	141	264
40	89	141	339	

表3-3　2枚のプリズムを左右に分けたときの換算表

P.D. \ P.D.	20	30	40	50
20	42	53	65	78
30	53	66	80	94
40	65	80	95	113
50	78	94	113	133

ものしりコラム

眼位検査

眼位検査は，調節視標と非調節視標を用いて使い分ける。

内斜視の最大斜視角を引き出すためには調節視標を，最小斜視角を引き出すためには非調節視標を用いる。

C 視力検査に必要な器具

- 乳幼児の視力検査は**定性的検査**と**定量的検査**に分けられる。
- 定性的検査は，中心固視，固視の持続，追視で判断する。また，片眼を隠したときの嫌悪反射に左右差があるときには片眼の弱視を疑う。乳児内斜視では**cross fixation**（交差固視）に着目する。cross fixationとは，内斜視において右側の物を内転した左眼で，左側の物を内転した右眼で固視する状態を指す。外転制限のように見える。左右眼の視力が同程度であるサインである。cross fixationは両眼の外転不全に見えるが，視力に左右差のないことを意味している（図3-14）。
- 次に片眼ずつ遮閉をして，外転制限の有無を確認する（図3-15）。

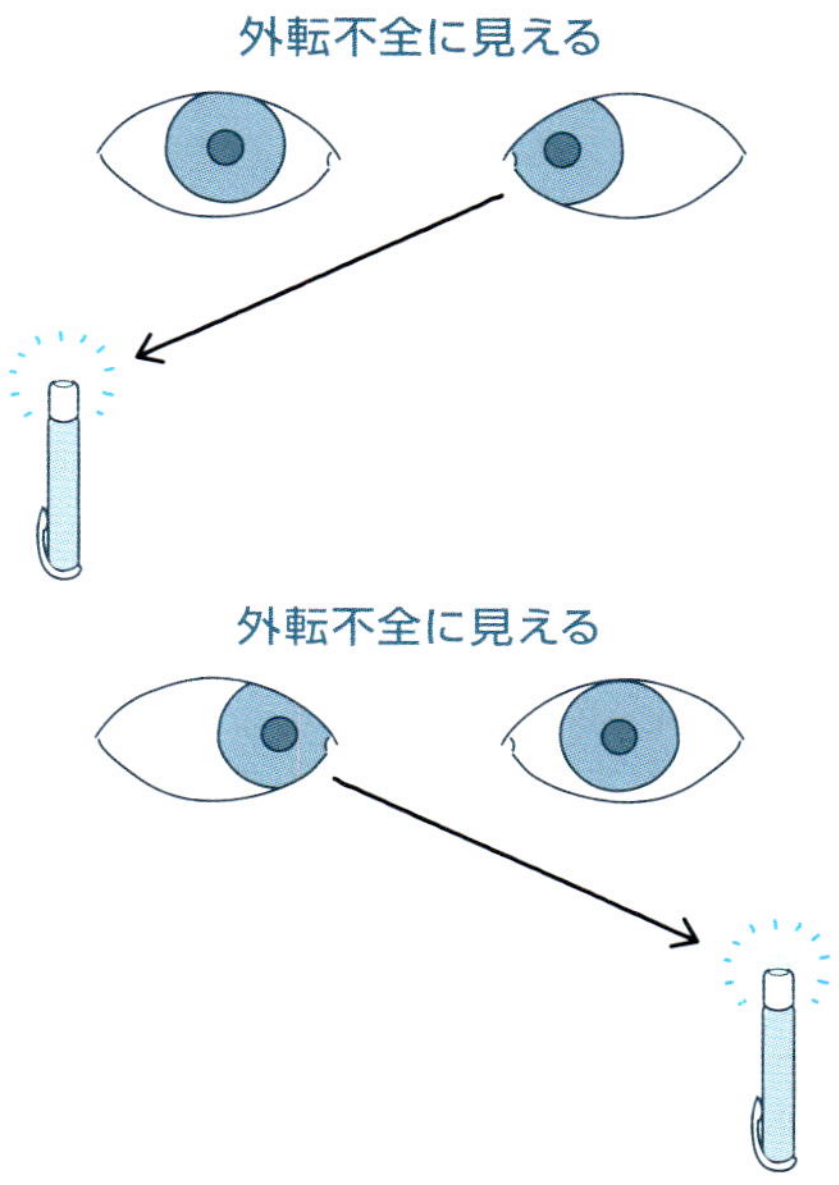

図3-14　cross fixation（1）

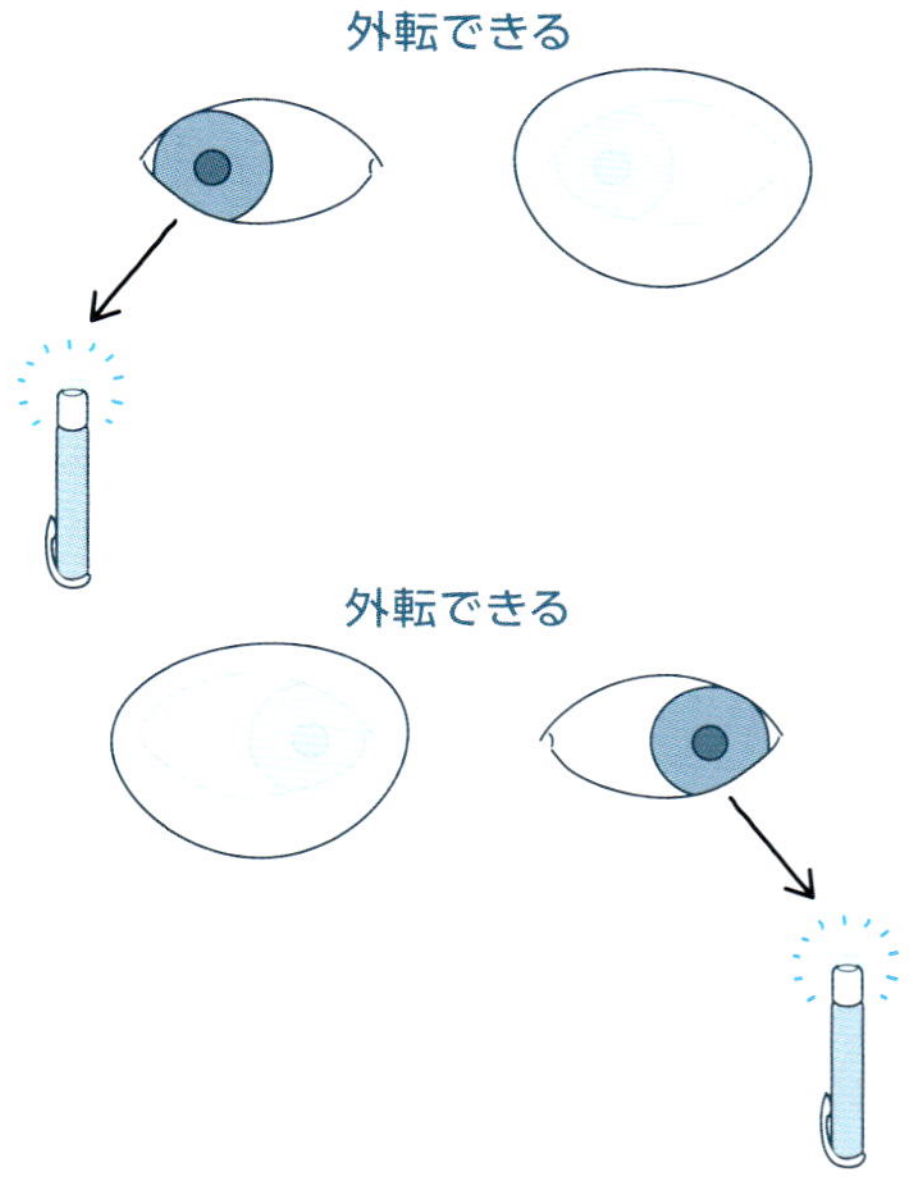

図3-15　cross fixation（2）

- 乳幼児ではおもちゃを眼で追わないことが多いので，まずおもちゃに注目させておいて，頭を他動的に動かしてやると眼球が動くのを見ることができる。
- 核上性眼球運動麻痺やその他の眼球運動制限があると，眼球が頭と一緒の方向に動き，正面を見続ける。
- 遮閉を嫌がり診察室で評価が難しい場合には，家庭で交代遮閉をして遮閉に慣れてから評価するとよい。
- **視運動性眼振**（optokinetic nystagmus：OKN）を使って眼振が誘発できれば，ある程度の視力があると判断できる（図3-16）。

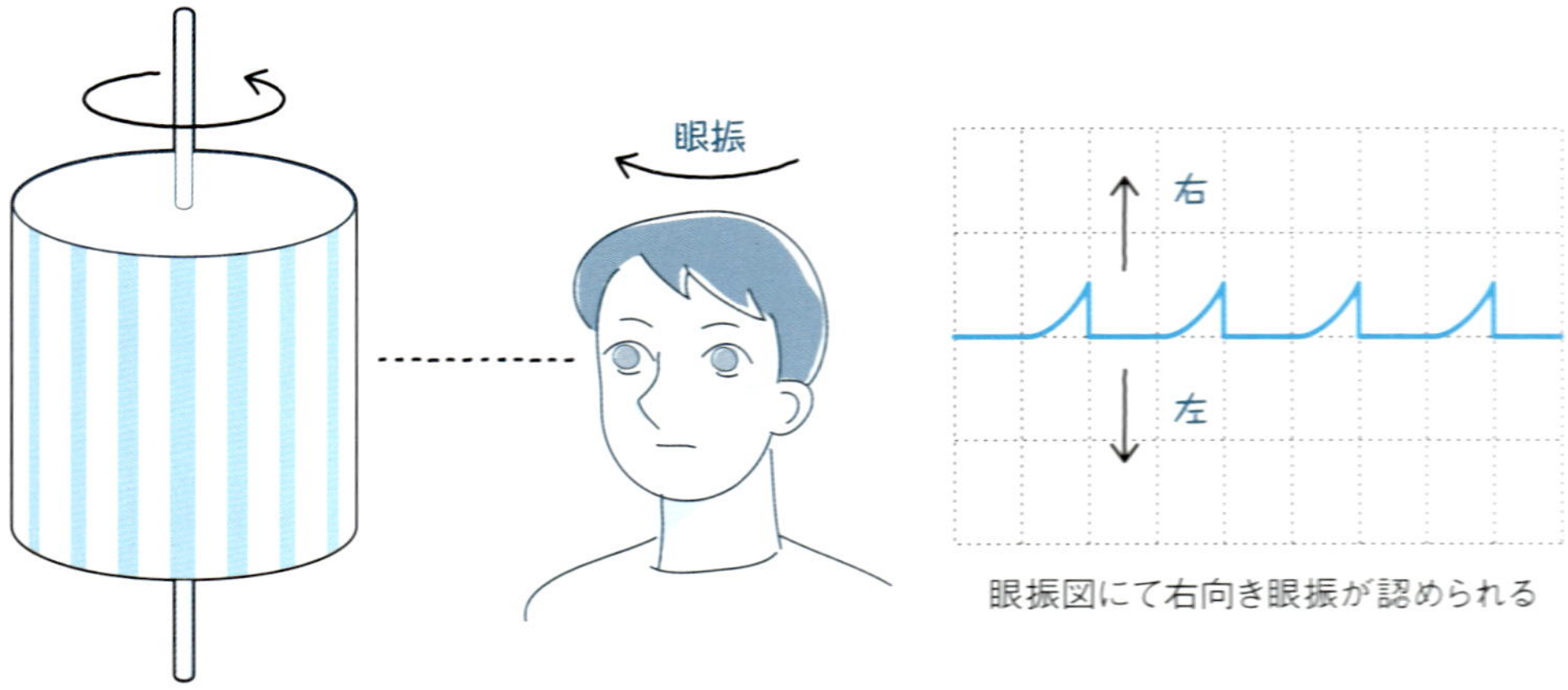

図3-16　視運動性眼振（OKN）

視運動性眼振（OKN）の見かた

- 用意するもの：OKNドラムまたは縞模様の入った布
- 乳児の眼前でドラムを回転させるか，縞模様を一方向に動かす。
- 水平で発見しにくければ，垂直方向に回転させる。
- 回転している方向にゆっくり動き，すばやく戻る動きを認めれば眼振（＋），すなわち見えていると判定する。

- 定量的に視力を測定するためには，Teller Acuity CardなどのPL（preferential looking）法（p.12，図1-3），絵視力（森実ドットカード，図3-17）なども利用する。ただし，最小分離域を見ているわけではないので過信してはいけない。
- ３歳以上ではランドルト環視力が可能である。通常の字づまり視力検査（Log MAR視力検査），字ひとつ検査，近距離視力検査などがある。

図3-17　森実ドットカード

- 遠視がある場合で，すでに眼鏡を処方されている場合には，眼鏡をかけた状態で先に視力検査を行う。いったん調節がかかってしまうと，眼鏡をかけたときの視力が悪い可能性があるからである。

- 小児では，なかなかすべての視力検査が可能ではないので，検査方法を選択して短時間に行うこともある。

ものしりコラム

両眼開放視力検査

斜視患者のなかには潜伏眼振を認めるものも少なくない。潜伏眼振があると，一眼を遮閉したときに眼振が起こり，視力が低下する。眼振のある患者の視力を測定するときには，強い凸レンズを使って片眼を雲霧して両眼開放のまま測定する（図3-18）。

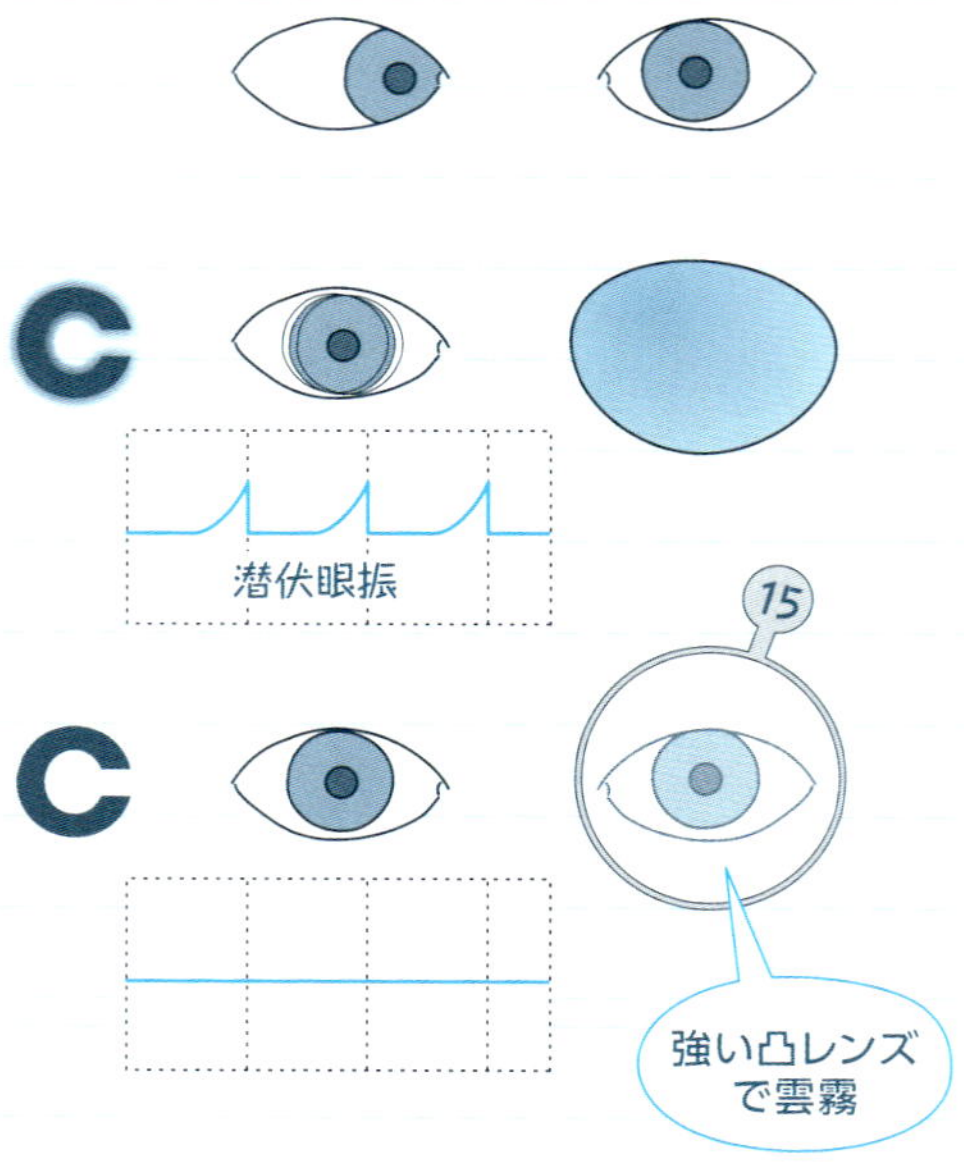

図3-18　雲霧

D 屈折検査に必要な器具

- 成人では据え置き型オートレフラクトメータを主に使用するが，乳幼児では検影法，手持ちオートレフラクトメータ，フォトレフラクション法などを利用する。通常のオートレフラクトメータが使えるようになるのは約2歳半以上である。
- 小児では必ず調節麻痺下で屈折検査を行う。調節麻痺には，アトロピン硫酸塩あるいはシクロペントラート塩酸塩（サイプレジン®）を用いる。
- アトロピン硫酸塩は検査の5～7日前から点眼する必要があり，副作用は発熱，発赤などがある。1歳以下では，副作用を軽減するために眼軟膏や院内で0.2%～0.5%に薄めたものを使用するとよい。
- シクロペントラート塩酸塩の副作用には傾眠，精神異常反応があるので，注意が必要である。したがって，調節麻痺検査の際には，点眼薬の管理や点眼時には鼻根部を押さえる，1滴以上入れないこと，などを十分説明する。

- 検影法は屈折検査の基本的な手技であるため，習熟しておく必要がある。眼鏡をかけた上から検影法を行うことによって，眼鏡の過矯正のチェックをしたり，近づくことを嫌がる乳幼児に対して中間透光体の混濁を検出したりすることもできる。

検影法に必要な器具はレチノスコープ，板つきレンズまたは眼鏡枠と，トライアルレンズ，固視灯である（図3-19）。

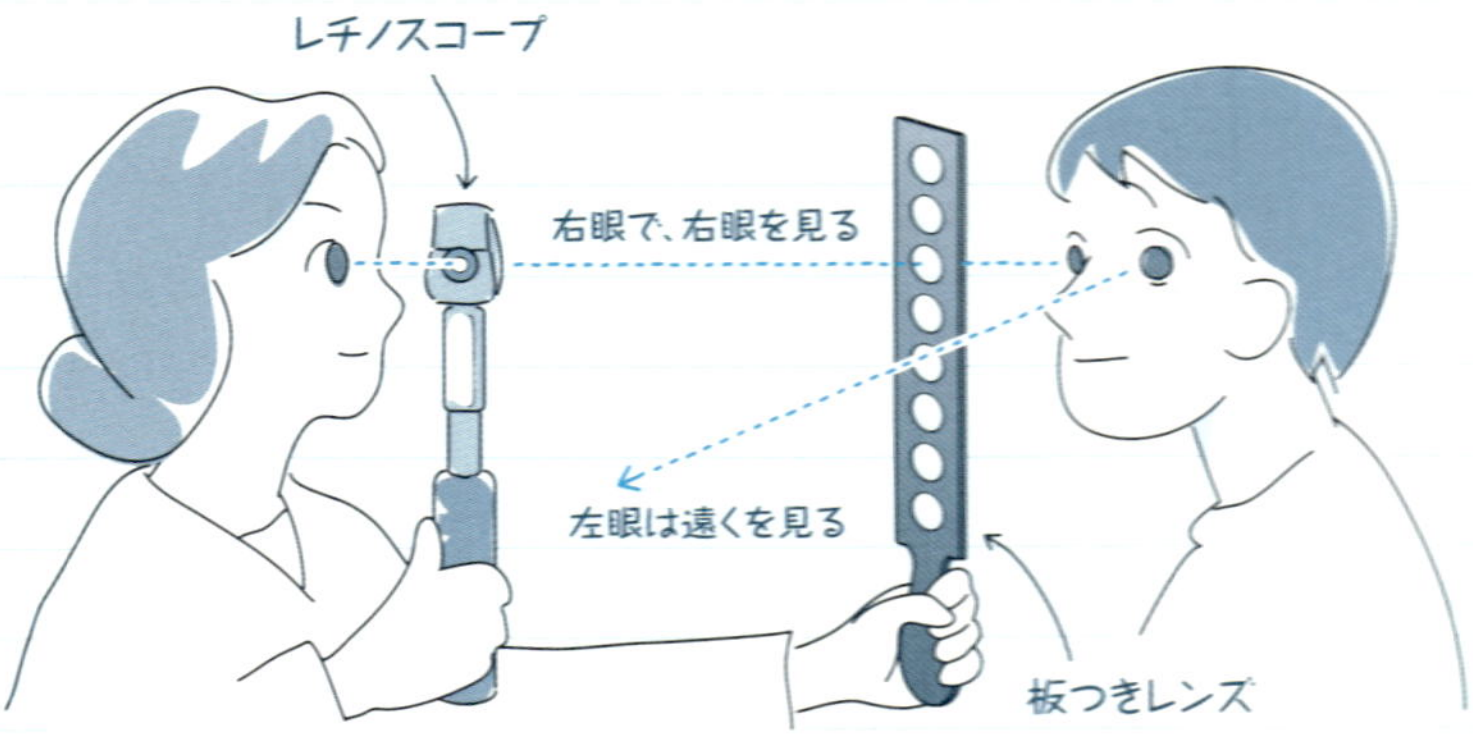

図3-19　検影法

検影法の実際

① 患者と自分の眼の高さが同じになるように座る。
② 遠方の固視目標を見させる。
③ 両眼に光があたるように，レチノスコープの光をあてるか左右交互に照らすかして，瞳孔からの反射の左右差の有無をみる。
④ 右眼を測定するときは自分の右眼で，左眼を測定するときは自分の左眼でレチノスコープを覗き，視線を妨げないようにする。
⑤ 50cmの距離からレチノスコープの光を瞳孔にあてて，ゆっくり動かし，瞳孔内の反射から同行・逆行を判定する。
⑥ 同行なら＋2D以上，逆行ならそれよりマイナス側のレンズを眼前に置き，中和するときのレンズ度数を決定する。
⑦ 得られたレンズ度数から2Dを引いた値を屈折値とする。
⑧ 線状検影法では，レチノスコープの光を90°回転させ，同様に屈折値を測る。その差が乱視度数となる。

E 眼鏡処方に必要な器具

- 眼鏡処方は斜視診療にとって最も重要な治療手段の1つである。
- 内斜視の多くは遠視を伴い，屈折矯正によって眼位が改善することが多いので眼鏡を処方する。不同視を伴う外斜視や間欠性外斜視では，軽い近視であっても眼位を安定させるため積極的に眼鏡を処方する。
- 眼鏡ができあがってきたらまずレンズメータでレンズ度数を測定し，眼鏡をかけた状態でフィッティングのチェックを行う。診察のたびにフィッティングのチェックとレンズの傷のチェックを行う必要がある（図3-20）。

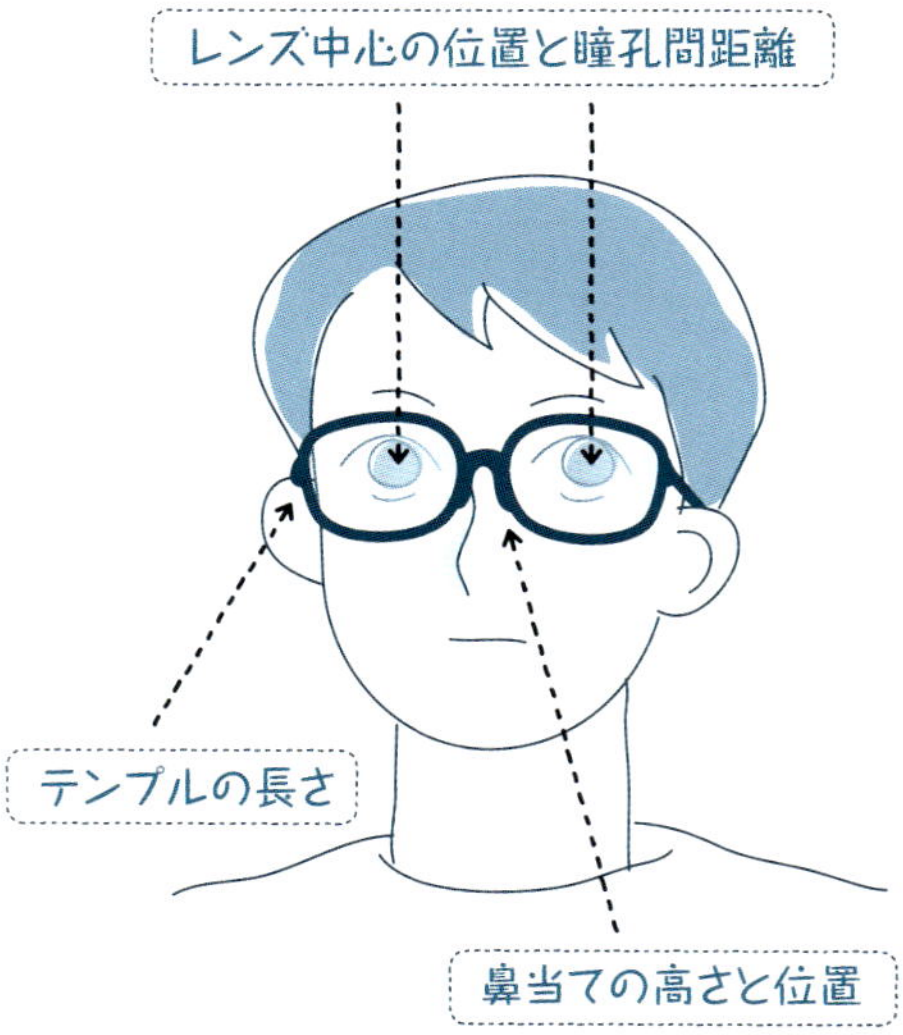

図3-20　眼鏡のチェック

● 眼鏡チェックの方法

- **正面から**：瞳孔がレンズ中心と一致しているか？　レンズメータでレンズ中心にマークをつけ，眼鏡をかけた状態でチェックする。眼鏡フレームが傾いていないか？
- **上方から**：レンズ後面と角膜前面から（頂点間距離）が約12mmか，睫毛がレンズにあたっていないか？
- **横から**：レンズ傾斜（前傾角）が約10°になっているか？　テンプルの長さ，モダンの長さと位置が正しいか？　テンプルが短すぎると眼鏡が鼻眼鏡になりやすい。皮膚に食い込んでいないか？
- **眼鏡をはずして**：レンズ度数のチェックと傷の有無のチェック。顔に傷ができていないか？　特に鼻パッドやテンプルが顔に食い込んでいると皮膚に圧迫痕がみられる。

ものしりコラム

療養給付制度

9歳未満の小児に対しては医療費の療養給付制度がある。また自己負担分に関しても，市町村によっては補助するところもあるので，できるだけ利用できるように説明する。

F 眼位・眼球運動検査

Hirschberg試験

- 角膜反射状態から眼位を判定する方法。1mmのずれは12.3°に相当する。

Krimskyプリズム試験

- 片眼の視力が著しく悪い場合など固視がうまくできない場合に行う。固視眼の前にプリズムを置き，非固視眼の瞳孔中心に角膜反射がくるときのプリズム度数を斜視角として用いる。
- 麻痺性の斜視で麻痺眼で固視できない場合は，麻痺眼の前にプリズムを置く（図3-21）。
- 非固視眼の前にプリズムを置いてもよいが，プリズムを通して角膜反射を見るのはやや見づらい。このとき必ず非固視眼の正面から反射を確認することが大切である（図3-22）。

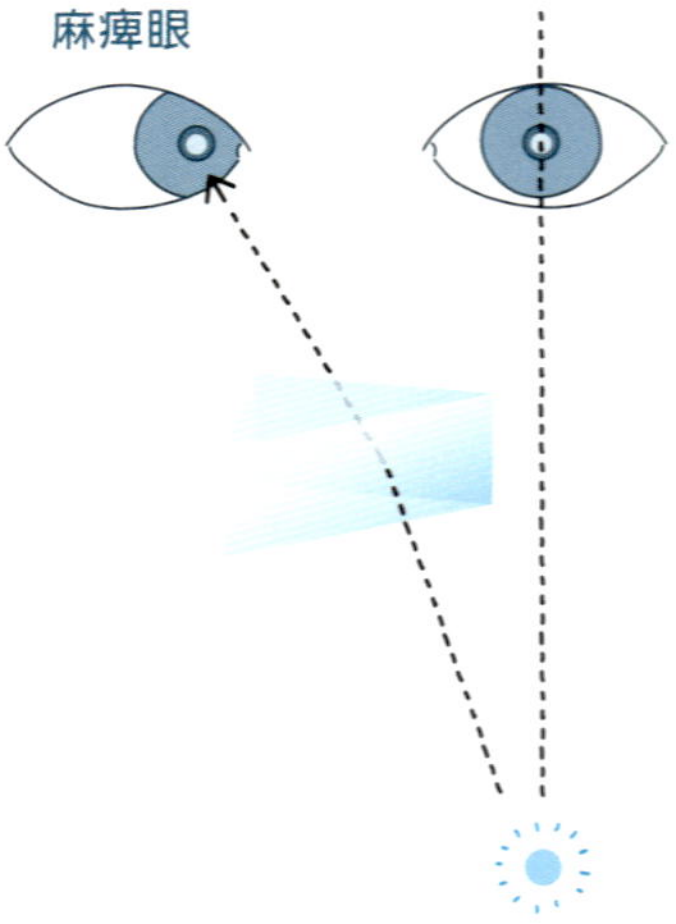

図3-21　Krimskyプリズム試験（1）

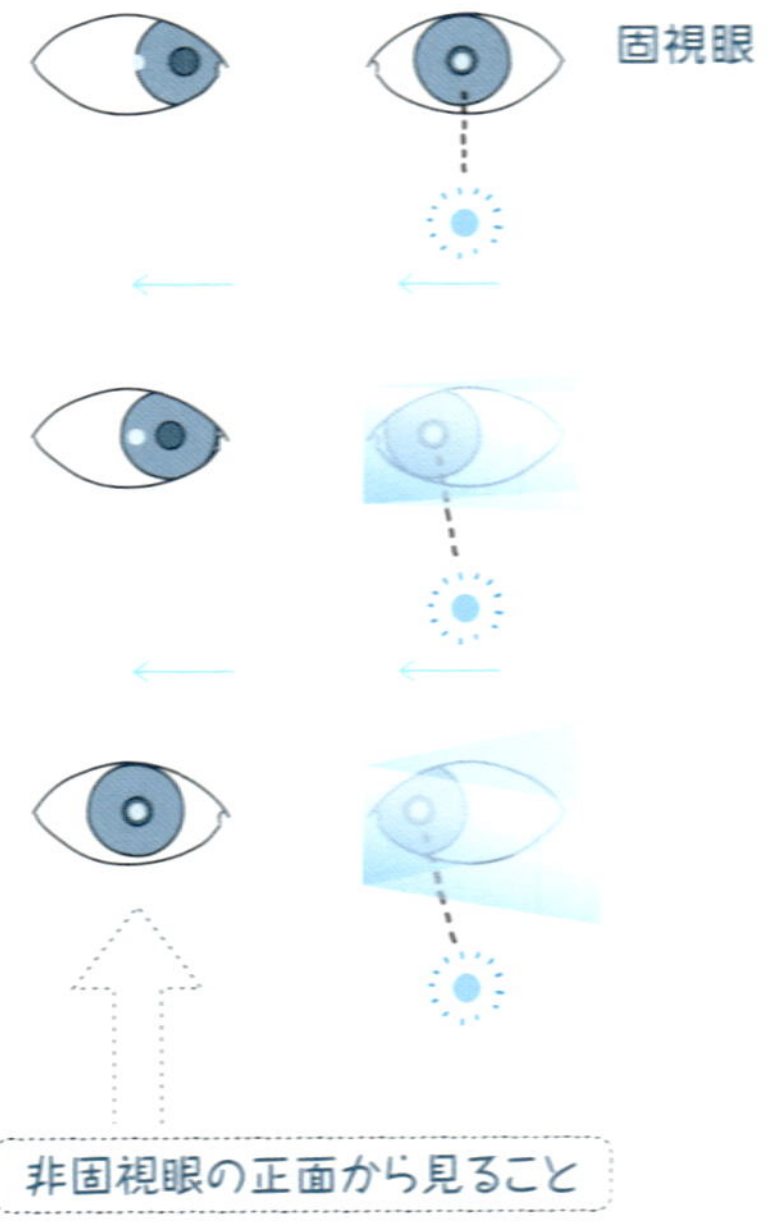

図3-22　Krimskyプリズム試験（2）

ものしりコラム　Krimskyプリズム試験

厳密には，角膜反射が瞳孔中心よりやや鼻側にくるのが正位である。中心として判断すると，内斜視では過小評価を，外斜視では過大評価をすることになる。

単眼運動（ひき運動）

- 片眼を隠した状態で，一眼が十分に動くかを確認する。
- 特に乳児内斜視では，十分に外転ができるかどうかの判断は難しいが重要である。片手でしっかりと片眼を隠したり，アイパッチで隠して行う。おもちゃで十分に気を惹きながら外転させる。あるいは固視目標を固定して置き，頭を逆方向にまわすことで眼球が完全に外転することを確認する。

ものしりコラム　**眼振**

最大外転時には生理的眼振（終末位眼振）がみられることがあるが，眼位性眼振では正面視でも眼振がみられる。

両眼運動（むき運動）

上下，左右，斜め上下に，正面を含む9方向に眼球を動かして斜視の変化を観察する。下方視では必ず上眼瞼を上に引いて，角膜上縁を見る。

輻湊・開散（よせ運動）

- 輻湊は眼を内寄せする動き，開散は内寄せから離れていく方向への動きを指す。輻湊ができないと，近見時に外斜視となる。輻湊近点は，正常では6〜8cm，異常は10cm以上である。
- 輻湊の幅を測定するためには，固視目標の位置を一定にして，片眼または両眼の眼前にプリズムを基底が外方になるように置き，単一視のできる範囲を求める（図3-23）。逆に開散幅を求めるにはプリズムを基底内方に置く。

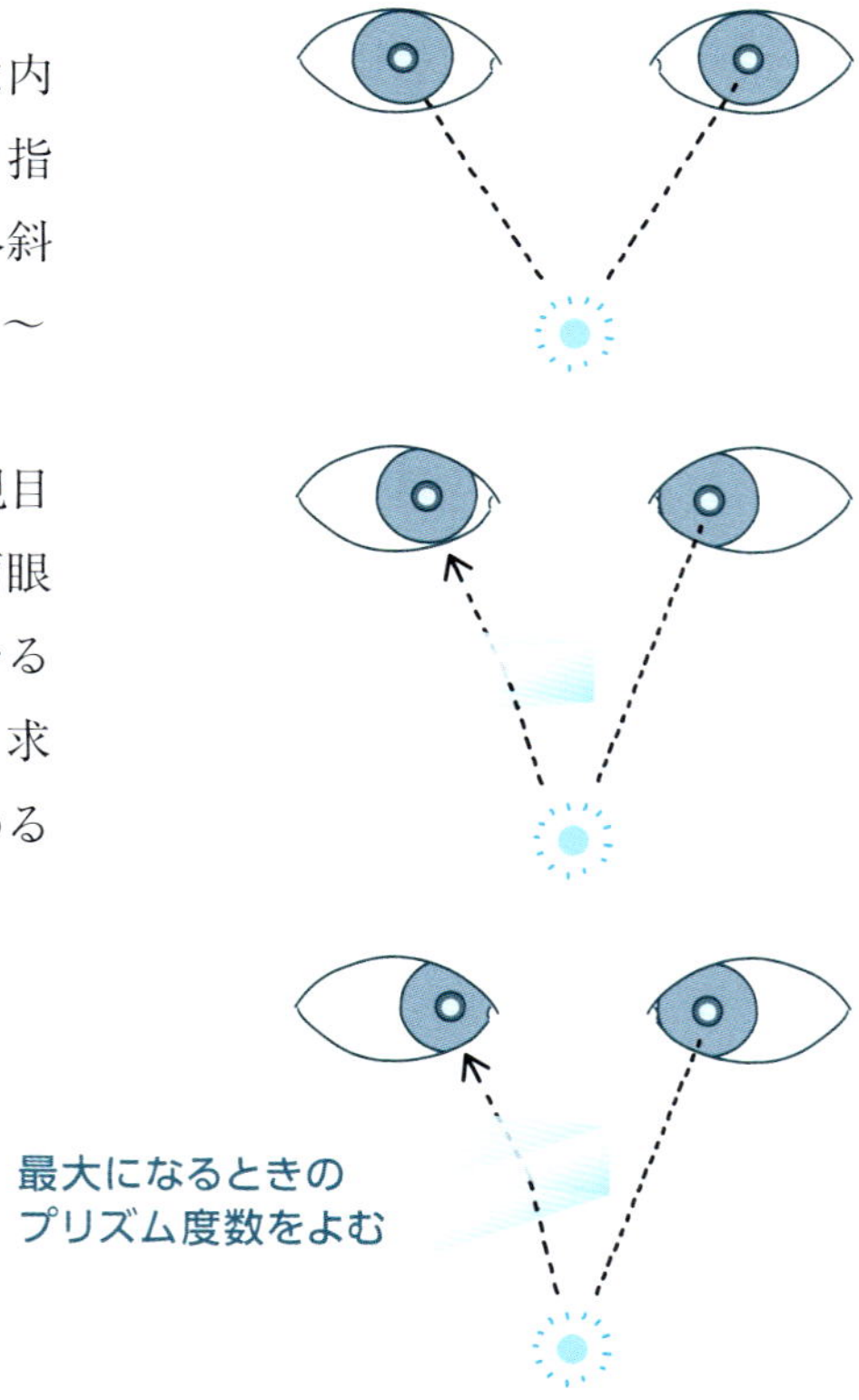

図3-23　輻湊幅

遮閉試験，遮閉−非遮閉試験

- Hirschberg試験だけではカッパ角異常を見逃すので，必ず遮閉試験−非遮閉試験を行って斜視との区別をつける。

ものしりコラム　カッパ角異常（p.33）

未熟児網膜症の瘢痕期などで黄斑が耳側へ偏位していると，外見上は外斜視でも，実際には正位や内斜視のこともある。

頭位傾斜試験

- 首を傾けたときの上下斜視の程度の変化をみる。Parksの３ステップテストは，麻痺筋の同定を行うのに特に有用である（図3-24）。

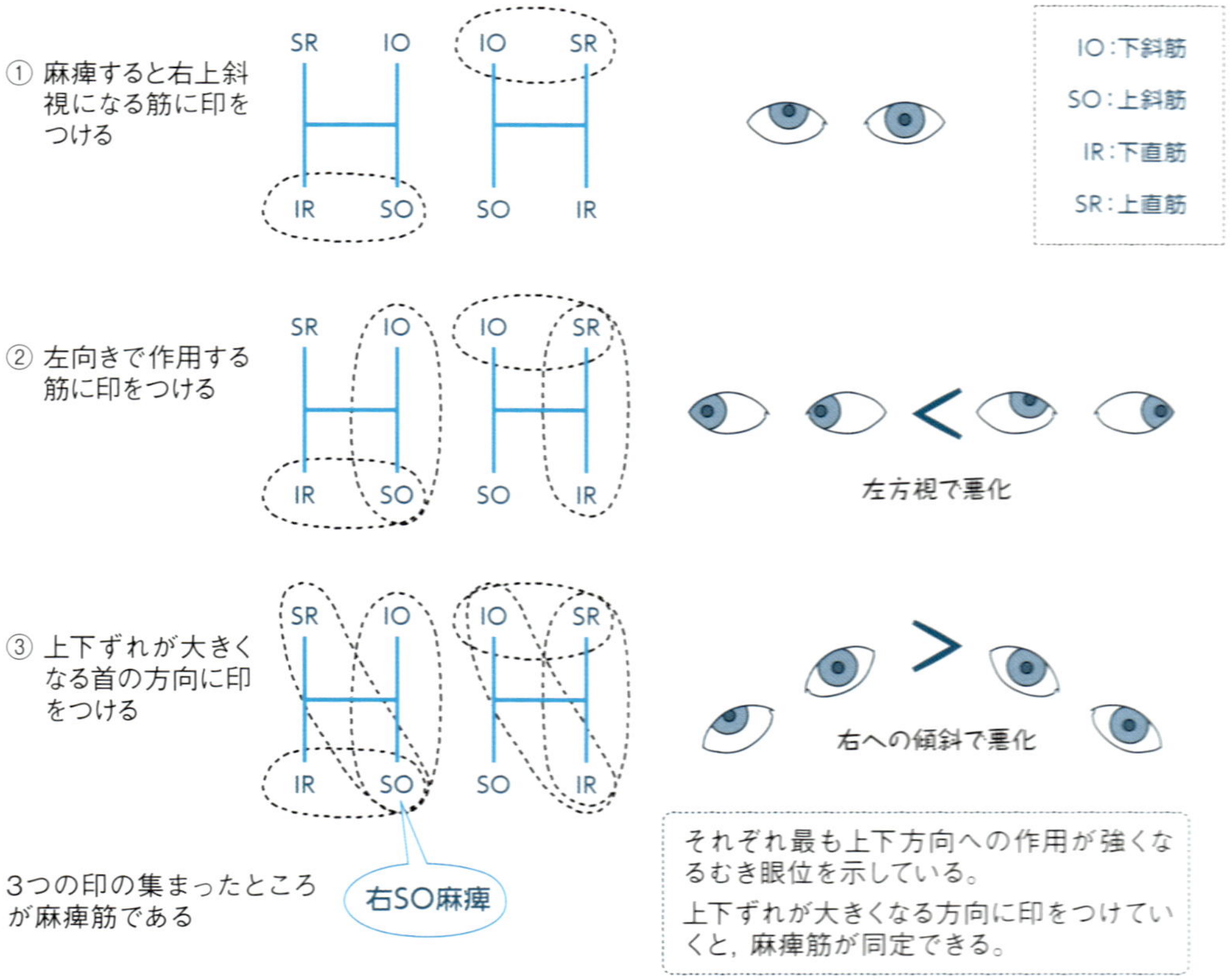
① 麻痺すると右上斜視になる筋に印をつける
SR IO IO SR
IR SO SO IR
IO：下斜筋
SO：上斜筋
IR：下直筋
SR：上直筋
② 左向きで作用する筋に印をつける
左方視で悪化
③ 上下ずれが大きくなる首の方向に印をつける
右への傾斜で悪化
3つの印の集まったところが麻痺筋である
右SO麻痺
それぞれ最も上下方向への作用が強くなるむき眼位を示している。
上下ずれが大きくなる方向に印をつけていくと，麻痺筋が同定できる。

図3-24　Parksの3ステップテスト

- 左眼の上斜筋麻痺では，右に傾けたときに上下斜視が少なくなり，左に傾けたときに上下斜視が強くなる。逆に交代性上斜位では，右に傾けたときに右眼が，左に傾けたときに左眼が上転することが多い。

ものしりコラム

頭位傾斜試験

長期間の上斜筋麻痺ではステップ2が反転することが多い。頻度は上斜筋麻痺が下斜筋麻痺より圧倒的に多いので注意する。

プリズム遮閉試験

- プリズムは，重ねて持つと角度が変わるので注意する。水平と上下を重ねるのはよい（図3-25）（p.53，表3-2，3-3）。

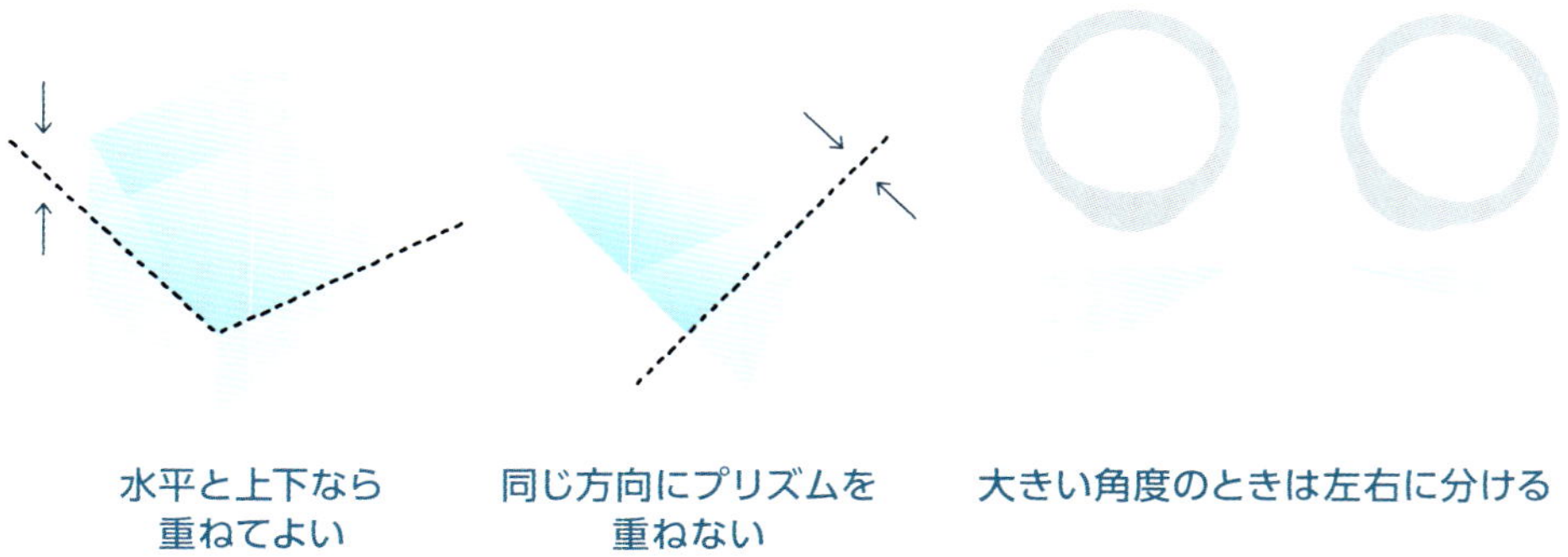

水平と上下なら
重ねてよい
同じ方向にプリズムを
重ねない
大きい角度のときは左右に分ける

図3-25　プリズムの重ねかた

- プリズムは，内斜視では基底外方，外斜視では基底内方，上下斜視では上斜視眼には基底下方になるように持つ（図3-26）。
- プリズムの置きかたには**前額面位**や**プレンティス位**がある（図3-27）。

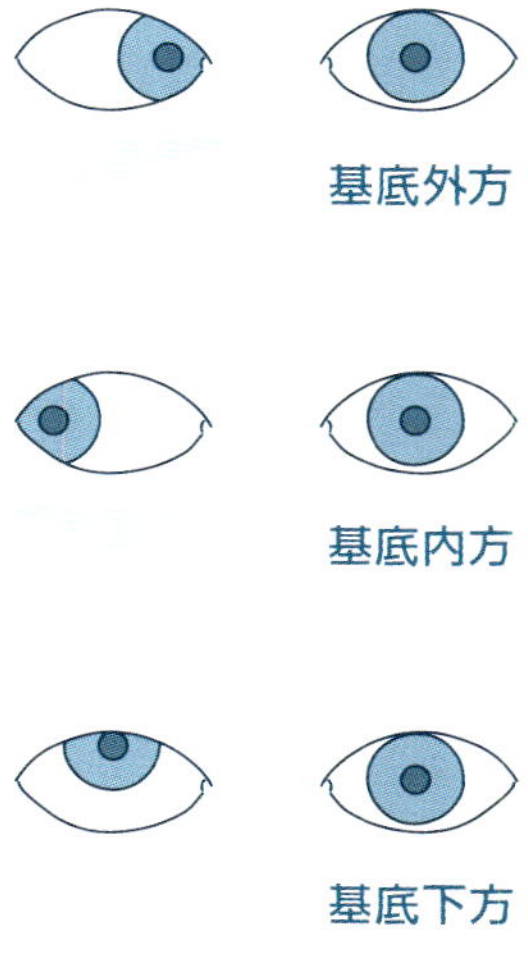

基底外方
基底内方
基底下方

図3-26　基底の方向

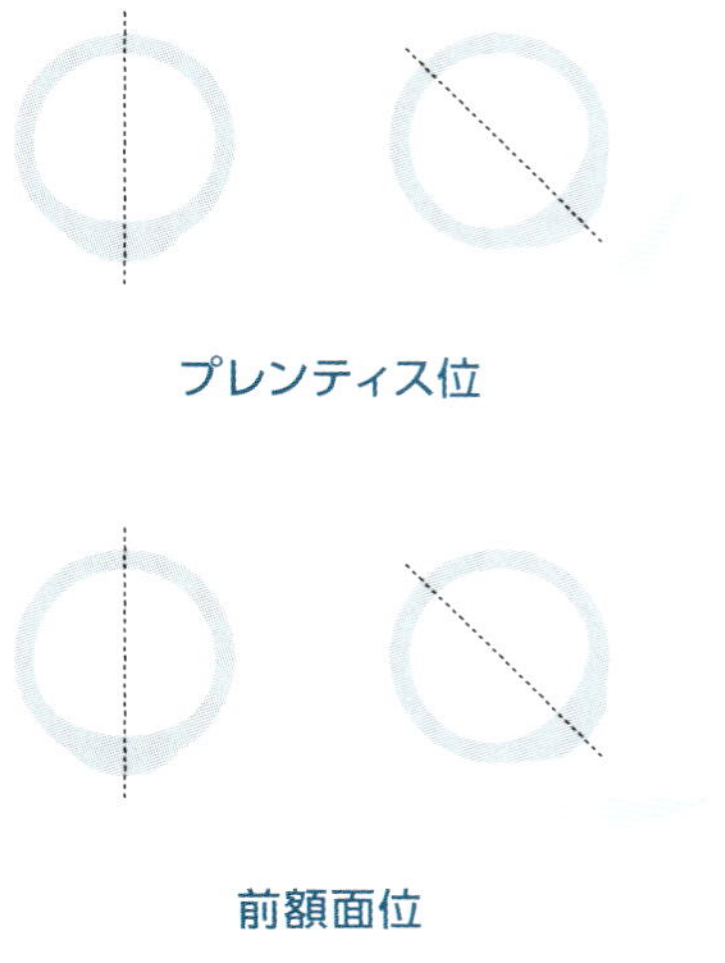

プレンティス位
前額面位

図3-27　プリズムの置きかた

- プリズムを置いた状態で遮閉試験を行い，眼球が動かないときのプリズム度数が斜視角となる（図3-28）。

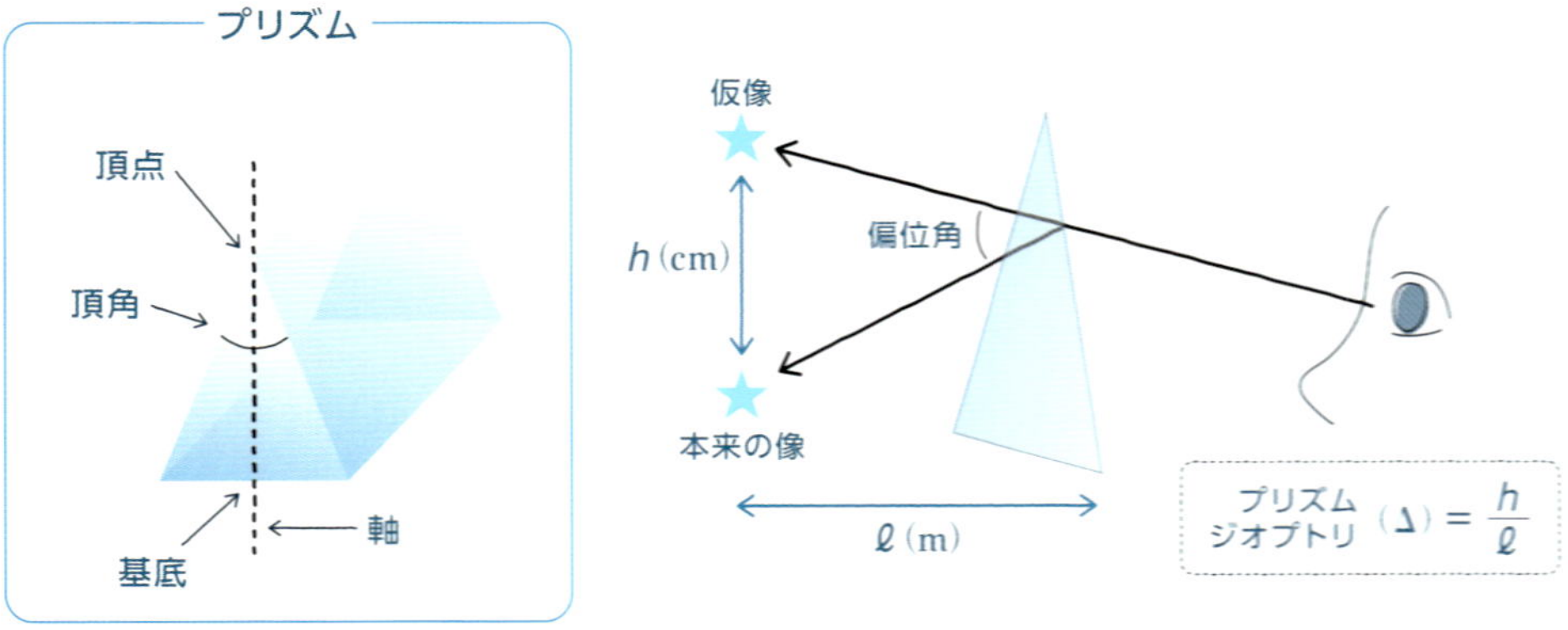

図3-28　プリズム

G AC/A比

- 調節量と輻湊量の比である。測定方法には調節勾配法（Gradient法）と遠位勾配法（Heterophoria法）がある。調節勾配法の方が正確である。
- **調節勾配法（Gradient法）**：固視目標を固定しておいて，眼前に異なる屈折度数のレンズを置くことで調節刺激を変化させた上で，眼位を測定して計算する。

AC/A比＝（レンズ負荷後眼位）−（負荷前眼位）/3　正常値3〜5

Far Gradient法：5m離れたところに固視目標を置き，交代プリズム遮閉試験で眼位を測定する。−1D，−2D，−3Dの凹レンズを負荷して，眼位を繰り返し測定する。

Near Gradient法：33cmの近方に固視目標を固定して置き，完全矯正度数で矯正した状態で眼位を交代プリズム遮閉試験で測定する。＋3Dを加えたレンズを装用した上で，眼位をもう一度同じようにして測定する。

- **遠位勾配法（Heterophoria法）**：完全矯正眼鏡を装用して測定する。5m遠方の視標を固視しているときの眼位を測定し，次に33cm近方を固視しているときの眼位を測定する。瞳孔間距離を測定して，

AC/A比＝瞳孔間距離＋（近見眼位−遠見眼位）/3
（ただし，内斜視は＋，外斜視は−で計算する）

で求める。瞳孔間距離の影響を受けるので誤差が大きい。

H 両眼視機能検査

- 両眼視機能検査は，人工的に右眼と左眼に異なる画像を見せて両眼視機能を定量する方法と，実際の生活の場面で両眼視機能をみる自然視に近い方法がある。
- 両眼に異なる画像を見せるための手法として，赤緑の眼鏡をかける方法，偏光レンズをかける方法，特殊なフィルムなどを用いて左右眼に別の画像を見させる方法（3Dモニターテスト），回転するシャッターを使う方法（位相差ハプロスコープ），大型弱視鏡のように覗かせる方法などがある。
- いずれも日常視と異なる分離をするため，検査方法によって結果が異なる。

輪通し法

- 小さな輪の中にかぎ針や針金を通してもらう。両眼で行ったときと片眼で行ったときの差をみる。両眼視をしていれば，両眼開放のときの方がうまくいく。

2ペンシル法

- 鉛筆の先に，被検者が持っている鉛筆の先をつながせる検査。両眼で行ったときと片眼ずつ行ったときの違いをみる。

ラングステレオテスト®

- ランダムドットで描かれた立体図形を見つけられるかどうかで確認する。検査のための眼鏡が不要なため，2歳児でも可能なことが多い。

偏光眼鏡で行う検査

- Randot stereo tests® とTitmus stereo tests® などがある。ランダムドットでないものは偽陽性に注意する。

赤緑眼鏡で行う検査

- TNO stereo tests® は図形がランダムドットで描かれているため，片眼視では正答を得にくい。

ワース4灯試験

- 複視の有無，網膜対応の状態，抑制暗点を調べることができる。

4プリズム基底外方試験（図3-29）

- 抑制暗点の有無を簡単に調べることが可能である。プリズムを基底外方に置くだけでなく，基底上方（下方）や，16プリズムくらいの大きなプリズムで行うこともできる。ただし，非定型的な反応も多い。

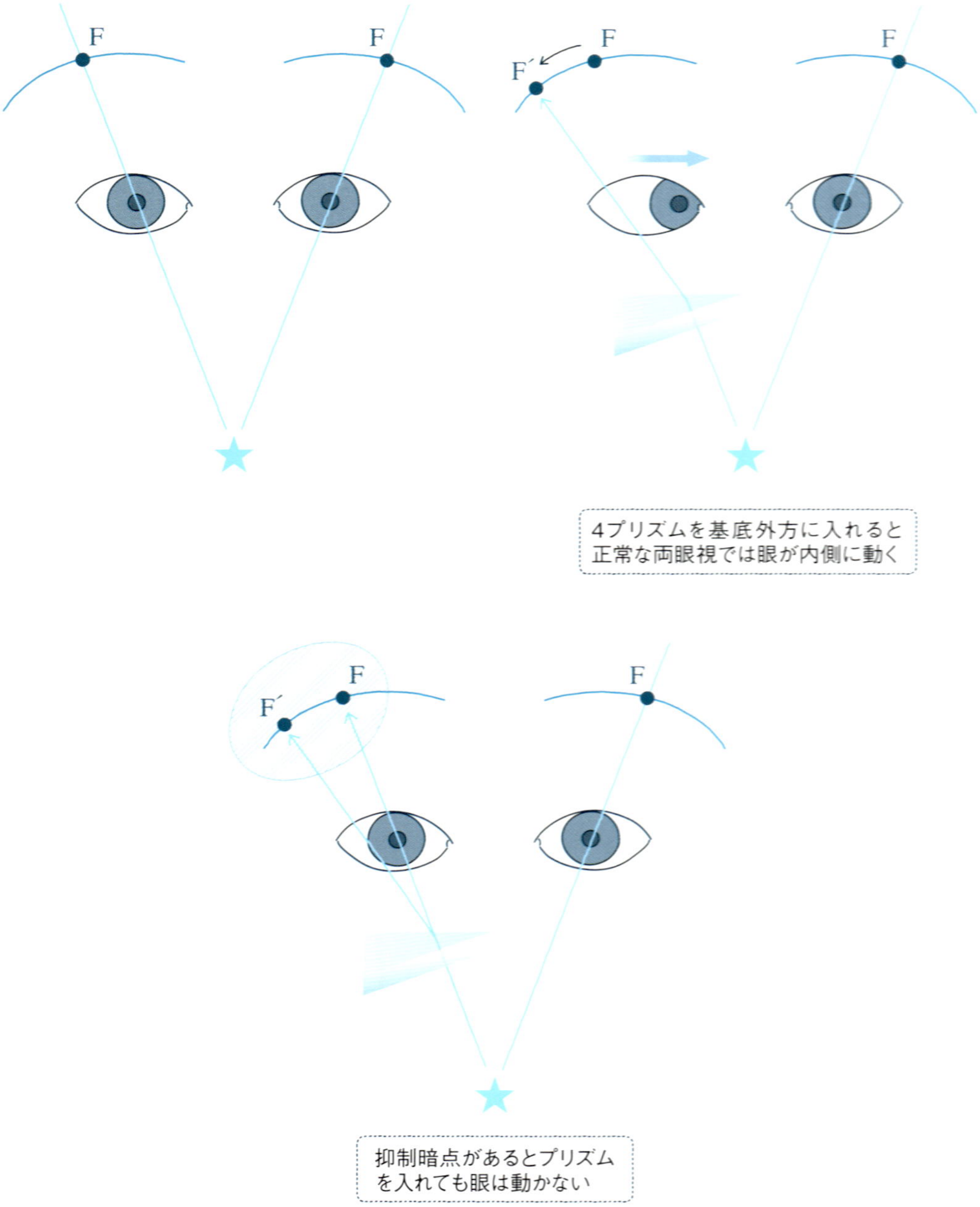
F
F
F´
F
F
4プリズムを基底外方に入れると
正常な両眼視では眼が内側に動く
F´
F
F
抑制暗点があるとプリズム
を入れても眼は動かない

図3-29　4プリズム基底外方試験

バゴリーニ線条レンズ試験（図3-30）

- 中心窩抑制の有無と，対応異常を調べることができる。

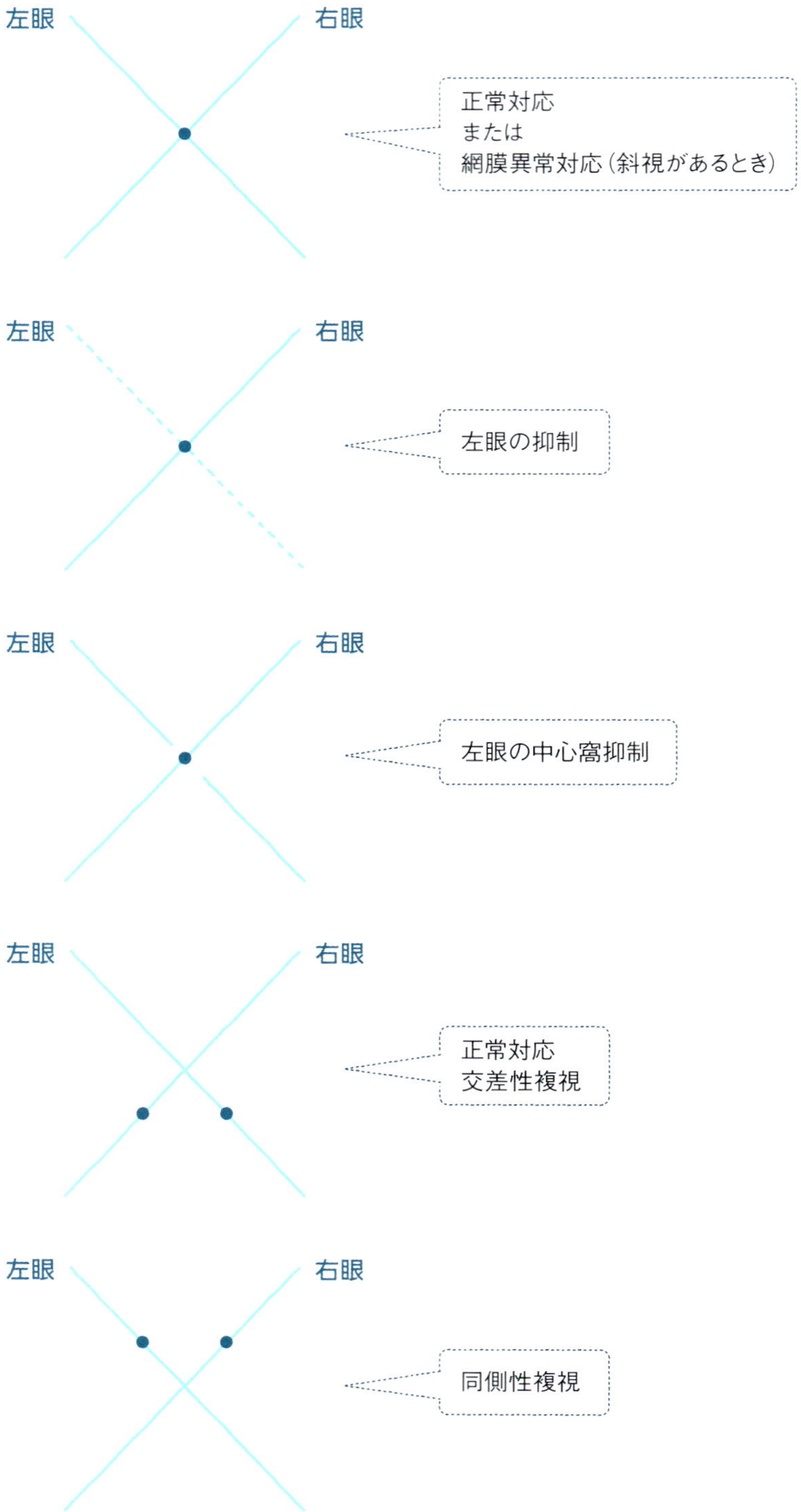

図3-30　バゴリーニ線条レンズ試験の答えかた

残像試験

- それぞれの眼の固視点に確実に異なる画像を投影し，どのように見えるかを尋ねることで網膜対応を調べる。網膜異常対応が検出されにくい（図3-31）。
- 日を開けて答える**陰性残像**と，眼を閉じて答える**陽性残像**がある（図3-32）。陰性残像の方が日常視に近い。

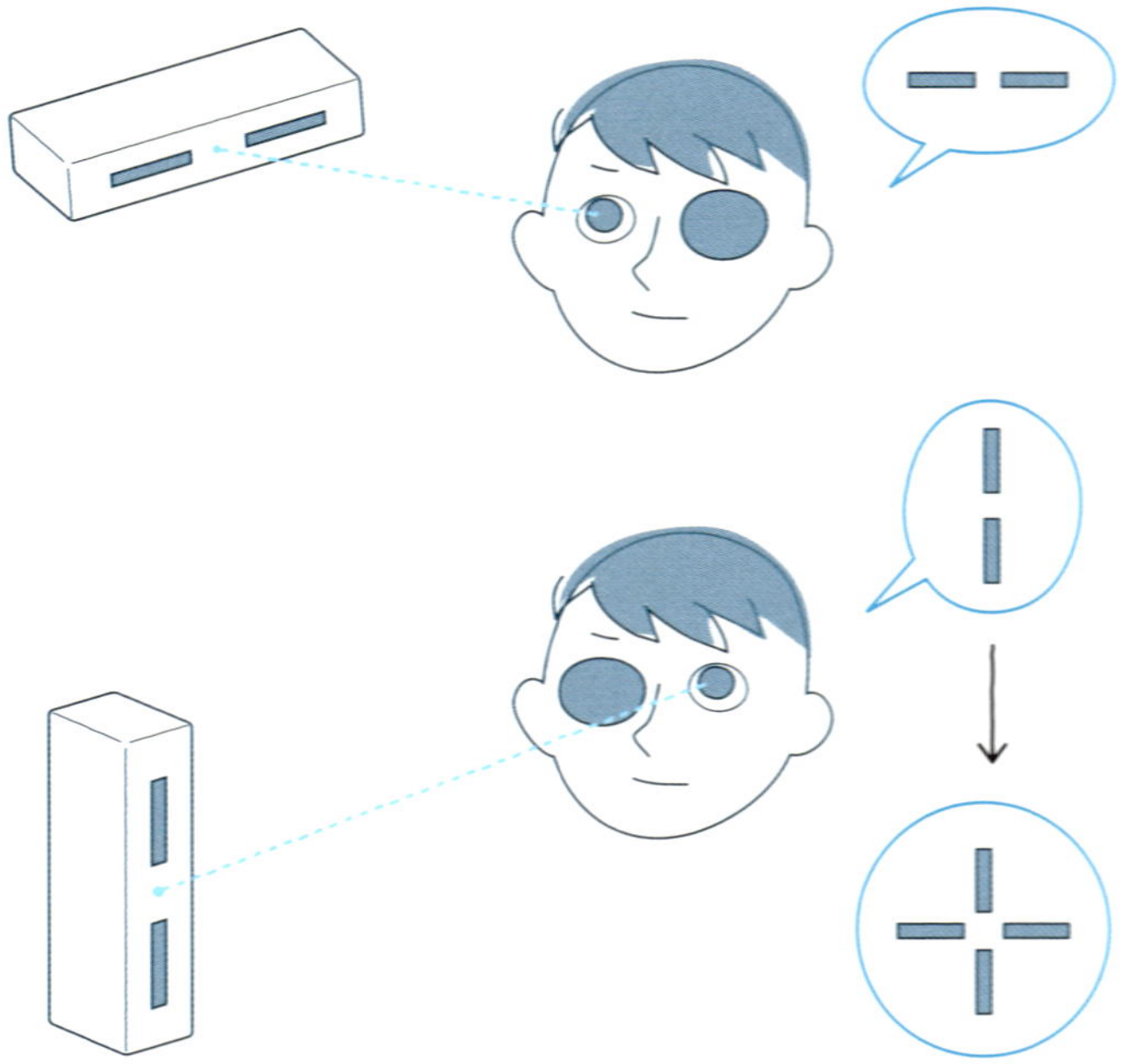

図3-31　残像試験

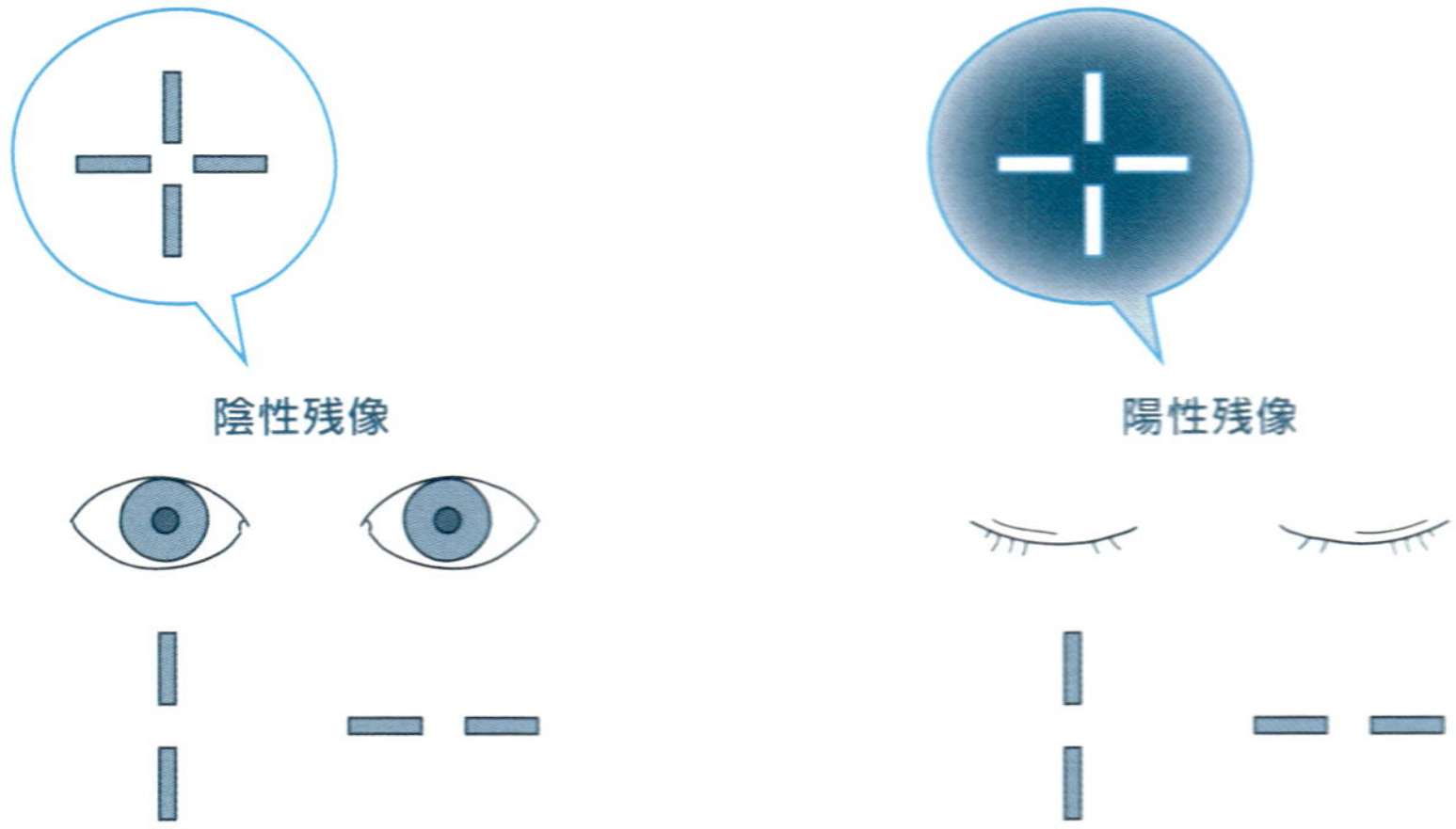

図3-32　陰性残像と陽性残像

Hess赤緑検査（図3-33）

- 片眼固視下の眼位を定量的に測定することで，眼位異常のパターン，眼筋麻痺の場合は麻痺筋の推定，過動や遅動がわかる。実施には網膜正常対応で抑制のないことが必要である。

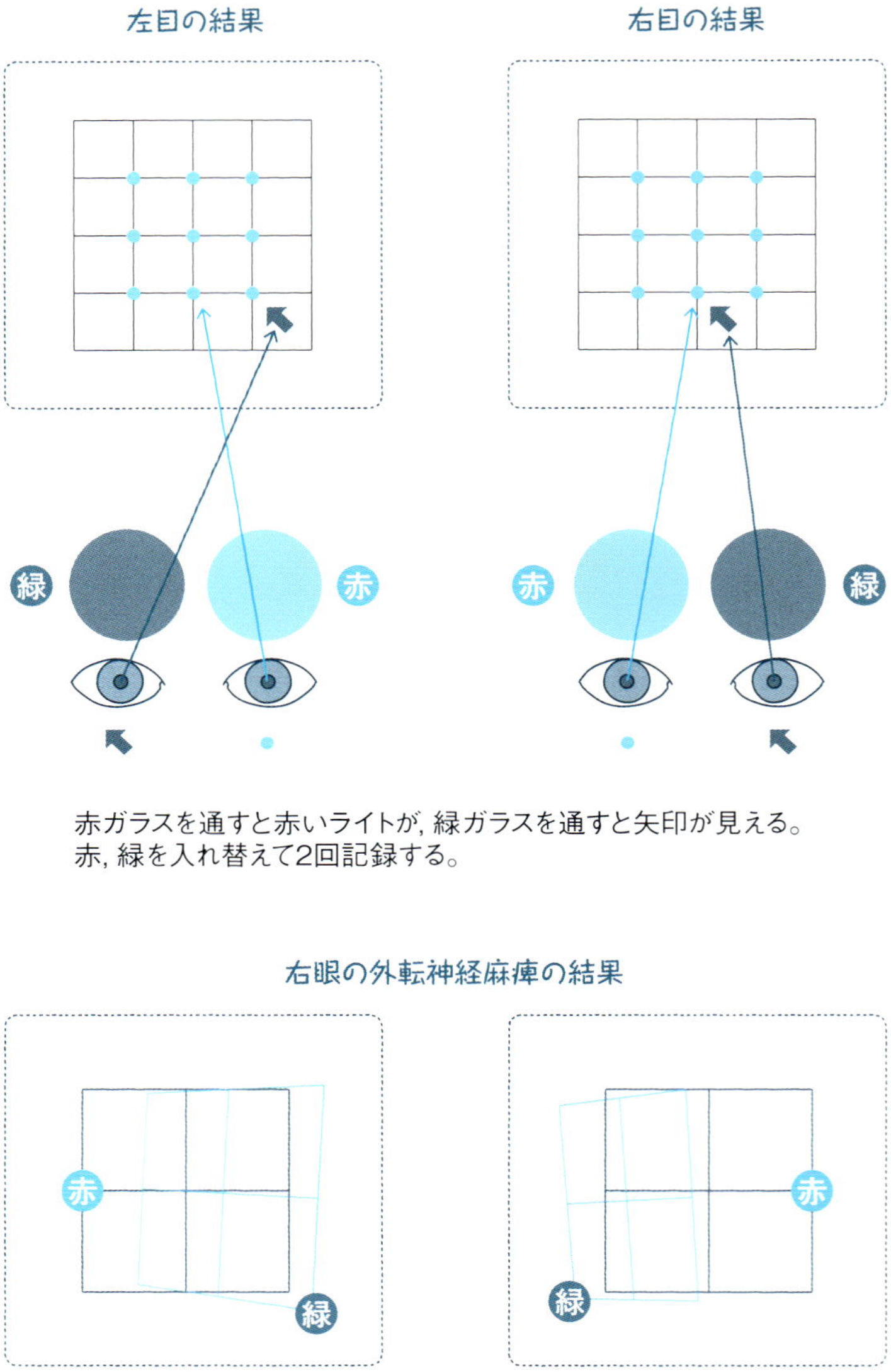

赤ガラスを通すと赤いライトが, 緑ガラスを通すと矢印が見える。
赤, 緑を入れ替えて2回記録する。

図3-33　Hess赤緑検査

大型弱視鏡

- 顕性斜視があっても，両眼の中心窩にさまざまな図形を投影することによって，網膜対応，融像，立体視が検査できる。
- 特に回旋偏位の定量に有効である。

I 眼科一般検査

瞳孔検査

- 瞳孔検査は明室と暗室の両方で行う必要がある。患者に正面を見させ，ペンライトの光を斜め下方から瞳孔に入れる。瞳孔の形，縮瞳の速さ，縮瞳の程度をみる。
- 暗室で瞳孔不同が著明ならHorner症候群を，明室で瞳孔不同が著明なら動眼神経麻痺を疑う。
- Marcus Gunn瞳孔は直接対光反射が間接対光反射より弱い場合にみられ（relative afferent pupillary defect：RAPD），視神経障害を意味している。
- 瞳孔の形が不整であればAdie瞳孔や，ぶどう膜炎，白内障手術後，先天異常，薬物使用などを考える。

細隙灯顕微鏡検査

- 乳幼児では手持ちの細隙灯顕微鏡を用いる。
- 角膜の混濁，結膜の異常や瘢痕，水晶体の混濁，涙液の状態などを観察する。過去に斜視手術の既往があれば結膜に瘢痕がみられる。
- 角膜の損傷を確認するためには，フルオレセインで染色して青色の光で観察する。
- わずかな眼振（特に回旋性眼振）は細隙灯顕微鏡でないと確認できないことがある。

眼底検査

- さまざまな網膜疾患が斜視の原因となっている。何らかの理由で片眼あるいは両眼の視力が低下すると廃用性斜視となる。また，黄斑部が牽引されると，外見上は外斜視であっても，実際は正位や内斜視のことがある（p.32，図2-13，14）。
- 黄斑牽引は，未熟児網膜症や家族性滲出性硝子体網膜症（FEVR）でみられることが多い。
- 黄斑浮腫があると小視症をきたし，黄斑前膜があると大視症をきたすことがある。これらの不等像視のために両眼視が妨げられる。
- 光干渉断層計（OCT）を使って網膜の断層像を得ることで，これまでわからなかった網膜の微細な変化をとらえることが可能である。小児では通常の眼底検査は嫌がって黄斑部の観察が困難なことが多いが，OCTはまぶしくないので，4歳以上で可能なことが多い。
- 蛍光眼底造影は，造影剤を注射しながら網膜の血管を撮影する方法である。通常の眼底検査でわからない微少な血管異常や，無血管野を発見するために用いる。

J 視野検査

- 脳血管障害や頭部外傷，脳腫瘍などによる脳神経麻痺に伴う斜視では視野異常を呈することがあるので，視野検査を行う必要がある。視野異常によっては，斜視を矯正することで補完し合っている視野がなくなり，かえって見づらくなることがあるので注意を要する。
- 緑内障や網膜色素変性症で著しい視野狭窄があると，術後の結果に影響が出る。

ものしりコラム　同名半盲

同名半盲では，半盲側の目が外斜視になることによって正面での視野を補っていることがある（図3-34）。斜視を矯正すると正面が見づらくなり日常生活に支障をきたすことがある。疑わしいときにはプリズムでシミュレーションをするとよい。

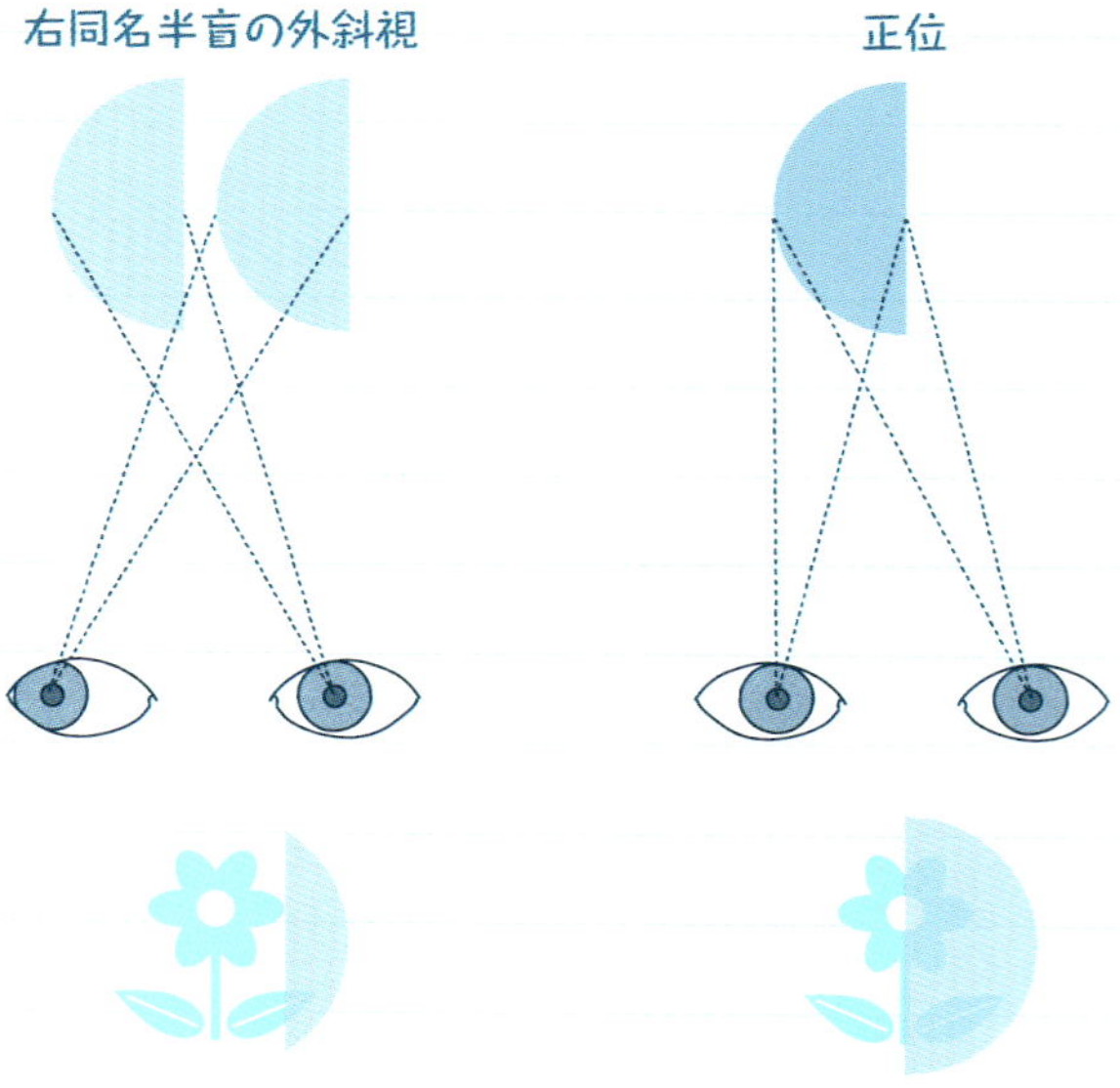

図3-34　右同名半盲で右外斜視だと中心が見える（左図）が斜視を矯正すると中心が見づらくなる（右図）

K 画像検査

超音波検査

- 超音波検査は，非侵襲的に眼球および眼窩内の構造を見ることができる検査である。AモードとBモードがある。Aモードは眼軸長を測定するのに用い，Bモードは二次元画像を見る。眼窩内腫瘍や外眼筋の肥厚などを外来で把握することが可能である（図3-35，36）。

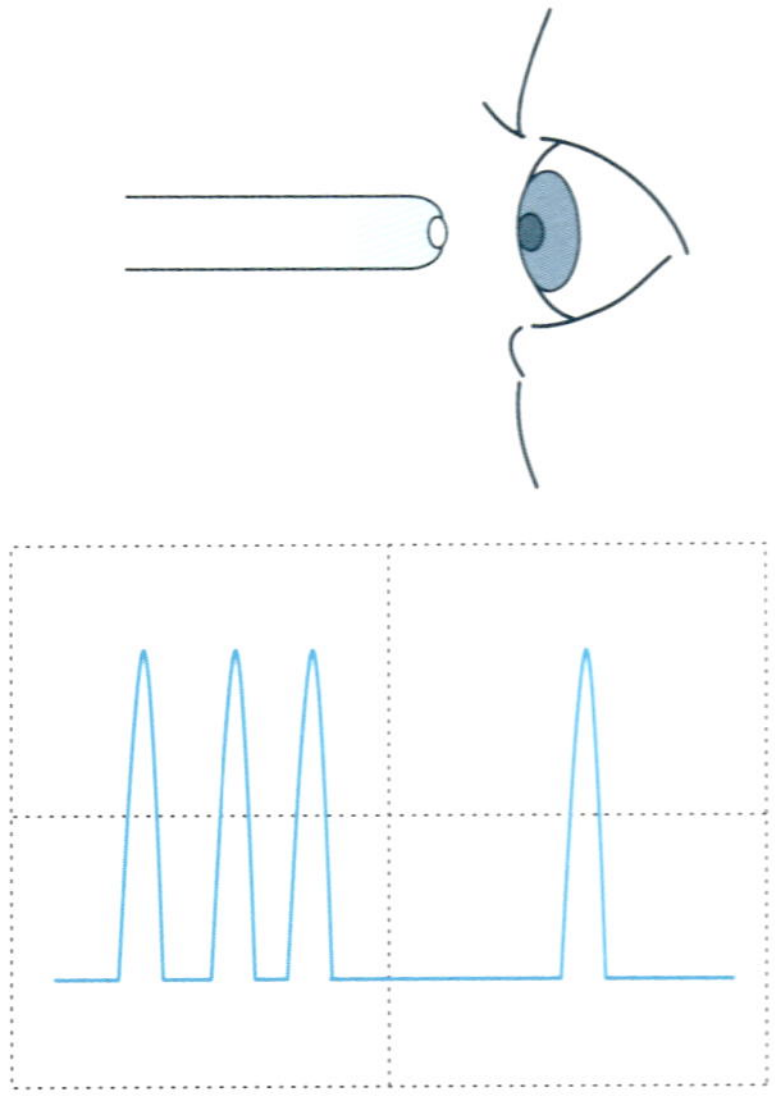

図3-35　Aモード

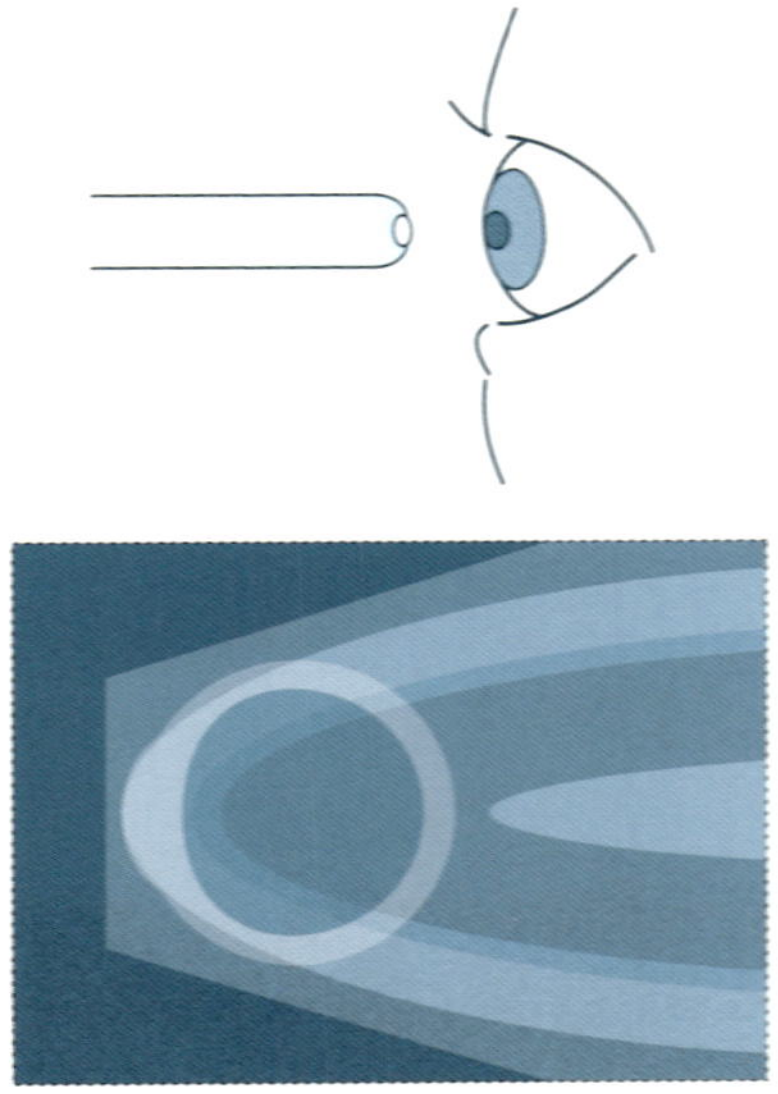

図3-36　Bモード

- 白内障手術で眼内レンズが挿入されていると，本来高度近視だったとしてもわからないことがある。近視に合併する内斜視の診断には超音波検査が有用である。
- 超音波生体顕微鏡（UBM）は，高振動数の超音波を発して前眼部の解像度を上げたものである。隅角や虹彩，水晶体を観察・測定するのに優れている。外眼筋の付着部を確認することもできる。

CT，MRI

- CTは放射線を用い，MRIは強力な磁場を用いて身体内部を観察する方法である。MRIでは放射線被曝の心配がないというメリットがある一方で，ペースメーカー，人工関節，手術用クリップなど体内に金属が入っていたり，閉所恐怖症があったりすると検査ができない場合がある。
- 通常，CTは数分で撮影が可能なのに対して，MRI撮影には20分以上撮影時間が必要である。CTは骨の描出に優れているが，MRIは骨を描出することができない。しかし，MRIでは脂肪や筋といった軟部組織の詳細な描出が可能である。費用や患者の年齢，体調，観察したい対象物によってCTとMRIを使い分ける。
- MRIは，造影剤を用いることなく，脳血管を描出するのに優れた方法である。動脈瘤やもやもや病などを疑う場合に行う。

ものしりコラム

シネモードMRI

眼球が動く様子をMRIで動画として確認する方法である。しかし，撮影は動画撮影をするわけでなく，異なる場所を固視してもらいながら撮影した複数の画像を連続して見せることによって動画のように見えるのである。

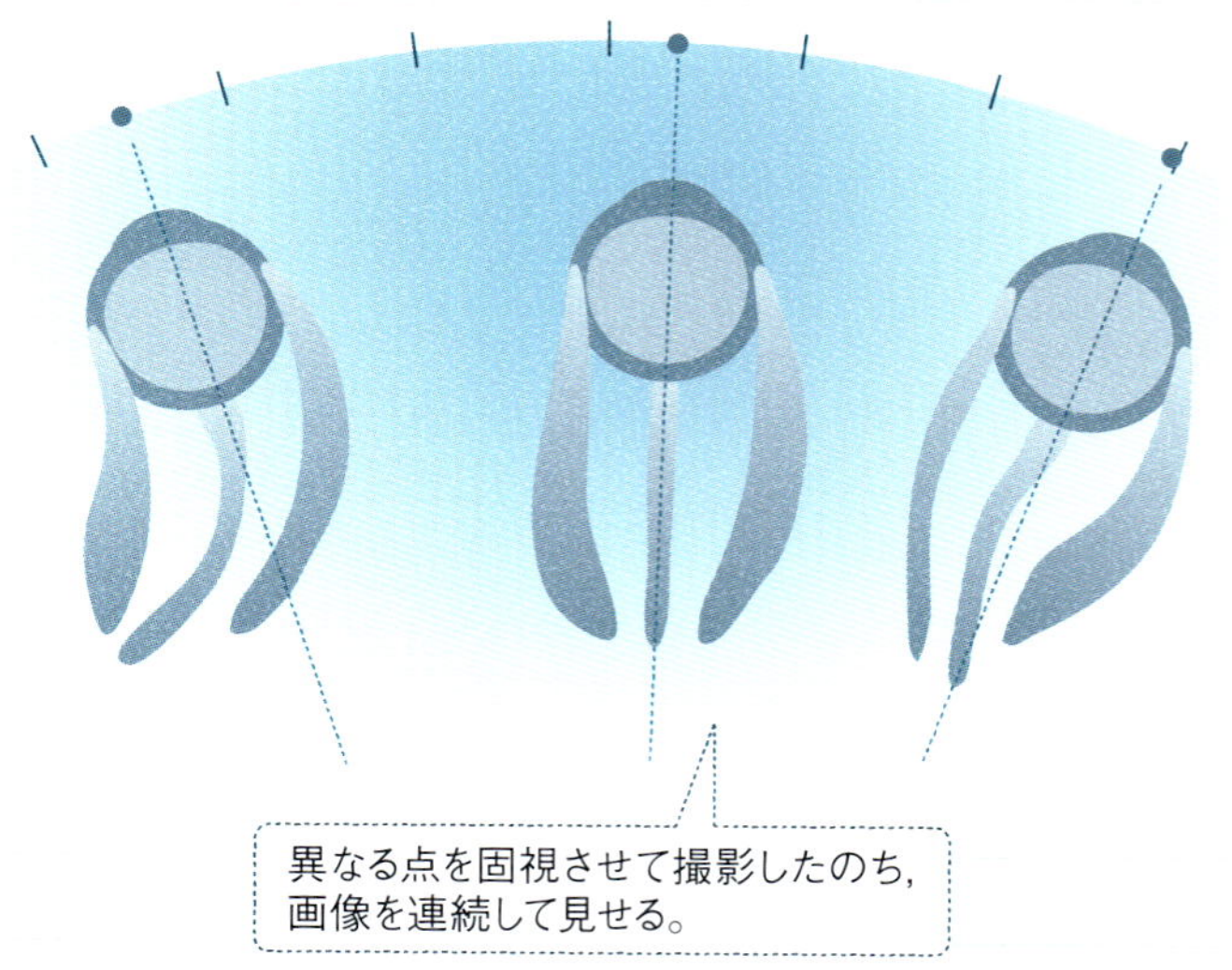
異なる点を固視させて撮影したのち，
画像を連続して見せる。

図3-37　シネモードMRI

4 斜視検査と治療の進めかた

アクセスポイント

- 斜視の治療方法には，観血的治療（手術）と非観血的治療がある。
- 患者に，選択肢があること，治療効果および治療の限界を示した上で治療方針を決定する。
- 非観血的治療には，屈折矯正，プリズム，視能訓練，ボツリヌス毒素（2014年10月現在，日本では認可されていない）の注射などがある。
- 屈折性調節性内斜視では眼鏡の処方が第1選択であり，眼鏡をかけても内斜視がある場合にのみ手術適応となる。
- 乳児内斜視では屈折矯正やプリズム治療を術前に行うこともあるが，最終的には手術が必要である。
- 麻痺性斜視は自然治癒があるので，発症初期では内服治療や眼球運動訓練，融像力増強訓練などを行う。またプリズム処方で複視を軽減させる。発症後1年以上経って症状が安定したら，手術による治療を考慮する。

A 眼鏡処方

- 遠視を伴う内斜視では眼鏡装用は第1選択である。近視を伴う間欠性外斜視で，遠見眼位が不良な場合には積極的に眼鏡処方を考慮する。

調節麻痺下屈折検査

- 小児では，原則的に調節麻痺薬を用いて屈折検査（p.56）を行う。
- アトロピン硫酸塩は5～7日間前から点眼する。1歳未満では0.2%に希釈したものまたは眼軟膏を，6歳未満では0.5%に希釈したものを用いる。
- シクロペントラート塩酸塩は，1時間前から15分毎に3回点眼する。
- アトロピン硫酸塩では1週間，シクロペントラートでも2～3日間は調節麻痺効果が持続することを説明する。調節麻痺による近見障害，瞳孔散大による羞明以外に，以下のような副作用がある。

  アトロピン硫酸塩：顔面発赤，発熱，口渇，血圧上昇，心悸亢進

  シクロペントラート塩酸塩：眠気，一過性の幻覚，運動失調，情動錯乱

自覚的屈折検査

- 学童では，視力検査を併用し自覚的屈折検査を行う。十分な雲霧を行うことによって，調節麻痺薬を使った場合と同等の屈折値を得ることが可能である。
- 雲霧法は，予測される屈折値より＋3.0D遠視側のレンズを15分以上装用させ，レンズ交換法を用いて，遠視側から徐々に度数を変えて視力を測定する。
- **レンズ交換法**とは，＋2Dのレンズから＋1Dに換える際など，いったんプラスレンズを入れて，雲霧しながらマイナス側に加入していく方法である。

B 二重焦点レンズ，累進屈折力レンズの処方

- 内斜視のうち，高AC/A比を伴い，近見時の斜視角が遠見時より大きく，遠視度数の加入によって眼位が改善する場合に処方する。
- 遠見時には眼鏡の上方を使い，近見時には眼鏡の下方を使うようにする。そのためにはエグゼクティブタイプのレンズが望ましいが（図4-1），外見上の抵抗があるため，累進屈折力レンズを使うことが多い。
- 実際にトライアルレンズを装用して決定する。

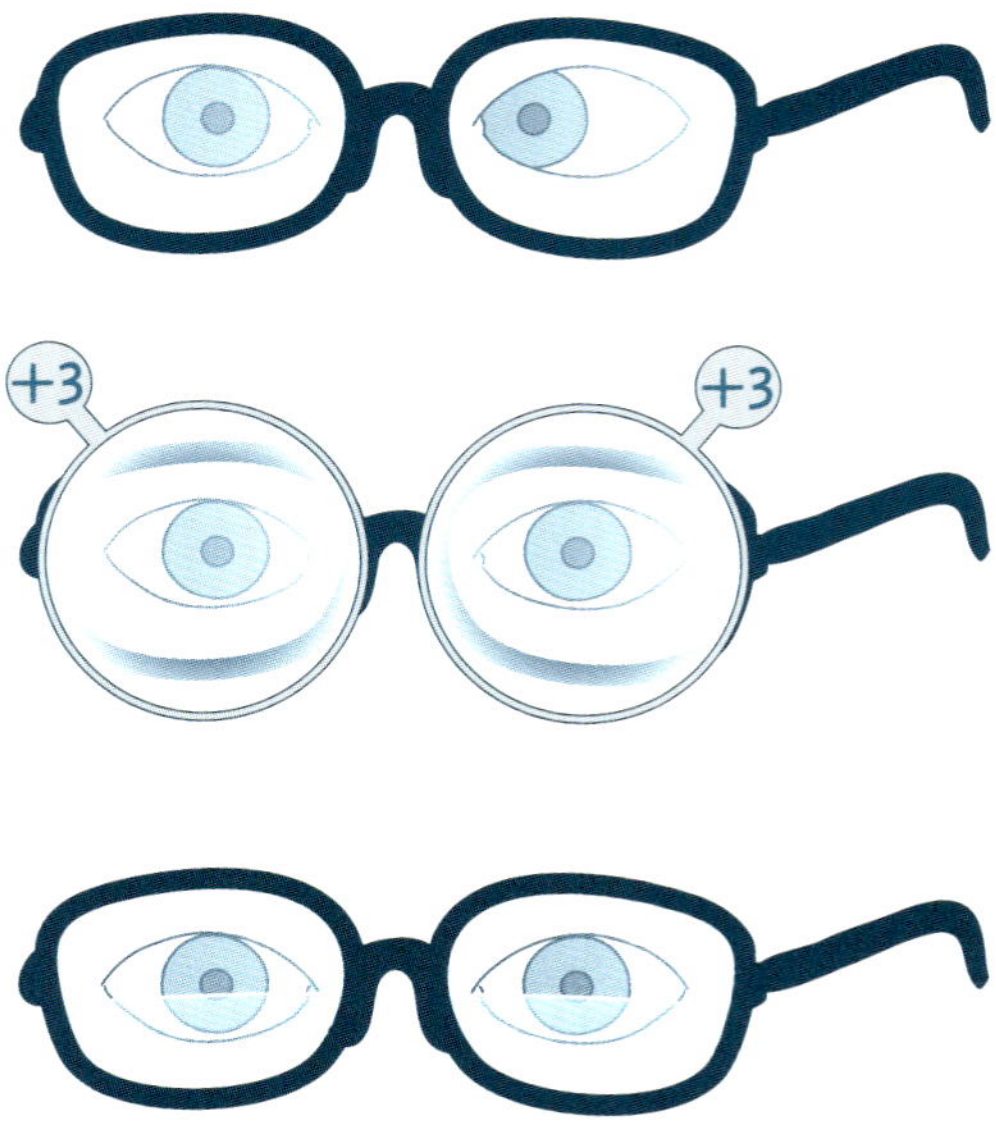

図4-1　二重焦点レンズ

C プリズム処方

- 複視を伴う斜視や，両眼視機能の改善がみられる場合に処方する。
- 眼振のために顔のまわしが極端な場合には，プリズムで頭位を矯正することができる。
- 眼鏡に組み込むタイプは5プリズム以内が限度である。それ以上強い度数が必要な場合には膜プリズムを用いる。しかし，膜プリズムの度数が上がると視力が低下するので，実際に装用感を尋ねてから処方する。
- **膜プリズム**とは，眼鏡レンズに簡単に貼りつけたり外したりできるプリズムであ

る。斜視角が変化することが予想される場合や小さい斜視角の斜視に有用である。

TRIAL やってみよう

① 準備するもの

- 膜プリズム（あるいはトライアルプリズム），固視目標
- トライアルプリズムは市販のものもあるが，膜プリズムを事前に購入しておき，患者の持っている眼鏡に貼ったり，度のないレンズに貼ったものを用意して用いたりするとよい。
- 検眼用レンズセットの中に，1〜8プリズム程度のプリズムレンズが入っていることがある。

② 処方の手順（図4-2）

- 遠見および近見眼位を測定する。
- 眼位検査によって得られた斜視角より，少ない度のプリズムを眼前に置き，複視が消失するかどうかを確認する。
- 複視が正面〜やや下方視で改善する度数のうち，最も弱い度数で装用可能な度数をためす。度が強くなると視力が低下するので，快適かどうかを確認した上で処方する。
- 膜プリズムを眼鏡フレームに合わせてカットする。
- 水平と上下方向の両方を矯正する必要がある場合には，基底を斜めに入れて調整することができる。
- 処方せんには，左右それぞれの度数と基底の方向を記入する。間違えないように図で記入してもよい。

例

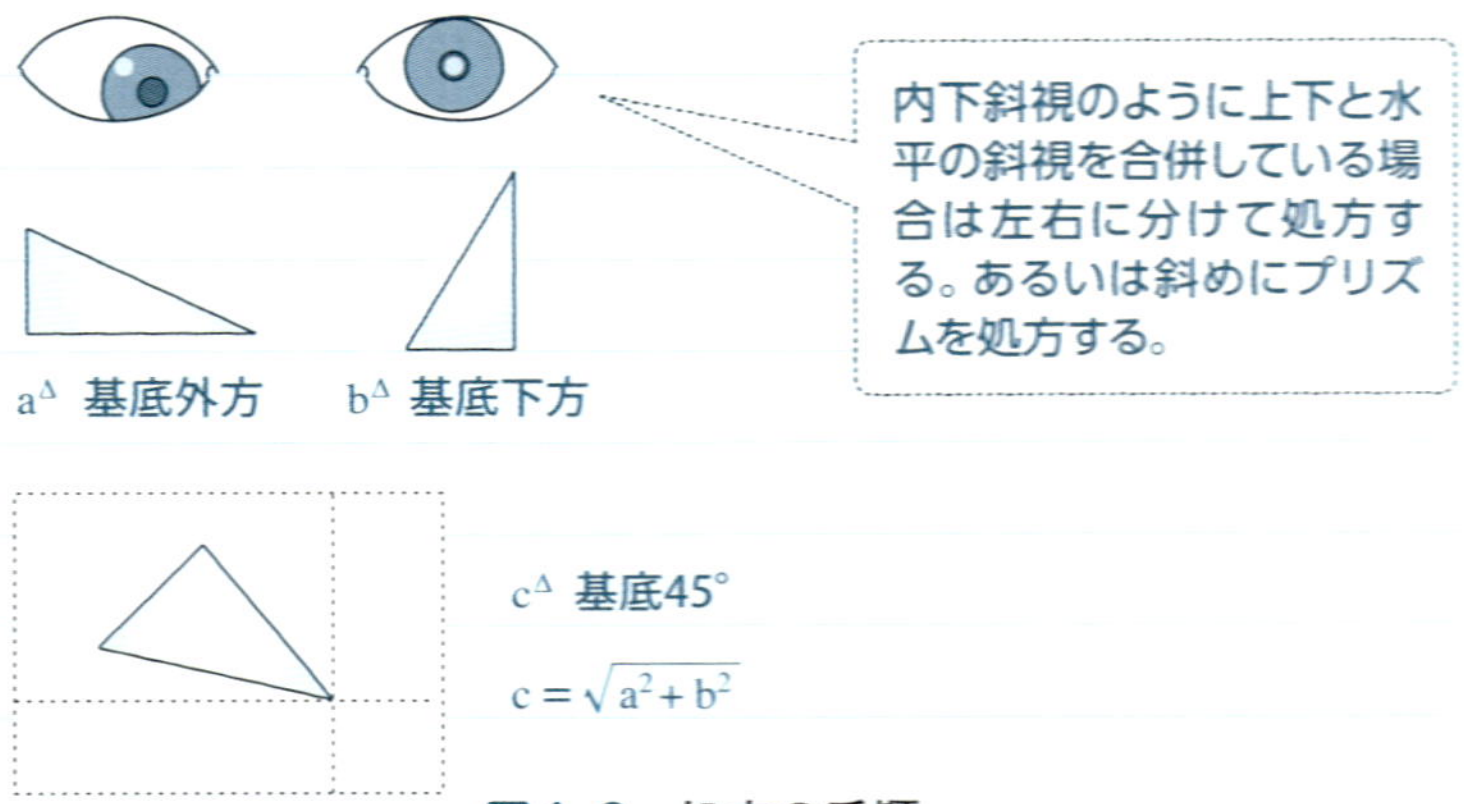

内下斜視のように上下と水平の斜視を合併している場合は左右に分けて処方する。あるいは斜めにプリズムを処方する。
a^{Δ} 基底外方
b^{Δ} 基底下方
c^{Δ} 基底45°
$c=\sqrt{a^2+b^2}$

図4-2　処方の手順

D 視能訓練

- 視能訓練には，健眼遮閉，抑制除去訓練，眼球運動訓練などがある。
- 健眼遮閉は，斜視眼がはっきりと決まっているときに固視交代を引き起こさせるために行う訓練である。治療中は，視力の逆転が起こっていないかを定期的に検査する。
- 抑制除去訓練には，大型弱視鏡を用いる方法と，flashing methodのように赤フィルタと光視標で行う方法がある。しかし訓練によって耐えられない複視が出現することがあるので症例の選択には十分注意する。
- 麻痺性斜視に対しては，眼球の可動範囲を広げるとともに，融像幅を広げるための訓練を行う。発症から6カ月を目安として行う。

E 手術のための検査

斜視手術の種類

- 眼位を改善させるために，筋の張力を弱める手術（後転術），強める手術（前転術，短縮術），筋の作用方向を変える手術（筋移動術）などを行う（図4-3）。

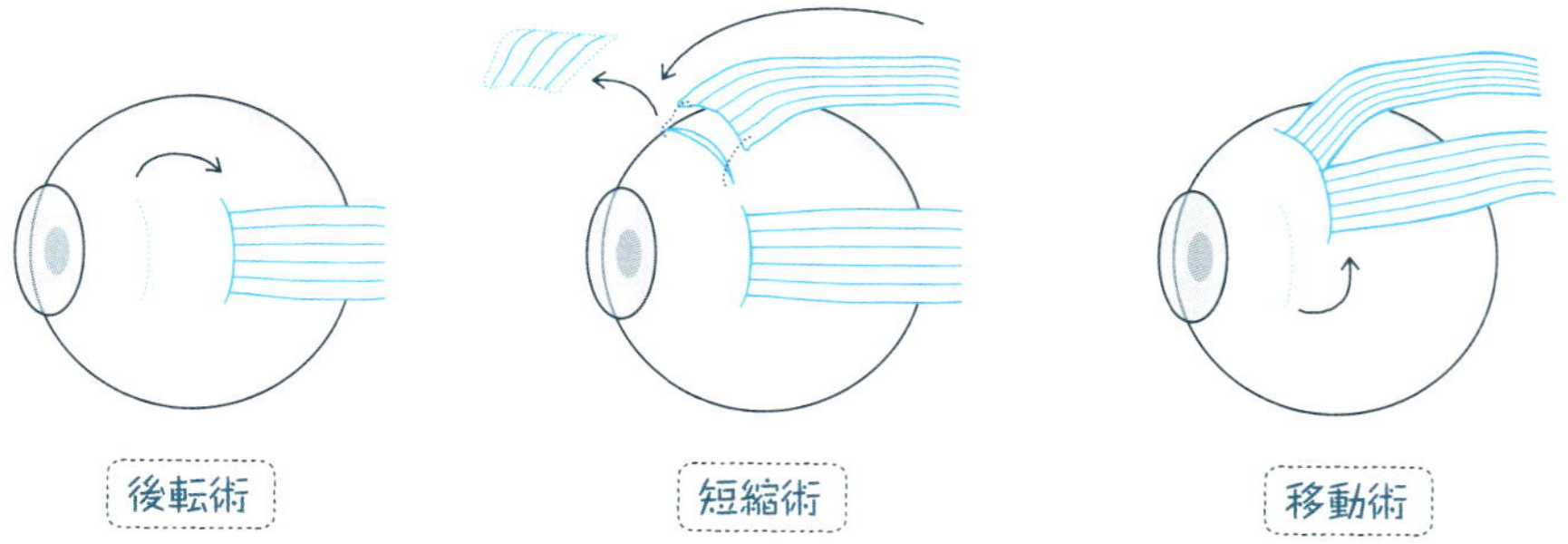

図4-3　斜視手術

眼位・眼球運動検査

- 術量を決定する最も重要な検査である。特に間欠性外斜視では，最大斜視角を引き出すためにいくつかの工夫が必要である。遠見の最大斜視角を引き出すためには，屋外の遠くにある目標物を見せる**超遠見眼位検査**（図4-4），片眼を30～60分遮閉する**パッチテスト**，プリズムを装用させて眼位の変化をみる**プリズム順応検査**を行う。

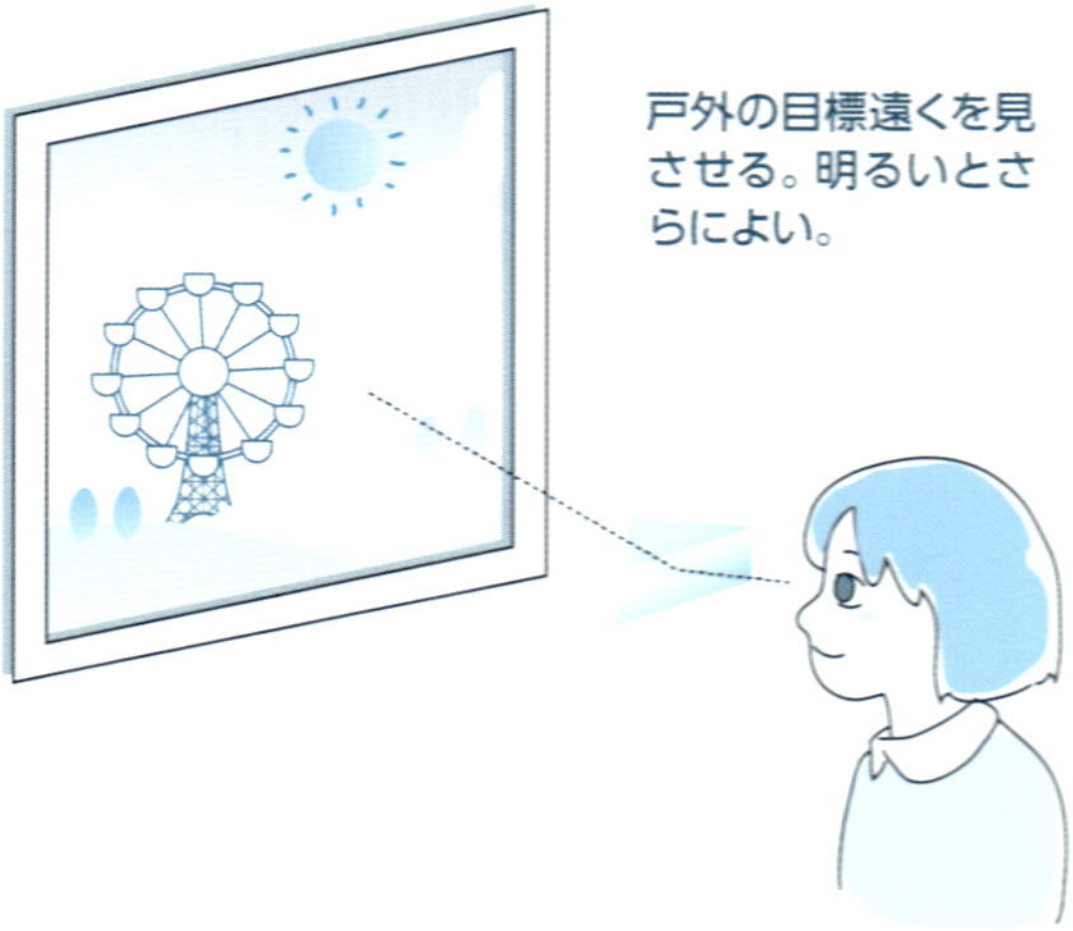
戸外の目標遠くを見させる。明るいとさらによい。

図4-4　超遠見眼位検査

- 間欠性外斜視で近見眼位が遠見眼位より小さい場合，真の開散過多型のほかに，強固な融像，高AC/A比のことがある。真の近見斜視角を引き出すためには，長時間遮閉によって融像を壊したり，プリズム順応検査をしたり，＋3Dを加入して調節性輻湊を取り除いて眼位検査を行ったりする（**＋3D加入眼位検査**，p.63）。
- ＋3D加入により斜視角が大きくなる場合，高AC/A比のことがある。

プリズム順応検査

- 斜視角に相当するプリズムをしばらく装用すると斜視角が増大することがある。このように，プリズムによって中心窩に左右同じイメージを投影し続けたときの眼位の変化をみるのを**プリズム順応検査**という。
- 眼位が安定するまでプリズム度数を追加して，安定したプリズム度数を最終の斜視角とする。
- 眼位がいつまでたっても安定しない場合には，最初の斜視角を目標に手術を行うことになる。
- 調節要素のある斜視には不向きである。

眼球牽引試験

- 眼筋に機械的制限がないかどうかをみるforced duction testと，眼筋に張力があるかどうかをみるforce generation testがある（図4-5）。

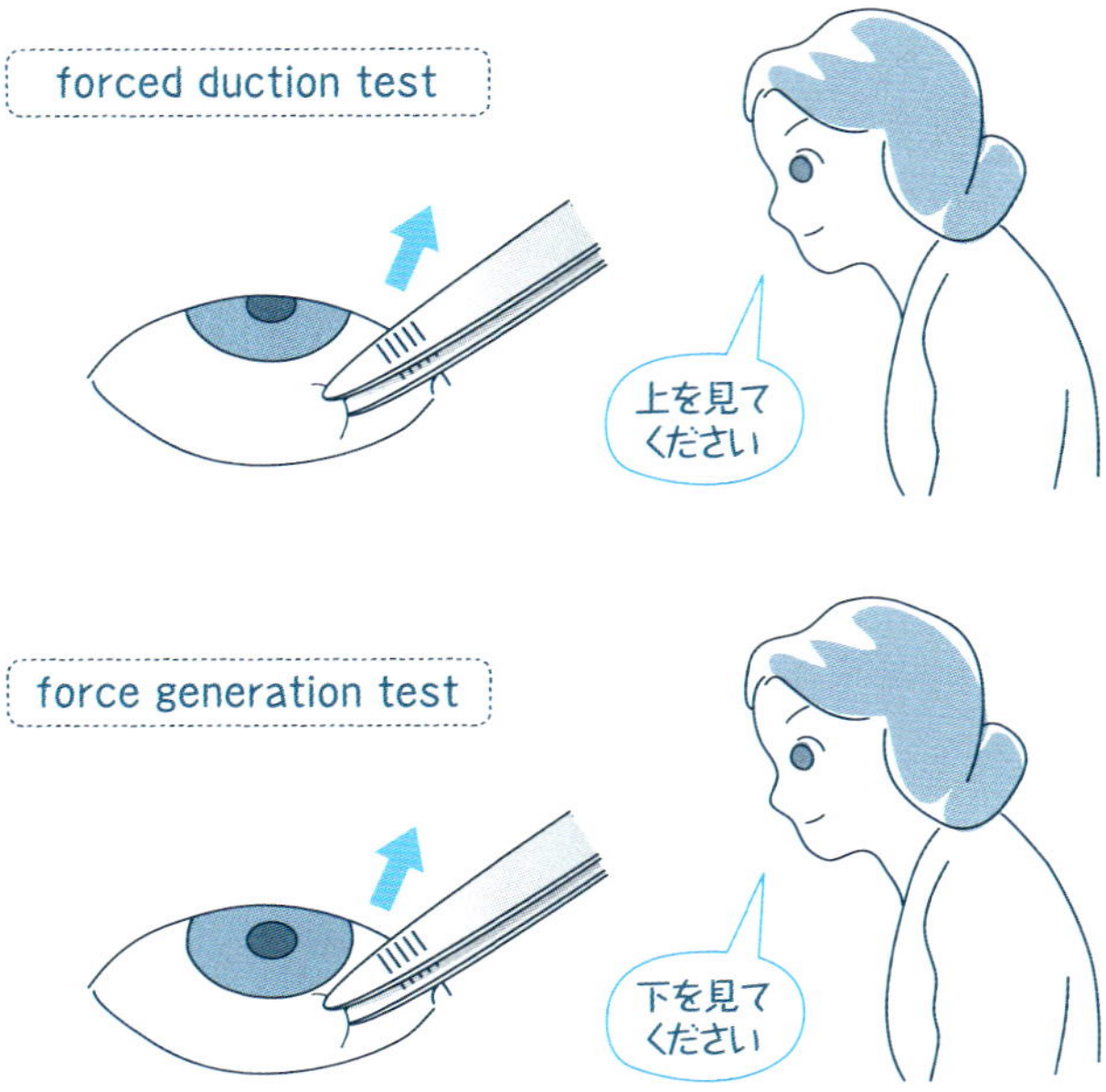

図4-5　眼球牽引試験

- 5分毎に3回，ベノキシールによる点眼麻酔をする。
- 十分に麻酔が効いたのを確認して開瞼器をかける。
- forced duction testでは，調べたい筋の作用方向と反対方向を見るように指示する。止まったところから筋の作用方向に向かって眼球を動かす。抵抗なく眼球が動けば陰性（機械的制限なし），抵抗があって眼球がそれ以上動かない場合には陽性（機械的制限あり）と判断する。
- force generation testは，同様に角膜輪部を攝子で持つが，眼球を動かない筋の作用方向を見るよう指示し，そのときに攝子を通じて筋の収縮力を感じることができれば麻痺は少ないと判定し，筋の収縮力を全く感じない場合には完全麻痺と判断する。

チェックポイント

✓	甲状腺眼症や，眼窩吹き抜け骨折で筋の骨折部への陥頓があるときにforced duction test陽性となる。筋に収縮力が残っていることが多いので，force generation testも陽性である。 麻痺性斜視では，forced duction testは陰性となる。麻痺の程度を知るためにはforce generation testを行う。

眼位撮影

- 手術前後には9方向眼位撮影を行う。必要に応じて頭位傾斜試験を行っているところも撮影する。撮影した写真は9方向写真に組み立てて，いつでも見られるようにしておくとよい。
- 間欠性斜視では，斜視のときと斜位のときの両方を撮影しておく。
- 半透明の遮眼子を使って撮影したものは交代性上斜位の記録に適している。
- 9方向眼位のほかには自然頭位を撮影する。カメラを向けると意識してしまうので，視力検査をしているときに撮影してもよい。

眼底撮影

- 回旋斜視を扱う場合には，眼底撮影を行う。後極部のみなので，まぶしくない無散瞳カメラでよい。手術前後の眼球の回旋の度合いを視覚的に理解しやすい。頭部を固定して撮影する（図4-6）。
通常，中心窩は視神経乳頭中心と下縁を通る水平線の間にくる。

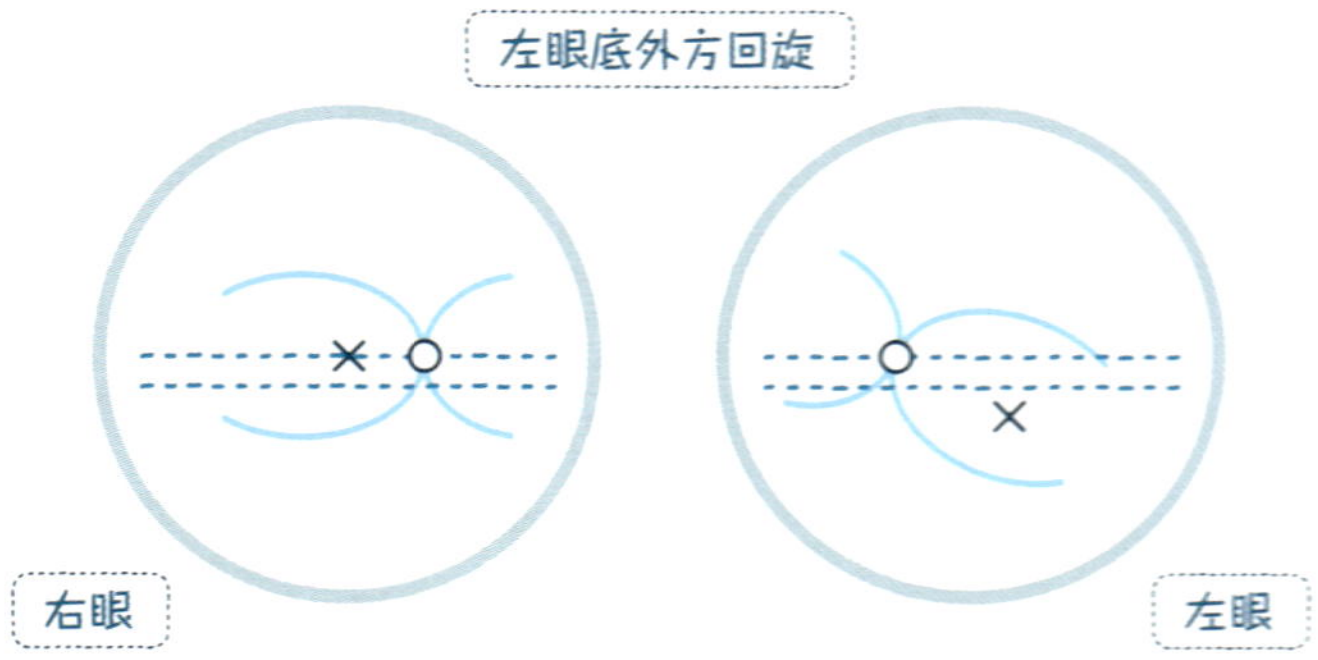

図4-6　眼底撮影

術前全身検査

- 手術にあたっては，血算，凝固系，生化学検査，心電図検査，胸部レントゲン検査，感染症などをチェックする。高齢者で全身麻酔を行う場合には呼吸機能検査も行う。

F 手術後の検査

斜視手術後の評価

- 斜視手術後の診察は，術後5～7日目に第1回目を行うのがよい。これは感染症に罹患した場合に最も症状が出やすい時期だからである。
- 結膜縫合糸離開，前眼部虚血のチェックを行う。斜視手術後1週間目には，視力・屈折・眼位・立体視検査も行う。術後経過は一般的に1カ月後，3カ月後にみる。斜視術後の眼位は，いったん安定しても長期間で変化することもある。日本弱視斜視学会の治癒基準は術後4年目に行うことになっている。

5 小児の斜視

A 小児内斜視

アクセスポイント

- 偽内斜視患者のなかに真の斜視が存在することに注意。
- 眼底検査，調節麻痺下屈折検査は必須。
- 出生時の履歴を確認。

小児内斜視の鑑別（図5-1）

- 日本人には偽内斜視が多い。ペンライトをあてて角膜反射をみるが，その際に鼻根部をつまんで確認するとよい。
- 偽内斜視と診断された者のなかには，調節性内斜視の初期の者がいる。したがって，真の内斜視を見逃さないためにも6カ月後に再診させる。
- 眼球運動では外転制限の有無をみる。乳児では外転をさせるのは困難なことが多いため，**人形の目現像**を確認する（図5-2）。方法は，片眼を手かアイパッチで隠した上で，固視目標に注意を向けておき，すばやく頭部を逆方向回転させる。眼球運動制限がなければ，眼球は固視目標を見続けようとして外転する。
- 外転時に角膜が瞼裂の端まで到達するか，外転時に眼振が出ないかどうか，外転時に瞼裂の大きさが変わらないか，などを観察する。
- 小児にみられる内斜視には，特発性乳児内斜視，早期発症調節性内斜視，Duane眼球後退症候群，外転神経麻痺などがある。また，出生時の異常や中枢の未熟性，Williams症候群やDown症候群は内斜視を合併することが多い。
- 眼振阻止症候群は内斜視であるが，本態は眼振であり，成長に伴って症状が変化する。中枢性の異常としては，脳室周囲白質軟化症に内斜視が合併しやすい。
- 器質的疾患をもち，視力障害がある場合，廃用性（感覚性）内斜視となることもあるので，前眼部検査や眼底検査といった眼科一般検査は欠かせない。廃用性内斜視は廃用性外斜視よりも，低年齢で視力障害になった者に多い。

問　診
発症時期
≦6カ月
先天内斜視，乳児内斜視
＞6カ月
後天内斜視，調節性内斜視
経　過
不変・悪化
乳児内斜視
変動・悪化
調節性内斜視
出生時
正常分娩
低出生体重児
脳室周囲白室軟化症
その他の問題
低酸素症，染色体異常など
固視・追視
良　好
視力差なし
不　良
視力差あり
角膜反射
中心・左右対称
偽斜視
左右非対称
斜視
ひき運動
外転制限あり
人形の目現象
パッチテスト
外転制限あり
眼振あり
Ciancia症候群
眼振なし
先天外転神経麻痺
Duane眼球後退症候群
外転制限なし
乳児内斜視
調節性内斜視
外転制限なし
調節性内斜視
乳児内斜視
眼　振
眼振阻止症候群
潜伏眼振
遮閉試験
動　き
あ り
内斜視
な し
偽内斜視
遮閉除去試験
動　き
あ り
内斜位
な し
偽内斜視
プリズム検査
Krimskyテスト
斜視角測定
調節麻痺下屈折検査
<+3D
乳児内斜視
≧+3D
眼鏡処方
眼位改善
調節性内斜視
眼位不変
乳児内斜視
前眼部・眼底検査
異常あり
廃用性（感覚性）斜視
異常なし
特発性内斜視

図5-1　小児内斜視のチェックポイントと疑われる疾患

ものしりコラム

低出生体重児

中枢の異常や発達の遅れがある場合には，良好な立体視の獲得や眼位の安定を得ることが困難なことが多い。

特に低出生体重児では，脳室周囲白室軟化症（PVL）を伴うことがあり，内斜視を合併しやすい。

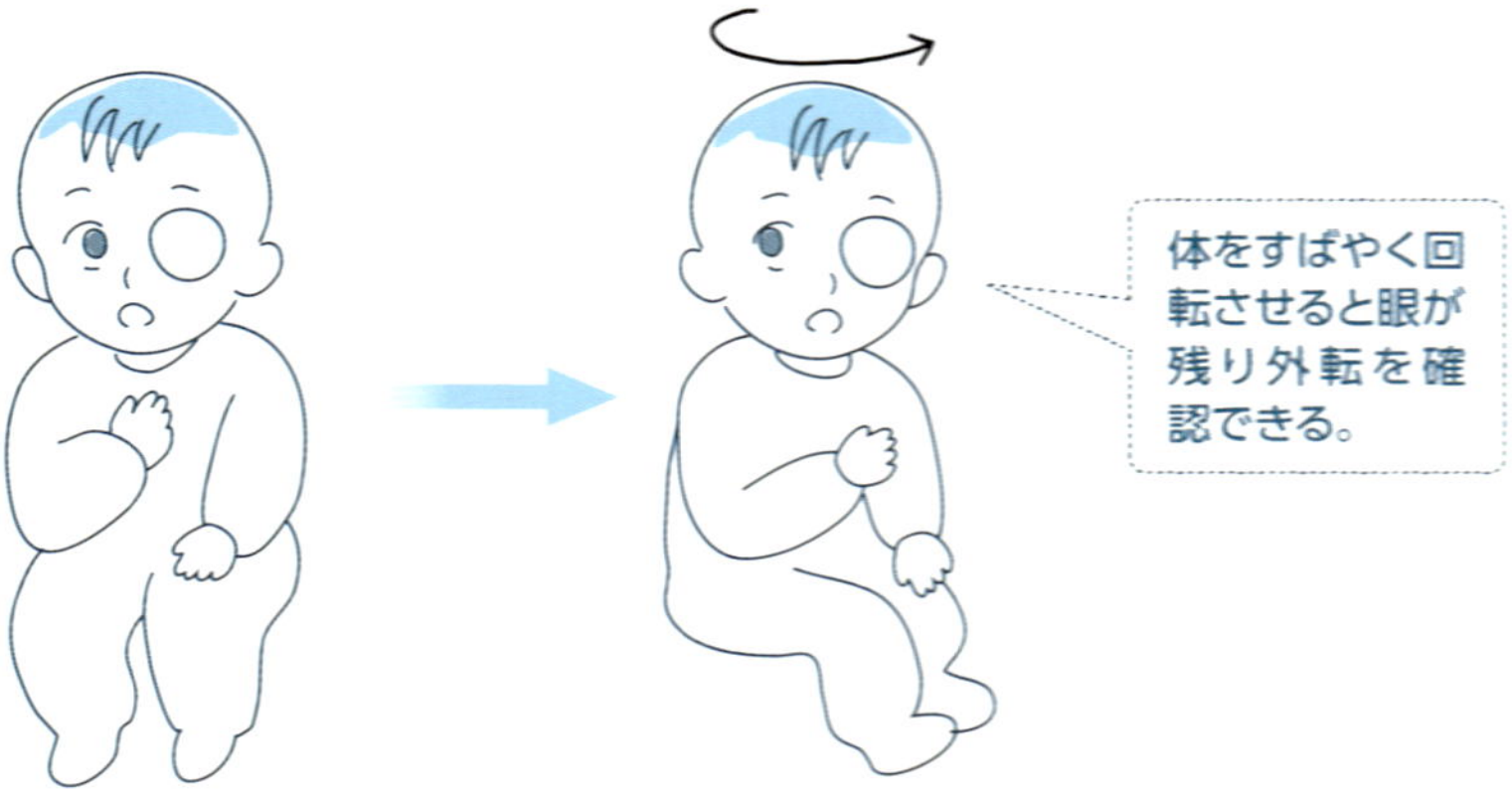
体をすばやく回転させると眼が残り外転を確認できる。

図5-2　人形の目現象

● 特発性乳児内斜視（先天内斜視）

- 生後6カ月以内に認められる内斜視で，明らかな遠視や，その他の異常を伴わないものを指す。
- 発症から6カ月以内の超早期に眼位を矯正することによって立体視や長期的な眼位の改善が期待できるが，完全な立体視を獲得することは極めて稀である。
- 生後4カ月以内にみられる内斜視のうち，斜視角が小さく，眼位が不安定なものでは自然治癒もある。逆に，2回診察しても40プリズムを超えるような大角度の内斜視では，自然治癒の可能性は極めて低い。
- 下斜筋過動や交代性上斜位，潜伏眼振を合併することが多い（dissociated strabismus complex：DSC）。純粋な下斜筋過動と交代性上斜位の区別をつけることが大切である。
- 超早期手術によって良好な立体視が得られることがあるが，実際には，その時期を過ぎてから来院するものも多い。できるだけ速やかな対応を心がける。
- 早期発症調節性内斜視との鑑別のために必ず調節麻痺下屈折検査を行う。乳児内斜視の多くは経過中に遠視度数が増えてくるので，調節麻痺下屈折検査を1年に1回は行う。

ものしりコラム

新生児の斜視

新生児の40%に斜視がみられる。しかし，そのほとんどは外斜視で，自然に治ってしまう。

また，生後4カ月以内に内斜視がみられた乳児のうち，30%は1歳までに自然に治癒する。

TRIAL やってみよう

- 小児の内斜視では，以下の点に注意しながら所見をまとめていくとよい。

＜所見記載例＞

Krimskyテスト	(　　)プリズム　(　　)斜視
交代遮閉試験	(　　　プリズム　　　不可)
斜視角	(安定　　不安定)
固視・追視	右(良好，不十分，不可) 左(良好，不十分，不可)
嫌悪反射に左右差	(あり，右，左，なし)
cross fixation	(あり，なし)
外転制限	(あり，なし)
外転時眼振	(あり，なし)
下斜筋	(過動，遅動，なし)
上斜筋	(過動，遅動，なし)
交代性上斜位	(あり，なし)
パターン	(A，V，Y，X)

調節性内斜視 (p.34)

- 屈折性調節性内斜視，非屈折性調節性内斜視に分けられる。さらに，屈折矯正だけで斜視が消失する純調節性と，屈折矯正で眼位が改善するが斜視が残る部分調節性がある。
- 屈折性調節性内斜視（遠視性調節性内斜視）はおもに1歳以降に発症するが，なかには生後4カ月頃から発症するものもあり，乳児内斜視との鑑別が重要である。遠視性の屈折異常を伴うため，眼鏡装用が第一である。
- 非屈折性調節性内斜視は高AC/A比を伴い，遠見眼位より近見眼位で内斜視の程度が強い。二重焦点眼鏡の適応となる。

Duane眼球後退症候群

- Duane眼球後退症候群は，外転不全と内転時の瞼裂狭小，眼球陥凹を特徴とし，Duane症候群，眼球後退症候群ともいわれる。内転時にup shootやdown shootを示すこともある。両眼視を保つために顔のまわしがみられることもある。
- 外転神経麻痺と動眼神経の異常神経支配が原因である。正面視では内斜視のことが多いが，正位や外斜視のこともある。
- タイプ1は外転神経あるいは外転神経核の欠損がみられ，動眼神経による外直筋支配が特徴的である。
- 先天性の斜視であるが，生後早期に気づかれることは少なく，幼児期になって家族が気づくことが多い。
- 多くは片眼性であり，成人では診断は容易だが，小児ではしばしば外転神経麻痺と診断される。

タイプ1	外転制限（内斜視が多い）が主
タイプ2	内転制限（外斜視が多い）が主
タイプ3	外転制限と内転制限が両方強い

ものしりコラム　**Duane眼球後退症候群とは…**

- 左眼に発症することが多い（左眼60%，右眼20%，両眼20%）。
- 顔のまわしが著しいときや，up shoot，down shootが著しいとき，眼球後退が著しいときに斜視手術の適応となる。
- 外転神経や外転神経核の欠損を伴うことがある。

急性内斜視（図5-3）

- 眼球運動制限，視力の有無を確認する。視力差や眼球運動制限が明らかであれば，背景となる疾患の検索を行う。
- 小児の外転神経麻痺はウイルス性のことが多く，経過が良好なことが多い。
- 急性内斜視は片眼遮閉などで融像が壊れたときに発症することがあるが，原因は確定できないことが多い。眼球運動制限はみられず，発症初期は複視を訴える。診断が確定したら早期に手術が必要である。
- **周期性内斜視**は，24時間あるいは48時間サイクルで内斜視と斜位を繰り返すものである。午睡によって眼位が変わるものもあり，睡眠と眼位に関連があると考えられている。徐々に斜視の時間が長くなることが多く，恒常性に近くなった場合には手術を行う。一般的に手術予後は良好とされている。

チェックポイント

✓	後天発症の斜視とされるもののなかには，たまたま家族が気づくのが遅く受診が遅れたが，実際には乳児期から存在していることもある。 診察に際しては，乳児の頃からの写真を持参してもらうとよい。

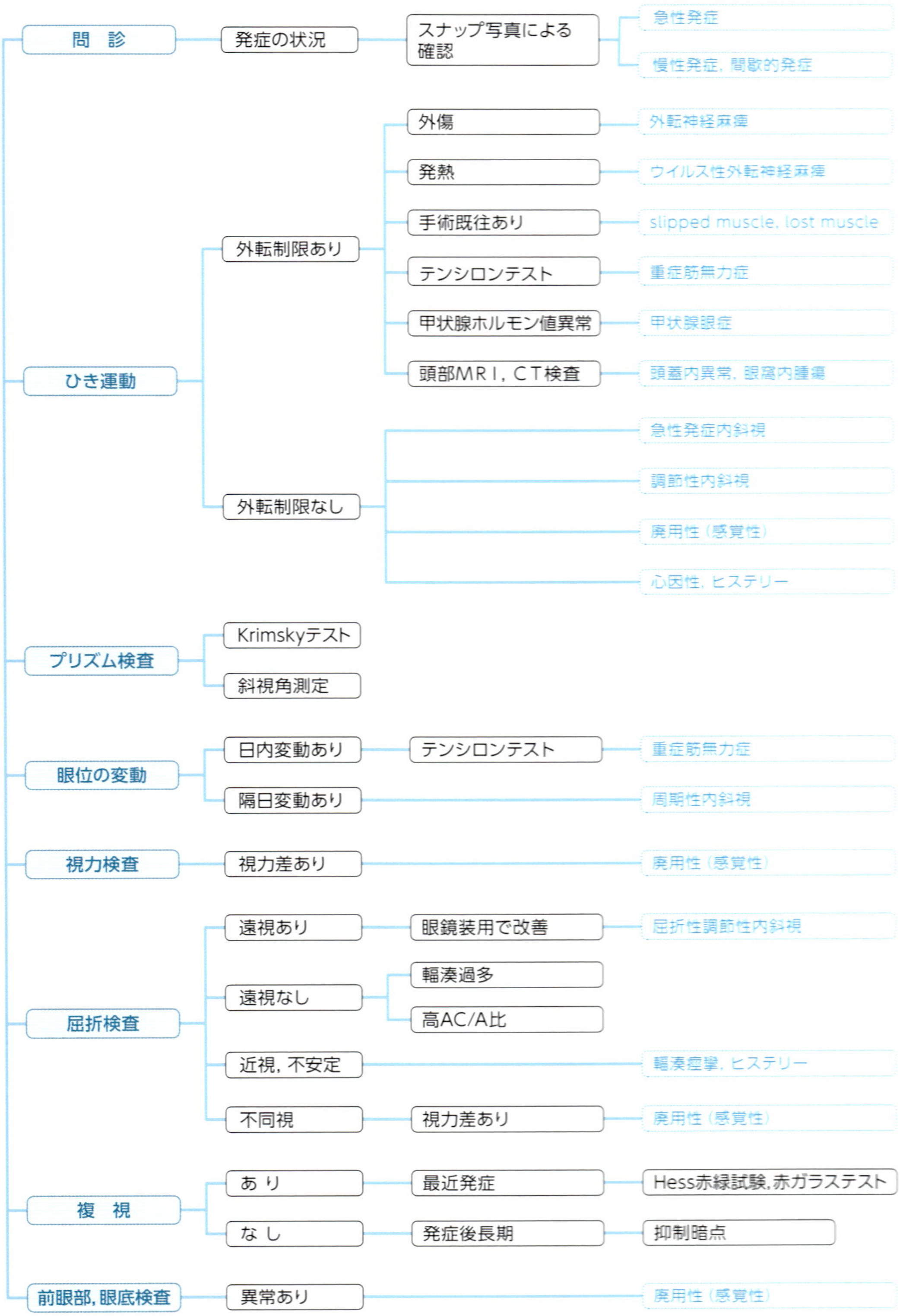
問　診
発症の状況
スナップ写真による確認
急性発症
慢性発症，間歇的発症
ひき運動
外転制限あり
外傷
外転神経麻痺
発熱
ウイルス性外転神経麻痺
手術既往あり
slipped muscle, lost muscle
テンシロンテスト
重症筋無力症
甲状腺ホルモン値異常
甲状腺眼症
頭部MRI，CT検査
頭蓋内異常，眼窩内腫瘍
外転制限なし
急性発症内斜視
調節性内斜視
廃用性（感覚性）
心因性，ヒステリー
プリズム検査
Krimskyテスト
斜視角測定
眼位の変動
日内変動あり
テンシロンテスト
重症筋無力症
隔日変動あり
周期性内斜視
視力検査
視力差あり
廃用性（感覚性）
屈折検査
遠視あり
眼鏡装用で改善
屈折性調節性内斜視
遠視なし
輻湊過多
高AC/A比
近視，不安定
輻湊痙攣，ヒステリー
不同視
視力差あり
廃用性（感覚性）
複　視
あり
最近発症
Hess赤緑試験，赤ガラステスト
なし
発症後長期
抑制暗点
前眼部，眼底検査
異常あり
廃用性（感覚性）

図5-3　後天内斜視（小児）のチェックポイントと疑われる疾患

近見時の内斜視

- 近見時だけ内斜視になるのは，高AC/A比，非調節性輻湊過多である（図5-4）。
- 治療をするのは，複視，眼精疲労，整容上の問題があるときと，両眼視が改善する可能性/放置すると悪化する可能性があるときである。
- 近見眼位を目標に手術をすると過矯正に，遠見眼位を目標に手術をすると低矯正になりやすい。

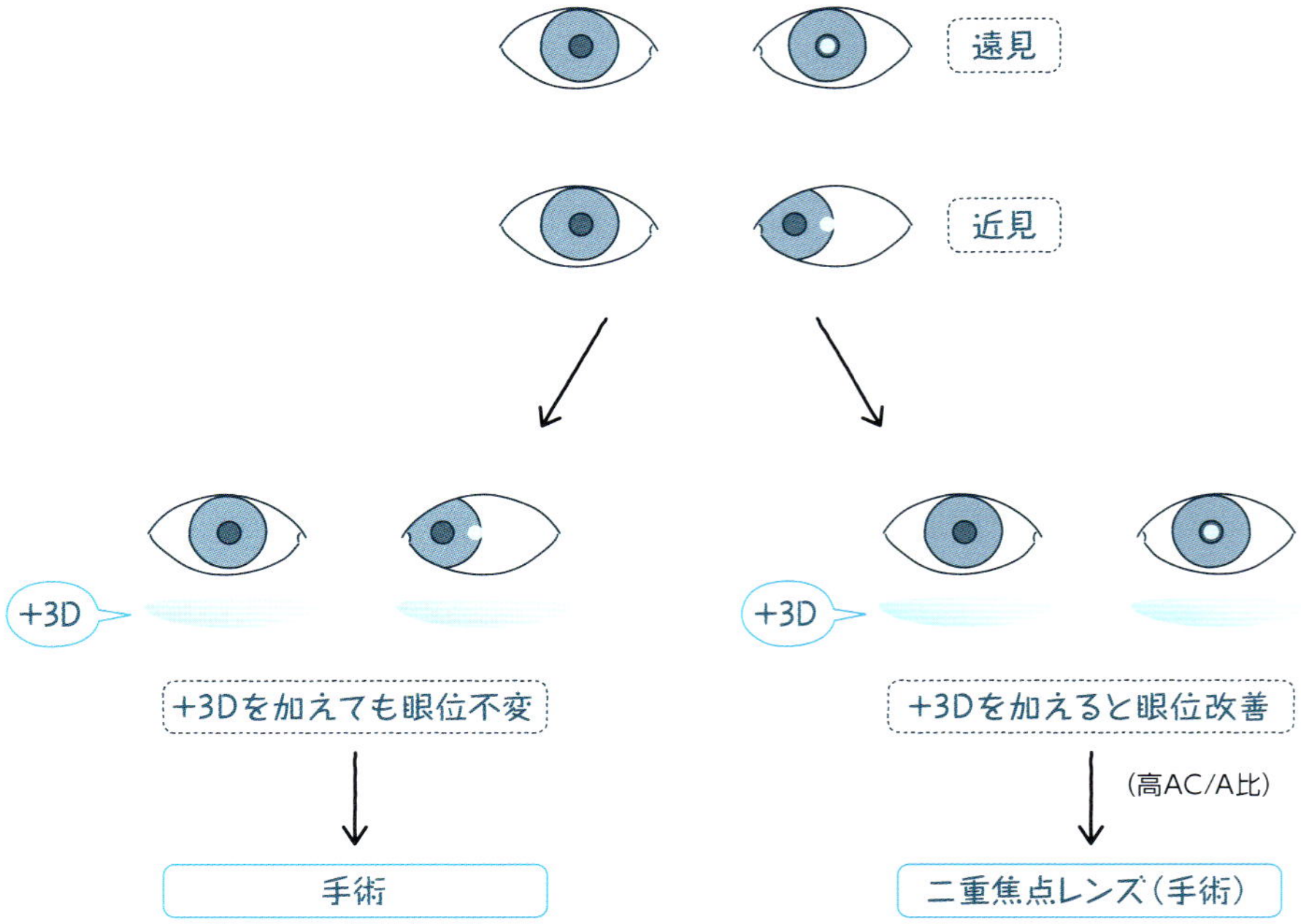

図5-4　輻湊過多

B 小児外斜視

間欠性外斜視 (p.45)

- 間欠性外斜視は日本人に最も多い斜視である。
- 斜位のときと斜視のときがあり，斜位のときには良好な立体視を持つことが多い。斜視のときには片眼に抑制がかかるため，複視を自覚することは稀である。
- 25%は経過とともに悪化し，25%は改善し，50%は経過中変化しない。
- 遠見時と近見時の斜視角から**基礎型**，**開散過多型**，**輻湊不全型**に分けられる。開散過多型のなかには偽開散過多型が含まれていることがあるため，以下のように診断する。

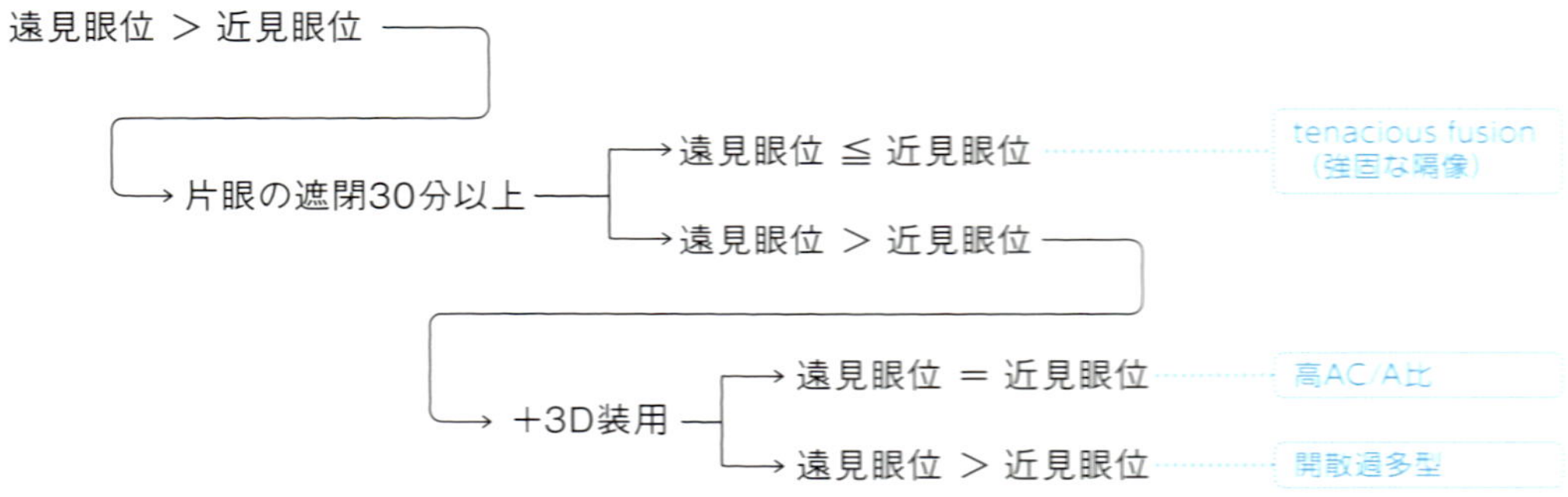

- 第一眼位と，上方視あるいは下方視での眼位の差が大きい場合に，**A型**（下方視で大きい）あるいは**V型**（上方視で大きい）という。

ものしりコラム　眼位のコントロールも評価する

斜視角だけでなく，斜位を保てるかどうかの評価を行う必要がある。そのためには，① 遮閉によって斜視になっても自然に戻る，② 遮閉によって斜視になっても瞬きで戻る，③ 遮閉によって斜視になって，自然には戻らない，④ 自然に斜視になる，の4段階で評価するとよい。

恒常性外斜視

- 恒常性外斜視には先天性と後天性がある。小児の場合，後天性の多くは間欠性外斜視の悪化によるものであり，麻痺性外斜視は少ない。
- 先天性外斜視では，早期の手術によって両眼視機能の獲得に努める。

麻痺性外斜視

- 小児の麻痺性外斜視は稀である。Duane眼球後退症候群の外斜視や，先天性あるいは後天性動眼神経麻痺，重症筋無力症などを疑って精査する。

C 先天性上斜筋麻痺

- 先天性上下斜視の原因として最も多い。生後早期から首の傾きで気づかれることが多く，筋性斜頸との鑑別が必要である。
- 診断のためにはParksの3ステップテスト（p.61，図3-24）やパッチテスト（図5-5）が有効である。
- 多くの場合，首を傾けることによって両眼視しており，視力や両眼視機能は良好である。
- 治療の目標は異常頭位の改善である。
- 自然治癒することは皆無に近いため，診断が確定したら手術治療を勧める。
- 長期に異常頭位が続くことによって顔面の非対称が起きることがある。
- 上斜筋の先天的な低形成や，上斜筋腱の付着部異常を伴うことが多い。
- 麻痺眼固視の場合には，二次的な外眼筋の変化が起きて診断が困難なときがある。

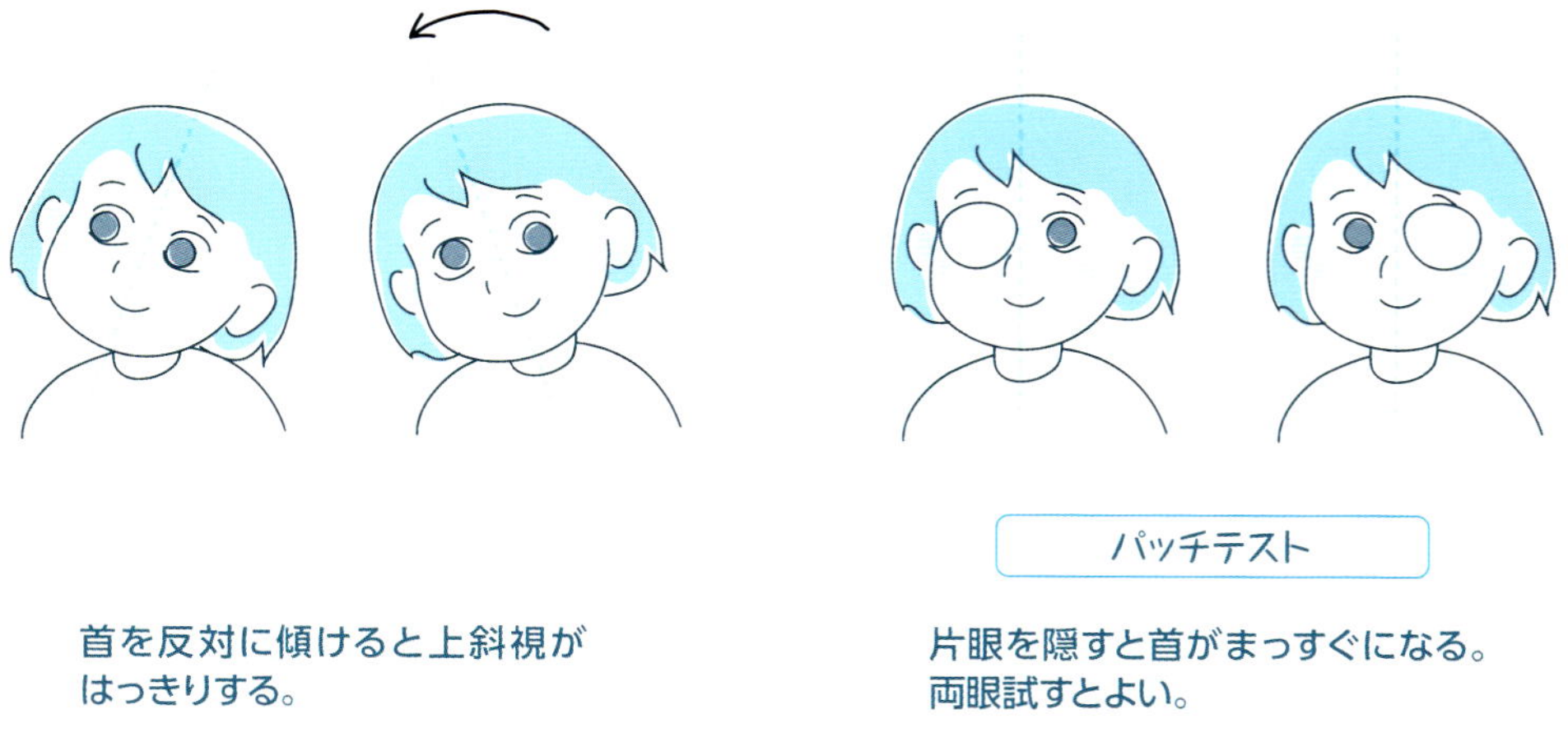
パッチテスト
首を反対に傾けると上斜視がはっきりする。
片眼を隠すと首がまっすぐになる。両眼試すとよい。

図5-5　先天性上斜筋麻痺の診断

D その他の小児斜視

下直筋線維症

- 先天性に起こるもので，片眼も両眼性もみられる。原因は不明だが，家族性に発症することもあり，外眼筋線維症となる。
- 眼瞼下垂をしばしば合併する。

両上転筋麻痺

- 上直筋と下斜筋の両者に麻痺があるもので，Bell現象陽性のこともあり，その場合には下直筋線維症と鑑別できる。

眼振阻止症候群

- 眼振阻止症候群（図5-6）は，疾患の本態は眼振であり，早期手術によっても長期に良好な眼位を保つことは困難である。
- また，成長に伴って眼振が軽減することが多く，眼位性眼振になっていくこともある。眼位を内転位に固定し，顔をまわして見ていることが特徴である。眼位を正面にすると眼振がみられる。
- 固視眼が一方に偏ると弱視になる危険があるので，健眼遮閉を行う。内直筋後転術や内直筋後部縫着術によって，眼位を正位近くに持ってくる。

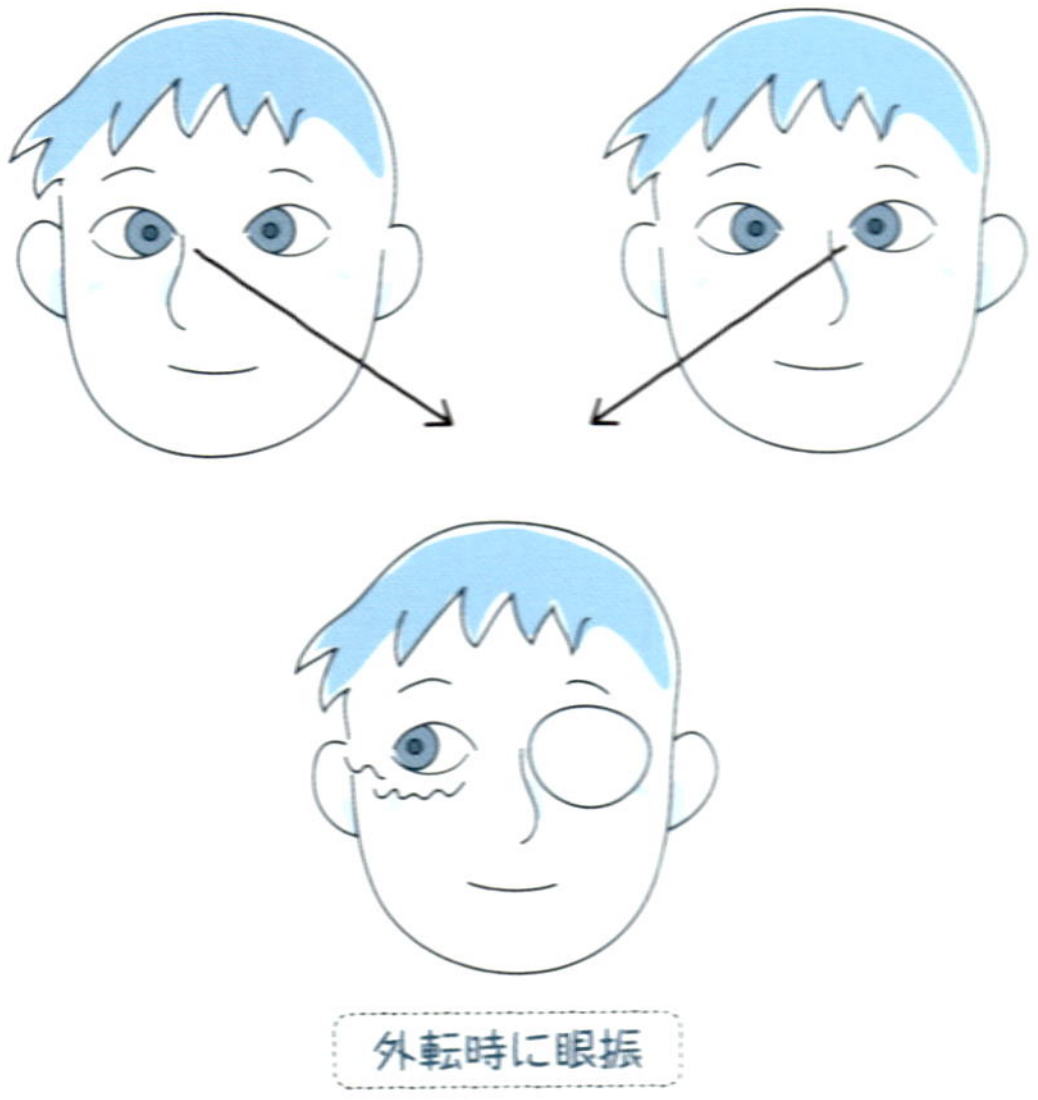

図5-6　眼振阻止症候群

交代性上斜位（DVD），交代性水平斜位（DHD）

- 交代性上斜位は，固視眼が交代したときに他眼が上転する（図5-7）。乳児内斜視に合併することが多く，しばしば潜伏眼振や下斜筋過動と同時に存在する。
- 下斜筋過動は，交代の遮閉をすると上下斜視であることがはっきりする。
- 交代性水平斜位は，固視眼がかわると外斜視と内斜視になるものをさす（図5-8）。

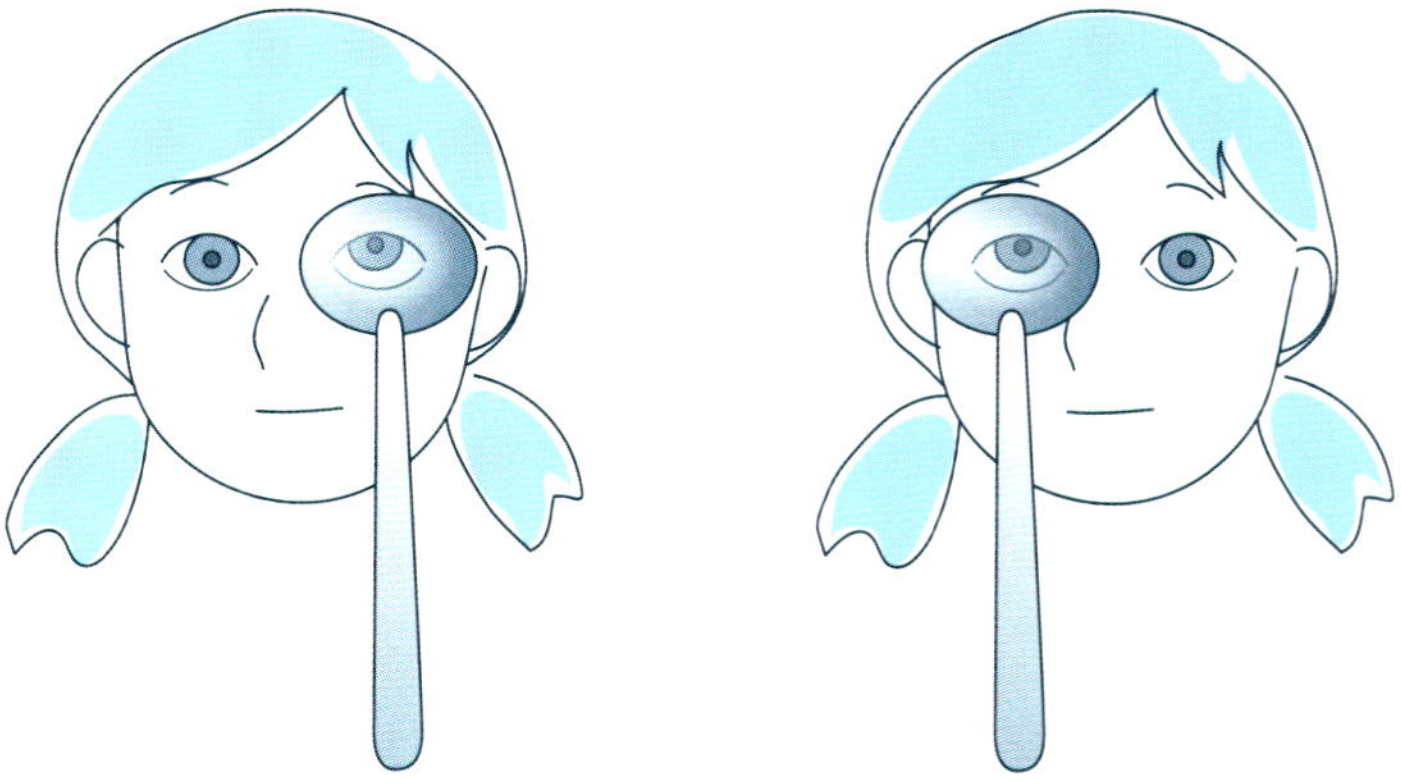

図5-7　交代性上斜位（DVD）

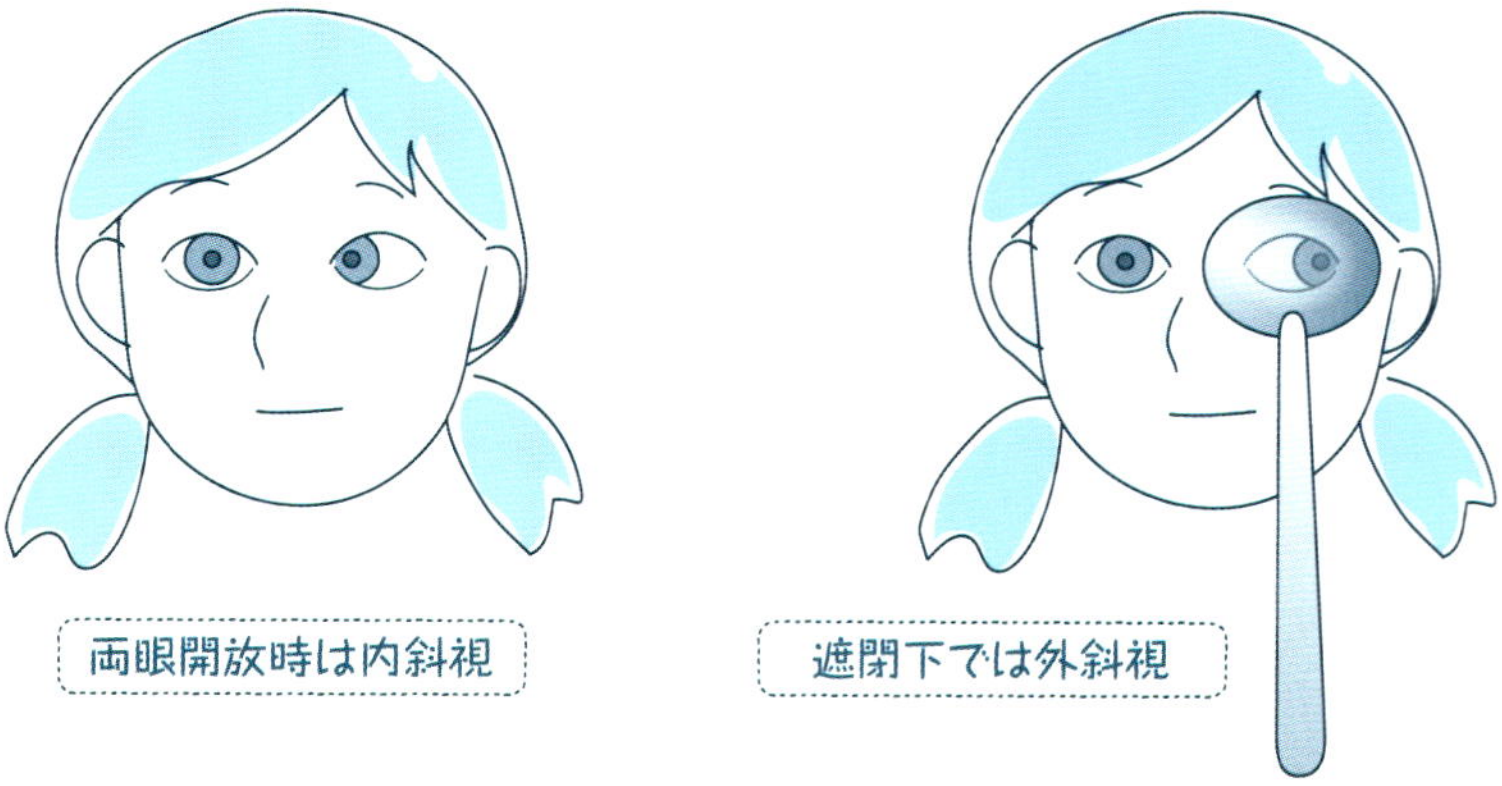

図5-8　交代性水平斜位（DHD）

- 交代性上斜位の眼球運動は，ゆっくりと外方回旋しながら眼球が上転し，内方回旋しながら正面に戻ってくる。早い交代遮閉試験を行うと見逃してしまう。内転時に上転過剰になれば下斜筋過動，第一眼位や外転時に上転過剰が顕著になれば交代性上斜位の可能性が高い（図5-9）。

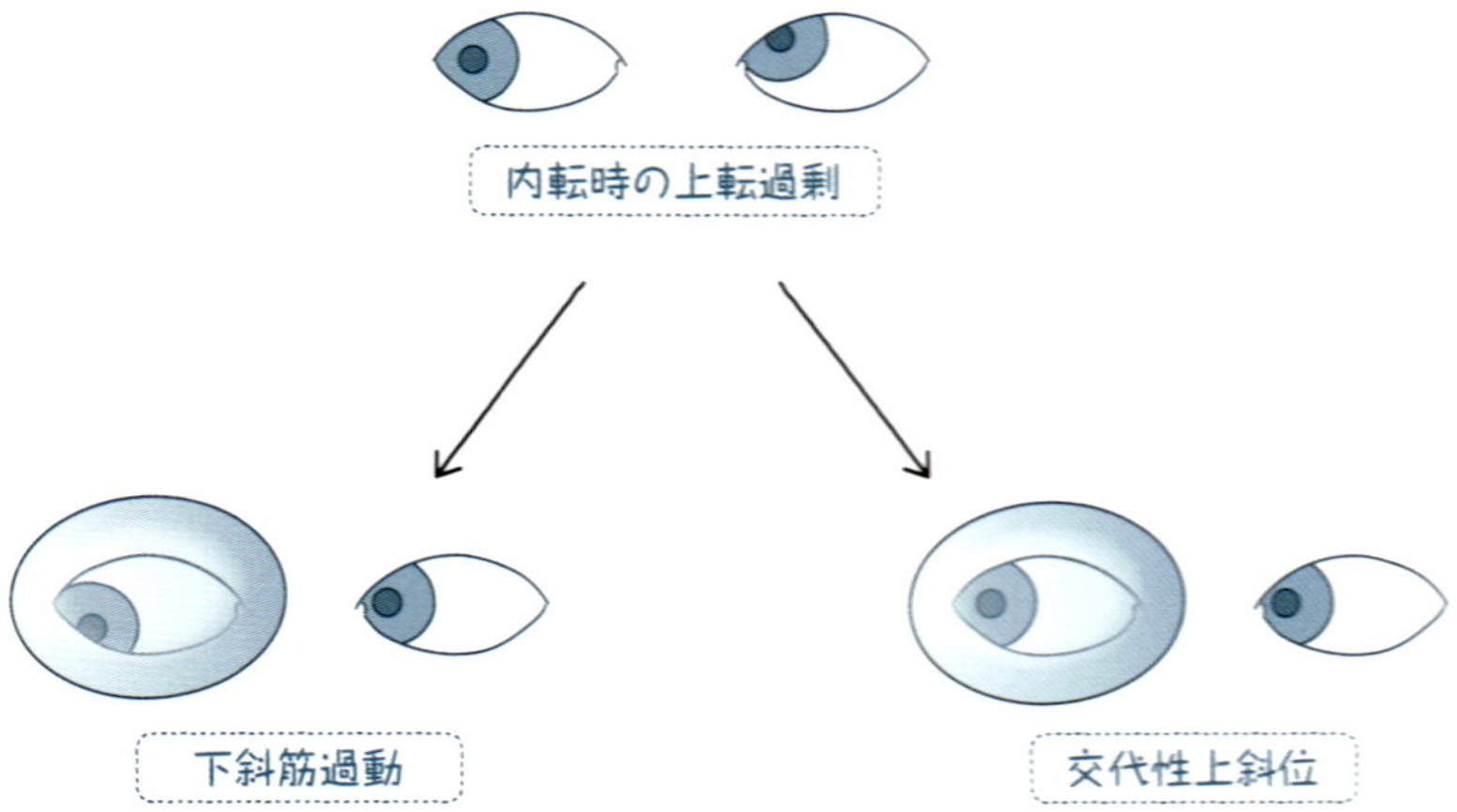

図5-9　下斜筋過動と交代性上斜位

ものしりコラム

DHD（dissociated horizontal deviation）

交代性水平斜位（DHD）は，内斜視と外斜視が同時に存在するようにみえるものであるが，交代性上斜位と同時に存在することが多い。乳児期からの斜視の持続によって起こる続発性斜視である。

DTD（dissociated torsional deviation）

DVD＋DHD＋DTDを合わせてDSC：dissociated strabismus complex（交代性斜位複合）とよぶことがある。

6 成人斜視の診断と治療

A 後天内斜視（図6-1）

- 成人の後天内斜視では，原因となる基礎疾患の発見のために神経学的な検査を行う。
- 牽引試験を行って麻痺性と機械性を区別する。
- 麻痺性斜視であれば，血圧測定，血液検査，頭部CTまたはMRI検査などを行う。
- 斜視手術の既往は，過去の写真や細隙灯顕微鏡による結膜の瘢痕から推測する。

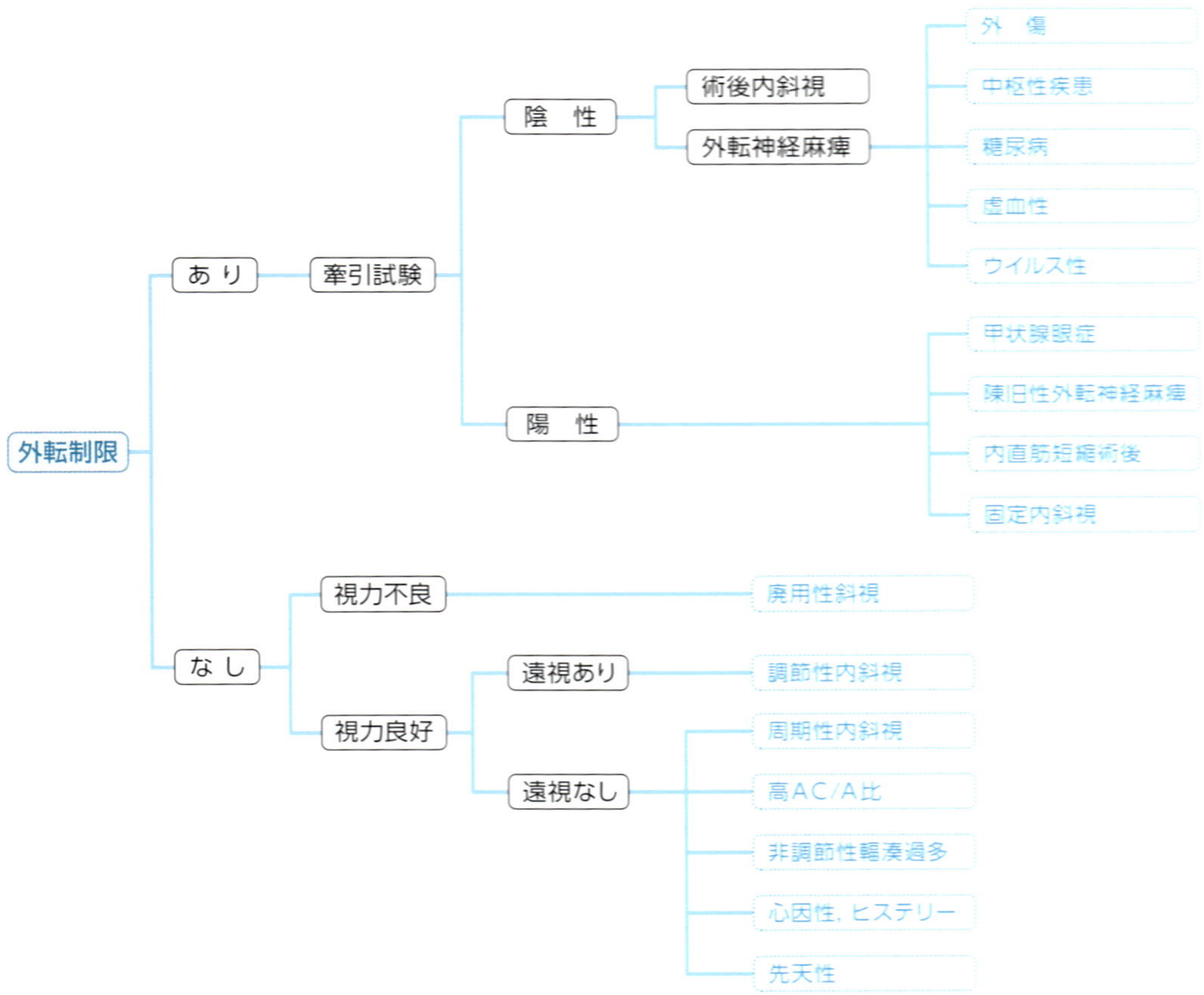

図6-1 成人内斜視のチェックポイントと疑われる疾患

B 後天外斜視（図6-2）

図6-2　成人外斜視のチェックポイントと疑われる疾患

- 症状のない外斜位は治療の対象とならない。
- 両眼視しようとすると近視化し，見づらくなる症例（斜位近視）は，斜視手術の適応となる。
- 大角度の斜位で，眼精疲労の原因と考えられる場合には手術を行う。
- 非共同性の外斜視の原因としては，動眼神経麻痺，Duane眼球後退症候群タイプⅡ・Ⅲ，先天性，過去の斜視手術，網膜剥離手術，外直筋拘縮，慢性進行性外眼筋麻痺などがある。

チェックポイント

> 斜位近視の検出のためには，片眼ずつ矯正して視力検査をしたのち，両眼開放での視力検査を行う。また，両眼開放屈折検査装置を用いてもよい。矯正の際に片眼ずつよりも強い凹レンズが必要な場合は斜位近視と考える。

- 動眼神経麻痺は眼瞼下垂や瞳孔不同などを伴うことが多い。
- 過去に斜視手術を受けている場合には内斜視術後外斜視や，外斜視術後の再発がある。外直筋拘縮があれば機械性，内直筋のスリップがあれば麻痺性斜視の所見となる。
- 麻痺性の斜視で，麻痺筋の同定が困難な場合や，症状に変化がある場合には重症筋無力症の可能性を疑って，抗アセチルコリンレセプター抗体やテンシロンテスト，アイステストなどを行う。
- 基礎型，開散過多型，輻湊不全型の鑑別を行う（p.89）。タイプによって選択する手術方法が異なる。
- 上方，正面，下方視における眼位の変化を確認する。上方視での眼位が不良なものをＶ型，下方視での眼位が不良なものをＡ型とする。Ｖ型では下斜筋過動を，Ａ型では上斜筋過動を伴うことが多い。

C 後天上下斜視

→アクセスポイント

- 上下斜視をみたら麻痺筋の同定を行う。
- 単一筋の麻痺であれば頭位傾斜試験，Parksの3ステップテストが有用である。
- 複数筋の麻痺のときには重症筋無力症，甲状腺眼症，中枢性疾患などを疑う。
- 回旋複視の有無をチェックする。

滑車神経麻痺（p.35，図2-18）

- 滑車神経麻痺，上斜筋麻痺は，上下斜視の原因としては最も多いものであるが，診断はしばしば困難である。特に，発症後長期間経っていると典型的なパターンを示さなくなる。
- 首を健側に傾け，顎を引き，顔を健側にまわす異常頭位をとることが多い。

Brown症候群

- Brown症候群は，上斜筋腱の異常によって内転時に上転不全が起こるものである。下斜筋麻痺との鑑別が問題となる。牽引試験が陽性ならBrown症候群，陰性なら下斜筋不全である。
- A型なら下斜筋麻痺，V型ならBrown症候群を疑う。
- 先天性のこともあるが，上斜筋タッキング術後の合併症として起こることが知られている。また，炎症や外傷によっても起こる。

甲状腺眼症

- 下直筋が障害されることが最も多く，上下斜視となる。
- T3，T4，TSH（甲状腺刺激ホルモン），抗TSH受容体抗体（TRAb）などに加え，甲状腺抗体（抗サイログロブリン抗体，抗マイクロゾーム抗体）などを測定する。
- 眼球突出，上眼瞼挙上を伴うことが多い。甲状腺機能の治療，副腎皮質ステロイド薬，放射線治療を行い，陳旧化して正面～下方視で複視があれば手術を行う。
- 眼症状があっても甲状腺機能が正常なことがある。

D 複視（図6-3）

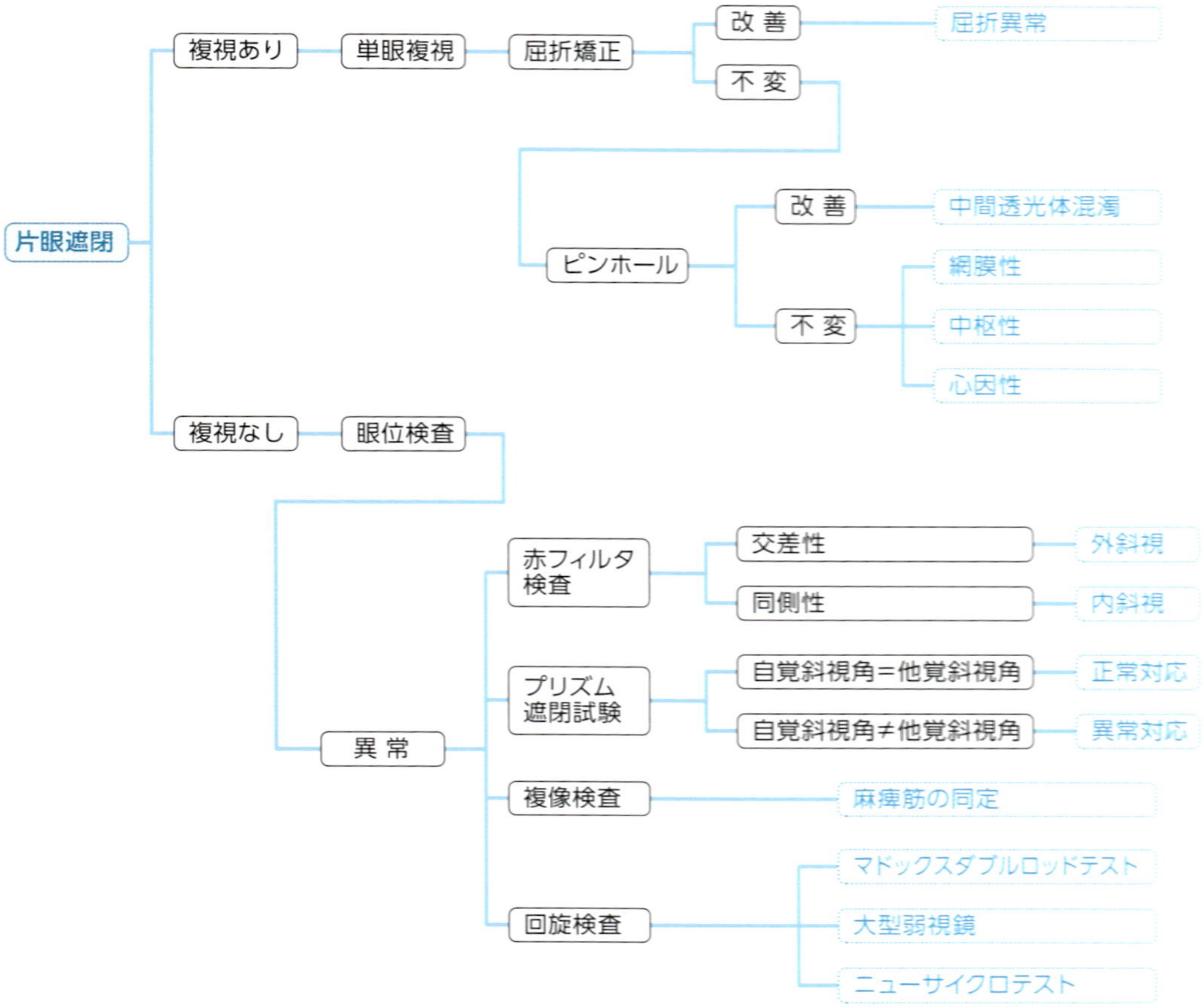

図6-3　複視のチェックポイントと疑われる疾患

- 片眼を隠して単眼複視か両眼複視かを鑑別する。
- 急性発症の斜視では複視を自覚する。
- 複視のない斜視は長期間の斜視を疑う。
- 後天発症であっても，斜視の持続期間が長かったり，視力差が大きかったりすると抑制が起こり，複視を自覚しないことがある。
- 回旋複視では，遮閉試験を行っても眼位異常が検出されないことがある。

7 特殊な斜視の検査の進めかた

A 心因性視覚障害に伴う斜視

アクセスポイント

- 心因性視覚障害の症状に斜視や複視がある。
- 診断は，器質的疾患が否定されること，予測される検査結果を示さないこと，検査方法によって異なる結果になる，などである。
- 代表的な症状としては，視力低下，調節痙攣，視野異常，複視があげられる。調節痙攣は輻湊痙攣も伴うことがあり，その場合には視力低下だけでなく複視も合併する。
- 学童期の心因性視覚障害は女児に多い。症状が重篤で，登校が困難な場合には精神科受診を勧める。
- トリックを用いた視力検査を行うと，良好な視力が得られる場合がある。

視力低下

- 片眼の視力低下の場合には，立体視検査や両眼開放視力検査でつじつまの合わない結果になる。
- 声かけをしながら，同じ同数のプラスレンズとマイナスレンズで打ち消して矯正する。最終的には，ほとんどレンズを入れていない状態で良好な視力がでることを確認するとよい。
- 調節痙攣による近視化では縮瞳を伴うので，レチノスコープを用いて屈折と瞳孔の大きさを確認する。
- 容易に良好な視力が得られればよいが，そうでない場合にはあらゆる疾患の見逃しがないか，眼科的検査や頭部画像検査を行う。

複視

- 片眼複視も両眼複視もありうるので，眼位と訴えを確認する。小児では生理的複視を複視として訴えることもあるため注意が必要である。
- 片眼複視では，ピンホールや屈折矯正で複視が消失するかどうか尋ねる。両眼複視では，斜視角と実際の訴えが合致するか確認する。
- 心因性視覚障害では輻湊不全と輻湊痙攣が多く，プリズム装用で中和がなかなかできず，症状も改善しない。麻痺性斜視のように外転制限がみられ，中枢神経の精密検査を必要とすることがある。
- ほかの所見と総合して心因性斜視と判断する。

視野異常

- 「見ている間に暗くなる」などと訴える。視野がらせん状視野や管状視野となることが多いので，視野は動的視野検査を行う。
- 静的視野検査では不自然な感度低下がみられる。

眼振

- 後天性にみられる眼振で，そのために視力低下や動揺視を自覚する。
- 先天性に比べて振幅が小さく，速い眼振がみられる。眼振を自分でコントロールすることが可能で，**自発眼振**（voluntary nystagmus）といわれる。
- 精神的ストレスがきっかけで，症状を訴えることが多い。

輻湊痙攣

- 通常，調節痙攣と輻湊痙攣が連動して起こっている。視力低下と複視を自覚する。

ものしりコラム

詐　病

詐病と心因性視覚障害を臨床所見で区別するのは困難である。背景にある利得の有無が重要である。

B 強度近視と斜視 (p.37)

- 眼軸長が27mmを超える強度近視は，しばしば外転制限を伴う内斜視を伴う。さらに進行した内斜視では，眼位が内下転で固定して，外見だけでなく視機能が著しく制限されることがある。このような内斜視を固定内斜視または強度近視性内斜視とよぶ。
- 原因の1つは，眼軸が著しく延長したために眼窩内における外眼筋と眼球の位置関係が崩れることである。多くは外直筋が下方へ，上直筋が鼻側へシフトして，その間に眼球後部が脱臼している。CTやMRIの眼窩画像撮影冠状断で外直筋と上直筋の間が広くなっているのが観察できる。
- 外直筋と上直筋の走行を本来の位置に戻す筋移動術（横山法）が有効である。

C 重症筋無力症（p.37）

- 眼瞼下垂を伴う斜視や，単一の神経麻痺では説明がつかないような眼球運動障害，日内変動を伴う斜視をみたら疑う。
- わが国では眼筋型は小児に多く，成人には全身型が多い。また女性に多い。
- 眼筋型で発症した成人症例の50〜70％は，1年以内に全身型へ移行するとされている。
- 外来で簡単にできる診断方法としては，疲労現象の観察，アイステストがある。さらに，血中抗アセチルコリン受容体抗体値測定やテンシロンテスト（ワゴスチグミンテスト）を行って確定診断を行う。
- 診断のためには，まず疑うことが重要である。
- 外来での診断のポイントを示す。

(1) 20回の瞬きの指示。連続する瞬きが困難。

(2) 上方視を30秒間持続させる。眼瞼下垂を認める。

(3) 眼瞼後退試験（下方視をしたのち正面を見させると，上眼瞼がいったん後退してから元に戻るのがわかる）。

(4) **アイステスト**：保冷剤を瞼に当てて2分間冷やす。2mm以上眼瞼が上がれば陽性である。

(5) **テンシロンテスト（ワゴスチグミンテスト）**：抗コリンエステラーゼ剤であるエドロホニウム2mgをまず静注し，副作用も症状改善もなければ30秒後に3mgを追加する。さらに30秒後に5mgを追加する。1分以内に改善がみられれば，診断がつく。副作用としてムスカリン作用が出て徐脈になることがあるのでアトロピン硫酸塩を用意する。

(6) **抗アセチルコリン受容体抗体値測定**

抗アセチルコリン受容体抗体陰性の患者がわが国では約24％存在する。

D 白内障術後複視

- 白内障手術では，以前は球後麻酔を用いて行うことが主流だったため，針が下直筋を障害したり麻酔薬が下直筋に注入されて，下直筋の障害，麻痺，拘縮をきたすことがあった。
- 最近の白内障手術は点眼麻酔やテノン嚢下麻酔で行うため，麻酔を原因とする斜視はほとんどみられない。
- 現在みられる白内障術後複視は，術前から斜視があり抑制や視力不良のために複視を自覚しなかったものが，手術後に視力が改善して複視を自覚するものが多い。
- また，モノビジョンを目指して眼内レンズの度数を決定する場合，斜視があると，うまく非優位眼で見ることができず，複視を自覚することがある。術前の眼位に注意が必要である。

E 網膜剥離術後複視

- 網膜剥離手術の際に用いるバックルによって眼球運動が制限されることがある。
- 手術直後であれば自然に改善することもあるが，症状が強い場合には斜視手術が必要となる。
- 1990年代に利用されたバックル素材のマイラゲルは，術後10年以上たってから膨化して眼球運動制限を引き起こしたり脱出してきたりすることがある。CT，MRIなどで膨化を確認したらマイラゲルの除去を行う。
- バックルを取り除くだけで斜視が治癒することは少なく，外眼筋手術が必要となることが多い。斜視手術の際には必ずしもバックルを除去する必要はない。
- 網膜剥離後は，視力不良や黄斑浮腫のために不等像視となり，眼位異常がなくても両眼視が不良となることがある。プリズムで中和できない難治性の複視を自覚する場合には，不等像視の有無をチェックする必要がある。

索引

外国語

目でみる斜視検査の進めかた

2014年11月20日　第1版第1刷発行
2021年5月30日　　　　第3刷発行

著　者　佐藤《さとう》　美保《みほ》

発行者　福村　直樹

発行所　金原出版株式会社

〒113-0034　東京都文京区湯島2-31-14
電話　編集　03(3811)7162
　　　営業　03(3811)7184
FAX　03(3813)0288
振替口座　00120-4-151494
http://www.kanehara-shuppan.co.jp/

ISBN 978-4-307-35158-4

印刷・製本／三報社印刷
デザイン・イラスト／近藤久博(近藤企画)